新时代老年教育理论与实践探索

中国老年大学协会　《老年教育》杂志社　编

华龄出版社
HUALING PRESS

图书在版编目（CIP）数据

新时代老年教育理论与实践探索 / 中国老年大学协会，《老年教育》杂志社编 . -- 北京 ：华龄出版社，2024. 12. -- ISBN 978-7-5169-2901-8

I. G777

中国国家版本馆CIP数据核字第202463NW93号

责任编辑 程　扬　　**责任印制** 李未圻
责任校对 张春燕

书　名	新时代老年教育理论与实践探索	**作　者**	中国老年大学协会 《老年教育》杂志社
出　版 **发　行**	华龄出版社 HUALING PRESS		
社　址	北京市东城区安定门外大街甲 57 号	**邮　编**	100011
发　行	（010）58122250	**传　真**	（010）84049572
承　印	天津鑫旭阳印刷有限公司		
版　次	2024 年 12 月第 1 版	**印　次**	2024 年 12 月第 1 次印刷
规　格	787mm × 1092mm	**开　本**	1/16
印　张	32.75	**字　数**	467 千字
书　号	ISBN 978-7-5169-2901-8		
定　价	128.00 元		

前 言

新时代理论研究新成就
新征程高质量发展新支撑

春华秋实40载，喜事连连硕果丰。去年，我们刚刚隆重纪念中国老年大学发展40周年暨中国老年大学协会成立35周年；今年，我们又喜迎《老年教育》杂志创刊40周年。作为《老年教育》杂志创刊40周年纪念活动内容组成之一——由中国老年大学协会与《老年教育》杂志社合编、华龄出版社正式出版发行的《新时代老年教育理论与实践探索》一书，已呈现在广大读者面前。本文集的编写，意在学习宣传贯彻习近平新时代中国特色社会主义思想，充分展现新时代老年教育理论研究取得的新成就，为新征程上老年教育更大发展提供坚强理论支撑和实践指导，也为刊物发现人才、积累经验、永推精品创造条件。

加强对老年教育的理论研究与宣传，助推老年大学工作发展，是《老年教育》杂志创刊的宗旨要求，也是杂志创办以来始终坚持突出宣传的重要内容，得到了广大读者的关心和支持。40年来，杂志已刊登、推介理论研究文章数千篇，多角度展现了老年教育理论研究、实践深化取得的辉煌成就，为老年大学发展作出了应有贡献。

该书在选编中，努力体现“三性”：

一是鲜明的政治性。全书以习近平新时代中国特色社会主义思想为指导，紧紧围绕深入学习贯彻党的二十大精神和习近平文化思想，学习贯彻习近平总书记关于老龄工作、老干部工作重要论述，紧密联系老年大学工作实际进行学习思悟，探讨如何将其转化为推动老年教育高质量发展强大动力的思路对策。仔细阅读，必定能给读者以新的学习收获和借鉴，进一步明确工作方向，坚定工作自信。

二是显著的时代性。全书瞄准新时代、新征程、数字化、现代化老年教育而聚焦，为满足新时代老年人精神文化新生活新需求而探索。选题，注重从新问题、新侧面、新角度切入；撰写，用新观点、新论据、新语言表述。“数字化转型”“标准化建设”“智慧助老”“科技赋能”“乡村振兴”“老年游学”“学习型城市”“智能化校园”“一带一路”“银发经济”等大量带有浓厚时代色彩的语词随处可见。翻阅后，给人以“新”风扑面、耳目一新之感。

三是广泛的代表性。文章来源地域广泛。所选文章分别来自26个省、自治区、市，基本代表了全国老年大学的理论研究水平。文章涉及单位广泛。既有各级党委、政府部门办的老年大学，又有民办非企业老年大学；有高校办老年大学，也有企业与驻地政府合办老年大学，还有地方安置的军休干部老年大学。各类老年大学都可以从本书中找到可参照的对象。文章内容广泛。有积极应对人口老龄化国家战略学习研究、老年教育纳入终身教育体系的探索思考；有对老年教育中国模式的宏观透视，也有从中观上对老年大学主责主业的深入探讨；有“一带一路”视域下改革开放前沿城市的前瞻性新探，也有乡村振兴背景下农村老年教育、老年游学的实践与升华；大到对一个省全景式展现透视，小到对乡镇、村老年学校的重点剖析所见，内容涵盖了老年教育的方方面面。文章作者来源广泛。入选的文章有的出自专家、教授之手，更多的来自老年大学、开放大学一线的领导、工作人员、教师，还有的来自支教、扶贫点。新人、新手、新面孔大量涌现，老年教育理论研究人才辈出，前景可观。

本文集的编辑出版，是对老年教育理论研究新成果的一次总结和展示，也是新征程上取得更大成绩的动员、激励和鞭策。《老年教育》杂志是老年大学人自己的杂志，热切期待广大老年大学办学人、老年教育理论研究专家、学者一如既往地为《老年教育》杂志提供更多更优质的研讨性稿件，推进老年教育理论研究的宣传工作不断提升到新水平。

为使读者对包括理论研究工作在内的老年大学发展40年的艰难历程、巨大成效和丰富经验有一个全面了解，我们将《老年教育》编辑部文章《开拓奋进40年 老年教育铸辉煌》一文一并在本书刊登，敬请关注。由于本书篇幅所限，此次征文的其他文章，将择优陆续在《老年教育》杂志上刊登。

衷心感谢所有为本书出版付出辛勤劳动的作者、编辑和工作人员，感谢华龄出版社。相信广大读者能够喜欢并受益于本书，共同为新时代老年教育高质量发展贡献才智和力量。

目 录

创建中国式老年教育体系

刁海峰[①]

隆重纪念中国老年教育事业发展 40 周年暨中国老年大学协会成立 35 周年的欢快锣鼓音犹在耳，发行全国的《老年教育》杂志创刊 40 周年华诞又接踵而至。作为中国老年大学协会会刊的《老年教育》杂志伴随着老年大学事业的开创而创办，指导着老年大学事业的发展而发展，为老年教育事业今日的辉煌发挥了不可替代的重要作用。透过《老年教育》杂志，我们高兴地看到自 1983 年山东老年大学创立以来，中国老年教育事业在党中央的坚强领导下，在社会各界的大力支持下，从开创新事业到跨入新世纪，从站上新起点到进入新时代，取得了令人瞩目的办学成果，已经成为我国教育事业和老龄事业的重要组成部分。

一、中国特色老年教育体系基本形成

经过 40 年的发展，老年教育全国各级各类老年大学（学校）已达 76296 所，与 2017 年统计的 62161 所相比，增加了 14135 所。参加学习的学员从初创时期的 900 余人，增至目前的 2000 多万人，包括远程教育注册学员 1000 多万人。老年大学已经从当初的简陋校舍或者租借场地办学，到今天宽敞明亮、设施齐全的现代化校园，构建起了省、市、县、乡镇（街道）、村（社区）五级办学网络以及企业、军队、高校、民间及养老机构等办学为补充的老年教育体系。

① 刁海峰，中国老年大学协会常务副会长。

目前我国老年大学（学校）的办学性质主要以政府办学为主，办学层次以县级以下办学为主，形成了省、地级市、县（市区）、乡镇（街道）、村（居委会）均有老年大学（学校）的全方位、多层次、多形式的老年教育机构网络。达到了《规划》中“全国县级以上城市原则上至少应有一所老年大学”的要求。

经过 40 年的发展，我国老年教育已经形成了具有 15 大门类、61 个专业、298 门课程较为完整的教学体系。协会推出了《培育和树立积极老龄观》等 5 本通识类教材，改写了中国老年大学发展三十多年来没有统编教材的历史，填补了通识类统编教材的空白。发布了《中国老年教育发展报告（2019–2020）》，被誉为我国老年教育、老年大学办学史上的第一部融学术性、实践性、创新性和资料性于一体的综合性文献。指导各地老年大学不断丰富课程类别，深化老年人学习特点研究，加大特色课程建设和区域特色文化挖掘，全方位、多层次、多学科、多功能、开放式的老年教育立体课程体系已基本形成。

课程是实现老年教育办学目标的主要载体，是对教学各个环节的综合规划。近年来，全国各地老年大学坚持以习近平新时代中国特色社会主义思想为指导，按照中央关于老龄工作的指示精神，引导老年人树立积极老龄观，把课程建设作为学校发展的生命线，把满足老年人日益增长的文化需求作为基本遵循，在推进课程供给侧改革上持续发力，推动老年教育提质增效。

根据《中国老年教育发展报告（2019–2020）》，我国多数老年大学（学校）开设的课程大致可以分为五类：休闲艺术类、养生保健类、生活应用类、语言文化类和信息技术类。得到老年学员选课的排名前十的课程分别为：声乐、合唱、太极拳、摄影、养生、钢琴、民族舞、国画、书法、美术。

与课程建设相匹配的是老年教育师资队伍建设，师资队伍建设是老年教育事业发展的关键环节和核心推动力量。全国各省市的老年大学（学校）积极采取措施，扩大老年教育师资队伍规模，优化队伍结构；提供各类培训机会，提升师资队伍水平，加快打造一支结构合理、数量充足、素质优良、专兼职和志愿者相结合的教学和管理队伍。

二、中国特色老年教育向高质量发展转变

经过 40 年的发展，开创了我国老年教育标准化创建工作，协会联合国家标准委员会制定发布了全国老年大学示范校建设标准和全国老年大学游学养标准。各地积极创建，现申报老年大学标准示范校有 400 多所。各级政府出台了相应扶持政策，有效推动了老年教育向高标准、高质量发展转变。

经过 40 年的发展，老年大学已经成为党和政府加强社会建设的一项重要内容，成为广大老年人积极服务社会、践行社会主义核心价值观的重要载体。近年来，老年大学的热度呈井喷式上涨。各地老年大学的招生情况火爆，截至 2019 年我国老年大学（学校）的在校学员数约为 1088.2 万人，与 2017 年的 813.2 万人相比增加了 275.0 万人。这说明我国的老年教育事业越来越受到人们的重视，预计在未来的一段时间内老年大学（学校）将会进入一个快速发展的时期。

面对老年人精神文化需求及学习需求十分旺盛的情况，多地出现“一座难求”，各地老年大学（学校），采取多种措施，有效扩大招生覆盖面，让更多老年人享受到老年教育发展成果。一是调整招生政策；二是借助技术手段，实现网络招生与管理；三是办学向基层延伸。

与此同时，协会和各地老年大学也深入践行积极老龄观、健康老龄化理念，积极开展国情教育活动，成立中国老年大学艺术团，引导我国老年人争做有作为、有进步、有快乐的“三有”老人。各地老年大学学员积极参与志愿服务，尤其在抗击新冠疫情的三年间，挺身而出、主动请缨、勇于担当，用行动竖起标杆，用坚守诠释初心，用无私书写大爱，温暖了社会、凝聚了正气。他们送知识、送文化入乡村、到社区、进学校、赴军营，大力传播优秀文化；他们发挥自身政治优势、威望优势、经验优势，做党委决策部署的推动者、良好政治建设的维护者、社会和谐稳定的促进者，为助推经济社会高质量发展贡献了“银发”智慧和力量。这是老年教育事业、老年大学发展 40 年来的独特贡献，值得浓墨重彩、大书特书。

经过40年的发展，协会不断增强对外合作，不断加强老年教育国际交流交往。1994年8月，经民政部、外交部、财政部批准，中国老年大学协会加入了国际老年大学协会（AIUTA）组织。1998年以来协会历届领导分别担任了该国际组织的第一副主席、理事等主要职务。协会积极参与国际老年大学协会的各项工作与活动，并于2004年、2013年分别在中国上海和广州市成功举办“国际老年大学协会第22届全体会议”和“第92届国际老年大学协会理事会议暨老年大学创新发展开拓银发旅游业国际会议”，全面展示中国老年大学探索教育标准的理论和实践成果，受到国际老年大学协会的高度赞扬。中国老年教育发展的成就，在国际间享有良好声誉，引起国际同行的重视。

现如今，人口的加速老龄化带来老年教育需求的快速增长。人口老龄化是社会发展的重要趋势，是人类文明进步的体现，也是今后较长一段时期我国的基本国情。2021年11月，中共中央、国务院出台《关于加强新时代老龄工作的意见》，首次在中央文件中明确将老年教育纳入终身教育体系，推动扩大老年教育资源供给、加强学科专业建设与人才培养、编写老年教育相关教材、搭建老年教育资源共享服务平台等，全面加强老年教育建设。

各地老年大学（学校）积极作为，开展生动实践。一是党和政府高度重视，以制度建设推动深入发展。国家加强顶层设计，描绘老年教育蓝图，各地出台地方规划，突出区域发展特色。地方制定法规条例，保障老年教育有法可依。二是中国老年大学协会凝心聚力，引领老年教育全面发展。通过发挥示范作用，带动党建创新。进一步贯彻中央决策，服务国家战略。开展标准化建设，推动老年大学规范化发展。三是办学格局多元发展，资源整合能力不断增强。四是课程多元兼顾个性，教学走向规范化和优质化。五是多措并举缓解“一座难求”，精准施策提高管理水平。六是队伍建设取得成效，师资规模和质量稳步提升。七是学术能力不断提升，教学科研同步发展。

提高“七大思维”能力
推动新时代老年教育高质量发展

解　磊[①]

【摘　要】习近平总书记在党的二十大报告中指出要“不断提高战略思维、历史思维、辩证思维、系统思维、创新思维、法治思维、底线思维能力”，为我们前瞻性思考、全局性谋划、整体性推进老年教育事业提供了科学的思想方法和工作方法。要提高战略思维能力，充分认识老年教育的重要意义；提高历史思维能力，明确老年教育肩负的使命担当；提高辩证思维能力，把握老年教育工作的重点难点；提高系统思维能力，共同构建老年教育“大格局”；提高创新思维能力，扎实推进老年教育转型发展；提高法治思维能力，学好用好老年教育政策法规；提高底线思维能力，织密织牢老年教育“安全网”。

【关键词】七大思维；老年教育；高质量发展

党的十八大以来，习近平总书记围绕涵养与运用科学思维方法先后发表了一系列重要论述，深刻回答了什么是科学思维、为什么要增强科学思维、如何提高科学思维能力等重大理论和实践问题。习近平总书记在党的二十大报告中强调，要“不断提高战略思维、历史思维、辩证思维、系统思维、创新思维、法治思维、底线思维能力”。“七大思维”是习近平新时代中国特色社会主义思想和贯穿其中的立场观点方法的集中体现，是指导我们观察时代、把握时代、

---

① 解磊，安徽老年大学专职副校长。

引领时代的根本遵循。全面掌握、准确运用“七大思维”，是推动新时代老年教育高质量发展的应有之义、必由之路。

一、提高战略思维能力，充分认识老年教育的重要意义

习近平总书记在省部级主要领导干部学习贯彻党的十九届六中全会精神专题研讨班开班式上发表重要讲话强调：“战略问题是一个政党、一个国家的根本性问题。战略上判断得准确，战略上谋划得科学，战略上赢得主动，党和人民事业就大有希望。”战略思维能力，就是高瞻远瞩、统揽全局，善于把握事物发展总体趋势和方向的能力。

1. 胸怀战略全局，积极应对人口老龄化

积极应对人口老龄化，是党中央正确把握人口发展大趋势和老龄化规律，作出的重大战略部署。2021 年中国的老龄化率为 14.2%，2023 年这一数据进一步提高到了 15.4%。在过去十年里，老龄化率每年提高大约 0.5 个百分点。按照此趋势，预计到 2033 年或 2034 年，中国老龄化率将会超过 21.0%，成为重度老龄化社会。当前，面对“十四五”老龄人口快速增长的新形势，作为积极应对人口老龄化重要举措的老年教育必须加快推进扩容提质升级，尽快解决老年教育资源供给不足等问题。

2. 着眼战略长远，助力中国式现代化建设

中国式现代化是人口规模巨大的现代化，是全体人民共同富裕的现代化，是物质文明和精神文明相协调的现代化。一方面，中国式现代化发展的新目标、新特征为积极应对人口老龄化提供了新机遇、新保障，有助于进一步形成尊重老人、维护老人合法权益的新局面；另一方面，中国式现代化的建设离不开老年人的贡献，老年人宝贵的人力资本、不竭的思想活力是推动中国式现代化的内生动力之一。

3. 赢得战略主动，践行为人民服务宗旨

坚持以人民为中心的发展思想，始终把满足人民对美好生活的新期待作为

发展的出发点和落脚点。进入新时代，老同志终身学习、提高生活品质的新需求、新期待越来越强烈，各地出现了老年大学“一座难求”现象，老年大学越办越火，要主动作为，靠前谋划，为广大老同志提供优质服务，赢得战略主动。

二、提高历史思维能力，明确老年教育肩负的使命担当

习近平总书记致信祝贺第二十二届国际历史科学大会开幕中指出：“重视历史、研究历史、借鉴历史，可以给人类带来很多了解昨天、把握今天、开创明天的智慧。”要善于运用历史眼光认识发现规律、掌握历史主动、把握前进方向、指导现实工作。

一是从中华民族发展史看。尊老敬老是中华民族的传统美德。广大老干部、老年人在中国革命、建设、改革各个历史时期都作出了巨大贡献，是建立新中国、建设中国特色社会主义事业的功臣。尊重他们就是尊重党和国家的光荣历史，爱护他们就是爱护党的宝贵财富，学习他们就是学习党的优良传统和作风，重视发挥他们的作用就是重视党的重要政治资源。

二是从改革开放史看。改革开放推动了经济社会各个方面的变革，也催生了干部人事制度改革，1982 年中央发布《中共中央关于建立老干部退休制度的决定》，废除了领导干部职务终身制，建立起老干部离休退休和退居二线的制度。老年人离退休以后，由“单位人”变成了“家庭人”，很多老年人待在家里忍受着孤独。老年大学为老年人打开了一扇新的窗户，提供了一个新的天地，是养德、养心、养智、养能的好去处。

三是从老年大学办学史看。1983 年全国第一所老年大学——山东省红十字会老年大学（即现在的山东老年大学）诞生，截至 2023 年，全国共有老年大学（学校）7.6 万余所，在校学员数 1088.2 万人。老年教育 40 多年的发展历程，是在党委政府高度重视、各有关部门和社会有关方面共同努力下，不断探索创新、不断迈上新台阶的过程。历史的经验告诉我们，发展老年教育事业是历史的必然，是时代的呼唤，是现实的需要。老年教育是辉煌壮丽的夕阳工程，更

是前景广阔的朝阳事业。

三、提高辩证思维能力，把握老年教育工作的重点难点

习近平总书记强调："要学习掌握唯物辩证法的根本方法，不断增强辩证思维能力，提高驾驭复杂局面、处理复杂问题的本领。"辩证思维，就是在矛盾对立统一过程中，坚持发展地而不是静止地、全面地而不是片面地、普遍联系地而不是单一孤立地观察分析事物。

1. 把握老年教育的主要矛盾和矛盾的主要方面

近年来，老年教育及老年大学建设取得了较快发展，但主要矛盾仍是日益严峻的人口老龄化发展态势和人民群众日益增长的美好生活需要的矛盾，矛盾的主要方面仍是发展不足和发展不平衡等问题。一是发展不充分。随着老龄人口增长态势不断加剧，以及老年人需求的日益多样化和个性化，当前我国老年教育供给和需求之间的矛盾突显，老年大学普遍存在着"一座难求"的问题。二是发展不平衡。受区域经济社会发展水平、办学类型归口等多因素影响，当前我国老年教育在区域之间、城乡之间、办学机构之间差别较大。三是经费投入不足。我国老年教育办学经费来源相对单一，没有统一标准，且经费投入总量严重不足，无法满足老年教育办学需求。四是人员队伍建设薄弱。老年教育专业人才短缺，专业人员招不来、留不住问题突出。现有老年教育工作者年龄偏大、专业化能力不强。

2. 用发展的眼光突破老年教育的现实困境

当前，老年教育的迫切任务是增加有效供给，破解老年大学"一座难求"问题，引导老年人老有所学，让老年人"有学上""想上学"。一是扩建改造求发展。抓住机遇改扩建老年大学、老干部活动中心，完善硬件基础设施，近年来，安徽省合肥市、六安市、宣城市老年大学都建成了2万多平方米的新校区，并投入使用。阜阳市老年大学正在建设新校区。二是合作办学求发展。探索具有本地特色的多元化办学模式，按照"本部＋分校＋教学点"的办学框架，用

好高校、开放大学等资源，与高等院校或职业院校合作办学。加强社区教育机构和老年文化活动场所建设，如基层可以在新时代文明实践中心（站）建设老年大学教学点，扩大教学覆盖面。三是整合资源求发展。积极整合资源让老年大学向社区、乡镇延伸，利用老城区闲置的中小学校舍办学，促进老年教育办学网络化、社区化，多渠道破解“一座难求”问题。

四、提高系统思维能力，共同构建老年教育“大格局”

习近平总书记指出：“统筹兼顾、综合平衡，突出重点、带动全局，有的时候要抓大放小、以大兼小，有的时候又要以小带大、小中见大，形象地说，就是要十个指头弹钢琴。”老年教育是一项系统性工程，涉及方方面面，要把老年教育贯穿“大老龄”“大教育”工作各方面全过程，同应对人口老龄化、发展终身教育一起谋划、一起部署，构建老年教育“大格局”。

1. 从整体性、关联性上理顺老年教育体制机制

坚持党委领导、政府主导、社会参与、面向基层、因地制宜、按需施教的原则，推动多元化、特色化发展。把学习活动阵地建设纳入当地经济社会发展总体规划，同时要不断扩大老年教育覆盖面，打通“最后一公里”，向基层延伸。推动各级党委和政府中心工作与老年教育系列工作深度融合、协同推进，有效搭建跨部门、跨系统、跨区域的多主体、多要素深度协同、多维联动、同向发力的工作机制。扩大老年教育有形覆盖面，提高老年教育有效覆盖率，进一步推进老年教育优质资源共建共享共用，实现更多老年人只要“想上学”，就能“有学上”，既能“有学上”，还能“上好学”。

2. 从各要素、各环节上抓好老年大学办学质量提升。

抓好教师队伍建设，把德艺双馨的名师聘为常任或兼职教师。加强对教师的管理，实行动态评价，采取随机考核、课堂评估、学员测评等综合措施，促进教师不断学习、不断提高。切实加强培训，借助专家讲座、参观交流，强化教师政治素质，优化知识结构，增强教学能力。抓好课程设置，建设特色课程。

把特色课程建设放在提高教学质量的核心地位去谋划，在教师、教材和教法上着力。特色课程建设是一项长期的、基础性和综合性的系统工程，需要学校、任课教师和管理人员通力合作。抓好教学管理。注重教学准备、教学过程、教学反馈三个关键环节。注意引导老师因“老”而变，不断改变教学方法。要针对老年人特点，想方设法增强教学的趣味性、程序的清晰性、语言的诙谐性，让老年学员在趣味中学习知识，在快乐中获得自信。抓好“第二课堂”。紧扣课堂教学内容，加强课外学习和实践，建立各种形式的兴趣活动小组、艺术团体、活动专业队，经常组织开展活动，从而加深对课堂教学内容的理解，既动脑又动手，做到学以致用。举办教学成果展示，歌咏、舞蹈、朗诵上台演出，书法、绘画、摄影展览，好的诗词歌赋作品刊登在校刊校报上。

五、提高创新思维能力，扎实推进老年教育转型发展

习近平总书记指出:“要进一步解放思想，准确识变、科学应变、主动求变，坚决破除条条框框、思维定势的束缚，深入推进重要领域和关键环节改革”。面对老年人学习需求的多样性和个性化等新形势，老年教育工作要转型发展，满足更多老同志对美好生活的向往，做好“三个转变”。

1. 创新办学模式，推动老年教育供给主体从单线直管向区域协同转变

当前，我国老年教育学校办学存在着政府办学、公办民助、民办公助、社会力量办学等多种形式。随着国家老年教育政策红利持续释放，加快构建跨系统、跨部门的多主体协同的省域老年教育共同体势必成为新常态。

2. 创新教学内容，推动老年教育定位从老年休闲娱乐向增智赋能转变

以往娱乐型教育方式已经不能满足老年人老有所学和现代社会健康老龄化的目标定位，而应在数字社会生活技能、无人机航拍操作、定格动画技术等方面增智赋能，实现积极适老、健康休闲、赋能开发等多种教育功能。同时要引导老年人学习需求，发挥好老年教育在维持智力、发展能力等方面的重要功能。

3. 创新教学方式，推动老年教育方式从线下教育向线上线下互动转变

依托数字科技，推进新时期老年教育数字化转型升级，建立信息化管理平台，让老同志实现活动、教学“一网通办”、足不出户“一网通学”，用数字化赋能新时代的老年教育。

六、提高法治思维能力，学好用好老年教育政策法规

习近平总书记强调：“各级领导干部要提高运用法治思维和法治方式深化改革、推动发展、化解矛盾、维护稳定能力，努力推动形成办事依法、遇事找法、解决问题用法、化解矛盾靠法的良好法治环境，在法治轨道上推动各项工作。”提高法治思维能力，就是增强尊法学法守法用法意识，善于运用法治方式想问题、作决策、办事情。

1. 认真学习老年教育有关政策法规

党的十八大以来，老龄工作及老年教育的政策法规逐步完善，2012 年国家修订了《中华人民共和国老年人权益保障法》，2016 年中办国办印发《关于进一步加强和改进离退休干部工作的意见》，2019 年党中央、国务院印发《国家积极应对人口老龄化中长期规划》，2021 年党中央、国务院出台《关于加强新时代老龄工作的意见》，等等。这些规范的政策法规文件，是我们做好老年教育的政策依据和法理来源，要认真学习，吃透文件精神。

2. 有效运用政策法规推动老年教育工作

政策的生命在于落实，政策再好，如果在执行中变形走样，理解不透不会用、简单照搬不善用、把握不准不敢用，仍习惯于老套路老办法，就会使好政策停留在文件中、卡在“最后一公里”。我们要主动担当、创新举措，用足用活政策，推动老年教育事业发展。

七、提高底线思维能力，织密织牢老年教育“安全网”

习近平总书记强调：“要坚持底线思维，保持如临深渊、如履薄冰的态度，

尽可能把各种可能的情况想全想透，把各项措施制定得周详完善，确保安全、顺畅、可靠、稳固。”底线思维，就是居安思危，做到有备无患、遇事不慌，牢牢把握主动权。对于老年教育来说，校园安全是底线、红线、更是生命线，必须牢牢把守，确保不出事，这就特别要在“勤”字上下功夫：

一是勤提醒，打好安全“预防针”。坚持定期或不定期地开展安全教育，使安全教育经常化、制度化，让老年学员和工作人员充分认识安全工作的重要性，时时刻刻牢牢绷紧安全工作这根弦。

二是勤检查，构筑安全“防火墙”。完善各项安全规章制度，经常对教学秩序、安全防范等情况进行检查。要重点对校内公共场所的安全出口和疏散通道是否保持畅通、灭火器材是否完好有效等情况进行检查，做到不漏一处、不留死角，防患于未然。

三是勤预判，备好安全“消防栓”。建立健全校园突发公共事件应急工作机制，有效预防、及时控制和妥善处理校园突发公共事件，提高快速反应和应急处理能力。

党的二十大报告强调，中国式现代化是物质文明和精神文明相协调的现代化。物质富足、精神富有是社会主义现代化的根本要求。老年教育是丰富广大老年人精神世界的夕阳工程，也是伴随中国式现代化壮阔进程的朝阳事业。老年教育工作责任重大、使命光荣。我们要深入学习领会习近平新时代中国特色社会主义思想，深入贯彻落实党的二十大精神，以更加昂扬奋进的姿态、更为扎实有效的行动，助力广大老年学员进一步增强获得感、幸福感、成就感，让老有所学成为新时代新征程上更美的风景。

以中国特色社会主义思想为统领
让老年大学在新征程上永远走在前

吕德义[①]

【摘　要】开创了全国第一所老年大学的山东老年大学已经走过了40年的光辉历程。在新的历史起点上，如何深刻认识新时代老年大学工作的历史方位和目标定位，继续“走在前、开新局”？本文紧密联系山东老年大学工作实际进行反思、展望，围绕稳中求进、锐意进取、守正创新聚力前行，提出了五个方面“聚焦发力”的构想，对不断增强老年大学融入和服务积极应对人口老龄化国家战略、创造老年教育新辉煌提供了有益借鉴。

【关键词】政治立校；拓面赋能；守正创新

2023年，对山东老年大学人来说，是极不平凡的一年。这一年，我们迎来了山东老年大学建校40周年、迎来山东老年教育发展40周年。2024年，是新中国成立75周年，是山东省实施“十四五”规划的关键一年，也是山东老年大学、山东老年教育迈向下一个40年新征程的起步之年。如何进一步认识新时代老年大学工作的历史方位和目标定位，不断增强老年大学融入和服务积极应对人口老龄化国家战略的思想自觉和行动实效？笔者联系山东老年大学工作实际进行反思和展望，认为要加快新时代老年大学建设步伐，必须在稳中求进中锐意进取，在守正创新中聚力前行，具体来讲，需要在以下五个方面“聚焦发力”：

---

① 吕德义，中共山东省委老干部局副局长兼山东老年大学校长。

一、聚焦政治立校，牢牢把握正确办学治校方向

姓党为民是老干部工作部门主管主办老年大学最鲜明的底色和本色。把党的政治建设放在首位，全面加强党的领导是老年大学办学的根本遵循。全国组织工作会议用“十三个坚持”系统阐述了习近平总书记关于党的建设的重要思想，形成习近平新时代中国特色社会主义思想“党建篇”。要把贯彻落实习近平总书记关于党的建设的重要思想和关于老干部工作、老龄工作重要论述结合起来，以山东省委第五轮巡视山东老年大学为契机，加强全省老年大学党建工作，教育引导老年大学干部职工、学员党员始终保持政治定力、把准政治方向、坚定政治立场，努力打造政治统领、党建引领的重要阵地。

1. 持续深化理论武装

坚持用习近平新时代中国特色社会主义思想凝心聚魂，把全面贯彻党的二十大精神和习近平总书记关于老干部工作、老龄工作重要论述，深入贯彻落实习近平总书记重要指示精神，作为头等大事，用好离退休干部党建活动基地平台，通过读书班、“第一议题”、专题党课、红色宣讲、知识竞赛、专题研讨等方式，组织引导老年大学干部职工、学员党员深刻理解、准确把握其重大意义和丰富内涵，把握蕴含其中的世界观和方法论，努力做到从理论上学、从政治上悟，转化为坚定理想、锤炼党性的强大力量。按照中央部署和省委要求，巩固拓展主题教育成果，建立健全以学铸魂、以学增智、以学正风、以学促干长效机制，更好地将主题教育成果转化为全省老年大学攻坚克难、干事创业的强大动力。

2. 突出抓好政治建设

把旗帜鲜明讲政治贯穿老年大学工作始终，坚持把党的政治建设作为根本性建设来抓，深刻领悟“两个确立”的决定性意义、自觉践行“两个确立”的实践要求，更加自觉地增强“四个意识”、坚定“四个自信”、做到“两个维护”。严明党的政治纪律和政治规矩，严肃党内政治生活，开展好集中性纪律教育，引导全省老年大学干部职工、学员教师党员自觉遵守党章党规党纪，在大

是大非面前旗帜鲜明、立场坚定，不断提高老同志、老年人的政治觉悟和银领担当。筑牢思想防线、守牢行为底线，规定动作做到位，自选动作映红色，切实在政治上信得过、靠得住、站得稳、过得硬。

3. 坚定坚持党建引领

习近平总书记在山东省日照考察时强调：推进中国式现代化，必须坚持党的领导、抓好党的建设。加快新时代老年大学建设，也必须坚持党建引领。要充分发挥全省老年大学基层党组织的战斗堡垒作用和党员干部的先锋模范作用，坚持机关党建、学员党建、离退休干部党建一体谋划、一体推进，标准化、规范化建设不断增强。持续打造“本色家园·乐龄先锋”党建文化品牌，采取“开学第一课”“课前微党课”、党性实践课、公益大讲堂等多种形式，用好“芳华先锋”“孔子学堂”“金山讲堂”等平台，让全省老年大学党组织生活不断实起来、动起来、活起来、热起来。社团建设同步推进、同频共振、弘扬主旋律、增添正能量。围绕庆祝新中国成立 75 周年，通过丰富完善“唱、舞、写、画、摄、展、赛”等方式，在各级老年大学广泛开展党员党性教育、弘扬中华优秀传统文化等系列主题活动，讴歌英雄事迹，弘扬革命精神，切实把老同志、老年人组织好、教育好、凝聚好，坚定不移听党话、颂党恩、跟党走。

二、聚焦拓面赋能，不断提升教育教学能力水平

教学工作是老年大学工作的重中之重，是学校的主责主业，是做好老年教育工作的基础和保证。没有教学，就不能称其为老年大学。一定要坚守“以教学为中心”的思想观念，把教学置于老年大学业务建设的最重要位置，真正形成人人关心教学、时时关注教学、处处方便教学、一切围绕教学的良好局面。

一是规范教育教学体系。40 年的办学经验告诉我们，规范化一体化是提升老年大学教学质量的重要方式和抓手。要从制度设计和落实入手，认真落实《关于推进全省老年大学教学一体化建设的实施意见》《山东省老年大学评估标准》《山东省老年大学教学大纲》等规范性文件，不断提升教学质量、优化课程

体系、培强师资力量，加快推进规范化、一体化发展，提升老年大学工作适老化、分众化水平，增强教育教学的系统性、科学性。强化系统理念，坚持全省老年大学一盘棋，按照“一年打基础、两年见成效、三年有提升”目标要求，加快老年大学教学规范化一体化建设，做到有标准、有标杆、有标兵。省校要牵头组织开展好课程体系、大纲教材、教师培训、共享课堂等工作，推进老年大学时代化、现代化、信息化教学管理。市县老年大学要围绕教学规范化一体化建设目标任务，加强沟通协调、自主创新，形成“上下联动、左右协同、市区一体、全域统筹”的发展格局，推动全省老年大学系统联动，创优提质。

二是深入开展理论研究。积极打造山东老年教育研究院及各市理论研究基地等平台，全面提升理论研究、校本研究水平，加强老年教育学术期刊建设，推动山东老年教育理论研究走在全国前列。邀请有科研能力和实践经验的专家，挖掘培养具有研究潜力的老年大学年轻骨干开展理论研究，建立有情怀、有担当、有创新、有能力的研究团队。依托山东中华文明重要发祥地、儒家文化发源地和革命老区优势，继续开展老年教育视域下的中华优秀传统文化“双创”研究，紧紧围绕政府关怀、社会关注、长者关心、学员关切的老年教育热点、难点问题，紧紧围绕为老年人益寿益智赋能加油，开展实用性校本研究，建立课题发布制度，推动重点领域和关键环节取得新突破，推动理论研究成果形成决策机制、教学方法、行业标准，增强全省老年大学在老年教育领域话语权、建构力。

三是建好用好远教平台。用足用好用活山东老年大学远程教育网、“乐龄学堂”应用软件（APP），以及各市远程教育平台，持续建设“电脑＋电视＋手机”全覆盖、“录像＋点播＋直播”相融合的立体化远程教育平台。探索“远程＋传统文化”“远程＋非遗文化”“远程＋思政党史”“远程＋医养保健”等模式，加快建设“没有围墙的老年大学”“家门口的老年大学”“无边界老年大学”，推动老年大学从学校延伸到社区、日间照料中心、敬老院等养老服务机构，不断满足老年人多层次、个性化、高品质学习需求。注重因地制宜，充分挖掘师资优势和文化资源，扎实开展远程教育课程的开发、培育、建设和应用，打造一批老年人喜闻乐见、彰显齐鲁文化、具有地域特色的精品实用远程课程。聚集优质教育资源向基层延伸，推动教学点进驻村（社区）和养老机构，精准高效惠及更多村（社区）老年人、高龄老年人。

四是丰富拓展游学研学。山东是中国古代文化发源地之一，有着博大精深的传统文化、光辉灿烂的革命文化、激昂向上的现代文化、丰富多彩的民俗文化，为开展老年大学游学研学工作奠定了坚实基础。注重把各地传统文化、红色文化、现代文化、民俗文化融入游学，完善游学课程设计，持续建设各类不同主题、富有特色的教学基地，在已确定省级游学线路6条、广泛开展“走齐鲁大地　寻红色记忆”的基础上，深入开发推广更多省市级精品老年游学线路。树立“大游学”观，以开放融合的姿态，持续开展省际游学，努力拓展学员国际游学线路，通过游学研学的方式，广泛宣传推广老年大学办学成果，主动向世界发出老年教育“山东声音”，推广“山东经验”。

三、聚集优化管理服务，搭建持续发挥作用平台载体

学员是老年大学的主体，是老年大学的真正主人，必须坚持“管理就是服务”理念，牢固树立尊老敬老、以老为先的服务意识，把搞好管理服务作为教育教学工作的出发点，坚持问政于学员、问需于学员、问计于学员，坚持一切工作都紧紧围绕学员展开，一切为了学员，一切依靠学员，一切服务学员。

一是激发凝聚正能量。充分发挥老年大学思想政治教育主阵地作用，将习近平新时代中国特色社会主义思想作为老年大学必修课，教育引导学员党员自觉践行社会主义核心价值观，做共产主义远大理想和中国特色社会主义共同理想的坚定信仰者和忠实实践者。创新思政课程体系，加快编写思政教程，推动思想政治教育与课程教育深度融合，以有深度、有力度、有温度的思政教育汇聚银龄正能量。结合老年大学实际，建好用好离退休干部党建活动基地等平台，完善功能定位，让老同志、老年人学有所思、思有所悟、悟有所行，让离退休干部、学员党员找到阵地、找到组织，就近学习、就近活动、就近发挥作用、

就近得到关心照顾。

二是扎实开展社会服务。聚焦中国式现代化这个新时代最大的政治，胸怀“国之大者”“党之大计”“省之大要”，牢牢把握为党和人民事业增添正能量的价值取向，围绕黄河重大国家战略、绿色低碳高质量发展先行区建设、发展新质生产力、打造乡村振兴齐鲁样板、高水平开放、发展银发经济等党委、政府中心工作，深入开展“增添正能量·共筑中国梦”“强省有我·银龄行动”等活动，深挖银发人力资源，引导他们在社区治理、文明创建、文教卫生、公益慈善等方面贡献智慧力量。持续探索“党建＋志愿服务”“老年大学＋志愿服务”等活动模式，组织好“本色家园”红色宣讲团，开展好系列志愿服务活动，提高志愿服务组织能力，激发银发人才实现自我、服务社会的主动性和积极性，助力“美德山东”建设。持续擦亮“关心下一代”工作品牌，加强老年大学关工委建设，组织“五老”志愿者走进中小学，开展红色故事进课堂、传统文化面对面等活动，引导学员在关心下一代等方面发挥独特优势和作用。不断满足老同志、老年人全方位、多层次社会参与、文化养老、自我展示新需求。

三是规范学员组织管理。立足老年大学办学实际，规范各类专业学制，规范学员招生、入学、考勤、退学、毕业管理，通过分层次教学等方式，探索解决老年人学习需求与老年教育供给矛盾，努力实现学位流动。结合教学实际，加强班代会等学员骨干队伍的选任和管理，进一步规范班长选聘、管理、调整、报备，不断健全完善学员自治体系，促进学员自我管理、自我教育、自我服务。加强和规范学员社团组织建设，积极组建协会、表演队、兴趣组、学会等社团组织，打造社团特色化品牌，形成老年大学服务社会的“蓄水池”，让老学员“出得去”、新学员“进得来”、好学员“留得住”。

四、聚焦建强办学阵地，不断扩大老年教育覆盖范围

校园是老年教育的阵地和载体，要持续推进老年大学硬件设施配套建设，推动老年教育资源向基层下沉，倡导和支持社会力量参与构建文化养老平台，

满足老年群体多方位精神文化需求，为老同志、老年人开展学习活动拓展空间、创造条件，不断提升获得感、幸福感、价值实现感。

一是改善办学条件。进一步加强统筹、整合资源，通过新建、改建、扩建等方式，逐步扩大省、市、县三级老年大学“硬实力”。省、市、县三级实现老干部部门主办的老年大学全覆盖。按照功能完善、设施齐全、方便实用的原则，推进智慧校园建设，提升老年大学教学场所和设施的适老化、信息化、现代化水平。积极争创全国老年大学标准化示范校，新建全省基层老年教育示范校 100 个、全省老年教育理论研究示范基地 20 个，不断促进全省老年大学建设管理更科学、更统一、更规范。

二是拓宽合作交流。创新建立规范化、常态化合作办学机制，深化推进省校与贵州老年大学、山东商业职业技术学院、泰山文化研究会等战略合作。积极开展与山东老年开放大学和各级开放大学的交流，主动加强与各类院校、专业教育机构和公共文化服务机构、养老服务机构合作，持续开展省际老年大学文化交流，加强省内老年大学区域合作、同城协作，推进老年大学多元发展、立体发展。鼓励推动各部门、行业企业、高校等举办老年大学，从服务本单位、本系统离退休职工向服务社会老年人转变。积极打造“新华书店老年大学”品牌，推动书香文化提质赋能老年大学高质量发展。依托乡镇（街道）、村（社区）党群服务中心、新时代文明实践中心和离退休干部学习活动场所等，推进乡镇（街道）老年学校、村（社区）老年学堂建设，加快老年大学从学校延伸到社区、村（居）养老服务机构，满足老年人就地就近就便上学新需求。

三是优化校园文化。培育优良的校风、班风、教风、学风，设计主题鲜明的校训、校徽、校歌等。广泛宣传老年教育政策方针，开展文明校园、绿色校园、平安校园、法治校园建设，科学布局文化设施，抓好文化橱窗、展览室等建设，营造浓厚人文气息。聚全校和系统之力，办好《老年教育》杂志。充分发挥融媒体和互联网作用，借助电视、报刊、网络等更多媒体、更高平台，用好校报、校刊、网站、微信公众号等，围绕新中国成立 75 周年，精心策划宣传活动，持续提升老年大学时代引领力、社会影响力、品牌形象力。制定《全省老年大学信息宣传工作管理办法》，各级老年大学要进一步增强做好信息宣传工作的积极性和主动性，加强特色亮点的提炼和经验品牌总结打造，让老年大学的工作广为人知、广受关注、广得支持。

四是抓实制度建设。践行积极老龄观、健康老龄化理念，贯彻落实《关于发展银发经济增进老年人福祉的意见》，提升老年大学文体服务覆盖范围，更好增进老年人福祉，助力银发经济发展。贯彻落实《山东省老年教育条例》，持续推动《山东老年大学五年行动计划（2021—2025 年）》落实落地，提升老年大学示范引领老年教育能力，拓宽发展路径，激发发展活力。省校会同省委组织部、老干部局、省发展改革委、省教育厅、省财政厅等 11 部门出台的《关于推进新时代全省老年大学高质量发展的意见》是学习贯彻习近平总书记重要指示精神的重要抓手和具体举措，是老年大学工作的新使命、新坐标、新担当。要把贯彻落实《意见》摆上重要议程，积极争取党委、政府以及组织、老干部、财政等部门支持，履行职能职责，加强工作指导，夯实支撑保障，切实解决老年大学发展中的实际困难和问题，提升学校管理的标准化、规范化、制度化水平。

五、聚焦求真务实、提效提能，持续打造老年大学模范部门和过硬队伍

习近平总书记指出，“要加强老干部工作部门自身建设，努力建设让党放心、让老干部满意的模范部门，打造政治坚定、作风优良、业务精通的过硬队伍”。去年以来，我们在自身建设上积极努力，老年大学干部职工履职尽责、敢于担当、奋发作为，整体面貌展现新作为、新担当、新气象。我们要持续内强素质、外树形象，以更高的站位、更优的状态、更强的效果，真正做出让党放心、让老同志老年人满意、让社会称赞的业绩。

始终做到对党忠诚。牢记习近平总书记“政治上绝对可靠、对党绝对忠诚”嘱托，持续深化政治机关建设，教育引导全省老年大学干部职工锤炼对党忠诚、信念坚定的政治品格，带头学懂弄通做实习近平新时代中国特色社会主义思想，

自觉做对党忠诚老实的模范实践者，当好践行“两个维护”的排头兵。自觉接受党委组织部门领导，认真落实归口党委老干部工作部门管理各项规定，扎实推动模范单位、法治单位和过硬党支部建设，坚决扛牢意识形态工作责任，加强政治学习和政治历练，切实增强政治判断力、政治领悟力、政治执行力。健全理论学习中心组学习、“第一议题”等制度，巩固拓展主题教育成果，养成从政治上观察和思考问题的自觉，增强从大局上把握和推动工作的意识，做到每项工作都有好的政治导向、政治影响、政治效果。

持续培强优良作风。发扬斗争精神和求真务实、真抓实干的工作作风，培树“功成不必在我、功成必定有我”的精神，保持奋发有为、勇毅前行的状态，弘扬淡泊名利、无私奉献的优良传统，扑下身子干实事、谋实招、求实效，干一行、爱一行，钻一行、精一行。大兴调查研究之风，落实“四下基层”“四个联系”工作机制，随时了解老年大学工作中的新情况、解决新问题、总结新经验、探索新规律，抓好调研成果转化应用，更好为科学决策服务。建立整治形式主义为基层减负专项工作机制，抓好形式主义典型问题自查自纠和整改整治。认真践行“四提”“五要”要求，把不折不扣抓落实、雷厉风行抓落实、求真务实抓落实、敢作敢为抓落实作为总遵循，形成抓落实的无缝责任链条，实现抓落实的闭环管理，以钉钉子精神，以清单化、项目化、责任化推进任务落实见效。以高度的政治责任感和担当精神。认真履行全面从严治党政治责任，持续加强党风廉政建设，开展好集中性纪律教育，严格执行中央八项规定及其实施细则精神和省委实施办法，真正抓出好面貌、好风气、好队伍。

全面提升素质能力。坚持在学中干、干中学，发扬“匠人”精神，围绕教育教学教务教研主责主业，依托学习型机关、学习型党支部建设，继续办好老年大学校长读书班、干部职工培训班，借助理论研讨、专题讲座、网络授课等手段，推动干部职工积累新经验，学习新知识，掌握新本领。不断解放思想，始终坚持系统观念，在理念、思维、方式等方面不断创新，增强工作的预见性和创造性。把实践作为提升素质的课堂，有计划地开展业务培训、交流锻炼、岗位练兵等工作，帮助老年大学干部职工提升能力、增长经验、补齐短板。高度重视年轻干部培养，实施年轻干部素质能力提升工程，打造年轻干部论坛，组织开展多岗位历练，切实提高脑力、眼力、脚力、笔力，提升思考、谋划、调研、写作能力，为他们成长进步搭建平台、创造条件，让他们尽快从人手、人力变成人才、人物。

启航新征程，逐梦再出发。让我们更加紧密地团结在以习近平同志为核心的党中央周围，开拓进取、奋勇担当、埋头苦干、扎实作为，加快建设新时代高水平老年大学步伐，让山东省的老年大学故事更加出彩、声音更加响亮、形象更加彰显，为新时代社会主义现代化强省建设作出新的贡献！

以新的使命和担当推动老年教育事业的现代化

白向华[①]

【摘　要】党的二十大对未来五年乃至更长时间全面建设社会主义现代化国家，全面推进中华民族伟大复兴擘画了宏伟蓝图，为新时代新征程党和国家各项事业发展指明了前进方向。贯彻落实党的二十大精神就必须积极应对人口老龄化，把积极老龄观、健康老龄化理念融入经济社会发展全过程，把进一步做好老干部工作、老龄工作、老年教育工作摆到重要位置。认真把握面向新时代新征程老年教育的发展方向，以更加自觉的使命担当，更加扎实的工作作风，全面落实党的二十大提出的与发展老年教育密切相关的各项要求，不断加快老年教育的现代化发展步伐。

【关键词】老年教育；党的二十大精神；学习贯彻；使命担当

举世瞩目的党的二十大，是在迈向全面建设社会主义现代化国家新征程、向第二个百年奋斗目标进军的关键时刻召开的一次十分重要的大会，必将对各行各业今后很长一个阶段产生重大而深远的影响。

一、新的目标和任务，呼唤老年教育新的使命和担当

习近平总书记所作报告系统回顾了过去五年党和国家事业取得的重大成就

---

① 白向华，陕西老年大学校长。

和新时代十年的伟大变革，对未来五年乃至更长时期全面建设社会主义现代化国家、全面推进中华民族伟大复兴进行了战略谋划，对统筹推进“五位一体”总体布局、协调推进“四个全面”战略布局作出了全面部署，为新时代新征程党和国家事业发展、实现第二个百年奋斗目标指明了前进方向、确立了行动指南。

全面建设社会主义现代化国家、全面推进中华民族伟大复兴，就必须积极应对人口老龄化，要把积极老龄观、健康老龄化理念融入经济社会发展全过程。要把进一步做好老干部工作、老龄工作、老年教育工作摆在重要位置。要落实好大会提出的“实施积极应对人口老龄化国家战略，发展养老事业和养老产业，优化孤寡老人服务，推动实现全体老年人享有基本养老服务”等要求和举措，不断提升老年人的安全感和获得感，让所有老年人都能共享改革发展成果，安享幸福晚年。

作为老年教育战线的一名资深工作者，既对大会为我国未来擘画的宏图伟业而激情澎湃，又深感发展新时代老年教育之责任重大。我们必须以更加自觉的使命担当、更加扎实的工作作风、更加昂扬向上的精神状态，认真贯彻落实党的二十大决议，积极推动老年教育线上线下的普及化和现代化，为全面建设社会主义现代化国家作出应有的贡献。

二、着眼全局，认真把握面向新时代新征程老年教育的发展方向，做到举旗定向

不谋全局者，不足以谋一域。深入学习党的二十大精神，特别是习近平总书记在大会上的报告，深刻认识这是党团结带领全国各族人民夺取中国特色社会主义新胜利的政治宣言和行动指南，是马克思主义的纲领性文献。报告的主题是大会的灵魂，是党和国家事业发展的总纲。学习贯彻党的二十大精神，推动老年教育现代化，也是要胸怀全局，面向现代化，把老年教育工作放在全国一盘棋这个大局下考量和推进，准确把握党的二十大对老年教育思想理论层

面的方向引领和战略战术层面的政策指导。

一是牢牢把握住党和国家事业发展的总纲，也就是大会的精神对老年教育的指导意义。在发展老年教育中，必须要高举中国特色社会主义伟大旗帜，深刻领悟“两个确立”的重大意义，坚决维护习近平同志党中央的核心、全党的核心地位，全面贯彻习近平新时代中国特色社会主义思想，弘扬伟大建党精神，自信自强、守正创新，踔厉奋发、勇毅前行，为全面建设社会主义现代化国家、全面推进中华民族伟大复兴而团结奋斗，奋力谱写新时代老年教育发展的华章。

二是把握开辟马克思主义中国化时代化新境界的总要求对老年教育的指导意义。要在老年教育实践中把握好习近平新时代中国特色社会主义思想的世界观和方法论，坚持好、运用好贯穿其中的立场、观点和方法，坚持人民至上、坚持自信自强、坚持守正创新，坚持胸怀天下、坚持系统观念、坚持问题导向，把开辟马克思主义中国化时代化新境界的新要求变成新时代发展老年教育的总方针、新要求。

三是把握中国式现代化的本质要求对老年教育的指导意义。在发展老年教育中，坚持中国共产党领导，坚持中国特色社会主义，从发展全过程人民民主着眼，丰富人民精神世界着手，促进人与自然和谐共生，推动构建人类命运共同体，创造人类文明新形态。

四是把握全面建设社会主义现代化国家重大原则对老年教育的指导意义。在发展老年教育中，坚持和加强党的全面领导，坚持走中国特色社会主义道路，坚持以人民为中心的发展思想，坚持深化改革开放，坚持发扬斗争精神。

五是把握未来一个时期党和国家事业发展的战略部署对老年教育的指导意义。找准老年教育与经济、政治、文化、社会、生态文明建设、党的建设以及其他各方面工作的契合点和结合部，以便更有针对性、更有成效地推动和发展老年教育事业，满足老年人紧跟时代、全面发展的精神文化生活需求。

三、立足本职，认真落实党的二十大提出的与发展老年教育密切相关的各项要求，增强主动性和自觉性

学习的目的在于领会，领会的目的在于落实。行动是通向目标的必由之路。我们要系统地、全面地、准确地学习领会党的二十大系列重大决策部署中与老年教育密切相关的具体要求和举措，紧密结合并实际贯彻到我们的工作中去，杜绝空谈，崇尚实干。

一是深刻领会和落实坚持教育优先发展、加快建设教育强国的要求。把老年教育作为发展国民教育的重要组成部分，坚持为党为国培育老年人才，全面提高老年教育数量和质量，促进老年教育的公平和普及，努力建设全民终身学习的学习型社会、学习型大国。

二是深刻领会和落实发展全过程人民民主、保障人民当家作主的权利。老年群体也是人民群众的重要组成部分。要积极设计，努力推进，把老年大学作为发展全过程人民民主的一个重要平台，发挥老年群体的积极性、主动性、创造性，为提升全社会的人员素质，提高社会发展水平，增加人们的幸福感，巩固和发展生动活泼、安定团结的政治局面有所作为。

三是深刻领会和落实加快建设法治社会的要求。把老年教育作为重要阵地，把老年人作为重要力量，带头在老年群体中弘扬社会主义法治精神，深入开展老年法治宣传教育，增强老年人法治观念，传承中华优秀传统和法律文化，引导老年人做社会主义法治的忠实崇尚者、自觉遵守者、坚定捍卫者。

四是深刻领会和落实推进文化自信自强、铸就社会主义文化新辉煌的要求。坚持马克思主义在老年教育中的指导地位，以社会主义核心价值观为引领，发展社会主义先进文化，弘扬革命文化，传承中华优秀传统文化。坚持举旗帜、聚民心、育新人、兴文化、展形象。坚持在老年人中树立文化自信，满足老年人日益增长的精神文化需求，为巩固全党全国各族人民团结奋斗的共同思想基础，不断提升国家文化软实力和中华文化影响力引领示范，作出贡献。

五是深刻领会和落实增进民生福祉、提高人民生活品质的本质要求。要坚

持为老年人造福，实施积极应对人口老龄化国家战略，把积极老龄观、健康老龄化理念融入经济社会发展全过程，把老年人有作为、有进步、有快乐作为老年教育的本质要求。全面落实好老年教育发展规划，在提高现有老年大学办学活动质量的基础上，加快发展基层社区老年教育，增强老年教育的均衡性和可及性，让更多老年人享受到形式多样的学习活动服务。

六是深刻领会和落实推动绿色发展、促进人与自然和谐共生的要求。在老年人中牢固树立绿水青山就是金山银山的理念，让老年人成为尊重自然、顺应自然、保护自然的宣传者、践行者和引领者，成为推进生态优先、节约集约、绿色低碳发展的重要力量。

七是深刻领会和落实推进国家安全体系和能力现代化、坚决维护国家安全和社会稳定的要求。有国才有家，稳定有序的社会有利于经济和人的全面发展。要加强老年人的国家安全观、社会安全观和个人安全教育，引导他们服务国家安全和社会安全，做好自身安全。各级老年人学也要有安全防范意识，提升公共安全治理水平，提高突发公共事件处置保障能力。

四、坚持党的领导，把老年大学建成老同志思想政治建设的主阵地和党建工作的示范区

党的二十大强调，全面建设社会主义现代化国家、全面推进中华民族伟大复兴，关键在党。同样，推进新时代新征程老年教育的规范化和现代化，关键也在加强党的领导和党的重视。这既是老年教育发展的政治方向，也是确保老年教育健康发展的根本保证。

一要坚持和加强党对老年教育的领导。要坚持“党委领导、政府主导、社会参与、全民行动”的老龄工作方针，以扩大老年教育供给为重点，以创新老年教育体制机制为关键，以提高老年人的生命和生活质量为目的，整合社会资源、激发社会活力，提升老年教育现代化水平，进一步实现老有所教、老有所学、老有所为、老有所乐，努力形成具有中国特色的老年教育发展新体系新格局。

二要坚持不懈用习近平新时代中国特色社会主义思想武装老年人的思想。全面加强老同志的思想政治建设，推动习近平新时代中国特色社会主义思想进课堂、进团队、进活动。引导离退休干部党员深入学习新时代党的创新理论，自觉践行习近平新时代中国特色社会主义思想，深刻领悟“两个确立”的决定性意义，增强“四个意识”、坚定“四个自信”、做到“两个维护”，补钙壮骨，发挥正能量。加强理想信念教育，引导老同志特别是老党员牢记党的宗旨，自觉做共产主义远大理想和中国特色社会主义共同理想的坚定信仰者和忠实实践者。

三要加强老干部、老年学员党组织建设。坚持有形覆盖与有效覆盖协调统一，切实扩大党组织的覆盖面，做到应建尽建，把党组织覆盖到所有符合条件的班级和团队。切实增强党组织政治功能和组织功能，以支部为统领，发挥老同志和学员党员在教学活动组织、学员服务管理、校园文化建设、社会志愿服务等方面的积极作用，把党组织建设成为有效实现党的领导的坚强战斗堡垒，激励老同志积极发挥先锋模范作用，保持党员队伍先进性和纯洁性。

四要加强老年大学工作人员的党的建设。以老年大学党员干部队伍的自身建设推进老年教育的发展，持之以恒推进全面从严治党，深入推进新时代党的建设新的伟大工程。落实老年大学全面从严治党的各项要求，推进党员干部的自我革新、自我净化、自我提高、自我完善，坚持不懈用习近平新时代中国特色社会主义思想凝心铸魂。完善学校的制度规范，建设能够担当老年教育发展重任的高素质干部队伍。坚持以严的基调强化正风肃纪，坚决打赢反腐败斗争攻坚战持久战，为老年教育现代化提供思想政治和纪律作风保障。

用习近平文化思想铸就自信自强的老年大学校园文化

——以云南老年大学为例

陈文明[①]

【摘　要】随着老龄化社会的加速推进和人们对美好生活的向往，老年大学的发展越来越受到人们的关注。提升老年大学的办学质量和建设水平是增进民生福祉、满足老年人精神文化生活、提高人们生活品质的重要举措。本文旨在探讨以习近平文化思想建设自信自强老年大学校园文化的原则、方法及实践路径，为老年大学的校园文化建设提供借鉴，以期强化各级老年大学对校园文化的重视程度，通过科学谋划、合理布局、积极实践，达到老年大学以文化人、以德育人的目标。

【关键词】老年大学；校园文化；文化自信自强；实践路径

2023年10月，全国宣传思想文化工作会议正式提出并系统阐述习近平文化思想，在党的理论创新进程中具有重大意义，在党的宣传思想文化事业发展史上具有里程碑意义。习近平总书记在新时代文化建设方面的新思想、新观点、新论断，为老年大学做好新时代新征程宣传思想文化工作、担负起新的文化使命提供了强大思想武器和行动指南。如何贯彻落实习近平文化思想这一党的最

① 陈文明，云南老年大学办公室主任。

新理论成果，铸就自信自强的校园文化，是一个重要的时代课题，将直接影响老年大学的办学成效和老年群体的文化自信。

一、校园文化的内涵与作用

（一）校园文化的内涵

文化是人类社会相较于经济、政治而言的精神活动及其产物。

学校文化是指学校中形成的特殊文化氛围，既包括学校的物质环境和文化设施等显性形态，也包括学校成员共同遵循的价值观念、行为准则、思维方式和思想作风等隐性结构。相较于文化而言，学校文化仅限于学校的范畴，是人类社会文化的组成部分。

校园文化是学校文化的一部分，更侧重于校园内的具体文化。在校园内，校园文化也常代指学校文化。

校园文化的来源是多渠道的，是学校内部生成、生长的，一所老年大学由其历史、背景和生活于其中的人所塑造。首先，源自学校的历史，是历史的沉淀，是在长期办学实践中慢慢生成的基因；其次，源自地域的风土人情，是地域文化在学校育人实践中的内化与吸收；再次，源自校领导班子的理想与追求，是对培养什么人、怎样培养人等教育本质问题的深刻洞察与理解；最后，源自师生的智慧与参与，是一代又一代师生精神的具体呈现。

校园文化的内容主要包括物质层面、制度层面、精神层面和行为层面。精神层面是核心和灵魂，物质层面是基础和承载，制度层面是规范和保障，行为层面是体现和折射。校园文化建设应注重文化浸润、感染、熏陶，既要重视显性教育，也要重视潜移默化的隐性教育，达到“春风化雨、润物无声”的效果。

老年大学的校园文化具有独特性和创新性，聚焦的是老年人群体，承载着办学理念、管理手段和育人导向等关键性因素，反映出老年大学的办学特色和文化底蕴。

（二）校园文化的作用

习近平总书记指出：“文化是一个国家、一个民族的灵魂。文化兴国运兴，文化强民族强。”同理，校园文化也应成为一所学校的灵魂，其特有的环境教育力量，是学员成长的“潜课程”，表现学校的独特风格和精神。如清华大学校训“自强不息，厚德载物”，注重培养学生的全面素质和创新能力。北京大学的校园文化主要体现在“爱国、进步、民主、科学”的校训上，强调自由、民主、科学、创新的精神。

校园文化建设在老年教育中所起的作用是巨大的，是任何显性课程和规章制度都不能代替的。良好的校园文化应该是以人为本、积极向上、开放包容、注重教育质量、注重团队合作、有明确价值导向且注重学员全面而有个性的发展，是塑造老年学员价值观、行为模式、审美情趣的重要环境，能丰富老年人精神文化生活，提高他们的文化素养，强化老年学员的幸福感、获得感、归属感。一是教育功能。老年大学承担着教育广大老年人的职能作用，与其他国民教育机构一样，教授知识、传授技能是主要职能。良好的校园文化具有鲜明的教育属性，能有效发挥教育人、引领人的教育功能。二是导向功能。校园文化建设遵循党的路线、方针、政策，对老年学员的思想观念、价值取向和行为方式具有导向作用，彰显老年大学的政治属性。三是美育功能。随着我国老龄化程度的加速推进，老年学员不仅规模不断扩大，还呈现出年轻化、高学历化的趋势，他们对日益增长的精神文化需求越来越旺盛，良好的校园文化有助于培养老年学员正确的审美观。四是凝聚功能。良好的校园文化一定是由充满人文关怀元素组成的，既能促进师生之间的良好关系，增强师生对学校的认同感和自豪感，也能激励老年学员增强自信心，充分发挥政治优势、经验优势和威望优势，带动身边老年人增强社会责任感，汇聚正能量，保持“退休不褪色、离岗不离党”的本色。

二、当前老年大学校园文化建设的现状

随着老龄化社会的加速推进，老年教育越来越受到各级党委、政府的重视，校园文化建设也逐年迈上新台阶。总体来看，一是更加注重人文关怀。二是内容得到不断完善。三是活动形式日趋丰富。如 2023 年，云南老年大学第五届校园文化艺术节，用一个主题、六个专题贯穿全年，以波澜壮阔之势营造了催人奋进的浓厚校园文化氛围。

但也有需要进一步加强和改进之处。一是基础设施建设不完善。部分县（市、区）老年大学场地有限、设施不配套，缺乏必要的文化活动场所；部分老年大学的文化设施老化，无法满足老年学员和教职员工的需求，甚至部分设施还存在安全隐患。二是校园文化活动需更加丰富。有些学校没有把校园文化建设纳入全局工作进行统筹和谋划，思路不清、方法不活、措施不力，校园文化活动悄无声息；有的缺乏专业人才和资金支持，无法开展多样化、高质量的文化活动，影响校园文化建设的深入发展。三是缺乏有效的管理机制。没有充分利用现有设施、设备和场地等资源，因管理不善，导致文化设施的利用率低下。有的不积极争取上级支持，不会采取租用、借用、合用等方式拓宽文化资源利用效率，未能充分发挥文化育人效益。

三、校园文化建设的目标和原则

校园文化建设必须有明确的目标和方向，并遵循一定的原则，才能朝着特色鲜明、立体多元、自信自强的方向迈进。

（一）校园文化建设的目标

校园文化建设的目标应集中体现老年大学的办学理念，是老年大学精神文化建设的核心所在，回答“为谁培养人才、怎样培养人才、培养什么样的人才”等关键问题，集中体现在办学宗旨、办学目标与培养目标三个部分。

办学宗旨是关于学校存在的目的或对社会发展的某一方面应做出的贡献的陈述，也称为办学使命。办学宗旨为全体师生树立了一个共同为之奋斗的价值标准，为学校的发展目标、制度管理、制定政策、有效利用资源提供了方向性指导。如云南老年大学围绕“用心用情用力满足老年人精神文化生活需求”这一社会使命，把“增长知识、丰富生活、陶冶情操、促进健康、服务社会”确定为办学宗旨。

办学目标是老年大学在党的教育方针的指导下，根据所处地经济文化发展需求，结合学校设备设施、师资力量等实际情况制定的，回答了“要办成什么样的学校”这一问题，对学校各项工作有导向作用，能够激励全体教职工教育教学活动，是关系学校生存和发展的，带有全局性、方向性的奋斗目的。云南老年大学在制定“十四五”规划时，从全国定位和发展时限两个维度明确办学目标，提出“在未来五年内，建设成在全国有影响、地区有特色、省内示范引领”的办学目标。

培养目标也称育人目标，它回答学校“培养什么样的人”“培养人的什么”的问题，是教育目的的具体化，是学校办学理念的一个重要方面。云南老年大学以践行积极老龄观为出发点，注重服务与管理并重，将育人目标与校园文化环境设计相融合，把培养目标与课程、课堂、活动紧密结合，梳理的培养目标为：培养“政治觉悟高、知识技能新、格调品味雅、性情温良善、乐于奉献为、身心健康寿”的新时代风范长者。

（二）校园文化建设应坚持的原则

习近平文化思想指明了思想文化建设应遵循的基本原则，即：坚定文化自信，秉持开放包容，坚持守正创新。老年大学的校园文化建设要以此为遵循，贯穿到校园文化建设的方方面面，确保校园文化建设始终朝着正确方向发展，有序、高效地推进，为老年学员安享晚年和学校发展创造良好的文化氛围。结合老年人特殊群体和老年大学实际，校园文化建设还应注重以下五个方面。一是以人为本的原则。老年大学的校园文化一定是为老年学员而建，聚焦的是老年学员主体，通过以文化人、以德育人，建设养人更养心的校园文化。二是系统规划的原则。系统建设好校园文化并不是一件容易的事情，既不能东施效颦，也不能盲目蛮干，而是要量体裁衣，进行整体规划，充分利用本地资源与学校特点进行整体架构，确保设计理念的整体性、色彩搭配的一致性、主题线索的贯穿性。三是育人为先的原则。老年大学应正确处理学习与娱乐的关系，突出教育属性，防止出现以娱乐活动替代课堂教育的问题。校园文化展示的教育属性应包含知识学习的系统性、课堂设置的丰富性、交流互动的社交性、自我实现的价值性等。四是适老为老的原则。校园文化建设应充分考虑老年学员的身心健康的特殊性、文化需求的广泛性、人格尊重的普遍性，努力营造良好的校园文化氛围，让老年人在校园文化中感受到关爱和尊重，享受快乐和幸福的晚年生活。五是共同参与的原则。校园文化不只是一句句口号，应该是人人都能感受得到的，通过积极调动师生共同参与，在共建共享中形成共同的价值取向、行为准则和精神风貌，让校园中的一景一物都成为“活”的文化、角角落落都是“爱”的表达、放眼之处皆是“育”的影子。

四、构建自信自强校园文化的实践路径

习近平总书记指出，文化自信是更基础、更广泛、更深厚的自信，是更基本、更深沉、更持久的力量。有了文化自信，才能形成传承中华优秀传统文化的自觉；有了文化自信，才能摆脱西方中心主义的影响；有了文化自信，才能对中国特色社会主义文化的未来充满信心。老年大学在校园文化建设中，应从八个方面打造有引领力、凝聚力、塑造力、辐射力的校园文化，把文化自信自强深刻融入学校的精神气质与文化品格中，切实转化为学校的文化基因。

一是培育内涵丰富的校园精神文化。校园精神文化建设的重点在于理念建设，这是校园文化建设的灵魂，要确立符合自身特色的办学理念、培养目标、校风校训等，通过全体师生共同的价值观，形成凝聚力，促进学校的发展。云南老年大学深入学习“两个结合”的丰富内涵，把弘扬中华优秀传统文化作为

校园文化的根和魂，设置体现公民道德规范、职业道德要求、人文精神培养、终身发展需求等内容的语录牌，用优秀传统文化厚实校园文化底蕴，形成了师生认可的“一训三风”。

二是创建高雅优美的校园物质文化。校园文化的样态应该是鲜活的、看得见的，体现在主题鲜明、板块清晰、秩序良好、环境优美，包括校园景观、建筑、设施、校服、校徽等，这是校园文化建设的基础工作。云南老年大学着眼在“绿化、美化、文化”上工夫，校园绿化、美化以绿色植物造景为主，园林小品为辅，借助地处城市公园的优势，在原有的自然生态林的基础上，适当增加名优树种，建成四季常绿、三季有花、鸟语花香、恬静雅致、自然优美的校园环境。文化则利用现有的条件，进行整体规划设计，营造浓厚的文化气息和温馨的人文环境，使校园成为工作、学习、休息的理想场所。

三是打造人文关怀的校园制度文化。科学完善的规定和制度是保障学校有序运行的必要条件，也是校园文化建设的必要内容。校园制度文化建设要立足文化的高度，以人为本，守正创新，全面深入，扎实细致，有特色地不断推进校规、校纪、管理制度等。云南老年大学按照“五性”实施途径和方法制定了90项规章制度，形成以制度管人、用制度管权、按制度办事的良好机制。注重将文化与制度结合，思政课程与专业课程结合、教育研究与教学活动结合，在各专业渗透文化教育，全方位优化学校制度。制度建设更重要的是身体力行，注重实践，用科学的制度激励人，用文化的精华熏陶人，做到知行合一。通过制度建设规范师生的行为，使学校的各项工作有条不紊地进行。

四是发展乐学尚学的校园行为文化。这是校园文化建设的关键，主要是指教师和学员的日常行为表现。云南老年大学校园文化主要实施“五个机制”引导师生规范行为。第一，制度机制明确行为规范，包括课堂纪律、校园秩序、社交行为等内容，如在《招生简章》中明确《学员管理办法》，在校园文化长廊设置《“7S”精细化管理实施细则》等；第二，奖惩机制激发执行动力，对符合行为规范的师生进行奖励，对违反规定的行为进行惩罚，以此激励遵守规范的行为。例如，对完成思政课规定学时的学员可以优先报名、优先延续学位。

第三，教育机制引导修身养性，定期开展行为规范教育和心理健康教育，引导师生正确处理人际关系、情绪管理等问题，培养良好的行为习惯和品德修养。第四，示范机制引领从善如流，要求学校干部职工和老师身体力行，以身作则，争当示范者和引领者，引导学员树立正确的行为榜样。如建立“首问负责制”一站式服务措施，以良好的服务态度给学员做出示范。第五，实践机制培养责任意识，组织学员积极参加社会实践活动，培养学员的社会责任感和公民意识，促进良好的行为表现。

五是建设个性鲜明的校园活动文化。组织开展各种形式的校园文化活动，如典礼仪式、文化艺术节、老年运动会、展览展示展演活动、读书活动、兴趣小组、志愿服务等，可以丰富师生的校园生活，增强学校的凝聚力。云南老年大学每年以校园文化艺术节为主线，将一个个活动串成“活动项链”，如 2023 年的第五届校园文化艺术节，紧紧围绕“银发心向党·建功新时代”主题，组织开展歌咏、文艺汇演、知识竞赛、诗歌朗诵、摄影、书法、绘画艺术作品展、专题征文等 6 项活动，呈现出异彩纷呈、热闹非凡的气氛。

六是拓展传播力强的校园宣传文化。充分利用校园内的各种宣传渠道，引导校园文化气氛健康向上，开展形式多样的宣传活动，扩大宣传阵地、宣传设施和宣传内容，把文明校园建设与学校的中心工作紧密结合起来。如教学管理平台、校刊、公众号、智慧宣传屏、宣传橱窗、“校园之声”广播站等，宣传学校的办学理念、规章制度、优秀师生等，营造良好的文化氛围。

七是共创师生共建的校园记忆文化。站在老年学员的角度去审视文化标识上墙，关注老年学员的身心健康和个性发展，创造喜闻乐见的文化标识，确保新的文化元素能够更好地促进老年学员康乐有为。要由行政单向方式转向师生参与方式，如一面墙上要展示什么主题、以怎样的形式展示、用什么材质来展示等，交由学员讨论决定。要鼓励学员自主动手，如纪念日申报活动、文创比赛、个人作品展等，由学员亲自动手进行设计、布置，真正深度参与进来，让学员在辛苦付出中产生满满的获得感、成就感，形成情感共鸣共振的教育合力，真正打动人心，铭记脑海中。

八是构建别具一格的校园特色文化。校园特色文化应该是鲜活难忘的，体现在文化理念是个性化的，与众不同，形成自己的特色。云南老年大学结合云南边疆特色、民族特色、文化特色、生态特色、红色资源特色，以“尚学汇康乐，修德绘有为”为主题，融合民族、彩云、山河、传统文化等元素，用“绘、汇、慧、惠、荟、卉”等同音字作为校园文化关键词，进行系统规划，打造出“一个主题、两座门厅、三大板块、四条长廊、五个专题、N 个教室”的“5＋N”校园文化体系。

综上所述，老年大学的校园文化建设对提高教学质量和办学水平具有重要作用，我们要在习近平文化思想的指引下，着眼长远，坚持高起点谋划，高标准推进，让老年学员从中华文化宝库中萃取精华、汲取力量，保持对自身文化理想、文化价值的高度信心，保持对校园文化生命力、创造力的高度信心，坚定文化兴校的信心和决心。要坚持系统思维、全局观念，对校园文化进行全面系统的规划，建设自强的校园文化，赋予老年大学校园文化建设的新内涵，创造真正属于新时代老年大学的新文化，推动校园文化建设焕发出新的时代光彩。

聚焦老年人对美好学习生活的向往
推动老年教育高质量发展

马如昌 ①

【摘　要】社会发展进入新时代，老年教育也必须顺势而为，同步进入高质量发展阶段。面对这一新使命，老年教育工作者必须明晰老年教育高质量发展的本质内涵，理清发展思路，紧扣目标任务，把握实践路径，聚焦老年人对美好学习生活的向往，找准发展因素上的短板、发展理念上的差距、发展方式上的不足和高质量发展上的立足点、切入点、突破点，担当推进老年教育高质量发展重任，打通老年教育的痛点、堵点、难点，逐步形成比较完整的教育理念、教育制度、老年人才培养模式及老年教育体系新格局；形成职责明确、主体多元、平等参与、管办分离的管理体制和运行机制新格局；形成覆盖广泛、灵活多样、特色鲜明、规范有序的老年教育发展新格局；形成基础能力有大幅度提升、教育内容不断丰富、形式更加多样的办学新格局；形成全方位、多层次、宽领域的对外合作交流开放新格局。

【关键词】老年教育；多措并举；高质量发展

我国老年教育进入高质量发展阶段，无论是在发展规模、发展速度，还是发展质量上，都伴随着社会进步与时俱进，为推动我国积极应对人口老龄化国家战略做出了重大贡献。但是仍存在很多短板，破解老年教育发展的短板问题

① 马如昌，甘肃省老年大学办公室主任，主要从事老年教育研究。

是事关解决新时代老年人对老年教育高质量发展需要与老年教育发展不平衡不充分矛盾的大事。习近平总书记指出："人世间的一切幸福都需要靠辛勤的劳动来创造的。"老年教育高质量的发展要变为现实，也要靠丰富而艰辛的教育实践。作为老年教育工作者，要聚焦老年人对美好学习生活的向往，以思想解放的引领力、担当作为的驱动力、艰辛付出的实践力，不断激活老年教育发展新动力新活力，使老年教育工作更好地融入经济社会发展大局、融入党建工作大局、融入应对老龄化国家战略，推动老年教育在高质量发展中迈出新步伐、展现新气象、开创新局面。

一、老年教育高质量发展的本质内涵、发展基础、目标任务、工作思路、实践路径

（一）老年教育高质量发展的本质内涵

老年教育是教育事业和老龄事业的重要组成部分，老年教育是传统正规国民教育之外的别样教育，属于现代兴起的社会教育、继续学习、终身教育。老年教育的教育内涵本质上是培养老年人的教育实践活动，高质量老年教育的本质内涵是培养更高素质的老年人的教育实践活动。是在老年教育发展规模满足老年群体和社会发展基本需求之后，所要实践的更高水平、更高要求的老年教育发展状态，主要包括更好的老年教育条件高质量发展状态和更优的老年教育观念、制度、行为等方面高质量的发展状态。老年教育高质量发展也是"增进民生福祉，提高人民生活品质"的重要任务。人民对美好生活的向往就是我们的奋斗目标。老年教育工作要始终坚持人民至上的价值立场，不断满足老年人对美好学习生活的向往，追求老年群体满意，回应老年群体期待，满足老年群体需求，是做好老年教育工作的出发点和落脚点。老年教育高质量发展实质上是量和质的优质发展，也是满足老年人学习需求的自主和内涵循环发展。老年教育高质量发展的理论内涵：马克思关于"一切人自由而全面的发展"的理论，

是建设社会主义的终极目标。马克思主义关于人的全面发展学说，是老年教育高质量发展的思想理论基础，是新时代老年教育高质量发展的本质内涵。新时代老年教育高质量发展就是在中国特色社会主义进入新时代的历史方位与老年教育发展的实践过程中，不断优化"一切人自由而全面的发展"的老年教育内外在因素，保障每一个老年人尽可能获得自由而全面的发展。主要包括每一个老年人的教育权利尽可能得到尊重、每一个老年人的教育需求尽可能得到满足、每一个老年人的潜在才能尽可能得到培养、每一个老年人的道德品质尽可能得到培育等。

（二）老年教育高质量发展的工作思路

新时代老年教育高质量发展的工作思路是以满足老年人对美好学习生活的向往为目标，以提高老年教育质量为核心，以改善老年教育条件、更新老年教育观念、改革老年教育制度与转变老年教育行为为内容，以参与全球老年教育问题治理为范式的老年教育整体发展。

（三）老年教育高质量发展的发展基础

一是政策基础。党的十八大以来，以习近平同志为核心的党中央高度重视老龄事业，明确将积极应对人口老龄化作为国家战略。党和国家印发的诸多政策文件均对老年教育作出了决策部署并提出了明确要求。2016 年 10 月，国务院办公厅印发的《老年教育发展规划（2016—2020 年）》明确提出："老年教育是我国教育事业和老龄事业的重要组成部分。2019 年 11 月，中共中央、国务院印发的《国家积极应对人口老龄化中长期规划》强调要"构建老有所学的终身学习体系"。2021 年 3 月，我国"十四五"规划明确提出要"以'一老一小'为重点完善人口服务体系""积极开发老龄人力资源"。同年 11 月，中共中央、国务院印发《关于加强新时代老龄工作的意见》，对"将老年教育纳入终身教育体系""推动扩大老年教育资源供给"等作出统筹安排。近年来，党中央、国务院及有关部门印发了一系列制度文件，出台了一系列政策措施，全方位推进老年教育工作良好局面有效形成。这为新时期我国持续推进老年教育高质量发展奠定了坚实基础并提供了有力保障。二是实践基础。老年教育 40 多年改革发展所取得的历史性成就，为老年教育高质量发展奠定了坚实实践基础。

（四）老年教育高质量发展的目标任务

坚持以人民为中心的发展思想，以满足老年人对美好学习生活的向往为老年教育高质量发展的目标。加快构建“党委领导、政府负责、学校实施、社会参与、普惠共享”的中国特色老年教育服务体系是新时期老年教育改革发展的主要任务。（1）党政层面的任务：坚持党政主导，加大老年教育资源供给，推进老年教育可持续发展，形成发展老年教育的支持性政策环境、人才培养机制及法治保障体系。（2）社会层面的任务：形成浓厚的老年教育发展氛围。创新老年教育发展机制，通过政府购买服务、项目合作等多种方式，支持和鼓励各类社会力量通过独资、合资、合作等形式举办或参与老年教育，实现多元的老年教育供给和发展结构。（3）学校层面的任务：把培养新时代老年人作为老年教育的根本目标，不断拓展老年教育发展路径，加强老年教育支持服务，进一步满足老年人对美好学习生活的向往。

（五）老年教育高质量发展的实践路径

新时代我国老年教育的实践路径应把牢方向，审时度势，把握大局，遵循规律，科学推进，量力实践。一是要走出一条“党建＋”项目建设的融合之路。紧扣党建“围绕教学、队伍建设、服务学员”的职责定位，结合工作重点难点堵点问题，以小切口确定“党建＋”项目，把落脚点放在为学员办实事、解难题上，推动党建和老年教育工作深度融合，激发党建引领发展、发展促进党建的内生动力；二是要走出一条党政主导之路。加快构建“党委领导、政府负责、学校实施、社会参与、普惠共享”的中国特色老年教育服务体系，提高全要素供给率，更好满足广大老年人的学习需求；三是要走出一条老年教育专业崛起之路。要跑好升级赛、做优传统文化专业，把准新风口、做精现代文化专业，抢占制高点、做靓优势特色专业，加快构建老年教育课程现代化专业体系；四是要走出一条创新驱动之路。深入推进创新型老年大学建设，以创新的“领先一步”为发展的“一路领先”提供经验、积蓄力量；五是要走出一条改革开放之路。坚持以“改”为先、以“拓”为主、以“引”为重，不断增强老年教育发展动力活力；六是要走出一条绿色发展之路。把老年教育文化建设贯穿老年教育事业发展各方面和全过程，形成老年教育绿色发展新方式，增强老年大学吸引力、感染力和活力；七是要走出一条特色发展之路。老年大学由单一的学习活动场所向思想政治的引领高地、文化活动的展演平台、工作骨干的培训基地、文化养老的示范中心、老年教育的研究基地、教育教学的数字化管理转型的路子；八是要走出一条老年教育场所、课程、教材标准化建设和教师队伍专业化培养及管理的纵向贯通、横向协同之路。

二、老年教育高质量发展的制约因素及面临的困难挑战

面对日益严峻的人口老龄化发展态势和人民群众日益增长的美好生活需要，当前我国老年教育仍存在很多制约因素，面临诸多困难挑战。

（一）制约因素

影响老年教育高质量发展的制约因素既包括改善教育条件的外在因素，也包括变革老年教育观念、改革老年教育制度与转变老年教育行为等内在因素。

（二）困难与挑战

老年教育发展不平衡不充分是我国老年教育发展 40 多年来长期存在的问题。主要表现为：一是发展不平衡。受区域经济社会发展水平影响、办学类型归口等多因素影响，当前我国老年教育在区域之间、城乡之间、办学系统、国际交流之间差别较大。二是发展不充分。首先，办学条件不充分。根据老年人的特点和办学标准要求，教学场地不规范、不达标，功能设施不齐全，与老年

教育高质量发展的要求和老年人的需求差距较大。其次，内涵发展不充分。主要表现为重“量的扩张”，轻“质的提高”；重课堂业务教学，轻立德树人；重硬件建设，轻软实力提升。再次，教学工具不充分。目前，老年大学的教材多是以“学员开专业”，以“课程选教材”，难易深浅比较笼统，教材内容、标准、要求没有规范统一，尤其是各省老年大学用什么样的教材各自为政、各行其道，在贴近老同志、贴近生活、贴近时代要求方面存在欠缺，教材权威性、实用性、科学性、系统性不够。又次，专业人才不充分。老年大学教师队伍的现状是：临聘多、难管理、不稳定、专业化程度不高，难以实现高质量的教育公平与更公平的高质量教育。最后，对外合作不充分。经济发达省份对外合作经常但不充分；贫困省份对外合作几乎没有。三是管理认识不统一。多头管理的问题突出，对老年教育姓“老”姓“文”、属社会现象问题，还是姓“教”、属教育现象问题，认识仍未统一。跨系统跨部门的办学机制尚未形成。四是资金投入不足。五是数字技术应用不广。数字化、智慧化基础设施建设整体滞后，信息技术应用广度和深度不够，与老年教育信息化助力老年教育公平发展和新时代建设高质量老年教育体系的内在要求差距很大。

三、坚持多措并举　推动老年教育高质量发展

老年教育进入高质量发展阶段，老年教育工作者要聚焦老年人对美好学习生活的向往，找准发展因素上的短板、发展理念上的差距、发展方式上的不足和高质量发展上的立足点、切入点、突破点，切实担当起推进老年教育高质量发展重任。坚持多措并举，把内生动力激发出来，把发展活力释放出来，把巨大潜力挖掘出来，创造出更多“惊涛骇浪从容渡”的奋斗成果，书写出更多“越是艰险越向前”的精彩篇章，逐步形成比较完整的教育理念、教育制度、老年人才培养模式及老年教育体系新格局；形成职责明确、主体多元、平等参与、管办分离的管理体制和运行机制新格局；形成覆盖广泛、灵活多样、特色鲜明、规范有序的老年教育发展新格局；形成基础能力有大幅度提升、教育内容不断

丰富、形式更加多样的办学新格局；形成全方位、多层次、宽领域的对外合作交流开放新格局。

（一）坚持党政主导，推动老年教育高质量发展

一是坚持党政主导，力求从构建服务体系、立法进程上突破。一要构建服务体系。加快构建“党委领导、政府负责、学校实施、社会参与、普惠共享”的中国特色老年教育服务体系。二要加快立法进程。建议国家层面尽快研究出台《老年教育法》，从法律层面真正保障老年教育工作的顺利推进。三要开发老年人力资源。通过老年教育提高老年人社会参与力，促进老年人积极参与社会治理，使老龄化对人口红利的压力转化为促进社会可持续发展的动力。四要构建管理服务体系。进一步完善老年教育顶层设计，建议在国家层面成立老年教育领导权威机构，定期以联席会议等形式研究解决老年教育发展的重点、难点和热点问题。并逐步建立健全层级体系，理顺管理体制，形成纵向贯通、横向协同的管理体系。五要加快标准化建设。加强老年教育场所、课程、教材、管理等标准化建设，开展标准化评估，在提升老年大学标准化建设水平中要老年教育的高质量。

二是坚持人才培养，力求从人才专业、发展水平上突破。“鼓励有条件的高校、职业院校开设老年教育相关专业和课程，加强学科专业建设与人才培养。”要加强专业人才培养。到“十四五”末期，培养一批“有理想信念、有道德情操、有扎实学识、有仁爱之心”的专业化教师队伍，打破现有教师队伍临聘多、难管理、不稳定、专业化程度不高的局面，逐步形成一支比较稳定的“师德高尚、业务精湛、结构合理、充满活力”的高素质专业化教师队伍。

三是坚持开放办学，力求从扩大有效供给上突破。老年大学要向服务更多的“社会老人”转型，提升办学开放度，体现公益性，扩大老年教育覆盖面。尤其要加大对农村老年教育的投资支持力度，通过政府购买服务、公益岗位设置等方式，推动各类资源向农村汇集延伸，让农村老年人就近学习，提高老年人接受教育覆盖面。

（二）坚持新发展理念，推动老年教育高质量发展

一是坚持创新发展，力求从体制内容、手段管理上突破。把创新摆在老年教育事业发展全局的核心位置，不断推进老年教育发展的理念创新、制度创新、管理创新、课程创新、教学方式创新，最大限度激发老年教育所蕴藏的巨大潜能，进一步把内生动力激发出来，把发展活力释放出来，把巨大潜力挖掘出来，坚持以新发展理念引领老年教育高质量发展，使创新成为高质量发展的第一动力。

二是坚持协调发展，力求从区域发展、合作交流上突破。使“协调成为内生特点”，着力解决结构数量、质量效益等不平衡问题。一要解决区域（城乡）发展不平衡。二要解决办学实践与理论研究不平衡。深化对老年教育工作的研究探索，切实把老年教育研究成果转化为教学实践，推动实践与理论同步发展。

三是坚持开放发展，力求从内外联动、杠杆联动上突破。深化老年教育全方位对外开放，促进与国际老年教育机构的文化交流和国际老年大学的合作交流，学习借鉴国外老年教育工作先进经验和做法，形成老年教育深度融合的互利合作发展新格局。同时，保持文化自信与战略定力，传播中华优秀文化和当代中国发展的理论与实践，彰显老年大学对人类文明价值的引领和对构建人类命运共同体的贡献，集全球之智，克共性难题，以更宽广的视野谋划开放发展新思路，以高水平开放推动老年教育高质量发展。

四是坚持共享发展，力求从教育公平、质量提升上突破。让每个老年人享受更高质量更加公平的老年教育服务，让每个老年人获得发展自身、奉献社会、造福人民的能力，必须坚持以新发展理念引领老年教育高质量发展，使“共享成为根本目的”，着力解决教育公平、质量提升问题。要着力从布局上构建老年教育发展覆盖体系，在盘活存量、引入增量、增强能量、做大总量上下足功夫，全面提升老年大学办学覆盖率。方便老年人就近学习，切实保障老年人享有公平的受教育权利。要着力从手段上发展数字老年教育，解决老年人受教育的公平问题。用信息化手段发展数字老年教育，构建覆盖广泛的数字老年教育网络

体系，使广大老年人时时能学，处处可学，不断形成覆盖广泛、灵活多样、特色鲜明、规范有序、内容丰富、形式多样、满足需求、更加公平的老年教育发展新格局，最大限度地满足广大老年人老有所学的愿望并逐步实现从“有学上”到“上好学”的转变。

（三）坚持内涵发展，推动老年教育高质量发展

一是坚持融合发展，力求从党建与教学融合上突破。把抓党建与抓教学作为老年大学工作的“两个轮子”，着力破解党建教学“两张皮”问题，推动党建与服务管理、党建与老年教育工作队伍建设、党建与阵地建设、党建工作和老年教育工作业务深度融合、同频共振、同向发力。

二是坚持政治建校，力求从办学理念、政治功能上突破。一要进一步理清办学理念。老年大学在指导思想上要坚持政治建校的理念；在工作思路上要坚持转型发展兴校的理念；在工作目标上要坚持内涵发展强校的理念；在工作方法上要坚持特色发展办校的理念；在思想作风上要坚持和谐办校的理念；在工作措施上要坚持平安立校的理念；在制度建设上要坚持依法治校的理念。这“七个办学理念”是内在联系的集合体，体现着辩证思维和统筹兼顾的科学方法论，各有侧重、相互支撑，共同构成了发展老年教育的基本框架，诠释了系统化发展老年教育的逻辑体系。二要突出政治功能。办好思政课，用新时代中国特色社会主义思想铸魂育人。大力开展社会主义核心价值观、爱国主义、理想信念、道德情操、红色文化、中华优秀传统文化等主题教育活动，引导老年学员增强中国特色社会主义道路自信、理论自信、制度自信、文化自信，厚植爱国主义情怀，把爱国情、强国志、报国行自觉融入坚持和发展中国特色社会主义、建设社会主义现代化强国、实现中华民族伟大复兴的奋斗之中发挥余热。把思想政治教育融入日常教学中，以“润物细无声”的形式推动习近平新时代中国特色社会主义思想和党的二十大精神在老年群体中生根发芽，衷心拥护“两个确立”、忠诚践行“两个维护”，让忠诚核心成为老年学员最鲜明的政治品格，成为老年大学政治生态最鲜明的政治底色。

三是坚持功能定位，力求从示范引领、普及提高上突破。老年大学的功能定位是事关老年大学发展的重大战略问题，尤其是省级老年大学功能定位要全面准确，才能在全省老年教育发展中发挥示范引领作用。为此，省级老年大学要大力培育老年教育发展新优势、新动能，努力打造全省老年教育“六个中心”，推动全省老年教育普及与提高。一要打造全省老年教育“示范指导中心”。二要打造全省老年教育“理论研究中心”。三要打造全省老年教育“数字教育中心”。四要打造全省老年教育“师资培训中心”。五要打造全省老年教育“教材编写中心”。六要打造全省老年教育“国际交流中心”。

四是坚持做专做优，力求从优势专业、特色专业上突破。紧扣“老有所教、老有所学、老有所为、老有所乐”的教育目标，采取激活专业“新引擎”、厚植专业“新沃土”、拓展专业“新途径”、筑牢专业“蓄水池”、搭建专业“多平台”等措施，进一步优化学科专业体系，举力做优传统文化专业、做精现代文化专业、做靓优势特色专业，推动老年教育高质量发展。

五是坚持理论创新，力求从理论研究、问题治理上突破。努力推动理论创新，完善中国特色老年教育理论体系。一要深化理论研究。聚焦中国特色老年教育服务体系建设的重大理论与实践研究，深化老年教育领域特别是积极应对人口老龄化基本理论研究，探究中国特色老年教育道路、理论、制度，全面提高老年教育科学研究助学、助教、助政、助管和助研能力。二要参与全球问题治理。新时期我国老年教育应在推动构建人类命运共同体的正确方向指引下，搭建新平台、开拓新渠道、探索新路径，围绕全球老年教育问题开展国际性交流合作和建立共同治理联盟，形成中国积极参与全球老年教育问题治理新范式。

六是坚持数字赋能，力求从转型升级、赋能重塑上突破。将推进老年教育数字化转型升级作为新时期老年教育工作的头号工程抓好落细，以老年教育数字化转型升级新理念、新规划、新举措、新成效重塑智慧老年教育新生态。一要做强做优线上教学，满足学员个性化学习需求；二要推动数字化老年教育基础设施建设的转型升级，赋能教育教学创新发展；三要推进信息技术与教育教学的深度融合应用，推进“互联网＋教研”生态建构，促进赋能素养导向下的课程改革，消弭课堂教学实践的数字鸿沟；四要结合各省老年教育实际，探索构建符合各省特色的数字教育发展模式和数字老年教育专业人才队伍培养机制，弥补老年教育信息化发展模式和专业人才队伍的结构性短缺。这些措施将为新时期我国老年教育改革发展开辟全新空间、革新技术手段、优化发展模式、增强优质供给，持续增强老年教育育人效能、更好激发老年教育发展活力、不断优化老年教育发展环境、赋能重塑智慧老年教育新生态。

新时代呼唤新担当，新征程需要新作为。作为老年教育工作者要聚焦老年人对美好学习生活的向往，推进老年教育高质量发展，必须保持比拼姿态。要“拼”出新风貌，以无畏拼搏闯出一片新天地。要“学”出真本领，成为推动老年教育高质量发展的行家里手。要“谋”出大手笔，把国家所需、自身所能、学员所盼、未来所向统筹起来，找准着力点、支撑点、撬动点，科学谋划任务书、时间表和路线图。要“干”出真业绩，始终保持“大战”状态、“大考”作风、“大赶”精神，以赶路的姿态、赶考的心态、赶超的状态，在新时代老年教育“赶考”路上，永葆发展之心、涵养发展之志、提升发展之能，持续续写新时代人民满意的老年大学“新答卷”，铸就老年教育发展新辉煌。

新时代老年教育改革创新之思考

马　军①

【摘　要】改革创新是新时代老年教育高质量发展的必然要求。老年教育改革创新，要着眼于党和国家事业发展大局，着眼于老年人对美好生活的向往，着眼于时代发展大势，着眼于老年教育高质量发展。坚持理论导向，着力开展理论创新；坚持需求导向，着力实施供给侧改革；坚持人文导向，着力促进老年人全面发展；坚持问题导向，着力打破体制瓶颈；坚持科研导向，着力推进现代化建设；坚持融合导向，着力拓展社会功能。

【关键词】老年教育；改革创新；思考

改革创新是社会发展进步的不竭动力。新时代的中国，生机勃发，活力奔涌，各行各业向“新”而行，依“改”而兴，改革创新成为时代主题。我国老年教育历经四十年的发展，从无到有，从小到大，形成了厚重积累，但发展中也存在诸多问题。进入新时代，新形势新任务带来新机遇新挑战，老年教育必须下好改革“先手棋”，开动创新“强引擎”，以改革创新推动高质量发展。

一、新时代老年教育改革创新的主要动因

第一，形势推动。快速发展的时代形势推动老年教育改革创新。一是社会

①　马军，山东省平度市老年大学顾问。

主义现代化强国建设对老年教育提出新要求。党的二十大擘画了社会主义现代化强国建设的宏伟蓝图，老年教育作为现代化强国建设的组成部分，必须置身于现代化强国建设的大潮，在改革创新中实现新发展，展现新作为，做出新贡献。二是人口深度老龄化对老年教育提出新课题。据《2023年度国家老龄事业发展公报》（2024年10月11日，民政部、全国老龄办），截至2023年年底，全国60岁及以上老年人口2.9697亿人，占总人口的21.1%，进入中度老龄化阶段；到2035年，60岁及以上老年人口将突破4亿，占比将超过30%，进入重度老龄化阶段。面对人口老龄化带来的压力，老年教育必须通过改革创新应对不断加剧的老龄化形势。三是科技进步对老年教育提出新考验。科学技术正在深刻改变人们的生产生活方式和思想观念，也深刻影响着老年教育发展。面对科技革命，老年教育需要科技赋能，通过改革创新插上科技的翅膀，走现代化发展之路。时代形势形成的势能，成为推动老年教育改革创新的强大动力。

第二，需求拉动。老年人日益增长的精神文化需求拉动老年教育改革创新。一是老年教育需求总量大。到2050年前后我国老年人口将达到峰值4.87亿。老年人口增长快、总量大，叠加经济增长带来生活水平提高等因素，老年人对老年教育的刚性需求与日俱增，而老年教育的供给增长速度跟不上需求增长速度，供需差距将进一步拉大。二是老年教育需求日益多元化。随着生活水平和受教育水平提高，老年人追求精神文化生活的层次随之提高，个性化需求增长，形成层次化、多元化需求，而老年教育的发展质量尚不能满足老年人不断增长的多元化需求。三是老年教育资源分布不均。受经济发展状况影响，老年教育优质资源主要集中在城市和经济发达地区，农村和偏远地区老年教育资源匮乏。不平衡的资源分布，导致经济薄弱地区老年人的老年教育需求得不到满足。旺盛的需求和突出的供需矛盾，成为拉动老年教育改革创新的强大动力。

第三，内生驱动。马克思主义认为内因决定事物发展的方向与趋势。老年教育改革创新，是老年教育内部要素对立统一、质量互变、否定之否定规律的表现形式，是自我发展需要。一是深化内涵需要。老年教育要提质增效，必须通过改革创新疏通堵点难点，激活内部要素，盘活内部资源，提高内部活力，实现内涵式发展，增强吸引力。二是拓展外延需要。老年教育要扩大规模和体量，必须通过改革创新建立投入机制，开发社会资源，扩大教育覆盖，实现规模化发展，增强延展力。三是强化功能需要。老年教育要提升功能强度，必须通过改革创新开发和丰富自身功能，从以康乐为主进行深度转型，将功能触角延伸到思想政治领域、教育文化领域、经济发展领域、社会治理领域等，尤其要在促进健康老龄化、践行积极老龄观等方面发挥突出作用，实现增值型发展，增强支撑力。内生的自我高质量发展需要，成为驱动老年教育改革创新的强大动力。

二、新时代老年教育改革创新的根本着眼点

老年教育改革创新，要立足时代形势，立足发展实际，从大局出发，从根本着眼，工确把握发展方向。

第一，要着眼于党和国家事业发展大局。中国共产党团结带领全国各族人民踏上全面建设社会主义现代化强国的新征程，以中国式现代化全面推进中华民族伟大复兴。这是当前党和国家事业发展大局，老年教育作为一项社会事业，必须服从和服务于这个大局。因而老年教育改革创新，要与强国建设大局相适应，与民族复兴大局相契合，尤其在老年人培养目标上要立意高远，着力培养有作为、有进步、有快乐的时代老年人，促进老年人全面发展，使老年人积极参与强国建设和民族复兴进程并享受成果，成为党和国家事业发展的重要力量。

第二，要着眼于老年人对美好生活的向往。党和国家坚持以人民为中心的发展思想，把人民对美好生活的向往作为奋斗目标。老年教育改革创新要坚持以老年人为中心，着眼于老年人对美好生活的向往。当前老年教育领域的主要矛盾表现为，老年人日益增长的美好生活需要与老年教育发展不平衡不充分之间的矛盾。老年教育要抓住这一主要矛盾和矛盾主要方面，从优化老年教育供给方面大力改革创新，不断提高供给质量和数量，推动老年教育高质量发展，满足老年人的精神文化需求和对美好生活的向往，提高老年人的获得感和幸福感。

第三，着眼于时代发展大势。第四次工业革命浪潮席卷全球，现代信息技术迅猛发展，信息化、数字化、智能化成为时代特征。科技进步给老年人生活带来方便的同时也带来障碍，老年人在操控科技产品方面存在现实困难。老年教育要把“智慧助老”“智慧惠老”作为改革创新的重点，一方面开展现代信息技术教育，着力提升老年学员信息化素养和对信息产品的操控能力，助力老年人跨越数字鸿沟；另一方面要推进老年教育信息化建设，运用信息化手段推进信息化服务，优化老年人的学习体验，让老年人共享信息时代发展成果。

第四，着眼于老年教育高质量发展。老年教育高质量发展，要体现质和量的统一性。当前老年教育量的扩张较为迅速，全国已有各级各类老年大学（学校）7.6 万余所，但“质”的提升相对滞后，老年大学课程类别不够丰富，专业设置缺乏层次，办学同质化严重。老年教育改革创新要在提高办学质量上下功夫，扩增课程类别，扩展教学层次，根据个性化需求探索定制化课程，不断丰富教学内容；拓展教学空间，活用教学载体，将课堂教学、课外活动和社会实践集成一条相互衔接的教学链条，不断创新教学形式。通过提高办学质量，促进老年教育发展质和量的平衡统一，推动高质量发展。

三、新时代老年教育改革创新的关键着力点

第一，坚持理论导向，着力开展理论创新。理论是实践的先导。老年教育改革创新首先要从理论上创新，从理论高度解答时代课题。老年教育由于起步较晚，理论体系尚不完善，理论指导尚不到位，理论创新成为重点。一是强化顶层设计，形成主导理论。老年教育理论界尚处于百家争鸣状态，没有形成权威的主导理论，因而要从国家层面成立专门的老年教育理论研究机构，组织尖端科研力量开展老年教育理论研究，构建起老年教育理论体系的四梁八柱，做好老年教育的顶层设计，形成老年教育的主导理论，指引老年教育发展。二是开展理论研讨，丰富理论成果。各级各类老年大学应成立理论研究队伍，确定研究方向和研究课题，建立理论研究成果交流机制，定期开展理论研讨活动，

及时总结提升实践中的成功经验、鲜活做法和创新火花，使各种观念碰撞融合，上升为指导理论，不断丰富理论成果。三是重视成果转化，指导工作实践。在取得理论研究成果的基础上，重点要做好理论成果转化工作。首先要把理论转化为政策，在老年教育主导理论指导下，制定老年教育的发展规划和推进计划，使老年教育发展有清晰的方向和脉络。其次要把理论转化为理念，在老年教育工作者中普及理论学习，深化理论认识，提高理论水平，把理论转化为办学理念和老年教育工作者的自觉行动。最后要把理论转化为办法，通过理论指导实践，发现具体问题、解决具体问题，推动老年教育事业发展。

第二，坚持需求导向，着力实施供给侧改革。老年教育供需矛盾突出，矛盾的主要方面在于供给不足，因而进行供给侧改革成为关键。一是强化政府主导，加大公共投入。政府应发挥主导作用，建立并落实老年教育的经费投入机制和增长机制，在横向上“摊大煎饼”，膨胀老年教育规模，形成老年教育公共服务网络，扩大老年教育覆盖面。二是发挥市场机制作用，引导社会力量办学。加大政策扶持力度，运用市场手段吸引社会资本投入老年教育领域，重点在高端办学上发力，为老年教育提供多层次供给，从纵向上调节需求差异，满足老年人多元化和个性化需求。三是推动资源共享，拓宽供给空间。在投入总量不足的情况下，老年教育要本着“不求所有，但求所用”的原则做好资源共享的文章，探索共享教育资源、文旅资源、养老资源、社区资源、信息网络资源等，提高资源利用效率，拓宽老年教育供给空间。四是优化供给结构，提高供给质量。针对公共需求，要调整设学布局，合理配置资源，一方面要多建规模性老年大学，起到提升作用；另一方面要大力发展社区老年教育，起到普及作用。针对多元化和个性化需求，老年大学一方面要开设特色专业和特色课程，另一方面可运用市场机制建设一批特色老年大学、特色专科学院。针对文化养老需求，老年教育机构可与养老机构、文旅机构等进行产业合作，以产业化效益提供老年教育供给。

第三，坚持人文导向，着力促进老年人全面发展。老年教育改革创新要坚持以人为本，突出人文关怀，着力促进老年人全面发展。一是开展文化教育，推动文化养老。增加文化类课程，教学中大力弘扬社会主义先进文化，尤其注重传承中华优秀传统文化，使老年人在文化浸润中增长文化知识，提高文化素养。开展丰富多彩的文化活动，让老年人在参与文化活动中展示自我、释放自我、提升自我，获得美好人生体验。打造优美文化环境，创设浓厚文化氛围，使老年人在潜移默化的文化熏陶中涵养文化气质。二是开展素质教育，践行积极老龄观。注重对老年人生活技能、实操技巧等能力的培养，尤其注重培养老年人现代信息技术应用能力，提高老年人的社会适应能力；搭建社会实践平台，密切老年人与社会的联系，组织老年人广泛参与志愿服务活动，在关心下一代、新时代文明实践、基层社会治理等领域发挥积极作用，提高老年人的社会参与能力；通过职业培训开发老年人力资源，培养有专业特长的老年人才，为经济社会发展提供人才支撑，提高老年人的社会服务能力。三是开展健康教育，促进健康老龄化。在教学中培养老年人健康的生活理念，养成科学的生活方式和良好的生活习惯，促进生活健康；教授养生保健知识和技巧，增强老年人科学养生的本领，促进生理健康；对老年人进行思想引导和心理疏导，使老年人保持阳光心态，促进心理健康。

第四，坚持问题导向，着力打破体制瓶颈。当前老年教育体制机制不健全成为制约高质量发展的瓶颈，因而老年教育改革创新要把理顺体制机制作为重点。一是建立健全老年教育体系。针对老年教育存在着办学体制不统一、宏观机制不健全等问题，要从国家层面进行体制机制改革，明确将老年教育归教育部门主管，建立统一的体制架构，理顺行政管理关系，畅通业务指导关系，建立良好运行机制，使老年教育形成全国一盘棋，建立起完善的老年教育体系。二是将老年教育纳入发展规划和编制计划。要在社会发展规划中制定老年教育发展规划，为老年教育发展定性定位、定职责定目标定任务，把老年教育纳入社会发展的重要组成部分。要在编制计划中明确老年教育机构的性质和规格，落实好老年教育机构的机构编制和人员编制，尤其要推动将老年大学的教师纳入人员编制，建立起一支专职专责的老年教育教师队伍。三是将老年教育纳入国民教育体系。老年教育是终身教育的组成部分，理应纳入国民教育体系，在人力、物力和财力配置上享受国民教育待遇。在设学上，老年教育机构应与中小学一样根据人口密度科学布局；在经费投入上，老年教育应与普通教育一样建立起正常增长机制；在师资配备上，老年教育应与普通教育一样建设一支在编专职的教师队伍。将老年教育纳入国民教育体系，有利于教育事业统筹，有利于教育资源配置，也更有利于终身教育体系形成闭环。

第五，坚持科研导向，着力推进现代化建设。老年教育现代化要通过改革创新来实现，改革创新要通过教科研来推动，因而老年教育要坚持科研导向，以丰富的教科研成果推进老年教育现代化建设。一是推进教育理念现代化。推动老年教育理念要实现三个转变，即老年教育由休闲娱乐型向素质提高型转变；由灌输型向“以老年人为中心”转变；由单一教育形式向多元教育形式转变。二是推进制度建设现代化。推动国家立法和制定地方规章，从政策层面规范老年教育发展，为老年教育提供政策保障；制定老年教育行业规范，建立科学评估体系，规范老年教育办学框架；制定老年大学办学规章制度，促进老年大学规范化办学。三是推进基础设施现代化。要以信息化为主导，以技术迭代、软硬兼备、数据驱动、协同融合、平台聚力、价值赋能为特征，加快推进老年教育新型基础设施建设，打造“智慧校园”，为老年教育现代化转型提供硬件支撑。四是推进教学管理现代化。建设信息化管理服务平台，推进管理服务数字化，提高办学质量和效率。运用信息化工具和手段开展教学，增强教学的直观性、互动性和体验性，提高办学吸引力。构建“互联网+老年教育”新模式，运用现代信息技术开办“电视课堂”“网上课堂”和“手机课堂”，发展老年远程教育。构建系列化、层次化、模块化课程体系，灵活运用体验式教学、实践教学、游学等新颖形式，推动教育教学现代化。

第六，坚持融合导向，着力拓展社会功能。老年教育作为一门社会学科，是多学科的交集；作为一项社会事业，是多项事业的交集，因而老年教育要坚持融合发展的思路，在不同领域拓展功能，做大与其他事业的交集。一是与教育融合衔接，强化教育功能。教育属性是老年教育最本质最突出的属性，因而老年教育要遵循教育的基本规律，确立教育目标，完善教学体系，创新教育教学手段，深化教育功能，促进老年人综合素质全面提升，为构建终身教育体系和建设学习型社会发挥重要作用。二是与文化融合衔接，彰显文化功能。一方面要积极创设文化载体，搭建文化平台，开展丰富多彩的文化活动，丰富老年人精神文化生活，为老年人提供文化服务；另一方面要发挥老年人文化底蕴深厚、文化人才丰富的优势，激发老年人的文化创作热情，创作出更多符合时代精神的文化精品，推动文化繁荣。三是与社会治理融合衔接，开发社会治理功能。深入挖掘老年教育促进健康老龄化的功能，促进老年人身心健康；深入挖掘老年教育促进积极老龄化的功能，组织老年人积极参与社会治理活动，促进社会和谐；深入挖掘老年教育组织管理功能，充分运用老年教育的体系架构和管理机制对老年人实施服务和管理。四是与养老事业融合衔接，发挥文化养老功能。在养老机构普及老年教育，推动养教结合，丰富养老内涵，提升养老品质，塑造老年人的幸福晚年。

唯改革者进，唯创新者强，唯改革创新者胜。新时代的老年教育正在历经时代之变、社会之变、自身之变，在改革创新的大潮中不断发展壮大，担负起更大更重的社会责任和时代使命，为实现中华民族伟大复兴的中国梦做出新贡献！

新时代老年教育高质量发展摭谈

岳 瑛[①]

【摘 要】新时代，老年教育的首要任务是实现高质量发展。本文首先阐释高质量发展的基本内涵和要义，之后分析老年教育高质量发展的问题。在此基础上，提出逐步解决老年教育发展的不平衡不充分问题和完善顶层设计体系、推进政策法规建设、理顺管理体制等宏观策略；同时提出坚持新发展理念推动老年教育高质量发展和坚持高质量老年大学建设的发展路径。

【关键词】老年教育；高质量发展；推进策略；发展路径

“高质量发展”一词，是由党的十九大报告首次提出，二十大报告继续强调，至今已成为我国宏观战略的主旋律。老年教育的高质量发展，从概念来源看，显然，来源于经济社会高质量发展。因此，把握老年教育高质量发展的内涵，还要追寻“经济社会高质量发展”这一上位概念的原意。

一、经济社会与老年教育高质量发展的内涵目标

（一）经济社会高质量发展的内涵要义与目标要求

1. 内涵要义

高质量发展是在面对世界科技革命和产业变革潮流形势下，党对我国经

① 岳瑛，天津市教育科学研究院原研究员，从事老年教育理论研究专家。

济发展阶段的判断。总结相关论述，理解经济社会高质量发展内涵有以下几个要义：

（1）高质量发展是我国适应经济发展新常态的主动选择。新常态就是经济增长的中、低速发展和可持续、稳定增长；

（2）高质量发展是贯彻新发展理念的根本体现。即创新、协调、绿色、开放、共享的发展；

（3）高质量发展是适应和解决我国社会主要矛盾变化的必然要求。即我国社会主要矛盾已经转化为人民日益增长的美好生活需要和不平衡不充分的发展之间的矛盾；

（4）高质量发展是建设现代化经济体系的必由之路。建设现代化经济体系主要包括：深化供给侧结构性改革，大力发展实体经济；强调创新是发展的第一动力；强调区域协调发展，引进来和走出去并重，形成全面开放新格局等。

归纳以上内容，我们可以将高质量发展的内涵要义理解为：明确我国已经从“高速增长阶段”转向中、低速的“高质量发展阶段”。高质量发展是在保持规模优势的同时，既要注重“量”的增长更要实现“质”的提升的稳定、均衡、可持续的发展；是体现新发展理念的发展，即创新成为第一动力、协调成为内生特点，绿色成为普遍形态、开放成为必由之路、共享成为根本目的的发展；是解决当前主要矛盾，更好地满足人民日益增长的美好生活需要的发展；是深化供给侧结构性改革，区域协调发展，完善市场经济体制，形成全面开放新格局的发展。

2. 经济社会高质量发展的根本任务和目标要求

（1）高质量发展的根本任务，是要解决原有发展阶段中所存在的突出矛盾，即解决“人民日益增长的美好生活需要与不平衡、不充分的发展之间”的矛盾问题，实现经济社会发展的质量变革、效率变革和动力变革。

（2）高质量发展的总目标，就是要推动我国经济在“创新、协调、绿色、开放、共享”的新发展理念引领下持续健康发展，更好地满足人民群众多样化、多层次、多方面的需求，让高质量发展成果更公平地惠及全体人民，不断实现人民对美好生活的向往。

（二）老年教育高质量发展的内涵要义与目标要求

2020 年，党的十九届五中全会通过了《中共中央关于制定国民经济和社会发展第十四个五年规划和二〇三五年远景目标的建议》，在对该建议的说明中，习近平总书记强调指出，“经济、社会、文化、生态等各领域都要体现高质量发展的要求”。此后，“高质量发展”概念的适用范围进一步扩大。目前，高质量发展已然成为我国政治、经济、教育、文化等各领域的关键词和热词。老年教育高质量发展的概念便由此而生。

1. 老年教育高质量发展的内涵要义

老年教育高质量发展内涵与经济社会高质量发展内涵是一致的。

（1）要在重视“量”的有效增长的同时，努力实现“质”的大幅度提升，并且稳定、均衡、可持续发展；

（2）要在“创新、协调、绿色、开放、共享”的新发展理念指引下发展；

（3）要更好满足老年人群日益增长的美好生活需要的发展；

（4）要深化老年教育的供给侧结构性改革，以创新为核心动力，区域协调发展，向基层乡村辐射，完善教育体制，形成全面开放新格局的发展。

此外，老年教育高质量发展的内涵也有其特殊性。不能简单理解为仅仅“提高老年教育质量”这种教育结果性的发展，而是远远超出结果方面的“高质量”，涉及老年教育发展的动力、机制、内容、环境以及价值取向等因素。

2. 老年教育高质量发展的根本任务和目标

（1）老年教育高质量发展的根本任务，就是要解决老年教育发展的不平衡、不充分问题，实现老年教育发展的质量变革、效率变革和动力变革。

（2）老年教育高质量发展的总目标，就是要推动我国老年教育在“创新、协调、绿色、开放、共享”的新发展理念引领下持续健康发展。更好满足老年人日益增长的学习、教育、养生、养老等多样化、多层次、多方面的需要，让老年教育高质量发展成果更公平地惠及全体老年人，给老年群体带来更多的获得感、幸福感、安全感，不断实现老年群体对美好生活的向往。

二、老年教育高质量发展的战略重点

根据上述对我国经济社会和老年教育高质量发展内涵的理解，在我国人口老龄化形势不断加剧、信息技术高速发展的新时代背景下，对我国老年教育高质量发展的战略重点思考如下。

（一）逐步解决发展的不平衡不充分问题

老年教育高质量发展的首要任务是要解决老年教育发展的不平衡、不充分问题。

1. 不平衡不充分的现状

众所周知，由于我国经济社会发展水平呈现出明显的区域间、城乡间的差距，这就从根本上决定着我国老年教育发展的区域间、城乡间的不平衡性。同时，发展的不充分性也表现在许多方面，首先是社会资源共享利用不充分。其次是各级各类老年教育机构发展不充分。一是总量不足。我国目前虽已有近 8 万所老年教育机构，在校学员 23000 万人，但与 2.8 亿老年人数据相比就显得捉襟见肘。远远跟不上老年人口增长的速度，形成老年教育市场供需失衡的状态。二是优质老年教育资源不足。许多地方省、市级老年大学“一座难求”，而有些基层老年学校却门可罗雀。优质老年教育资源仍显得不充足。三是老年教育在信息技术方面还处于探索阶段，利用网络技术和多媒体技术开展教学不够充分。

2. 解决不平衡不充分问题的思考

老年教育发展的不平衡不充分就是发展质量不高的直接表现。要解决发展的不平衡、不充分问题。首先是从区域发展不平衡不充分问题入手。国家层面应统筹规划东、中、西部和南、北方老年教育的发展，制定以东南带中西的相关实施策略，建立相应机制，成立各种政府或民间的协作组织和平台，倡导东南部与中、西部互帮互助。其次是解决城乡发展不平衡不充分问题。通过区域五级、四级或三级办学网络体系，多渠道多形式地增加城市对农村的辐射力度，以城市带乡村，并与乡村振兴统筹安排，加大城市对农村老年教育的支援力度。最后是解决大中城市与社区村居等基层发展不平衡问题。通过办学网络体系，形成区域老年教育中心，大力发展社区老年教育，提高城市老年教育品质，同时扩大老年教育的覆盖面，带动基层老年教育发展。

（二）完善法制建设和理顺管理体制

老年教育高质量发展的根本任务还要实现质量变革、效率变革和动力变革。其中关键是实现动力变革。而动力变革的核心是法制建设与管理体制建设。

1. 法制建设与管理体制存在的问题

在法制建设方面，尽管我国法律制度确认了老年人的受教育权利和平等公正的教育资源分配原则，但仍存在老年教育法制建设不完善、教育权利保障不充分的问题。首先，从国家层面上，至今没有一部专门的老年教育法律，对老年教育的性质、定位、功能价值等基本问题得到法律上的界定和定位。

在管理体制方面，尽管《老年教育发展规划（2016—2020 年）》提出了“建立健全党委领导、政府统筹、教育、组织、民政、文化、老龄部门密切配合，其他相关部门共同参与的老年教育管理体制”，但在国务院及各级政府层面仍未给予明确清晰的确定，导致多项工作不能步入正轨，诸如对老年教育的经费投入缺乏必要的刚性约束，还有至今全国整体性老年教育统计工作甚为混乱和薄弱，等等。

2. 推进政策法规建设，理顺管理体制

完善政策法规是推进老年教育高质量发展的重要保障。应当加快制定相关法律法规，明确老年教育的法律地位和政策保障，同时加强对老年教育的监管和管理，确保老年教育的质量和安全。

首先，在国家层面应尽快出台“老年教育”或“终身教育”相关法律文件，通过立法明确新时代老年教育的具体定位，稳步推进老年教育法律体系建设。

同时要注重配套的相关政策规划的研究和颁布，对经费配套、机构场所、运营管理、课程设置、师资来源等环节进行合理有效的规划设计，确保老年教育的高质量发展有法可依、有政策规划为指南。

其次，应建立党政牵头多部门合作的管理体制。老年教育高质量发展需要发挥多部门领导作用，加强跨部门的协调合作。建议在中央层面成立由国家领导人牵头，教育、组织、民政、文化等部委负责人为成员的老年教育工作领导小组或办公室，负责指导全国老年教育的高质量发展。在地方由党政领导人牵头，各部门负责人参与成立各级相应机构。

最后，建立老年教育质量评价体系。评价体系应当包括老年教育的学校办学质量、教学质量、学员满意度、社会效益等方面的评价指标，同时应当注重评价结果的反馈和应用，促进老年教育的不断改进和提高。

（三）推动老年教育在新发展理念下持续健康发展

老年教育高质量发展的总目标，就是推动老年教育在“创新、协调、绿色、开放、共享”的新发展理念引领下持续健康发展；更好满足老年人日益增长的学习、教育、养生、养老等多样化、多层次、多方面的需求。

1. 坚持创新发展

面对新时代新形势新任务，老年教育需顺应时代发展和教育发展趋势，应对新挑战、满足新要求、凝聚新动能、焕发新活力。深入研究新情况新问题，不断增强老年教育内涵式发展的动力和活力，更好地把我国制度优势转化为推进老年教育高质量发展的强大动能和显著优势。

2. 坚持协调发展

老年教育事业是一个开放的系统，必须与其他经济社会发展方面统筹安排、协同推进。同时与教育内部各系统也要协调发展。党的二十大对各级各类教育事业协调发展作出了新规划新要求，提出了优化区域教育资源配置，统筹职业教育、高等教育、继续教育协同创新，打通各级各类教育之间的节点，不断完善高质量教育体系。因此，老年教育高质量发展要不断强化发展的整体思维、系统思维和协同思维，寻找老年教育与社会发展各方面及教育内部各体系之间的联系，走协调发展之路。

3. 坚持绿色发展

“绿色”发展是指老年教育自身的可持续以及老年教育发展服务于生态文明建设两个方面。一方面自身需要体现绿色发展的理念，节约资源，提高效能，扩大绿色能源使用，推动老年学校绿色转型；另一方面，也是更重要的方面，就是将绿色发展、碳中和、碳达峰、人与自然命运共同体等理念在老年学习者中间传播，系统开展可持续发展教育，培育具有生态敏感性、绿色发展责任感和低碳生活习惯的新一代老年人。

4. 坚持开放发展

老年教育事业的发展，既有本土特征，又有世界共同规律。不同地域教育体系、教育文化之间的交流互鉴，是教育发展保持活力和竞争力的关键。在新时代背景下，推进老年教育高质量发展，需要走开放发展之路，在开放交流、合作共享中学习借鉴外国先进的理念、政策和经验，同时不断提高参与全球老年教育发展的能力，向世界讲好老年教育的中国故事。

5. 坚持共享发展

共享发展是新发展理念中坚持以人民为中心发展理念的具体和形象表达。推进老年教育高质量发展，就是要坚持社会主义办学方向，办好人民满意的老年教育，持续推进老年教育优质均衡充分发展，解决老年群体对老年教育的急难愁盼问题，不断提高老年人的教育获得感和满意度，促进老年人继续全面发展，实现晚年生活幸福美好。

三、老年教育高质量发展的实践路径

老年教育高质量发展的实践路径，就是在高质量发展老年教育的战略框架中，推进高质量老年大学建设。其中包括高质量校舍建设，现代化教学设施配置，全面而完善且人性化的学校管理制度，智能化校园建设，等等。更应在科学的办学标准与办学体系，合理的课程设置、专业化的师资队伍建设、创新教学方式方法等方面持续用力，涉及内容十分广泛。在此，本文仅就多样化系统化的课程体系建设和信息化智能化应用两个问题加以阐释。

（一）建设老年大学多样化系统化课程体系

目前，我国老年大学课程可以大致分为通识类课程和校本类课程两类。通识类课程，主要包括国家和地区的老龄化形势及老龄政策介绍、退休准备培训、衰老的生理现象和机制、死亡教育等，还包括普法类课程、中国特色社会主义理论课程、心理关爱课程等。目的是帮助老年学员正确认识老化过程、树立积极老龄观、正确死亡观和法律意识。校本类课程包括面比较广，一是休闲娱乐课程，即琴棋书画、歌舞戏曲、摄影旅游、太极健身等；二是文化学术课程，即文史哲学、科技知识和新技术课程等；三是实用技能课程，如智能手机应用、网上购物技能、家庭烹饪、手工艺品制作、孙辈抚育知识、再就业培训等。校本类课程目的是满足兴趣爱好，促进身心健康，并能学以致用、快学即用、社会参与等。

对于通识类课程，国家教育部门应建立老年教育课程委员会，统一设置课程、统一编写教材。即以老年群体特征和继续社会化需求、社会治理和发展需求等宏观性要求为依据设置通识类课程，以提升老年人法治、权利、参与等公民素质要求和树立积极老龄观、正确死亡观等。

对于校本课程，即以地区老年人学习需求（现实需求与“潜在需求”）为基础，兼顾地区社会发展历史文化与现代化建设实际的个体性课程。这类课程则应逐渐丰富课程内容，形成课程体系，建立学科。以满足老年学员系统学习专业知识的需求。因此，老年大学高质量发展在课程体系建设方面，还有很大发展空间和发展潜力。

（二）加快老年教育信息化数字化智能化进程

当前老年人加快了触网的步伐，网上课堂、网上乐园等学习交往体验，越来越成为老年人接受老年教育的新方式。老年教育高质量发展需进一步加快老年教育与网络技术的融合。但是，网络学习可以体现时时处处可学的便捷，却无法替代面对面的交流和互动，而老年大学是老年学员融入社会的平台，面对面师生间、学员间交往是其显著特点，社会、集体归属感更是学员重要的心理需求。因此，老年教育应兼顾线上、线下优势，把老年教育的数量增长和覆盖面放到网上线上开展，而把高水平和高层次的面对面教学活动和社团活动放在实体校园线下开展。兼顾线上、线下各自的优势，用大数据分析教学质量等方法来进行教育教学管理将是高质量教学管理的重中之重。

此外，老年大学高质量发展也需要在为老年人学习服务上实现新的转变，比如，创新办学形式，实施学历与非学历教育并行，学习与志愿服务叠加等。再比如，创新教育教学方式，如“互联网＋老年教育”“养老＋老年教育”、现代游学等。拥有消费大市场是我国高质量发展的最大潜力，随着我国老年人养老金的不断提高，老年人终身学习服务的消费需求正在快速增长，并将成为老年教育高质量发展的新引擎。

“老年教育纳入终身教育体系”的理论思考与实践探索

范定生[①]

【摘　要】如何将老年教育有效地纳入终身教育体系，衡阳老干部大学在国家政策指导下，通过理论思考和实践探索，形成了以学员需求为中心，应对老龄化和数字化两大趋势，推进课程、专业和学科三大建设，搭建覆盖全市的四级信息化网络，重点打造晚霞先锋品牌、校园文化、课堂质量、智慧校园和创新发展的升级版，旨在5年内显著提升老年教育的创新水平，构建老年人“文化养老”的新格局。

【关键词】老年教育；终身教育体系；衡阳市；学校定位；数字化

2021年11月，《中共中央　国务院关于加强新时代老龄工作的意见》（以下简称《意见》）发布，该《意见》明确指出：“将老年教育纳入终身教育体系”。这意味着在老年教育阶段，老干部（老年）大学要有新作为，终身教育体系要有新构建，休闲娱乐型课程要有新拓展。基于此，湖南省衡阳市老干部（老年）大学在市委和省、市两级老干部局的大力支持下，举办了有30多位市级退休老领导参加的衡阳市老干部（老年）大学顾问常态化学习班，重点就衡阳“如何将老年教育纳入终身教育体系”这一重大课题进行了具有初步成效的理论思考和实践探索。

---

① 范定生，湖南省衡阳市老干部（老年）大学党委书记、校长。

一、“将老年教育纳入终身教育体系”的学校定位

1. 目标定位：“双高大学”“标准示范”

（1）“双高大学”。一是“双高”定位。指的是高质量党建和高质量发展。高质量党建总体目标是创建国内“晚霞先锋”品牌；高质量发展的总体目标是创建国内现代化老年教育市级特色示范名校，培育一批又一批“有作为、有快乐、有进步”的新时代中国特色社会主义传班人。二是大学定位。指的是学校要从一般的艺术、技能性的休闲娱乐教育转型到真正大学教育上来。所谓真正的大学教育定位，就是要有老年教育学的独立学科、有适合老年学员个人需求和潜在需求的专业设置、有多元与分层的课程体系，还要有与大学相适应的规模、师资和科研能力。

（2）“标准示范”。一是在高质量党建方面，以“晚霞先锋”品牌提升为抓手，以高质量党建如何为高质量发展提供引导力、凝聚力、战斗力和执行力为内容，形成标准，进行示范；二是在高质量发展方面，以中国老年大学协会制定的标准体系为指引，结合衡阳区域和学校自身特色，形成标准，进行示范。

2. 属性定位：快乐教育、康养有为

（1）快乐教育。老年人上老年大学有利于获得具有全面自由意义的人生。这种重生让老年人真正获得快乐，包括延年益寿之乐、心情愉悦之乐、奉献他人之乐、超越自我之乐。因此，快乐教育应是老年教育的一个定位。

（2）康养有为。中国老年大学协会原会长张晓林在《论老年教育的双重属性》一文中，精辟地论述了迈进老年门槛之后，人人都要经过康养、医养、护养三个阶段，提出了“康养”时限拉长，“医养”“护养”的时限应会大大压缩和减短的观点。老年教育正是老年人实现康养的有效途径。通过“文化康养”，老年人的生命、生活质量得以提升，获得感、幸福感大大增强。所以，康养有为也应成为老年教育的定位之一。

3. 功能定位：四大功能，先锋引领

（1）四大功能。老年教育除基础的育人功能之外，还具备政治、经济、社

会、文化四大功能。在政治功能方面，老年教育是老年人思想政治教育的重要阵地；在经济功能方面，老年教育不仅具有促进老年人个体收入增长和提振老年消费市场的双重作用，而且利用所学知识和各种实用技术在经济建设中献计出力，成为助推各地经济发展的一支重要力量；在社会功能方面，老年教育是促进老年人参与社会服务、维护社会和谐稳定的有效途径；在文化功能方面，老年教育是社会主义精神文明建设的重要载体，是促进家庭文化建设与传承的纽带。

（2）先锋引领。老干部（老年）大学要在老年教育中发挥示范引领和“晚霞先锋”的模范作用。

4. 对象定位：有教无类，因材施教

（1）有教无类。老年教育在贯彻“有教无类”的公平办学理念方面要实现“两个全纳入”：一是要面向全体老年人办学，实行全市 134 万 60 岁及以上老年人的老年教育全纳入；二是要面向老年人生的不同年龄阶段，实行不同年龄阶段的终生教育全纳入。

（2）因材施教。老年教育在贯彻“因材施教”的理念方面要体现“三个差异性”：一是依据人的生命老化过程施教，体现生命规律差异性；二是依据促进老年人社会参与施教，体现人生阅历差异性；三是运用“互联网＋老年教育”施教，体现个体条件差异性。

二、“将老年教育纳入终身教育体系”的发展路径

1. 围绕“一个中心”

老年人的学习需求是老年教育工作的中心。这种需求具体包括五个方面，即应付型需求、表现型需求、服务型需求、影响型需求、自我超越型需求。老年教育要围绕老年人这些需求开展工作。

2. 切入“两个应对”

（1）应对老龄化趋势。据第七次全国人口普查结果，截至 2020 年 11 月

1日0时，衡阳市60岁及以上老年人口已经达到134.1873万人，占总人口的20.19%，65岁及以上人口97.9181万人，占总人口的14.74%，这两个数据较全国同类人口占比分别高出1.49%和1.24%。这意味着衡阳市的老龄化趋势快于且高于全国平均水平，为全市老年教育的发展提供了更大的需求空间和需求压力。

（2）应对数字化趋势。据中国互联网络信息中心（CNNIC）发布的第47次《中国互联网络发展状况统计报告》显示，截至2020年12月，全国网民中50岁及以上网民群体占比提升至26.3%，而60岁及以上网民群体占比达到11.2%。“银发”群体陆续“触网”，提升了数字社会人口结构的多元性，也为老年教育的发展提供了新的方向和研究路径。

3. 推进“三大建设”

（1）推进课程建设。一是在55—60岁的学前老年学院，围绕准备退休的主题设计特征性核心课程；二是在60—80岁的第三年龄学院围绕转变角色、潜能开发两大主题设计特征性核心课程；三是在80岁以上的高龄老年学院，围绕自我保护和超越主题设计特征性核心课程；四是在晚霞先锋学院，围绕发挥党员先锋模范作用的服务型和影响型需求设置课程。

（2）推进专业建设。包括：专业培养目标建设；专业课程体系、内容、方法建设；专业教师队伍建设；专业设施建设；专业管理的建设等。未来，将依据老年教育学的学科研究最新成果调整和充实专业设置。

（3）推进学科建设。老年教育学的学科定位主要强调两个内容：学科归属和学科定位，在学科归属上，老年教育隶属于教育学学科。在学科定位上，从全人生年龄阶段的角度看，它是学前教育学、普通教育学、高等教育学、成人教育学、职业技术教育学、老年教育学等协调统一的教育学学科体系。未来，老年教育学将成为一门独立学科，势必影响老年教育专业和课程体系的设置。

4. 搭建四级网络

（1）搭建覆盖全市四级智慧校园管理和教育资源供给的信息化网络。在数字化时代，老年人面临两道“数字鸿沟”：第一道在接入层面，由于信息技术设施、资源短缺造成的物化差距；第二道在使用层面，指在同等数字接入条件下，在信息技术使用上人的差距。要建设一张覆盖市、县（市区）、乡镇（街道）、村居四级的信息化网络，打造教学、科研、管理和校园文化相融合的数字服务体系。

（2）建设全市四级通用的课程、师资两个共享资源库。一是在师资库建设方面，建立衡阳老年教育师资认证制度。在创新培训模式，挖掘培训内容的基础上，建立衡阳市老干部（老年）大学教师教学档案，建设师资资源库，进一步完善、建立老年教育师资的职业成长通道。二是在课程资源库方面，打通课程库共享资源路径。要按照“引进一批、遴选一批、培育一批”的思路，在国内通用课程、区域特色课程、校本课程三个方面打造衡阳老年大学精品在线课程和精品特色课程资源库。

（3）建设全市四级小、中、大三个循环相衔接的衡阳老年教育发展新格局。所谓“小循环”，指的是衡阳市老干部（老年）大学的教育内循环与全市老干部（老年）大学系统教育的外循环相衔接；所谓“中循环”，指的是衡阳市老干部（老年）大学系统教育的内循环与全市老年教育的外循环相衔接；所谓“大循环”，指的是衡阳市老年教育的内循环与全市新时代老龄事业发展的外循环相衔接。

5. 突出“五个重点”

（1）重点打造“晚霞先锋品牌”升级版。由“晚霞先锋品牌 1.0”升级为“晚霞先锋品牌 2.0”，即将学校党建工作从“由无到有”，就党建抓党建的单项发展格局提升为“由有变优”，将工作推向以高质量党建推动高质量发展的“双高”融合发展的轨道上来。

（2）重点打造“校园文化建设”升级版。由校园生命文化建设升级到进一步认识校园文化的重要性、坚持校园文化的全面性、体现校园文化的时代性和发挥校园文化的功能性上来。在对内优化育人功能，对外优化传播和引领先进文化功能两个方面发挥示范引领作用。

（3）重点打造“课堂质量建设”升级版。由以往的“三大课堂”单项抓质量升级到“四大课堂”融合发展上来。实行“老有所教”的第一课堂、“老有所学”的第二课堂,“老有所为”的第三课堂和“智慧教育”的第四课堂无缝对接，推进学校课堂质量的全面提升。

（4）重点打造“智慧校园建设”升级版。由现有的线上教学平台提升到以中国网平台为核心，整合湖南广电衡阳网络、融入国家区块链创新试点——衡阳市人民政府“区块链＋民政”创新应用项目，合力打造覆盖 7 县 5 区，集“老有所学、老有所乐、老有所为”多功能为一体的全市老干部（老年）大学集团智慧校园平台。将翻转课堂、微课、慕课整合起来，构建数字时代新型老年教育生态体系；利用区块链技术搭建高效的老年人社会参与平台，探索走出一条基于区块链技术“养教用”相结合的老年教育新模式。

（5）重点打造“学校创新发展”升级版。将 2022 年设定为衡阳老年教育创新元年。用 5 年左右的时间，全面提升提级学校的创新水平，基本建成衡阳老年人“文化养老”的全新格局。

积极应对人口老龄化国家战略背景及政策学习研究

谢延新[①]

【摘　要】党的十九届五中全会作出决定将积极应对人口老龄化上升为国家战略。本文通过对“积极老龄化国家战略背景和政策研究”相关文件和相关论文的学习、研究，明确了积极老龄化战略的必要性。提出了老年大学是积极老龄化战略实施的前沿战术阵地，具有明显的战术优势，并探讨了发挥战术优势若干对策。

【关键词】积极老龄化；背景；政策

党的十九届五中全会（2019 年 11 月）作出决定，将积极应对人口老龄化上升为国家战略。这是我国老龄工作开展 38 年来、进入人口老龄化社会 20 年来，党中央科学研判我国人口老龄化新态势，深刻分析我国经济社会发展新形势，审时度势作出的重大战略部署，具有里程碑和划时代意义。把积极应对人口老龄化上升为国家战略，是积极应对人口老龄化的必然要求，是全党全社会的共同期盼。积极应对人口老龄化上升为国家战略后，将与科教兴国战略、人才强国战略、创新驱动战略、乡村振兴战略、健康中国战略、区域协调发展战略等并列成为最高层级的国家战略，成为党和国家的中心工作之一。

① 谢延新，教授，享受国务院特殊津贴，主要从事老年教学课程实施研究，现苏州市老年大学研究室特聘专家。

一、数字的启示：必须关注“积极应对人口老龄化国家战略”的实施

综合各种类型的数据，实施积极应对人口老龄化国家战略机会窗口是相当短暂的，人口机会窗口关闭的时点大概是2028—2030年之间，人口老龄化危机时点就是两个纳税人共养一个老年人的时点大概是2035年左右。人口负增长和高龄化加速的叠加点大概在2030年前后；人口老龄化对我们国家影响最突出的时期大概是2025—2035年之间。同发达国家相比我们人口比较优势大概还可以维持10多年左右。

综合研判表明，我们应对人口老龄化战略的机会窗口大概在2035年左右就要关闭，之后将迎来应对人口老龄化特殊困难时期，2050年前后60岁及以上老年人口比例超过40%，绝对规模会超过5亿，在此期间很可能出现人口老龄化问题同步集中爆发的情况。所以，贯彻落实党的二十大关于积极应对人口老龄化战略的部署，一定要加快实施积极应对人口老龄化国家战略。未来取决于当下，当下我们如何应对，决定了我们留给自己的子孙后代一个什么样的中国。

二、积极应对人口老龄化国家战略的时代背景

1. 时代背景：人口老龄化是百年未有之大变局的重要体现

（1）发达国家领跑世界人口老龄化进程。

（2）发展中国家主导世界未来人口老龄化大趋势。

（3）中国人口老龄化在快速演进中实现追赶和超越。

2. 人民维度：积极应对人口老龄化事关亿万百姓福祉

（1）牢固树立“以人民为中心”的积极老龄观。

（2）充分认识老年人问题的本质是重大民生问题。

3. 国家维度：积极应对人口老龄化事关国家发展全局

（1）充分认识老龄社会问题的本质是发展问题。

（2）在全局框架中积极应对老龄社会问题。

4. 国际维度：积极应对人口老龄化事关人类命运共同体

（1）人口老龄化是深刻持久地影响人类社会的世界性问题。

（2）解决人口老龄化问题要借鉴国际经验和贡献中国力量。

三、积极应对人口老龄化国家战略提出的重大意义

实施积极应对人口老龄化国家战略，事关国家发展全局，事关百姓福祉，对“十四五”和更长时期我国经济社会持续健康发展具有重大和深远的意义。实施积极应对人口老龄化国家战略，是践行党的初心使命、坚持以人民为中心的发展思想的重要体现。全心全意为人民服务，带领人民创造幸福生活，是我们党始终不渝的奋斗目标。我国是当今世界老年人数最多的国家，2023 年年底，已有 60 岁及以上老年人口 2.97 亿，预计 2025 年将突破 3 亿，2033 年将突破 4 亿，2053 年将达到 4.87 亿的峰值。

（1）实施积极应对人口老龄化国家战略，让每位老年人都能生活得安心、静心、舒心，实现广大老年人及其家庭对日益增长的美好生活向往，发挥老年人在经济社会建设中的积极作用，必将进一步彰显党的初心使命和我国社会主义制度的优越性。

（2）实施积极应对人口老龄化国家战略，是维护国家人口安全与社会和谐稳定、实现第二个百年奋斗目标的重要考量。在我国即将开启的全面建设社会主义现代化国家新征程中，人口老龄化不断加剧将是基本国情。

这个趋势与实现第二个百年奋斗目标的历程紧紧相随，与当今世界百年未有之大变局紧密相连，关系到我国代际和谐与社会活力，影响国家人口安全和国际竞争力。

（3）把积极应对人口老龄化提升为国家战略，有利于全党全社会进一步凝聚共识，增强风险意识和责任感、使命感、紧迫感，统筹各方资源力量，及时应对、科学应对、综合应对，为实现第二个百年奋斗目标营造有利战略格局，

确保中华民族世代永续发展，始终屹立于世界民族之林。

（4）实施积极应对人口老龄化国家战略，是推动高质量发展、加快构建新发展格局的重要举措。在当前保护主义上升、世界经济低迷、全球市场萎缩、我国发展不平衡不充分问题仍然突出的情况下，以习近平同志为核心的党中央提出了“加快构建以国内大循环为主体、国内国际双循环相互促进的新发展格局”的战略部署，为我国进一步发展指明了方向。

（5）滚滚而来的“银发浪潮”，既给我国经济社会发展带来巨大挑战和冲击，也蕴藏着宝贵的发展机遇和希望。实施积极应对人口老龄化国家战略，有利于化危为机、危中寻机，对冲不利影响，积极转化老龄风险为“长寿红利”。

（6）有利于深入推进供给侧结构性改革，全面放开养老服务市场，催生银发经济新产业、新业态、新模式，培育形成经济增长新动能；有利于拓展银发消费，持续扩大内需，充实国内大循环，促进国内国际双循环良性互动。

四、推动应对人口老龄化国家战略实施需要转变的思路

战略实施需要思路转变，概括多位高层学者的意见，约为八个方面：

（1）将积极老龄观、健康老龄化理念转变为政策制度安排。

（2）将中国特征转变为中国优势。

（3）将风险挑战转变为高质量发展机遇。

（4）将政策制度优势转变为治理效能。

（5）将老年人工作转变为积极应对人口老龄化工作。

（6）将“老有所养”转变为“养为并举”。

（7）将老年友好转变为全龄友好。

（8）将条块的推进转变为统筹协调推进。

五、积极老龄化战略实施的政策取向

（1）优化政策制度，打造人力资本综合竞争优势。维持人口适度规模优势，拓展人口质量红利，提升人力资本的水平。

（2）推进产业高质量发展，培育银发经济新动能。强化需求的驱动、补齐短板，实现高水平的供需均衡，使银发经济成为我们国家经济增长新引擎。

（3）增进民生福祉，稳步实现共同富裕。加快健全养老保障、健康支撑、养老服务三大体系，防范和化解老年期收入、健康、失能三大风险。

（4）促进社会参与，激发老龄社会内生活力。积极应对人口老龄化需要全社会参与，要开发利用人口老龄化带来的健康红利和长寿红利，这些红利变现最终还是体现在老年人积极作用的发挥领域。

（5）打造安全便捷舒适的环境，建立全龄友好型社会。其概括为四点：社会敬老、家庭养老、环境适老、法治护老。

（6）发挥文化优势，提高积极应对人口老龄化的文化软实力。其从四个方面着力：一是培育和践行积极老龄观和健康老龄化的理念；二是优化公共服务供给结构；三是针对老年高频次精神文化需要，扶持鼓励更多文化企业投入到适合老年人特征的文化设施生产以及文化产品创作领域；四是加强针对老年人的思想政治引领，增强针对性、时效性、实用性。

（7）推动老龄科技创新，强化应对人口老龄化的科技能力。总体的方向是“老龄科技”转变成“乐龄科技”，政策着力点也是四个方面：一是将老龄科技政策的创新作为老龄政策创新的重要议题；二是结合科教兴国战略的实施，增强科技的贡献度；三是加强老龄福祉科技的研发和推广；四是制定老龄科技创新的一些标准和规范，建立面向老年人的特殊需求的、科学技术服务的技术规范、技术标准、服务质量、伦理规则。

（8）完善体制机制，推进老龄社会治理体系和治理能力现代化。一是要改革完善老龄工作体制，强化协同共治的网络；二是要加强老龄领域社会组织建设；三是要提升治理的科学化和法治化水平，要推进跨领域、跨部门、跨层级的涉老数据共享，提升决策的科学化，推进老龄化重点领域的立法。

六、认识老年教育在积极应对人口老龄化战略中的巨大功能

积极老龄化国家战略是一个综合化性的庞大系统，由法律、政策、宣传、教育、医疗、保健、养老、保险、家庭、社会组织、各类相关企业（相互影响中）等子系统构成。老年教育在教育子系统中属于实施积极老龄化国家战略的前沿阵地。

（一）老年教育在积极应对人口老龄化战略中的重要意义

1. 老年教育的蓬勃发展为积极应对人口老龄化战略夯实了基础

我国老年教育在党和政府的主导下，经过 40 年的发展，已构建了省、市（地）、县（区）、乡镇（街道）、村（社区）五级老年教育网络体系，并与党政、群团等多个部门和团体建立了密切的组织联系，凸现了老年教育对口部门多、载体与平台多、共享社会资源多等优势。近年来，国家已把老年教育工作作为积极应对人口老龄化战略的一项基础工作在不断夯实。

2. 老年教育的成功之路为积极应对人口老龄化战略实施提供了可供借鉴的经验

积极应对人口老龄化是一项复杂而艰巨的工作。老年人就医、养老、精神文化需求的满足等，都是积极应对人口老龄化所要解决的问题。我国老年教育起步比较早，走的是一条先摸索后理论、先自发办学后政府主导的发展道路。每年中国老年大学协会都会举办各种教育培训班或理论研讨会，加强老年教育理论研究。

3. 老年教育以塑造积极有为老人为目标，为积极应对人口老龄化战略培养了大批有生力量

一个接受过老年教育的老年人，其具备的科学、文化、道德素养可以影响

身边一批老年人。中国老年教育在创立之初就坚持社会主义办学方向和“增长知识、丰富生活、陶冶情操、促进健康、服务社会”的办学宗旨。经过多年努力，这些老年人已成为参与社会发展、继续服务社会的积极骨干。这一优势，在积极应对老龄化战略进程中，发挥了积极的引领作用。

（二）老年大学实体如同部队的前沿营地，在积极老龄化国家战略推进中具有强大的战术优势

（1）老年大学学员（营地中的战士）不单是清一色的老年人，更是老年人中积极向上、肯吃苦、愿学习、争进步、拓快乐的积极分子，是老年群体中的核心力量。

（2）老年大学（营地）有严格的组织管理系统，便于对学员的有效管理与指挥：

①有畅通的行政管理系统：校长——教务处——系科——班级——教师（班主任）——学员。

②有高效便捷的智能化信息管理系统（教师信息智能管理系统、学员信息智能管理系统、课务信息智能管理系统、学员报名收费信息智能管理系统、学校财产信息智能管理系统等）。

③老年大学学员有必须完成的特有任务——报名学习的课程。

④老年大学学员有专门技能培训、演习的空间（普通教室、音乐教室、舞蹈教室、健身房、计算机房等）。

⑤老年大学有专门管理老年学员的干部，一是由敬业、勤业、精业的教师传授给学员知识、技能和品格，二是由耐心热情的系主任、班主任对学员进行思想道德教育。此二类专门干部为学员的老有所学、老有所乐、老有所为奠定了良好的基础。这些老年学员走向社会，身怀专业特长，都是实施积极老龄化战术任务的尖兵。

七、新时代、新使命、新对策

1. 习近平总书记关于积极老龄化的若干论述——为发展老年教育事业提供了基本遵循

（1）“三个之最”：老年人口数量众多，老龄化速度最快，应对人口老龄化任务最重。

（2）“两个事关”：有效应对人口老龄化，事关国家发展全局，事关亿万百姓福祉。

（3）“一个宗旨”：努力满足老年人日益增长的物质文化需要，推动老龄事业全面协调可持续发展，让所有老年人都能老有所养、老有所依、老有所乐、老有所安。

（4）“三个积极”：积极看待老龄社会、积极看待老年人、积极看待老年生活。

（5）“三个应对”：及时应对、科学应对、综合应对。

（6）“三个结合”：坚持党委领导、政府指导、社会参与、全民行动相结合，坚持应对人口老龄化和促进经济社会发展相结合，坚持满足老年人需求和解决人口老龄化问题相结合。

（7）“四个转变”：要适应时代要求创新思路，推动老龄工作向主动应对转变，向统筹协调转变，向加强人们全生命周期养老准备转变，向同时注重老年人物质文化需求、全面提升老年人生活质量转变。

（8）“五个着力”：着力增强全社会积极应对人口老龄化的思想观念，着力完善老龄政策制度，着力发展养老服务业和老龄产业，着力发挥老年人积极作用，着力健全老龄工作体制机制。

（9）保证城乡社区老龄工作有人抓、老年人事情有人管、老年人困难有人帮。

（10）完善党委统一领导、政府依法行政、部门密切配合、群团组织积极参与、上下左右协同联动的老龄工作机制，形成老龄工作大格局。

（11）“两个一百年”奋斗目标的实现、中华民族伟大复兴中国梦的实现，归根到底靠人才、靠教育。①

2. 二十大提出的关于教育的新思想、新战略、新要求

（1）党的二十大提出了“实施科教兴国战略，强化现代化建设人才支撑”。

①更加突出了科教兴国在社会主义现代化建设全局中的重要地位。

②更加突出了教育、科技和人才在社会主义现代化建设中的战略支撑作用。

③更加突出了教育在科教兴国中的基础性、战略性地位。

（2）党的二十大报告第一次把教育、科技、人才合为一个部分进行论述。

①党对社会主义现代化建设规律的新突破。

②党对教育发展战略的新突破。

③党对教育、科技、人才事业发展理念的新突破。

（3）提出新时代教育要坚持“为党育人、为国育才”。

①为党育人、为国育才，要坚守一个灵魂，必须坚持社会主义意识形态，必须弘扬中华民族优秀文化。

②为党育人、为国育才，要贯彻一个方针，落实立德树人根本任务，培养德智体美劳全面发展的社会主义建设者和接班人。

③为党育人、为国育才，要坚持一个宗旨，我国教育必须培养有理想、有本领、有担当的堪当民族复兴大任的时代新人。

（4）提出高质量教育体系的内涵特征，其具有八个特征：

人民性、适应性、协调性、现代性、高水平、强约束、有活力、高效益。

3. 老年大学实体（前沿阵地）在实施积极老龄化战略推进中发挥战术优势的若干对策

为了使学校形成实施积极老龄化战略方针的良好氛围，老年大学个体可在以下方面实施进行探索。

① 注：第（1）—（8）条由李志宏（中国老龄协会）提供，第（9）—（10）条由吴玉韶（原中国老龄协会副会长）提供，第（11）条由张志勇（北京师范大学教授）提供。

（1）建立领导核心与管理网络。学校成立“积极老龄化国家战略实施领导小组”。由正职校长任组长，由负责教学工作（或教科研）的副校长任常务副组长、由科研处长（或教务处长）任秘书长；由各系主任担任组员。主管校长、秘书长、组员同时承担管理网络正常运转的工作。

（2）组织校教职员工学习和研讨。一是中共中央国务院印发的《国家积极应对人口老龄化中长期规划》（2019.01.21），二是中共中央国务院印发的《关于加强新时代老龄工作的意见》（2021.11.18），以提高学校管理人员实施积极老龄化国策的热情和自觉性。

（3）开设通识课程。围绕积极老龄化国策的推进，为了普及积极老龄观，学校增开通识课（1—2 学年），如《树立和培育积极老龄观》《老年人权益保护·法律务实》《老年健康教育与管理》等。考虑到有的课程特殊性，可采用免费或不受学时限制的措施加以引导。

（4）安排一定时间的统一的公共课程。为了加深全体学员对积极老龄化战略的认知，各班都安排一定时间的《实施积极应对人口老龄化国家战略的重大意义》的公共课程，由教科室或教务处编写讲稿及 PPT，分发给每一位任课教师进行宣讲。

（5）通过校报、校刊登载专家文章，引领教师、学员对积极老龄化战略决策的认知。

（6）教务处举办征文比赛：

①教师——《我为老年人青春升华作贡献》。

②学员——《老年大学是我老有所学、老有所乐、老有所为的难忘空间》。

优秀作品颁发奖品及在校刊登出。

（7）争取当地企业赞助，其中按一定比例的金额奖励优秀学生。

（8）重视学员社团的建设，让学员加强自我管理，发光发热。一是组建学员（或班长）联谊会；二是组建多种志愿者队伍、文艺演出队；三是让学员骨干在学校和社会的积极老龄化进程中发出诱人的光彩。

实施积极应对人口老龄化国家战略视域下的老年教育转型与前瞻研究

李　兵[①]

【摘　要】党的十九大以来，我国提出实施积极应对人口老龄化国家战略并作出重大部署。老年教育作为我国老龄事业和教育事业的重要组成部分，在实施积极应对人口老龄化国家战略的背景下，老年教育的角色要再定位，办学要再转型，其中育人功能要由兴趣学习型向全面发展型转型；经济功能要由自我消费型向产业发展型转型；社会功能要由老有所教型向老有作为型转型，文化功能要由单一型向多元型转型。实施积极应对人口老龄化国家战略，我国的老年教育还要前瞻与研究三个重大的实践问题，即扩大办学规模满足需求的问题、老年教育中长期规划及部分指标制定的问题、基本实现老年教育现代化目标的提出与实施问题。

【关键词】人口老龄化；国家战略视域；老年教育转型；前瞻性研究

一、我国实施积极应对人口老龄化国家战略的重大部署

（一）实施积极应对人口老龄化国家战略的提出

党的十九大报告提出："积极应对人口老龄化，构建养老、孝老、敬老政策体系和社会环境，推进医养结合，加快老龄事业和产业发展。"之后，我国逐步

① 李兵，四川省资中县老年大学副校长，内江师范学院教育科学学院兼职教授。

提出了积极应对人口老龄化国家战略的系列决策，并逐步作出顶层设计。2019年11月，中共中央、国务院印发《国家积极应对人口老龄化中长期规划》（以下简称《规划》）指出："人口老龄化是社会发展的重要趋势，是人类文明进步的体现，也是今后较长一段时期我国的基本国情。"《规划》提出了积极应对人口老龄化的战略目标，并部署了5个方面的具体工作任务。2020年10月，党的十九届五中全会通过的《中共中央关于制定国民经济和社会发展第十四个五年规划和二〇三五年远景目标的建议》，提出"实施积极应对人口老龄化国家战略"，这在历次党的全会文献中是第一次，是以习近平同志为核心的党中央总揽全局、审时度势做出的重大战略部署。2021年11月18日，中共中央、国务院印发了《关于加强新时代老龄工作的意见》，提出："实施积极应对人口老龄化国家战略，加强新时代老龄工作，提升广大老年人的获得感、幸福感、安全感。"2022年10月16日，党的二十大报告又明确提出："实施积极应对人口老龄化国家战略，发展养老事业和养老产业，优化孤寡老人服务，推动实现全体老年人享有基本养老服务。"

（二）实施积极应对人口老龄化国家战略的意义与目标

实施积极应对人口老龄化国家战略，是践行党的初心使命、坚持以人民为中心的发展思想的重要体现，是维护国家人口安全和社会和谐稳定、实现第二个百年奋斗目标的重要考量，是新时代发展新质生产力、推动高质量发展、加快构建新发展格局的重要举措。总之，实施积极应对人口老龄化国家战略，事关国家发展全局，事关百姓福祉，对"十四五"和更长时期我国经济社会持续健康发展具有重大和深远的意义。

实施积极应对人口老龄化国家战略的总体目标是：积极应对人口老龄化的制度基础持续巩固，财富储备日益充沛，人力资本不断提升，科技支撑更加有力，产品和服务丰富优质，社会环境宜居友好，经济社会发展始终与人口老龄化进程相适应，顺利建成社会主义现代化强国，实现中华民族伟大复兴的中国梦。阶段性目标分别是：到2035年，积极应对人口老龄化的制度安排更加科学有效，社会财富储备进入高收入国家行列。到本世纪中叶，与社会主义现代化强国相适应的应对人口老龄化制度安排成熟完备，老年友好城市、友好乡村、友好社区遍布全国，全体人民生活更加幸福安康，中华民族实现伟大复兴，以更加昂扬的姿态屹立于世界民族之林。

（三）实施积极应对人口老龄化国家战略的重大举措

我国实施积极应对人口老龄化国家战略有五个重大举措。

（1）夯实应对人口老龄化的社会财富储备。通过扩大总量、优化结构、提高效益，实现经济发展与人口老龄化相适应。通过完善国民收入分配体系，优化政府、企业、居民之间的分配格局，稳步增加养老财富储备。

（2）改善人口老龄化背景下的劳动力有效供给。通过提高出生人口素质、提升新增劳动力质量、构建老有所学的终身学习体系，提高中国人力资源整体素质。推进人力资源开发利用，实现更高质量和更加充分就业，确保积极应对人口老龄化的人力资源总量足、素质高。

（3）打造高质量为老服务和产品供给体系。积极推进健康中国建设，建立和完善包括健康教育、预防保健、疾病诊治、康复护理、长期照护、安宁疗护的综合、连续的老年健康服务体系。健全以居家为基础、社区为依托、机构充分发展、医养有机结合的多层次养老服务体系，加快银发经济规模化、标准化、集群化、品牌化发展，培育高精尖产品和高品质服务模式。

（4）强化应对人口老龄化的科技创新能力。深入实施创新驱动发展战略，把技术创新作为积极应对人口老龄化的第一动力和战略支撑，全面提升国民经济产业体系智能化水平。提高老年服务科技化、信息化水平，加大老年健康科技支撑力度，加强老年辅助技术研发和应用。

（5）构建养老、孝老、敬老的社会环境。加强养老服务人才队伍建设，引领和带动整个养老从业人员队伍素质的提升。强化应对人口老龄化的法治环境，保障老年人合法权益。构建家庭支持体系，建设老年友好型社会，形成老年人、家庭、社会、政府共同参与的良好氛围。

2022 年 12 月 30 日，《老年人能力评估规范》国家标准正式发布。[①]2023 年 2 月 22 日，我国《养老和家政服务标准化专项行动方案》印发。2023 年 5 月 21 日，中共中央办公厅、国务院办公厅印发了《关于推进基本养老服务体系建设的意见》。2023 年 12 月 31 日，民政部等 12 部门制发了《关于加强养老服务人才队伍建设的意见》。2024 年 1 月 11 日，国务院办公厅制发了《关于发展银发经济增进老年人福祉的意见》。这一系列政策措施进一步完善了养老服务体系和健康支撑体系，彰显了我国实施积极应对人口老龄化国家战略的坚定决心。

二、实施积极应对人口老龄化国家战略对老年教育功能提出了转型的新要求

老年教育是让老年人继续学习而进行的教育活动，其目的是使老年人增长知识、开阔视野、丰富生活、增强体质。老年教育作为我国老龄事业和教育事业的重要组成部分，除育人功能之外，还具备经济、文化、社会等方面的功能，是充分开发老年人力资源的重要举措，是老年人共享社会主义精神文明成果的重要途径，是提升老年人社会参与的有力抓手。在中国特色社会主义新时代，在实施积极应对人口老龄化国家战略的背景下，老年教育的角色要再定位，办学要再转型。[②]

（一）育人功能要由兴趣学习型向全面发展型转型

育人功能是老年教育的基础功能，也是首要功能。多年来，老年教育为老年人提供了“跳跳唱唱的舞台”“写写画画的展板”，满足了他们的兴趣学习、特长发挥、展示自我、阳光生活的愿望。但我们也认识到：作为全民终身教育

---

① 习近平 . 决胜全面建成小康社会夺取新时代中国特色社会主义伟大胜利 [M]. 习近平著作选读（第二卷）. 北京：人民出版社，2023.

② 习近平 . 高举中国特色社会主义伟大旗帜为全面建设社会主义现代化国家而团结奋斗 [J]. 求是，2022（2）.

的重要组成部分，老年教育既然姓“教”，就应该按照教育规律办事，就要把教书育人、提高老年人综合素质作为学校办学的根本宗旨，促进老年人的全面发展。

马克思主义关于人的全面发展学说认为：人的全面发展是与人的片面发展相对而言的，全面发展的人是精神和身体、个体性和社会性都到普遍、充分而自由发展的人。从马克思主义关于人的全面发展学说来看，人是需要全面发展的，无论是人生的哪个时期，即使是老年阶段。老年阶段的人的全面发展，能让老年人的综合素质得到提升，为其安享幸福的晚年生活创造条件，也能有效改善代际沟通和社会交流，对推动社会的和谐发展、文明进步起到重要作用。

其实关于这个问题，2012 年上海在全国率先提及“老年素质教育”的概念，随即在全国引发广泛热议。2020 年，中国老年大学协会决定推出“全国老年大学统编教材”，首批教材包括思想政治、国情教育、法律法规、生活教育、医疗保健、家庭教育、科学普及等七类教材，其意在于推进老年大学课程改革，指导老年人选课学习，提高老年人综合素质，促进老年人全面发展。

育人功能向全面发展转型，要把立德作为根本。党的二十大报告提出：“教育是国之大计、党之大计。培养什么人、怎样培养人、为谁培养人是教育的根本问题。育人的根本在于立德。”[①] 培养全面发展的老人，除了重视思想道德和积极老龄观教育外，还要加强现代知识技能方面的教育，还应当涵盖促进老年人身心健康、健全人格修养、提高服务社会的能力、提升生命质量等多个方面。终极目标的教育内容可以包括对死亡的看法，对医学与人生的探讨，以及对于老化的生理、心理层面的防护等。

（二）经济功能要由自我消费型向产业发展型转型

在经济功能方面，老年教育具有促进老年人“自我解放型消费”、推动“圆梦老年经济”、提振老年消费市场、发展老年产业的多重作用，这也给在新时

① 习近平．高举中国特色社会主义伟大旗帜为全面建设社会主义现代化国家而团结奋斗 [J]. 求是，2022（2）.

期“银发浪潮”中的老年教育带来了新的发展机遇和挑战。对此，国务院办公厅制发的《关于发展银发经济增进老年人福祉的意见》提出：“加快构建新发展格局，着力推动高质量发展，坚持以人民为中心的发展思想，实施积极应对人口老龄化国家战略，坚持尽力而为、量力而行，推动有效市场和有为政府更好结合，促进事业产业协同，加快银发经济规模化、标准化、集群化、品牌化发展，……”

我国老年人口占比高、规模大、增长快，蕴藏着巨大的人力资源和消费潜力。而就老年教育来说，老年学员的个体价值更受到关注，学习需求的个性化尤为显著，为知识付费提供了更多的可能性。不少省市级老年大学“一座难求”的现象，也从侧面反映出老年教育存在旺盛的市场需求。

老年教育经济功能的一个重要方向就是更加注重职业技能培训。在以往，老年教育更多地侧重于文化娱乐和身心健康方面，而在新时期，随着社会对老年人力资源的重视，老年教育要开始关注如何帮助老年人更新和提升自己的职业技能，使他们能够重回社会，发挥余热。这种转型不仅有助于提升老年人的自我价值感和社会认同感，也能为社会创造更多的经济价值。

老年教育在促进消费和拉动内需方面也发挥着越来越重要的作用。随着老年人生活水平的提高和消费观念的转变，他们对教育、文化、旅游等方面的消费需求也在不断增长。老年教育可以通过开设多种实践课程和游学活动，满足老年人的多样化的学习需求，同时也能带动相关产业的发展，形成良性循环。

此外，老年教育不同于义务教育，还可以通过提倡民办、公办民助、“医养结合”、“养教结合”等方式作为一种产业来发展，创造更多的就业机会和经济效益。随着老年人口数量的增加，老年教育市场的潜力也越来越大。通过发展老年教育产业，还可以吸引更多的资本和人才投入，推动老年教育服务的升级和完善，同时也能为社会提供更多的就业机会和税收收入。

（三）社会功能要由老有所教型向老有作为型转型

在社会功能方面，老年教育是促进老年人参与社会服务，实现社会价值，维护社会和谐稳定的有效途径。在“老有所教、老有所学、老有所乐”的提法中，其“老有所乐”的发展目标局限于老年人享受改革开放的成果，获得社会提供的教育服务，兴趣爱好得到满足，特长发挥获得愉悦的浅表层面。然而习近平总书记在中共中央政治局就我国人口老龄化的形势和对策举行第三十二次集体学习时强调：“要积极看待老龄社会，积极看待老年人和老年生活，老年是人的生命的重要阶段，是仍然可以有作为、有进步、有快乐的重要人生阶段。”[①] 这就把“老有作为”提到了中国特色社会主义新时代老年教育发展目标的新高度。如今“老有作为、老有进步、老有快乐”的“三老”教育目标中，其“老有作为”的发展目标包含实现第二人生价值，实现“再社会化”的回归社会、贡献社会的社会价值高级层面。因此，由老有所教型向老有作为转型是实现培育新时代“三有”老人的必然途径。

老年教育的社会功能向老有作为型转型要关注老年人的潜能开发和自我价值实现，因为许多老年人拥有丰富的经验和智慧，是社会的宝贵财富。要以低龄老人为主，根据第七次全国人口普查数据，目前我国的低龄老人占全部老人的比重为 55.83%。[②] 因而，《中共中央 国务院关于加强新时代老龄工作的意见》中提出：“鼓励老年人继续发挥作用。把老有所为同老有所养结合起来，完善就业、志愿服务、社区治理等政策措施，充分发挥低龄老年人作用。”

老年教育应将“老有所教”“学用结合”“服务社会”“老有作为”有机融入办学的全过程，将一二三课堂有机结合起来。要深入开展“银龄行动”，引导老年人关注社会热点和公共问题，积极参与社会公共事务，为社会发展贡献智慧和力量，实现自我价值和社会价值的统一。要组建老年志愿服务队伍，用好各级各类社会资源，为老年人搭建广泛有效的社会参与平台，充分发挥老年人的时间优势、知识优势、经验优势、技术优势，在社会调查、建言献策、社区治理（基层民主监督、民事调解等）、移风易俗、康养服务、文化传承、乡村振

---

① 艾丹．以积极老龄观呵护幸福晚年 [N]. 湖北日报，2021-10-15.

② 中国低龄老人达 1.5 亿：约 1/3 仍在工作，主要从事这些行业 [EB/OL]. 第一财经．https://www.sohu.com/a/655182183_114986.

兴、科技创新等方面彰显“银发力量”。

（四）文化功能要由单一型向多元型转型

在文化功能方面，老年教育是文化知识传播、提高文化素养、弘扬传统文化、老年人文关怀、促进家庭文化建设、实施文化康养的重要途径。过去，老年教育的文化功能主要集中体现在提供休闲娱乐和文化传播的平台方面，以帮助老年人度过退休后的闲暇时光。然而，随着社会文化的不断发展和老年人群文化需求的日益多样化，老年教育的文化功能也在逐渐发生转变。正因为如此，《“十四五”国家老龄事业发展和养老服务体系规划》提出：“完善健康教育和健康管理。”“推动各地开放大学举办‘老年开放大学’，鼓励老年教育机构开展在线老年教育。”“扩大老年文化服务供给……搭建老年文化活动交流展示平台，支持老年文化团体和演出队伍登上乡村、社区舞台。”“巩固和增强家庭养老功能。在全社会开展人口老龄化国情教育，积极践行社会主义核心价值观，传承弘扬‘百善孝为先’的中华民族传统美德。”也就是说，老年教育的文化功能要由单一型向多元型转型，实现真正的文化育人。

从教育内容来看，要从传统的文化娱乐向更深层次的文化素养提升转变。要注重培养老年人的文化素养和人文精神，如开设历史、文学、哲学、法学等课程，让老年人在学习中获得更深层次的文化滋养。要开发老年健康教育科普教材，通过老年健康宣传周等多种活动，利用多种传播媒介普及健康知识和健康生活方式，提高老年人健康素养。 从教育方式来看，要从单一的课堂教学向多元化、个性化的学习模式转变。要通过采用线上线下相结合的教学方式，以及小组讨论、互动学习等多样化的教学手段，激发老年人的学习兴趣和积极性，让他们在学习中感受到更多的乐趣和成就感。

老年教育的文化功能转型还体现在对传统文化、现代文化、社区文化和家庭文化的融合与创新上。一方面，老年教育要注重传承和弘扬中华优秀传统文化，通过开设国学、非遗等课程，让老年人感受中华文化的博大精深。另一方面，老年教育也要积极引入现代文化元素，如科技、艺术、时尚等，让老年人的学习保持与时代的同步，感受到现代文化的魅力和活力。再者，老年教育还须致力于推动社区文化建设和家庭文化传承。通过组织各种文化活动，增进老年人与社区其他成员之间的交流和互动，营造和谐、文明的社区文化氛围。同时，老年教育也鼓励老年人将所学的文化知识和技能传授给下一代，实现家庭文化的传承和发展。

此外，转型还体现在对老年人精神世界的关注和关怀上，要通过提供心理健康、人生哲学等方面的课程，帮助老年人建立积极的生活态度和价值观，提升他们的精神境界和生活质量。

三、实施积极应对人口老龄化国家战略对老年教育的前瞻性思考

实施积极应对人口老龄化国家战略，针对“十三五”期间的问题，面向“十四五”乃至中长期发展，老年教育需要前瞻性的思考和研究一系列重大的政策与实践层面的问题。本文仅提出三点思考和建议。

（一）扩大办学规模加大供给的问题

扩大办学规模，就是要增加校点和学位，加大供给满足需求，让更多的老年人有机会在自家门前的老年大学（校点）接受老年教育。当然，老年远程教育也是就学途径，本文暂不论及。

快速的人口老龄化进程与我国实现第二个百年奋斗目标的历史进程紧紧相随。截至 2023 年年底，全国 60 周岁及以上老年人超过 2.97 亿，占人口比重 21.1%，其中 65 周岁及以上老年人达 2.17 亿，占全国总人口 15.4%。[①]2033 年将突破 4 亿，2053 年将达到 4.87 亿的峰值，占届时全国总人口的 1/3、全球老年人口的 1/4。据中国老年大学协会 2023 年 4 月统计，全国各级各类老年大学

① 截至 2023 年底，我国 60 岁及以上老人已达 2.97 亿，民政部部长回应如何应对人口老龄化 [EB/OL]. 澎湃新闻 . https://kan.china.com/article/3628471_all.html.

（学校）达 7.6 万余所，参加学习的学员 2000 多万人，已经形成省、市、县、乡镇（街道）、村（社区）五级办学网络体系和 15 大门类、61 个专业、298 门课程较为完整的老年教育立体课程体系。[①] 但总的来说参学比例还是比较低的。以 2021 年末我国 60 岁及以上老年人口基数计算，只占 7.49%。由于发展不平衡，相当部分地区的比例可能在 5% 及以下。2016 年国务院办公厅印发的《老年教育发展规划（2016—2020 年）》提出了“以各种形式经常性参与教育活动的老年人占老年人口总数的比例达到 20% 以上”的发展指标，如果其中 10% 为老年大学（学校）入学率的指标，无论是 5% 还是 7.49%，都有较大的差距。由此看来，在这未来的 15 年及以后的时间里，老年大学担负的文化养老、促进康乐、陶冶情操、服务社会、促进“银发经济”发展的任务是艰巨的。现在，不少省市级老年大学是“一座难求”，而一些县级老年大学则多有余位。再者，不少县以下的镇、村（社区）教学点基本没有建设起来，“三级教学网”还在规划设计图上。所以，在实施积极应对人口老龄化国家战略的进程中，很有必要将老年大学（学校、教学点）的扩大规模、增加学位、满足供给的办学问题提上地方党委和政府的重要议事日程。“一座难求”的老年大学可以通过增容的方式扩大规模吸纳更多的老年人入学；而学员不足的，则要通过办学吸引力吸纳更多的老年人入学，从而形成较大的办学规模，也形成良性的办学循环，提高入学率和覆盖率，为更多的老年人的精神需求服务，为地方的经济社会发展做出贡献。

（二）老年教育中长期规划及部分指标制定的问题

2016 年国务院办公厅印发的《老年教育发展规划（2016—2020 年）》对加快发展老年教育、扩大老年教育供给、创新老年教育体制机制、提升老年教育现代化水平做出了部署，对促进老年教育科学发展起到了积极作用。其中，提出了到 2020 年的部分发展指标，如“以各种形式经常性参与教育活动的老年人占老年人口总数的比例达到 20% 以上”。“到 2020 年，全国县级以上城市原则

① 老年大学 [EB/OL]. 百度百科 . https://baike.baidu.com/item/%E8%80%81%E5%B9%B4%E5%A4%A7%E5%AD%A6/10090650?fr=aladdin.

上至少应有一所老年大学,50% 的乡镇（街道）建有老年学校,30% 的行政村（居委会）建有老年学习点。”这些没有地区区别性的目标看似不高，但 2020 年实际上在全国相当部分区域是没有达到的。其中“以各种形式经常性参与教育活动的老年人占老年人口总数的比例达到 20% 以上”这一指标其实就是一个区域老年教育的覆盖率，说明当地老年教育发展的一定程度。但该指标在界定和统计上的操作具有相当难度，其问题就在于“各种形式”“经常性”“教育活动”3 个关键词解读和操作起来灵活性比较大。

2020 年以后，本该重新颁布“十四五”期间乃至中长期的老年教育发展规划，但迟迟未出台。2022 年 8 月 30 日，国家卫生健康委员会主任马晓伟在第十三届全国人民代表大会常务委员会第三十六次会议上提出：“到 2025 年，每个县（市、区、旗）至少有 1 所老年大学。”[①] 但近阶段我国老年教育积极应对人口老龄化的国家战略依然缺乏新法规的指导。所以，实施积极对应人口老龄化的国家战略，国家应当尽快制定和发布《中国老年教育发展规划（2035）》。其中可以提出不同城市和地区万人老年大学（学校）所数，接受各类老年教育的覆盖率，老年远程教育就学率、覆盖率，老年社区教育就学率、覆盖率，老年文体教育参与率和覆盖率，老年大学（学校）入学率（毛入学率）、年度巩固率、到课率、结业率和满意率等评估指标体系和统计方式与计算方法，以指导不同城市和地区老年教育快速发展。

（三）实现老年教育现代化的目标与实施问题

党的二十大提出：“从现在起，中国共产党的中心任务就是团结带领全国各族人民全面建成社会主义现代化强国、实现第二个百年奋斗目标，以中国式现代化全面推进中华民族伟大复兴。”[②] 早在 2019 年 2 月中共中央、国务院就印

---

① 马晓伟．国务院关于加强和推进老龄工作进展情况的报告 [EB/OL]. http://www.npc.gov.cn/npc/c30834/202208/889a7e67a7794176b3a718f972447cac.shtml.

② 习近平．高举中国特色社会主义伟大旗帜为全面建设社会主义现代化国家而团结奋斗 [J]. 求是，2022（2）.

发了《中国教育现代化（2035）》，对推进教育现代化做出了部署，明确了推进教育现代化的总体思路、战略任务、总体目标、实施路径和保障措施，提出到“2035 年，总体实现教育现代化”。那么，我国的老年教育是否也应该按此时间表和路线图实现或基本实现现代化？这个问题，在实施积极应对人口老龄化国家战略的进程中，我们应该具有前瞻性，将其作为重大课题来研究。

我国的老年教育起步较晚，但在党和政府的高度重视下，在各级老龄工作者的艰辛努力下，四十年来取得了举世瞩目的成就，比起一些发达国家快了几十年。对老年教育的现代化，中国老年大学协会自 2019 年开始，围绕老年大学信息化建设，多次抓了校长和技术骨干的培训，召开信息化建设推进会。各地老年大学运用多种形式普遍开展了智慧助老行动，以构建现代化老年教育体系为目标。各地相继开展数字技术、人工智能与老年大学的研究和实践，经过多年努力，目前省级和部分市级老年大学已初步实现了老年教育现代化。因而在适当时候从国家层面正式提出基本实现全国老年教育现代化目标是可以的，也是可行的。

老年教育现代化就是用现代的老年教育思想指导老年教育改革与发展实践，使老年教育的办学理念、设备实施、管理方式、教学制度、教育内容和方法、信息技术手段和人的全面发展等，逐步达到中国特色的老年教育现代化水平，实现老年教育由传统到现代的根本转变。老年教育现代化不仅在于硬件的现代化，也在于软件的现代化；不仅在于管理的现代化，也在于教学的现代化；不仅在于城市的现代化，也在于农村的现代化。老年教育现代化的核心是人的现代化，而在我国最大难点、最艰巨的任务是农村老年教育的现代化。

老年教育现代化的起点和基础是基本实现办学的规范化和标准化。推进老年教育现代化要遵行法规性、科学性、区别性、渐进性和均衡性原则。可以分类研制《中国城市老年大学现代化评估体系》《中国农村老年学校现代化评估体系》，以学促思，以思促行，以评促建，开展试点，成熟一个验收一个，起到示范作用，从而有序推进实施。在此方面，山东省、江苏省的老年教育现代化研究课题组的成果值得关注和参考。

推进新时代老年教育高质量发展的四个维度

邱建庭①

【摘　要】在老龄化日益严峻的形势下，高质量发展是老年教育的首要任务。全面及时把握新时代老龄化发展背景下老年教育的新走向，探讨从坚持党建引领、满足需求、数字融合、系统思维等四个维度发力增效，有效应对国家老龄人口趋势变化、社会经济发展及满足老年群体学习需求，助推老年大学教育高质量发展。

【关键词】老年教育；党建引领；数字融合；系统思维；高质量发展

党的二十大提出“高质量发展是全面建设社会主义现代化国家的首要任务”。习近平总书记在二十届中央政治局第五次集体学习时强调，“要坚持把高质量发展作为各级各类教育的生命线，加快建设高质量教育体系”。这一重要论述为新时代教育事业改革发展指明了战略方向，明确了发展路径。高质量发展是当前和今后一个时期国家确定发展思路、制定经济政策、实施宏观调控的根本要求，同理，高质量发展也是老年教育的首要任务。但是我们也看到，在新的人口急剧变化面前，我国老年教育面临的发展不平衡、不充分等诸多问题。为了更好保障老年人受教育权利，全面及时把握新时代老龄化发展背景下老年教育的新走向，加快发展老年教育，扩大老年教育资源供给，满足老年人多元学习需求，要创新体制机制和发展方式，激发社会活力，满足老年人终身学习

① 邱建庭，广东省老干部大学副校长，三级调研员。

需求和对美好生活的向往，实现老有所学、老有所教、老有所乐、老有所为，努力形成具有中国特色的老年教育高质量发展新格局。

一、坚持以党建为引领推进新时代老年教育创新发展

党的领导是新时代最本质的特征，这决定了老年教育必然是中国共产党领导下的中国特色老年教育。《中共中央 国务院关于加强新时代老龄工作的意见》明确要求“加强党对老龄工作的全面领导”。老年教育实现新时代下的高质量发展，首要的就是加强党对老年教育的全面领导，强化政治功能和政治属性，为老年大学正确的办学方向赋能。

一是要突出政治引领。树牢坚决跟党走的信念，树牢人民至上的理念，听党指挥，跟党奋进，把思想政治教育贯穿老年教育教学活动全过程，教育引导广大离退休干部忠诚拥护“两个确立”，坚决做到“两个维护”，把老年大学建设成为思想政治教育基地。

二是要抓牢基层党建工作。把为民务实的党建宗旨落实到老年教育中，把老年大学建设成为贯彻党的方针政策，实现第二个百年奋斗目标的坚强战斗堡垒，充分发挥离退休干部党建主阵地作用。

三是要牢牢把握意识形态工作。大力弘扬正能量，切实做好对老年学员的精神关爱和思想引导工作，努力将老年大学建设成为社会主义核心价值观的宣传阵地。

二、坚持以需求为导向推进新时代老年教育高质量发展

《中共中央 国务院关于加强新时代老龄工作的意见》提出，将老年教育纳入终身教育体系，推动扩大老年教育资源供给。我们要全面、及时把握新时代老龄化发展背景下老年教育的新走向，积极有效应对国家老龄人口趋势变化、社会经济发展，不断满足老年群体学习需求。

一是把握实施健康中国战略机遇，为学员身心健康赋能。以习近平同志为核心的党中央把维护人民健康摆在更加突出的位置，作出实施健康中国战略的决策部署。党的十九大以来，“健康中国战略”更加深入人心，国家倡导提供全方位全周期健康服务。《健康中国行动（2019—2030）》提出“坚持预防为主、防治结合”的“大健康教育”指导思想。国务院《关于实施健康中国行动的意见》提出，老年人健康快乐是社会文明进步的重要标志，“实施老年健康促进行动”“面向老年人普及膳食营养、体育锻炼、定期体检、健康管理、心理健康以及合理用药等知识”，实现健康老龄化。老年大学要抓住机遇，加强与卫健部门、志愿者协会等密切合作，将身心健康教育与老年人的各种学习活动有效融合，普及营养膳食、运动健身、心理健康、疾病预防、合理用药、康复护理、生命教育、应急救助等老年健康知识，加强对老年健康政策、服务和产品的科普宣传，提升老年群体自身的健康管理能力和健康识别度。

二是把握人力资源开发机遇，为老年教育功能赋能。老年教育解决的不仅是老年人受教育的问题，更重要的是通过老年教育这一平台，在社会转型过程中实现积极老龄化，保障老年人尊严养老的权利。随着我国人口老龄化的深入，老年群体的社会参与将对社会的可持续发展产生深远影响。通过老年教育提升低龄老年社会参与力，减缓劳动力供给下降的趋势，彰显长者风范，发挥老年人力特质，使老年群体成为社会建设和老年友好型社会构建的实质性主体。适应新时代老年人的新需求，要着力推动老年教育功能由娱乐型向赋值型转变，重点在开发老年人潜能上下功夫，增加包括再就业、志愿者服务、社会参与、社会管理、社会服务、家庭照料等相关教育内容，进行二次资源开发利用，引导老年人以志愿服务形式参与乡村振兴、社区治理、公益慈善等，充分发挥老年人的智慧优势、经验优势和技能优势。

三是把握扩大老年教育资源的机遇，为供给多元化赋能。（1）要鼓励社会力量参与供给。老年教育的推进方式是多维度、上下互动的，仅靠以政府主导的老年大学教育“单打独斗”是远远不够的。建议通过发展老年教育联盟，形成部门间的联动与合力。推动社会办学，鼓励和吸纳更多的社会力量和资金创办老年教育和培训机构，进一步发展社会多元化的老年教育办学体系，提高老年教育覆盖率，就近为老年人打造家门口的学习天地。（2）要增加医养教融合供给。鼓励各级老年教育在敬老院、养老院、养老公寓等养老服务机构中设班开课，建立老年学习场所，使以社区为基地的老年学堂成为服务老年教育需求的基础单元，就近就地增强对住养老人、残疾老人、独居老人、空巢老人、超高龄老人等弱势老年群体的支援。（3）要推进老年教育理论研究供给。发挥高校优势，开展老年教育的理论研究，鼓励有条件的高校、职业院校开设老年教育相关专业和课程，加强学科专业建设与人才培养；编写老年教育相关教材，开发适合老年群体学习和使用的技能培训课程与项目。（4）要加强老年教育师资供给。积极推进老年教育专兼职教师、助学志愿者队伍建设，着力提高老年教育规范化、特色化、专业化水平，鼓励老年大学通过公开招聘、兼职聘用、退休返聘等方式，吸纳社会和高校优秀人才。

三、坚持以数字融合为助力推进新时代老年教育高质量发展

习近平总书记在二十届中央政治局第五次集体学习时强调：“教育数字化是我国开辟教育发展新赛道和塑造教育发展新优势的重要突破口。进一步推进数字教育，为个性化学习、终身学习、扩大优质教育资源覆盖面和教育现代化提供有效支撑。”教育数字化是推动教育高质量发展、建设教育强国的重要引擎。面对新一轮科技革命浪潮，推进新时代老年教育高质量发展，要重视运用以数字化手段赋能老年教育，从而应对科技革命新趋势带来的新问题、新挑战。

一是融入“智慧助老”，提高老年人的信息化素养。互联网为积极应对人口老龄化带来了新挑战和新机遇，老年教育数字化转换工作取得了阶段性突破，基础设施、数字资源、信息平台的建设与应用成效显著。但也应该看到，老年人在数字融入的过程中与其他年龄群体仍存在较大差距。而且，在数字融入深度上，老年人使用手机的最主要功能仍然是通讯功能，对于在线就医、网络购

物、移动支付等功能仍较为陌生，且往往成为网络电信诈骗的对象，这极大影响了老年群体的生活质量和生活满意度，广泛开展老年人运用智能技术教育还有很大提升空间。要进一步推动老年教育深入实施智慧助老行动，积极开展惠及老年人的智能技术应用技能专题培训，优化为老信息服务，推动互联网应用适老化和无障碍水平，切实解决老年人运用智能技术困难，使老年人愿用、善用、乐用智能技术，共享信息化社会带来的便利性、快捷性和智能性，不断增强老年人的获得感、幸福感和安全感。

二是运用好现代化教学手段，开拓现代化老年教育之路。深入实施“教育信息化 2.0 行动计划”，加快推进教育新型基础设施建设，推进“互联网＋教育”发展，开发适合老年人在线学习需求的数字化学习资源，开展对现有老年教育课程的数字化改造，运用信息化和智能化手段，以人工智能、信息技术、数据挖掘为基础，构建“线上＋线下”交互混融式的老年教育课程体系，使每位学习者都能获得“一人一课表”式的、个性化且连续性的泛在学习环境。

四、坚持以系统思维为基点推进新时代老年教育高质量发展

为了更好保障老年人受教育权利，满足老年人多元化学习需求，更是迫切需要系统思维，要从整体和全局上把握治理中存在的问题，创新体制机制和发展方式，进一步增强治理体系诸要素之间的关联性，进而激发社会活力，满足老年人终身学习需求和对美好生活的向往，实现老有所学、老有所教、老有所乐、老有所为，努力形成具有中国特色的老年教育发展新格局。

一是压实组织助学。要加强领导，压紧压实工作责任，真情关心老年教育，真心支持老年教育，真诚服务老年教育，大力营造关心老年教育的良好氛围，为老年教育持续健康发展提供坚实保障。

二是开展家庭共学。目前，全国人均预期寿命长达 77.3 岁。随着“三孩政策”的实施和“长寿社会”的到来，加强亲子之间、隔代之间乃至多世代之间

多层面、多维度的互通共学，帮助老年人解决亲子关系和隔代教养的现实难题。

三是鼓励团队互学。老年人基于共同的学习兴趣，参与各种不同类型和形式的老年团队，通过团队成员之间互学，增强同伴之间的情感交流和精神陪伴。

发展老年教育是积极应对人口老龄化、实现教育现代化、建设学习型社会的重要举措。我们理应通过老年教育政策支持和智能支持，帮助所有老年人能够参与到老年大学有组织、有目的、有体系的学习中，让每位老年人都拥有能更丰富的学习机会、更便捷的学习方式、更多样的学习渠道，实现“老有所学”且“老有所为”，积极推进老龄化社会治理，实现老年教育高质量发展。

江苏省老年大学现状调查和对策研究

刘　璟　陈　勇[①]

【摘　要】本文通过对江苏省老年大学发展状况的全面分析，回顾总结近40年来全省老年大学取得的丰硕成果和积累的基本经验，深入研究当前老年大学的发展机遇和面临的严峻挑战，并针对当前存在的矛盾和问题，从理论与实践的结合上探究新时代全省老年大学更快更高质量发展的对策建议。

【关键词】老年大学；现状分析；发展对策

《中共中央　国务院关于加强新时代老龄工作的意见》要求扩大老年教育资源供给。要将老年教育纳入终身教育体系，采取促进有条件的学校开展老年教育、支持社会力量举办老年大学（学校）等办法，推动扩大老年教育资源供给。中共江苏省委、江苏省人民政府印发《关于加强新时代老龄工作的实施意见》，明确要求扩大老年教育资源供给，建设一批高水平老年大学（学校）。为切实贯彻落实中共中央、国务院和江苏省委、省政府的精神，笔者通过对江苏省老年大学建设和发展状况的全面分析，回顾总结近40年来全省老年大学建设取得的丰硕成果和积累的基本经验，深入研究当前老年大学教育的发展机遇和面临的严峻挑战，并着重针对当前存在的矛盾和问题，从理论与实践的结合上探究新时代全省老年大学教育发展的对策建议，以推动和促进全省老年大学高质量发展。

---

① 刘璟，江苏省老年大学协会特聘专家；陈勇，江苏省老年大学协会办公室主任、特聘专家。

一、江苏省老年大学发展的基本状况

（一）扎实推进办学，实现科学发展

江苏省老年大学起始于1984年南京市金陵老年大学的诞生。39年来主要经历了三个发展阶段：初创起步阶段、探索开拓阶段和科学发展阶段。全省现有老年大学、老年学校、教学点共7007所（个），其中，省、市级老年大学25所，县（市、区）级老年大学113所，社会力量办学110所，乡镇（街道）老年学校667所，社区（村）老年学校4687所，远程老年教育收视点1405个。参加学习的老年学员336672人，全省老年大学入学率为1.82%；此外在江苏空中老年大学注册学习的达200多万人次（其中老年教育网注册超20万人次），全省老年教育参与率为12.63%。初步形成了省、市、县（区市）、街道（乡镇）、社区（村）五级老年教育网络，并逐步形成了学校教育、远程教育、社区教育的老年教育格局。现有教师6080人，其中专职教师285人，兼职教师5795人。现有管理人员1068人。经过多年的努力，全省老年大学向现代化建设迈进了一大步。其显著标志是全省各级各类老年大学适应形势发展需要，加强网络化、信息化建设，开展了“线上与线下、校内与校外、错时与错峰相结合”的创新教学模式，构建信息化平台，促进老年教育现代化。

（二）围绕办学宗旨，实行按需施教

（1）明确办学宗旨。江苏省老年大学坚定贯彻“增长知识、丰富生活、陶冶情操、促进健康、服务社会”的办学宗旨，让老年人在精神文化生活领域里汲取营养，愉悦身心，提高素质，感受生命的价值和意义，获得幸福感。面对新世纪的老年大学学员生源面扩大、年龄跨度大、文化差别大等成分的变化，凸显出学员学习目的的多元性，价值取向的广泛性，各级老年大学尊重和包容学员多元学习目标，把满足各个层次老年朋友的精神文化需要，作为办学的出发点和归宿。

（2）坚持按需施教的原则。不断关注、研究、优化、创新课程设置。课程方向上坚持以老年学员为本，与时代发展相同步，与实践需求相衔接，以适应老年人与时俱进的精神文化需求。课程结构上坚持广泛性、多样性、层次性、实用性组织教学，设定学制，并按照由初级到高级分班，满足老年群体不同层次的需求。课程内容上坚持“休闲性教育”和“发展性教育”相融合，提高老年学员现代文明素养，还开设具有浓郁地方特色课程，使老年教育更具亲和力、凝聚力。

（3）重视“学为结合、寓教于为”。鼓励老年学员积极参与社会活动，利用所学知识、技能为家庭服务，为社区建设作贡献，体现老有所学的价值。注重三个课堂建设，使“学、乐、为”融为一体，构成老年大学特有的教学特色。

以感受健康快乐为起点，引导老年学员增长知识、提高素质、做适应时代进步和参与社会发展的现代老人。由此彰显老年教育的深刻内涵，使各级老年大学充满生机与活力。

（三）注重规范办学，坚持质量建校

进入本世纪以来，全省各老年大学（学校）逐步实现从教学计划管理、教学组织管理，到教学业务管理、教学质量管理，全面推进教学管理规范化。

在教学业务管理上，全省老年大学逐步按三类课程规划：第一类是“通识类课程”。主要有老年思政、老年健康、智慧助老三类。第二类是“专业类课程”。目前省市级老年大学一般设有文史系、书画系、舞蹈系、声乐系、器乐系、健身养生系、摄影电脑系、时尚生活系等 10 多个专业门类、百余门课程。第三类是“地方性与校本课程”。围绕课程创新不断扩展课程宽度、架设课程梯度、开拓课程时尚度。在此基础上，各校精心培育“精品课程”和“特色课程”，加强“网络课程”建设，开展远程教学。

在教学质量管理上，通过多年探索，形成了一整套教学过程规范管理和教学监控与评估系统，将教学全过程按照规范要求和程序运行。江苏青春老年大学等学校建立了“三个尺度、六条标准、四个结合”的教学评估体系。“三个尺

度”：一是学员对学校组织教学的满意度。二是老年大学以人为本的办学理念、办学宗旨兑现度。三是全国老年大学示范校标准落实度。“六条标准”：一看学校教学管理、师资管理等是否符合“示范校评价指南”要求。二看学员对所学知识和技能的掌握与应用是否符合教育目标。三看学员作业作品和实践能力是否符合教学要求。四看学员身心健康和素质提高是否达到良好效果。五看学员是否满意自己的学习收获。六看上级主管部门和社会评价如何。采取“四个结合”的监控途径和评估方法，及时掌握教学的质量与效果，评价学员学有所成、服务社会的成效。

二、江苏省老年大学面临的发展机遇和严峻挑战

江苏省老年大学在“十三五”的基础上继续向前推进的关键是既要抓住机遇，又要迎接挑战。

（一）充分认识、积极利用全省老年大学发展的大好机遇

（1）老年教育顶层设计不断完善，宏观大环境基本形成。党的十八大以来，党中央、国务院高度重视、积极应对我国人口老龄化问题，制定了积极应对人口老龄化中长期规划。坚持“党委领导、政府主导、社会参与、全民行动”的老龄工作方针，努力形成具有中国特色的老年教育发展新格局。老年教育基础能力有较大幅度提升，教育内容不断丰富，形式更加多样。全社会关注支持老年教育氛围进一步浓厚。

江苏省委、省政府认真研究制定积极应对人口老龄化中长期规划和实施方案，2018 年，省教育厅印发《加快发展老年教育行动计划（2018—2020）》，形成了五大行动计划和 17 个行动项目。2020 年，江苏省又发文提出：优先发展城乡社区老年教育，完善基层社区老年教育服务体系。2022 年，中共江苏省委、江苏省人民政府印发的《关于加强新时代老龄工作的实施意见》明确提出：建立健全县（市、区）—街道（乡镇）—村（居委会）三级社区老年教育网络，

方便老年人就近学习。到 2025 年，全省每个设区市至少有 4 所老年大学，每个县（市）至少有 1 所老年大学，70% 以上的乡镇（街道）建有老年学校，50% 以上的村（社区）建有老年学习点。

（2）全省老年教育经过多年积淀，在理论与实践的结合上创造了丰富的办学经验。江苏省是教育大省，老年教育在全国始终处于第一方阵。全省各地在长期努力办学实践中积累了丰富的经验，办出自己的特色。如南京金陵老年大学是全国老年教育界公认的教育教学强、教材建设强、理论研究强、服务管理强的“四强学校”，在教学与管理上创造多个全国首创；徐州是我国第一个为老年教育立法的地级市，为全国老年教育立法树立了榜样；江苏青春老年大学开创民办老年大学成功发展之路成为全国范例。镇江市老年大学大力推进机制创新，开拓开放办学、联合办学、多元办学新路子，被《老年教育》杂志宣传推广；南通市老年大学多次牵头举办全国和全省老年大学优秀教材展示活动，为优秀教材的评选推介作出了贡献；以江苏开放大学为依托，全省在全国率先开展老年本专科学历继续教育，实现老年学员的大学梦；苏州、常州、淮安等老年大学建设智慧校园，在全省数字化校园建设中名列前茅。

除了个性化创新外，全省还积累共性经验，突出地表现在：

一是以全省各级老年大学为主体，发挥示范带动作用，初步形成了省、市、县（区市）、街道（乡镇）、社区（村）五级老年教育网络，并逐步形成了学校教育、远程教育、社区教育的老年教育网络体系发展格局。

二是以教育现代化为引领，组织开展示范性老年大学和学校创建活动，省教育厅会同省老龄办等 8 部门（由省老年大学协会具体组织实施）联合创建了 128 所示范性老年大学和老年学校。

三是以多元化学习需要为目标，多渠道、多学科、多层次办学，科学把握课程宽度、梯度、时尚度，努力实现按需施教，满足新时代新老年精神文化的新诉求。

四是以党建教育为导向、优质服务为宗旨、相宜制度为保障、自主管理为主导、自我完善为目标，构成自信、包容、康乐、进取的老年大学校园精神文化，形成了清纯高洁的精神文明阵地。

五是以现代网络化为教学手段，通过录制和直播课程内容，开展线上线下相结合教学，扩大授众；并通过建立信息化服务平台、学校网站、终端微信群等，促进学校教学与管理信息化。

六是以课程与教学为基础，教学重点环节为抓手，健全制度，规范管理，加强教学过程的监控和评估，形成系统的规范化管理格局。

七是以学用结合、服务社会为价值取向，融“学、乐、为”一体，实行开放办学，丰富社会实践，促进老有所为，实现再社会化。

八是以资源共建共享为纽带，以线下老年“养教联动基地”为支撑，推动高等学校、老年大学、养老产业、老年医疗、金融行业等老年教育相关机构，形成老年教育链、学习资源链、老年产业链、医疗保健链等有机衔接。

这些丰富的办学成果和实践经验为新时代全省老年教育的新征程新跨越积累了经验、奠定了基础。

（3）老年学习者蕴藏着极大的积极性和创造性，成为全省发展老年教育的生力军。江苏省是进入老龄化社会较早且老龄化程度较高的省份。随着老龄社会的到来和物资文化生活水平的提高，越来越多的老年朋友热切期盼并争相报名来老年大学学习，如银色浪潮涌向校园。他们以学校为家，有的入学多年不愿离开；有的母女、父子两代入校同学。通过教育，他们确立了积极向上的生活理念，焕发出自我完善进取精神，丰富了文化科学知识技能，提高了现代社会适应能力。他们不仅珍惜机遇努力学习，以主人翁精神关心学校建设，争当志愿者无私奉献；而且爱党爱国，心系大局，老而弥坚，并把爱国之情化为实际行动，踊跃走向社区共建文明，积极组织赈灾捐款、扶贫济困、助力基层社会治理等活动，涌现出许多感人事迹。老年学员已成为维护社会和谐稳定、建设文明国度的重要力量。他们是发展全省老年教育的生力军，是江苏省老年教育事业顺利开展的不竭动力。必将为推进老年大学现代化建设，助力积极老龄化国家战略、构建学习型社会发挥不可替代的作用。

（二）高度重视、着力解决该省老年教育面临的矛盾和问题

（1）资源供给不足，欠合理开发利用。江苏省 60 岁及以上人口 1883.68 万人，高于全国 3.25 个百分点。目前全省连同远程教育收视点、注册空中网络教育的参与率也仅为 12.63%。老年教育资源总量不足，供给滞后于需求增长，区域发展不平衡，层级发展不匹配。仅靠政府的投入，难以满足更多老年人不断增长的学习需求，普遍存在“入学难”现象。全省 1800 多万老年人，有 360 万老年人参加学习，要达到“十四五”规划要求，至少需为老年人再增加 100 万以上的学习机会，任务艰巨。此外，教育服务对象和教育服务需求也都发生变化。“十四五”期间中高收入学习者将进一步扩大，各类社会群体对高质量、多样化的教育需求也日益迫切，对老年大学专业、课程设置及教师教学要求也越来越高，因而资源供给的选择性也随之增强，优质资源更显稀缺。

（2）老年教育管理机制与运行机制不畅通。目前，省、市、县老年教育管理牵头部门不统一，有教育、老干部、文化、民政、老龄办等不同部门管理，没有明确的行政主管部门和统筹协调部门。全省仅有 5 个设区市设有老年大学协会。各县区老年大学和乡镇、社区老年学校与上级也没有对应统一的管理体系；长期多头管理，不利于统筹规划及政策制度的落实。

（3）老年教育立法滞后，政策落实不到位。老年大学教育作为一项新兴的事业，存在诸多需要法规政策加以定论的问题。但江苏省至今还没有一部地方性法规。在一些地方，老年大学（学校）性质不清，带来资源配置和运作障碍。各级财政没有老年教育预算科目。社会力量参与办学动力不足，民办老年大学难以为继。

（4）教学管理欠规范，教学质量有待提高。当前，老年学员年龄趋向低龄化、文化程度有很大提高、职业类型多样化，素质明显提高，追求更加多样化。在融入积极老龄化、推进老年人参与社会治理、加强老年学习团队建设、培育长者风范等方面，还有很大的发展空间。老年教育缺少对新时代老年人生命阶段所需知识结构需求的整体研究和如何弥补知识不足的规划安排。老年大学的

内涵建设有待丰富。师资力量不足、教师队伍不稳定，基层尤甚，尤其缺少教学水平高的优秀教师。迫切需要建立省老年大学师资培训基地，提高专业素养，改进教学方法。

三、江苏省老年大学高质量发展的对策建议

（一）确立发展目标

以习近平新时代中国特色社会主义思想为指导，坚持“党委领导、政府主导、社会参与、全民行动”的老龄工作方针，紧紧围绕贯彻落实党的二十大精神和积极实施应对人口老龄化国家战略，抓住新机遇，迎接新挑战，聚焦《江苏省“十四五”教育事业发展规划》提出的目标任务，以创建全国全省示范校引领江苏省老年教育高质量发展为目标，以扩大老年教育供给、推动老年教育普及发展为重点，以促进江苏老年教育立法、创新老年教育体制机制为关键，以提高老年人生活生命质量为目的，整合社会资源，激发社会活力，促进融合发展，形成覆盖广泛、均衡发展、特色鲜明、规范有序的全省老年教育发展新格局。努力提升老年教育现代化水平，努力实现参与教育活动的老年人占老年人口总数的比例达到 25% 以上，开创全省“老有所学、老有所乐、老有所为”的新局面。

（二）坚持基本原则

（1）推进立法，有法可依。制定《江苏省老年教育条例》，明确老年教育宗旨、功能与性质；理顺老年教育管理体制与运行机制；建立健全党政统一领导、教育部门牵头、相关部门参与的老年教育领导机构；强化政府公共服务的责任担当，将老年教育高质量发展纳入本省经济社会发展规划和教育事业发展规划，以法制保障完善终身教育体系的社会环境。

（2）整合资源、扩大供给。以新时代老年人学习需求为导向，加快老年教

育供给侧改革，充分利用各种资源，加强统筹建设和管理，为老年人提供多形式、多层次的教育服务，不断丰富老年学习资源有效供给，最大限度满足各类老年群体学习需求。

（3）面向基层、激发活力。将老年教育的增量重点放在基层和农村，形成以基层需求为导向的老年教育供给结构。继续探索和完善政府购买服务机制，引导社会力量积极参与老年教育，建立老年教育经费筹措运作机制，激发社会活力。

（4）融合发展、开放共享。创新体制机制，促进老年教育与文化、体育、科技、医疗、旅游以及养老相关产业融合发展，充分运用信息技术，推进老年教育学习资源共建共享，促进老年教育与经济社会同步发展。

（5）因地制宜、特色发展。从区域发展不平衡的实际和多样化的学习需求出发，因地制宜开展老年教育。鼓励结合当地历史、人文资源和民俗民风等特点，设立有针对性的特色教育课程，形成独特的办学风格、办学思路，推动老年教育特色发展。

（三）明晰主要任务

1. 加强老年教育服务网络建设，完善全省老年教育五级网络覆盖体系

一是发挥社区教育网络体系作用。立足于普惠全社会老年人终身学习需求，努力实现老年教育公共服务均等化。充分发挥网络教育和人工智能优势，构建渠道更畅通、方式更灵活、资源更丰富、学习更便利的全民终身学习体系。省、市、县老年教育机构支持配合社区教育机构和开放大学运用网络积极开展老年教育，乡镇（街道）社区教育中心也要强化老年教育，有条件的要设置老年学校，居（村）民学校要设立老年学习点，健全五级老年教育网络，实现老年学习机构全覆盖。

二是推动各级各类学校为老年人便利化学习提供支持。省、市、县老年大学在确保自身高质量发展的基础上，走出一条“面向社区、多点办学、示范带动、辐射普及”的转型发展之路，从课程与教学等多个重要方面给予基层更多的帮助和支持。充分发挥高等学校和职业学校继续教育功能，面向老年人提供

课程资源，特别是艺术类、医药卫生类、师范类院校和开设养生保健、文化艺术、信息技术、家政服务、社会工作、医疗护理、园艺花卉、传统工艺等专业的职业院校，要结合学校特色开发老年教育课程，为社区、老年教育机构及养老服务机构等提供支持服务，共享课程与教学资源。

三是利用文化体育科技设施建立老年教育基地。充分发挥当地文化、体育、科技等公共资源优势，利用当地的美术馆、图书馆、文化馆（站、中心）、科技馆、博物馆、纪念馆、体育馆等公共设施以及爱国主义示范基地和科普教育基地，结合区域实际，建设不同主题、富有特色的老年教育学习体验基地。同时，鼓励城乡和区域老年教育协作发展，鼓励苏南等发达地区以建立分校或办学点、选送教师、配送学习资源、提供人员培训等方式，为农村和苏北地区老年教育提供对口支援。

2. *着力老年教育资源建设，扩大老年教育资源供给*

一是建设老年教育师资库。加快培养一支结构合理、数量充足、素质优良，以专职人员为骨干、与兼职人员和志愿者相结合的老年教育师资队伍。支持建立思想道德、科学文化、养生保健、心理健康、职业技能、法律法规、家庭理财、闲暇生活、代际沟通、生命尊严等方面的老年教育示范性学习团队和老年教育志愿团队。各级各类学校要鼓励、支持教师到校外老年教育机构兼职任教或从事志愿服务。到 2025 年，每个老年大学培育一支实力较强的老年志愿者队伍，老年学校普遍建有志愿者服务组织。

二是建设老年学习资源库。注重开发一批通用型老年学习资源，整合一批优秀传统文化、非物质文化遗产、地方特色老年学习资源，推介一批科普知识和健康知识学习资源，形成系列优质课程推荐目录。定期举办老年学习资源建设交流活动。依托江苏学习在线建成支撑江苏老年教育发展的省级老年学习资源库，各地建成具有地方特色的子库。

三是遴选优秀老年教育教材和开发现代智能技术教育。优先选用国家推荐的优秀老年教育教材；继续开展全省老年教育教材展示和优秀教材推荐活动；鼓励开发理念先进、适应老年人线上线下、多元、自主学习的系列化、多媒体老年教育特色教材；运用信息技术对现有老年教育课程进行数字化改造，开发适合老年人远程学习的数字化资源；依托“江苏智慧教育云平台”和空中老年大学、江苏学习在线、夕阳红·老年学习网，通过互联网、数字电视等渠道，加强优质老年学习资源对农村和贫困地区的辐射；运用信息化手段，为老年人提供导学服务、个性化学习支持。

四是发挥高校优势，助推老年教育。下大气力落实高校助力老年教育的措施；有条件的高校办老年班，运用学分制开展学历教育，满足部分老年人提高学历的愿望；利用高校特别是师范院校师资力量强、专业水平高的优势，担负起培训师资的任务，使老年大学获得训练有素、优质办学的师资队伍和管理队伍。

3. **探索老年教育主体多元化，支持社会力量多形式多渠道参与老年教育**

一是寻求联合办学，实现合作共赢。与大中型企业联合办学，企业提供教学场所、教学设施等硬件条件；学校提供教学管理软件，合作创办老年大学，或老年大学到企业去建立分校。既帮助企业解决退休人员老有所学，又发展壮大自己。

二是借助个体资助，推进民校创建。

三是挂钩养老机构，实行养教结合。鉴于当下房地产集团出现房产过剩，应鼓励支持他们转向创办养老机构。鼓励支持各级教育机构在老年养护院、城市社会福利院、农村敬老院中设立学习场所，配备教学设施。实现教养结合，推动老年教育融入养老服务体系，丰富住养老人的精神文化生活。

四是发挥经验优势，贴近社区办学。社区是老年人聚居的栖息地，是老年教育社会化的根基；要强化以城带乡、城乡联动的老年教育发展格局；各级老年大学应继续助力社区学院、社区服务中心、文体活动站点搭建老年教育平台，帮助社区教学点提高老年教育质量。

4. **加快老年人力资源开发，提高老年群体社会参与能力**

老年教育解决的不仅是老年人受教育的问题，更重要的是通过老年教育在社会转型过程中实现积极老龄化，保障老年人尊严养老的权利。随着我国人口老龄化的深入，老年群体的社会参与将对社会的可持续发展产生深远影响。通过老年教育提升低龄老年社会参与力，减缓劳动力供给下降的趋势，彰显长者风范，发挥老年人力特质，使老年群体成为社会建设和老年友好型社会构建的主体。要适应新时代老年人的新需求，着力推动老年教育功能由娱乐型向赋值型转变，为老年人社会参与搭建平台，促进学习成果转化。重点要在开发老年人潜能上下功夫，增加包括再就业、志愿者服务、社会参与、社会管理、社会服务、家庭照料等相关教育内容，进行二次资源开发利用；鼓励老年人利用所学所长，在科学普及、环境保护、社区服务、治安维稳等方面积极服务社会；引导老年人在经济社会活动中充分发挥智力优势、经验优势、技能优势；在传承中华优秀传统文化、引导青少年培育和践行社会主义核心价值观等方面发挥积极作用。

5. **加速老年大学现代化建设，引领全省老年教育高质量发展**

一是要以党的二十大精神为指针，以《江苏省“十四五”教育事业发展规划》和中国老年大学协会制定的“示范校评价指南”为依据，重点抓好省、市、县三级老年大学现代化建设。力争“十四五”期间有 50% 的市以上老年大学建成全国和江苏省示范老年大学；有 30% 的县（市、区）老年大学、15% 乡镇（街道）老年学校建成示范老年大学和优质老年学校。

二是加强老年大学领导班子建设，校长应具有较高政治、业务素质、组织管理能力和现代办学理念、办学经验，富有创新精神，民主科学决策，发挥班子的整体效益。

三是完善学校硬件设施适老化建设，建成现代化教学设施配套完善、校园、教室、图书馆、活动场所等齐全，质量坚固、保障有力、环境整洁、优美怡人的美丽校园。

四是强化以课程与教学为中心的教学管理现代化建设，科学制定规划，规范教学管理，创新课程设置，构建课程体系，落实监控措施，确保评估质量。做到人本化、规范化、精品化、特色化、现代化，使新时代的老年人学有所成、素质提高、身心康乐、获得感幸福感提升，达到学员满意、学校满意，社会赞誉。

五是重视老年教育理论研究工作，切实用理论指导教育实践。要研究我国老龄人口急剧膨胀、老年人学习供不应求的新形势，研究老年教育发展和资源供给的新模式，研究新形势下我国老年教育价值重建与转型发展的新途径。高等学校、教育科研院所、老年教育机构要开展老年教育基础理论研究、政策研究和应用研究，探讨和解决老年教育发展中的重大理论和实践问题；要使论文、专著数量与质量稳步攀升，课题与项目内容丰富，学术阵地不断扩大，产生积极的教育效益和社会效益。

六是抓好老年教育宣传推广工作。广泛宣传老年教育的典型经验、做法和成效，江苏学习在线开辟老年教育宣传专栏，联合广播电视报纸等媒体，宣传推广各地老年教育成果与经验，努力使全社会关心、支持和参与老年教育的氛围更加浓厚。

新质生产力视域下
老年教育高质量发展之浅见

马维红　闫娟娟[①]

【摘　要】新质生产力是习近平总书记基于我国发展阶段、环境、条件变化，从“两个大局”高度作出的具有根本性、全局性、长远性的重大战略判断。在新一代信息技术加速突破应用、先进制造技术加速产业转型的新发展阶段，形成新质生产力既是推动老年教育高质量发展的必然要求，也是建设老年教育现代化体系的关键动能。文章从理解新质生产力内涵与特征出发，联结老年教育与新质生产力的融通点，进而思考以新质生产力理论指导老年教育高质量发展实践。

【关键词】新质生产力；老年教育；高质量发展

从新时代推动东北全面振兴座谈会首次提出“新质生产力”这一重大概念，到在中央经济工作会议部署“发展新质生产力”，到政治局集体学习时的系统阐述，再到全国两会期间三次下团组给出重要方法论，习近平总书记深刻阐明了以加快发展新质生产力推动高质量发展的现实意义、方法路径和重要举措，“必须牢记高质量发展是新时代的硬道理”，“高质量发展需要新的生产力理论来指导，而新质生产力已经在实践中形成并展示出对高质量发展的强劲推动力、支撑力，需要我们从理论上进行总结、概括”，“先立后破、因地制宜、分类指导”新的发展实践。

---

① 马维红，山西老年大学办公室主任；闫娟娟，山西老年大学办公室三级主任科员。

老年教育发展进入新时代，谋求转型升级和高质量发展，也必须以新质生产力为驱动，推动系统性创新，摆脱传统服务增长方式、生产力发展路径，发展具有高科技、高效能、高质量特征的老年教育新业态、新模式，进而从“市场驱动为主”的后发追赶创新范式向“创新引领超越追赶”的新型创新范式跃迁。这一目标需要从理解新质生产力内涵与特征出发，找到两者联结点的基础上，在跨界融合的实践中推动实现。

一、新质生产力的内涵与特征

（一）新质生产力的内涵

新质生产力是代表新技术、创造新价值、适应新产业、重塑新动能的新型生产力，核心要义是“以新促质”，本质属性是创新驱动，是在数智化时代下，以数字技术为支撑，以要素增值为基础，以战略性新兴产业和未来产业为载体，以产业升级为主导方向，以技术创新为根本驱动力，充分整合科技创新资源和现有产业基础，依靠内涵型增长摆脱传统增长路径，全方位、多角度为高质量发展赋能，是一种更加符合高质量发展要求的“新”的“物质力量”，是传统生产力在信息化、数智化生产条件下基于科学技术持续创新突破与产业不断升级发展所衍生的生产力的新形式和新质态。

（二）新质生产力的主要特征

（1）突出创新性。新质生产力是科技创新发挥主导作用的生产力。借助新一代信息通信技术的赋能作用，传统生产要素在生产过程中转化成一种有可能突破规模报酬递减规律的新生产要素，从而大大增加整个生产过程的附加值。

（2）广泛渗透性。作为兼具信息和通信特点且具有通用智能和基础平台双重属性的数字技术，与各行业、各领域紧密相连，这决定了在数字化赋能条件下，新质生产力将借助科技创新特别是数字技术创新的力量，对社会再生产的各个环节产生重要影响。

（3）高效提质性。在数字时代，中、高技能劳动力拥有较高科学文化素质和智力水平，具备以信息技术为主体的多维知识结构，并且熟练掌握各种新的生产工具，能够对传统劳动对象进行深度开发，由此带来较强的增效提质作用。

（4）明显动态性。当今时代，以大数据、物联网、云计算、区块链和生成式人工智能等为代表的新一代信息通信技术加速演进，科技创新密集涌现，突破性、颠覆性技术创新正在孕育发生，由此驱动劳动技能、劳动素质的显著提升和劳动工具、劳动对象的深刻变革，体现出新质生产力的明显动态性。

（5）显著融合性。新质生产力不是单一生产要素和生产资料连续追加的结果，而是在不同生产要素和生产资料有机融合的基础上形成的。

二、老年教育与新质生产力的联结点

（一）新质生产力是老年教育高质量发展的强大引擎

通过引入新技术、新业态和新模式，新质生产力可推动传统产业实现深刻变革，为其高质量发展注入强劲动力。老年教育作为一项传统服务产业，新质生产力也势必能推动其高质量发展。在老年教育教学及管理服务过程中，新质生产力通过引入智能化、自动化等技术，能极大提升学员受众面、教学体验感和提高管理服务质效，这种动力不仅体现在“量”的增长上，更重要的是“质”的飞跃，推动老年教育由传统增长模式向创新驱动、效率优先的新模式转变。

（二）老年教育高质量发展对新质生产力有全面需求

高质量发展要求具备可持续性、协调性和包容性，这三大特性都离不开新质生产力的有力支撑。随着经济的持续发展和社会的全面进步，老年朋友们对老年教育这一服务产品的质量和性能提出了越来越高的要求，传统的单向式输出教学模式已然不能满足老同志日益增长的个性化教育需要。数字技术与制造业的深度融合催生智能化定制化生产，可实现供需两端的贯通，从而使得老年教育教学由标准化输出逐渐转为定制化生产甚至个性化定制，更好地适应广大社会老年人对教学的个性化需求，更好维持老年大学和老年人供需两端的动态平衡。

（三）代表老年教育新质生产力的科技新势力

科技赋能老年教育高质量发展，以数智技术作为核心生产要素，从新管理模式颠覆、新场景拓展、新业态打造、新技术应用等方面，促进老年教育深度融合。

（1）颠覆新模式。基于大数据、人工智能的算法升级，数据库和精准的算法成为老年教育创新和转型升级是否取得成效的重要标尺。老年教育资源通过数字化转化为养老素材，成为养老产业可以利用的生产要素；老年教育各门类、各业态数据在云端进行关联，实现资源共享、优化组合。运用无线射频识别、大数据等技术搭建老年教育数据库，使管理人员便于完成管理、查询、统计报表等方面的工作；采用大数据手段进行老年学员画像分析等提升管理服务水平。

（2）拓展新场景。随着 5G、VR、AI 等数字技术的广泛应用，老年教育数字化场景也能实现创新发展，教学空间从传统教室向创新型、体验型、虚拟性、临时性等空间延展，教学渠道与服务呈现多渠道、多终端等特点。随着 5G、人工智能、物联网等新基建的逐步完善。未来，围绕老同志需求，链接文化、金融等机构行为与活动的新形态，将为老年教育带来新的发展增量。

（3）打造新业态。数字科技在老年教育的应用，有助于拓展教学边界，催生新业态，如：虚拟现实等技术与线上教学结合，形成云课堂、云展览、沉浸式教室等新业态；而基于数字技术提供综合性云教学和互动服务，也成为老年教育创业创新的方向，从而带动区域老年教育发展。

（4）新技术转化。渲染处理、感知交互、裸眼 3D 等多项关键细分领域技术，与其他数字信息技术的融合，将推动老年教育资源的数字化转化，对于实现老年教育资源可持续利用、为更大范围老年学员提供更多沉浸式教学体验场景等都将发挥积极作用。

三、发展新质生产力推动新时代老年教育高质量发展

（一）聚力党建引领，凝心铸魂，厚植新质生产力，推动老年教育高质量发展

党建做实了就是生产力，做强了就是竞争力，做细了就是凝聚力，高质量的党建就是新质生产力的一种形态，引领老年教育事业高质量发展。

要打造新质生产力党建品牌。党建品牌的创建，可以实现从零散到系统、特点到特色的转变，过程中的资源整合、参与实践和荣誉效应，能快速有效提升党组织的凝聚力、号召力和战斗力；打造具有自身亮点和特色的老年教育党建品牌，形成品牌效应所蕴含的新质生产力，凝聚人心、汇集力量、服务主业。要塑造新质生产力党建文化。党建文化建设的重要意义在于凝聚党员力量、塑造党员形象、推动党组织创新发展；是党的事业发展的保证和推动力量，是党员的精神家园；塑造老年教育党建文化，包括阵地文化、宣传文化、制度文化和载体文化等，形成文化纽带润校无声的新质生产力，在潜移默化中增强党员干部组织认同感、使命感。要构造新质生产力党建模式。构建“融入式”老年教育党建模式，瞄准党建与业务“两张皮”问题，实施融合式“党建＋”工作模式，突出“党建＋政治引领”“党建＋能动履职”等，推动党建与业务深度融合；同时以信息技术为支撑，探索“＋党建”模式，让党建形式“活”起来；“＋党建”“党建＋”同向推进、同步增强、同时发力，形成红色引擎的新质生产力，激发党建强链补链延链的内生动力。

（二）聚力人才培养，深耕沃土，激发新质生产力，推动老年教育高质量发展

人是生产力中最活跃、最具决定意义的因素，没有人力资本的跃升就没有

新质生产力形成的基础，发展新质生产力，需要能够创造新质生产力的战略人才，新质生产力赋能老年教育高质量发展也需要能够熟练掌握新质生产资料的应用型新质人才。

要锻造与新质生产力对称的人才引擎。以高质量发展实现老年教育现代化的进程中，新质生产力的发展必须依赖新质劳动者的培育和成长，新质人才是链接技术创新与老年教育实践最核心最基础的劳动要素，是打通两者“最后一公里”的关键一步。受社会环境、传统思维等因素影响，老年教育新质人才的供给与新质生产力赋能老年教育转型升级需求之间的结构性矛盾凸显，特别是对人工智能、大数据、物联网等数智技术的新质生产资料的认知和应用方面。与过往相比，现代科技背景下老年教育升级所需要的人才梯队不再是可以单单凭借经验的积累就能建立的，而是建立在多学科、多领域丰富储备上形成的协同模式。要通过外出学习、专题培训、校企联建等方式，靶向提升干部队伍的“数智素养”，锻造既具有创新意识又能将 AI 等科技新势力转化应用到老年教育中的新质人才。要营造与新质生产力适配的人才环境。作为生产力中唯一的创造性因素，生产资料和科技知识及管理方式的创造者与应用者，人的能动性的激发需要构建有利的环境氛围。老年教育作为没有行政职权的公益服务类行业，激发人的能动性，锻造新质人才，营造与新质生产力适配的人才环境显得尤为重要。健全人才体系顶层设计，加大培养力度，定向引导提升；完善人才岗位配置，以人岗相适激发潜力与活力；构建人才多元评价体系，激励向创新型人才倾斜，在良性竞争中增添人才动力等，以新质环境激发创新链，培育新质人才链。

（三）聚力教学改革，创新融合，发展新质生产力，推动老年教育高质量发展

科技创新是撬动新质生产力发展的首要杠杆，教学主业改革升级是老年教育高质量发展的关键所在。促进 5G、工业互联网、大数据、云计算、人工智能等数字新技术与教学管理服务过程深度融合，让科技创新“关键变量”成为新

质生产力发展“最大增量”，推动实现老年教育从数量扩张向质量提高的战略性转变，从高速度向高质量发展的换挡转化。

（1）要构思新质教学力。跨界融合与应用是促进数字技术形成新质生产力的有效途径，通过将数字技术与老年教学深度融合，推动老年教育事业升级和转型。在加快推进以人工智能和物联网为基础的智慧校园全覆盖建设基础上，前瞻性构思数智趋势下的新质教学力，比如，以 AI、VR 为代表的数字技术使教育变得更加去时空化、非正式和泛在化，将人工智能和虚拟现实技术与老年教育跨界融合，创造超越时空的个性化沉浸式教学场景，将以学校为核心的老年教育体系向校家协同发展，有效化解“一座难求”问题，弥补现有远程教育体验感不足，真正建立起广大社会老年朋友人人皆学、处处能学、时时可学的个性化终身学习体系。（2）要提高新质管理力。管理是生产力中最为抽象的要素，是一种无形的“黏合剂”，将各种生产力构成要素联系起来，是对集体组织中各种资源进行整合配置的活动；管理水平的高低直接影响着生产力的状况、结果和效率。比如通过提高新质管理力，因地制宜、因校制宜，将代表老年教育的科技新势力按照最佳配比最高性价比关系很好地与教学需求“黏合”在一起，跨界融合的潜力才能得到充分释放，进而转换为高效实用的新质生产力，获得预期的效果。（3）要探究新质服务力。传统的投放式服务供给中存在管理真空和供需错位的双重困境，数字治理的理论支撑和互联网、大数据在公共服务领域的应用实践，开辟了以精准化供给破解双重困境的新思路。数据化精准化个性化服务是新形势下与广大老年朋友需求相对称的新质服务力。打造老年教育数据中台，运用大数据技术，对社会老年人进行画像分析，既能从供给侧提供个性化学习资源，还能从需求侧开展精准化学习引导，又能强化校园数据安全治理，更能为老年教育科学发展决策提供支撑，以数据新质服务力推动新质生产力发展。

（四）聚力体制建设，蓄势赋能，培育新质生产力，推动老年教育高质量发展

生产力决定生产关系，生产关系反作用于生产力。促进新质生产力的形成，必须塑造与之相适应的新质生产关系，以打破制约科技创新和成果转化的樊篱。老年教育领域构建新质生产关系主要就是与生产要素创新配置及新兴技术顺利转化相适应的组织模式和管理方式，核心则是主动担当作为和敢于冒险创新的体制机制建设。

（1）要构建主动担当作为体制，“着力打通束缚新质生产力发展的堵点卡点”。新质生产力有别于传统生产力，涉及领域新、技术含量高、创新驱动强，而老年教育属于非前沿的传统边缘行业，发展新质生产力转型升级过程中，难免会遇到“不敢转”“不愿转”“不会转”等堵点卡点问题；另外，在新质生产力领域，第一性原理不是人多力量大，而是千军不如一帅；这都需要各层级领导主动担当作为，敢于打通堵点卡点问题，有应通尽通应撤尽撤的政治勇气。（2）要构建敢于冒险创新机制，“营造鼓励创新、宽容失败的良好氛围”。新质生产力的核心是创新，创新就意味着巨大的不确定性，甚至是不可知性。创新的思路、创新的想法、创新的见解、创新的方法、创新的模式，尤其是跨界融合科技新势力推动老年教育创新发展，在结果之前都存在一定程度的未知数。面对这种不确定性、不可知性，最好的办法就是建立试错创新机制，只要不是原则性问题，就敢于先“让子弹飞一会儿”。

沉舟侧畔千帆过，病树前头万木春。站在历史的交汇处，顺应“两个大局”相互交织和推进高质量发展的新要求，我们每一位老年教育者都有责任，躬身入局紧贴社会老年人现实学习需求与渴望，挺膺担当，主动作为，敢闯敢试，聚力赋能，提前布局，向“新”发力，向“新”求变，向“新”而行，用新质生产力理论指导老年教育发展实践，与新一轮科技革命和产业变革同频共振，以加快发展新质生产力为老年教育高质量发展塑造新动能新优势，避免与千载难逢的历史机遇擦肩而过。

新质生产力在老年教育中的应用与发展趋势

孙智胜[①]

【摘　要】习近平总书记曾多次强调，要牢牢把握高质量发展这个首要任务，因地制宜发展新质生产力。加快发展新质生产力是推动高质量发展的内在要求和重要着力点，也是促进生产力迭代升级、实现中国式现代化的必然选择。老年教育行业加快发展新质生产力，是积极应对人口老龄化国家战略、构建新时代老年教育体系和学习型社会的根本途径与关键所在。本文解读新质生产力的同时，论述了新质生产力在老年教育中的渗透应用、影响与发展趋势，阐明了新质生产力对老年教育的时代要求与实现途径等。旨在为新质生产力在新一轮社会变革中的老年教育发展与创新提供有益的参考与启示。

【关键词】新质生产力；老年教育；影响；应用；发展趋势

习近平总书记关于“新质生产力”的系列重要论述，体现了对生产力发展规律的深刻把握，丰富和发展了马克思主义生产力理论，也为老年教育开辟发展新领域新赛道、塑造发展新动能新优势提供了科学指引。随着新质生产力在老年教育中的深入应用，将会在掀起新一轮科技革命和产业革命中引发老年教育根本性革命与变革，老年教育工作者和老年教育机构必须因地制宜，抢抓机遇，在科学认识新质生产力基本内涵、深刻把握其主要特征的基础上，蓄势赋能，加快构建新时代老年教育体系与教学模式，以应对未来人口老龄化加剧和

① 孙智胜，南京中国科举博物馆研究员，秦淮老年大学美术系主任。

不断满足对老年教育日益增长的社会需要。本文主要探讨新质生产力在老年教育行业中的应用与影响、发展趋势及其对老年教育行业的时代要求与实现途径。

一、新质生产力的时代背景与意义

2023 年 9 月习近平总书记在黑龙江考察调研期间首次提到“新质生产力”。今年 1 月 31 日，中共中央政治局就扎实推进高质量发展进行的第十一次集体学习时深入学习新质生产力理论。今年 3 月 5 日，李强总理在作政府工作报告时首次将加快发展新质生产力列为今年十大工作任务的首位。新质生产力作为先进生产力的具体体现形式，是马克思主义生产力理论的中国实践、创新和发展，凝聚了党领导推动经济社会发展的深邃理论洞见和丰富实践经验，也是科技创新交叉融合突破所产生的根本性成果。这进一步凸显了新质生产力对促进我国高质量发展的强大支撑力和强劲推动力。

1. 深刻理解和准确把握什么是新质生产力

习近平总书记说“新质生产力是创新起主导作用，摆脱传统经济增长方式、生产力发展路径，具有高科技、高效能、高质量特征，符合新发展理念的先进生产力质态。”新质生产力由技术革命性突破、生产要素创新性配置、产业深度转型升级而催生。主要以劳动者、劳动资料、劳动对象及其优化组合的跃升为基本内涵，以全要素生产率大幅提升为核心标志，特点是创新，关键在质优，本质是先进生产力。“新质生产力”的焕发，需要跃升式的新逻辑。它不再是“1+1+1”，而是在此基础上的再“×2、×3、×4”的成长。告别传统路径，走上新的赛道，它是能改变生产方式和生活方式的生产力。新质生产力，以第三次和第四次科技革命和产业革命为基础，以信息化、网联化、数字化、智能化、自动化、绿色化、高效化为关键提升点。

2. 弄清新质生产力的科学内涵，尤其要准确理解和把握新质生产力中的“新”与“质”

新质生产力是生产力现代化的具体体现，是以前没有的新的生产力种类和结构，相较于传统生产力，其技术水平更高、质量更好、效率更高、更可持续，即新的高水平现代化生产力（新类型、新结构、高技术水平、高质量、高效率、可持续的生产力）。其核心要素是：科技创新能够催生新产业、新模式、新动能，是发展新质生产力的核心要素。必须加强科技创新，特别是原创性、颠覆性科技创新，加快实现高水平科技自立自强，打好关键核心技术攻坚战，使原创性、颠覆性科技创新成果竞相涌现，培育发展新质生产力的新动能。“新质生产力”的形成，还需要不断调整生产关系。全面深化改革的内在逻辑之一，就是不断调整生产关系，以激发社会生产力发展活力。所以，带来的是发展命题，也是改革命题。围绕创新驱的体制机制变革至关重要。

要准确理解和把握新质生产力中的“新”和“质”。新质生产力，起点是“新”，关键在“质”，落脚于“生产力”。生产力是推动社会进步的最活跃、最革命的要素。社会主义的根本任务就是解放和发展社会生产力。党的二十大强调，“科技是第一生产力、人才是第一资源、创新是第一动力”。各种未经实践应用的新技术，还需要通过新产业，不断形成推动经济社会发展的新动能。

新质生产力的主体是“生产力”，所谓“新质”，就是在质态、本质上，这一生产力与“旧”的传统生产力有所区别，在驱动方式上不同。而定性是“生产力”，就是说这一生产力要应用到现实的生产中去，产生实际的经济效益。有学者认为，“新质”即新的质态，新质生产力就是新质态的生产力。创新驱动成为“新”的关键，高质量发展成为“质”的锚点。新质生产力的核心要义是“以新促质”，以创新驱动高质量发展。专家学者认为，新质生产力中的“新”，指新技术、新模式，新产业、新业态，新领域、新赛道，新动能、新优势，这是丰富的“新”，正引申出新质生产力深刻的“质”，它是指：一是“物质”的质。新的物质生产力，正在信息化、智能化等条件下形成。二是“本质”的质：这是依靠创新驱动形成的生产力，从本质上，已区别于大量消耗资源能源的传统生产力。三是“质量”的质：这是体现高质量发展的生产力。生产力三要素：劳动者、劳动资料、劳动对象，都面对着高质量发展下的更高要求。四是“品质”的质：这是以高质量发展带来高品质生活的生产力。综上，可以用理论公式表示：

新质生产力 =（科学技术革命性突破＋生产要素创新性配置＋产业深度转型升级）×（劳动力 + 劳动工具 + 劳动对象）优化组合

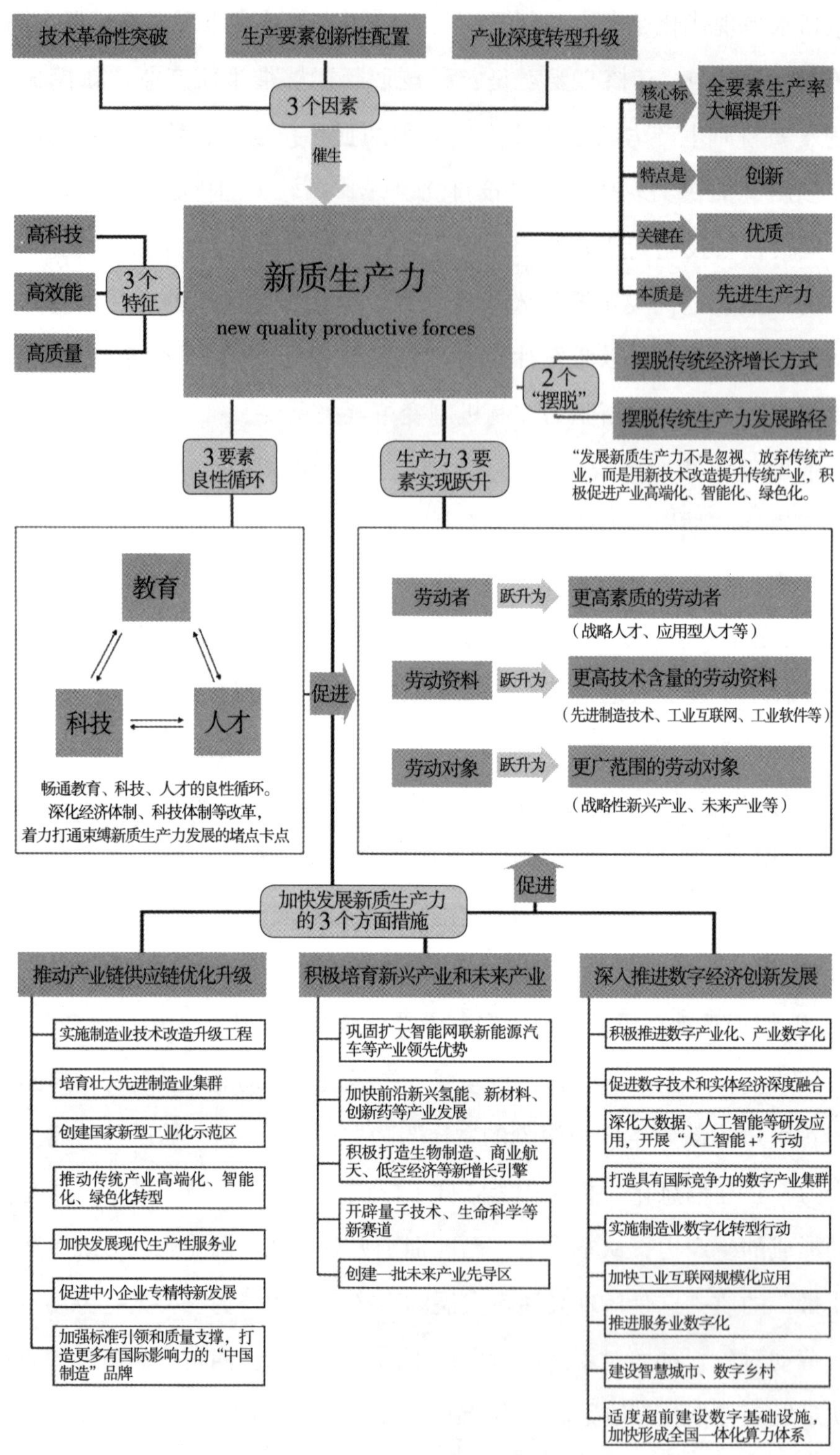

图1 新质生产力逻辑关系图

注：此图为央视新闻在2024年3月两会期间发布的新质生产力逻辑关系图。

随着科技的飞速发展，新质生产力正逐渐成为推动社会进步的核心力量。随着国家老龄化趋势和社会老年教育需求不断加大，对从事老年教育机构、老年教育工作者来说，应紧跟形势，全面认识深刻把握新质生产力的理论背景、丰富内涵与实践要求，必将会产生深刻的思想引领和行动指南，也为老年教育行业带来了新的发展机遇与挑战，推动老年教育事业的“新”“质”飞跃和发展。

二、新质生产力在老年教育中的渗透和应用

目前，国家整个教育行业正面临着从传统教育模式向现代化、智能化、个性化教育模式的转变。新质生产力在整个教育包括老年教育行业的应用现状，随着科技的不断进步和创新，已加快渗透到老年教育行业领域，其应用更广泛，其成效和成果正日益凸显。其在未来也将展现出一个翻天覆地的新变化。

1. 新质生产力在老年教育资源分配上将发挥重要作用

传统的老年教育资源分配方式受限于地域、经济、社会等因素，而新质生产力的引入使得老年教育资源得以更加灵活、广泛地分配。一是人工智能技术的快速发展，为老年教育提供了更多可能。智能教学系统可以根据学员的学习情况，提供个性化的学习建议和资源推荐；智能评估系统则可以准确分析学员的学习成果，为教师提供精准的教学反馈。二是云计算技术的引入，可以实现老年教育资源的共享和协同，打破地域和时间的限制，为广大学员提供更加优质的老年教育资源，使得老年教育资源得以更加高效的分配和利用。三是针对地域老年教育资源不足的问题，新质生产力教学通过网络技术，实现远程老年教育，让更多学员获得优质教育资源。在线老年教育平台、学习资源库的建立以及学习路径的个性化设计，极大地为老年人提供便捷地随时随地学习的机会和环境。

2. 新质生产力在老年教育教学方法和手段上，信息化将实现质的创新

随着云计算、大数据等技术的应用，在线老年教育平台、智慧课堂等新型

老年教育模式应运而生，老年教育信息化进程加速，将有质的创新。这为师生提供了更加丰富、便捷的教学资源和学习体验。传统的教学方法往往以教师讲授为主，学员处于被动接受的状态，而新质生产力的应用使得教学方法和手段变得更加多样化、个性化。虚拟现实（VR）与增强现实（AR）技术在教学中的运用，为老年教学提供了更加生动、直观的方式。通过这些技术，学员们可以更加深入地了解知识背后的原理和应用场景，提高学习效果和兴趣。虚拟实验还有力地弥补传统老年教育平台的短缺与不足。利用虚拟现实技术，师生可以进行虚拟实验，探索教学研各个环节，培养实验设计和分析数据的能力，弥补了传统实验条件受限的短板。

3. 新质生产力在老年教育内容上的创新与多样化，将提供更多的可能与便利

新质生产力教学是一种利用先进技术和管理理念、优秀人才的投入，将老年教育过程进行创新和优化，以培养学员适应未来社会需求的能力和素养。也可以将欧倍尔结合元宇宙、AI、动作捕捉等技术的植入，打造新质生产力老年教育教学教研中心，虚拟现实、增强现实等技术的应用使得教学内容更加生动而直观，大数据和人工智能的应用则为教学内容的创新和更新提供了有力支持。

4. 新质生产力在老年教育管理和评估上，将发挥更重要作用

新质生产力的引入使得老年教育评估更加科学、精准。传统的老年教育管理和评估方式往往依赖于人工操作，存在效率低下、误差大等问题。而新质生产力的应用使得老年教育管理和评估更加智能化、自动化，通过数据分析和模型预测，为老年教育机构提供科学、客观的评价和管理建议，为老年教育管理和教学方法的改进提供有力支持，可实现老年教育科学决策、精准决策。通过大数据技术的应用，对海量老年教育数据的挖掘和分析，可以更加准确地了解学员学习需求、兴趣点，更精准评估学员的学习效果和进步情况，为老年教育政策的制定和教学方法的改进，提供有力支持。

更高素质的劳动者是新质生产力的第一要素。新质生产力在老年教育的渗透与应用，这对劳动者即老年教育工作者和老年教育机构提出了一个全新的要求，必将促进和提升老年教育人才队伍的高技能化、高专业化，管理更趋于广泛、高效、智能。

5. 新质生产力加速催化了在线老年教育平台的兴起与完善

新质生产力在老年教育行业的渗透与应用，不仅改变了传统的教学模式，更对老年教育理念、老年教育方法和老年教育平台产生了深远的影响。在线老年教育平台的崛起，使得老年教育更加普及和便捷。通过这些平台，老年学员可以在任何时间、任何地点进行学习，打破了传统老年教育的时空限制，为更多人老年人提供了接受优质教育的公平机会，特别是个性化学习得到张扬。新质生产力教学更加便捷于个性化老年教育，利用人工智能和大数据技术，根据学员学习情况和兴趣需求，量身定制学习计划和资源，实现个性化学习，满足不同学员的个性化需求，实现因材施教。新质生产力的引入，促使全面深化和完善终身学习体系的构建，并为这一体系提供了有力支持。

三、新质生产力在老年教育中的影响与发展趋势

大力发展新质生产力，是中国现代化进程中的时代要求。老年教育是老年人共享改革发展成果老有优学、提升生活生命质量、实现老年人与“中国现代化”同行的重要战略问题。新质生产力将会对老年教育事业产生深远影响，会呈现出划时代的发展趋势。

一是与教学将深度融合。新质生产力教学将更多元的技术融入教学过程中，如人工智能、云计算、物联网等，实现老年教育管理教学内容与技术等的深度融合，将大力促进技术融合与创新。二是教学智能化。未来，老年教育机构的教学将更加智能化，通过智能化教学系统，实现个性化、高效率的学习体验，将极大提高教学效果。未来，随着技术的不断发展和融合，新质生产力在老年教育行业的应用将更加深入和广泛。例如，虚拟现实（VR）、增强现实（AR）等技术将为学员提供更加沉浸式的学习体验。三是数据驱动决策。数据将成为

驱动老年教育行业变革的核心要素。老年教育管理与教学机构将更加注重数据的收集、分析和应用，以实现更加科学、高效的决策。四是全球化视野。新质生产力教学将促进老年教育的全球化发展，打破地域界限，在某个地区乃至世界任何一个地方都让学员接触到更广泛的知识和文化；老年教育管理与教学机构更具有培养全球视野和跨文化交流能力，将实现跨界合作与资源共享。老年教育行业将与其他行业进行更多的跨界合作，共同开发优质的老年教育资源和服务。同时，老年教育机构之间也将加强资源共享和合作，提高教育资源的利用效率。五是跨学科整合。老年教育将更加注重跨学科整合，让老年人共享改革发展成果。聚焦学为结合，帮助老年人增强适应社会能力，提升老年人物质养老和精神品质，为社会经济发展发挥余热，实现老年人“再社会化”，老有所教、老有所学、老有所乐、老有所为，形成具有中国特色的老年教育新时代格局。

四、新质生产力在老年教育中的时代要求与实现途径

随着新质生产力在老年教育行业的深入与发展，围绕老年需求优化专业设置、改革教育模式，围绕新型劳动工具的快速迭代，强化师资支撑、激发创新动力，围绕新型劳动对象的数智升级，深化产教融合、加强区域性、行业性交流，主动适应加快发展新质生产力的时代变革，老年教育行业一定会带来全新的面貌与跨越式的新质发展。

新质生产力在老年教育中有着新的时代要求

一是培养高素质技能人才，提高老年教育人才供给力。新质生产力的第一要素是新型劳动者，是能够熟练掌握新型劳动工具和持续创造新型劳动对象的战略型人才、应用型人才，其应具备更强的理论素养、职业技能、创新意识、数字化思维和智能化应用能力。二是优化老年教育网点布局，提高老年教育延伸力。老年教育须根据科学技术发展新趋势、区域老年教育发展新方向和老年教育网点结构新变化，未雨绸缪、适度超前、因地制宜优化老年教育（线上线

下）网点设置与布局，要处理好新与旧、内和外、纵和横的关系。要统筹考虑老年教育发展与协同创新，打造“人工智能＋”“老年教育平台＋”交叉融合型专业（群），构建时代特色老年教育和老年教学高素质技能人才培养体系，助力调整老年教育结构，以满足新质生产力对老年教育的全社会需求与趋势。三是加强有组织地新技术创新与投入，提高老年教育科技支撑力。畅通老年教育、科技、人才的良性循环，推进教学研升级与融合、科教融汇。引入数智技术，丰富产教融合内容，发挥大数据优势实现对参与主体需求的动态分析，促进教学研融合老年教育资源供给模式的优化与增效，提高老年教育转型升级的精准度和老年教育人才培养的匹配度。四是深化高水平合作交流，提高老年教育社会贡献力。教学研融合是老年教育的基本办学模式。充分发挥政府统筹作用，积极参与兼具人才培养、创新教育、促进新质生产力发展功能的区域老年教学研联合体建设。在人才培养、资源开发、课程建设、教师培训、科技创新等方面深化合作，打造老年教育命运共同体。同时，还需深刻把握数字时代新特点和发展新质生产力的新要求，立足区域优势、教育特色和人才需求，不断拓宽老年教育视野，打造区域、跨界合作平台，加强各类人才的引进和先进技术的引入，输出老年教育资源和标准，培养适应新质生产力教学与管理的当前与长远急需的技术技能人才。

道虽远，行则将至。加快发展新质生产力必将对老年教育的办学理念、人才培养、教学组织、教学研学科研究和社会服务产生深远影响。老年教育工作者和工作机构须固守服务全社会的老年教育定位，加快发展新质生产力，蓄势赋能，为担负历史新使命老年教育革命与变革的新质发展，作出新的时代贡献。行必果，果溢香，必将成功探索出中国应对人口老龄化中的老年教育的“中国经验”与智慧。

论老年教育中国模式

王友农[①]

【摘　要】老年教育中国模式是世界老年教育三大基本模式之一。研究阐述老年教育中国模式意在国际比较的视野中更好地发展、完善自我进而向世界展示中国老年教育大国风貌，为在全球老龄化背景下构建人类命运共同体作出更大贡献。本文探讨了老年教育中国模式产生的思想、理论、实践基础，阐释了老年教育中国模式的内涵、价值及运行保障条件，揭示了办学主体决定模式本质，满足人民对美好生活的需要是“中国模式”产生和发展的根本动力。对新时代如何推动老年教育中国模式国际化发展提出了构想。

【关键词】老年教育；中国模式；背景条件；内涵本质；发展动力

一、老年教育中国模式是影响深远的世界老年教育三大基本模式之一

老年教育已经覆盖了五大洲。教育模式成为国际老年教育领域热议及聚焦点之一。

国际公认的老年教育模式界定依据是老年大学办学主体是什么构成。1990年，欧洲的老年教育学者据此对比英、法两国老年教育，提出老年教育的“法国模式”和“英国模式”这两个概念，并不断地加以阐述。其后，老年教育在

① 王友农，广州市老年干部大学原副校长、教授，中国老年大学协会联络部原主任。

全球的崛起、蔓延和发展，基本上是复制、效仿英国模式和法国模式，即使有的运行模式带有明显的国别不同色彩，也都不过是英国模式、法国模式的微量演化形式。

2018 年 4 月，国际老年大学协会（AIUTA）在中国上海会同中国老年大学协会国际老年教育研究中心举办了“东方论道”国际研讨会。AIUTA 主席弗朗索瓦・维拉斯教授演讲了《老年教育法国模式》，AIUTA 秘书长玛利亚・切斯特教授作了《老年教育英国模式》的演讲，中国老年大学协会副会长林元和作了《老年教育中国模式》演讲。

归结中外三位学者对老年教育模式的阐述，可以简单地把三个模式定义为：法国模式是高校办老年大学；英国模式是自主、自助在社区办老年大学；中国模式是党政主导、政府职能部门直接办学。

当然，世界是丰富多彩的，老年教育模式也是多元多样的，但 AIUTA 理事会成员都确认了法、英、中三大模式构成世界老年教育基本模式和主打模式。2023 年初，中国老年大学协会国际联络部在 AIUTA 国际网站发表《老年教育中国模式研究》2 万多字英文论文影响广泛深远。“三大模式”通过 AIUTA 国际平台风靡世界。

二、对老年教育模式的研究具有很强的理论和现实意义

研究老年教育中国模式并向世界提出，是我国老年教育发展的一个重要标志：我国老年教育发展正在从自在阶段转化为自为阶段。老年教育自在阶段是缺乏自我认知的、起始或摸索发展的阶段，自为阶段则是对自身形态模式、使命、价值、运转规律等有清醒科学的认识，并能自由地科学发展的阶段。老年教育自为阶段模式建构成为历史性的任务。

研究、阐述老年教育中国模式的目的不是自我欣赏意图输出，而是在国际比较的视域中更好地发展、完善自我同时借鉴他国之优点。研究模式是我们真正面向世界、平视世界、讲述中国故事、展示中国老年教育大国风貌的国际交

流尝试。在国际舞台上，以老年教育模式与他国模式“各美其美、美美与共”促进相融合作，为在全球老龄化背景下构建人类命运共同体而做出应有贡献。

须知老年教育法国模式、英国模式都是在发达国家孕育、产生和发展起来的，都是较早进入老龄社会的发达国家社会产物，而广大发展中国家现在也走向老龄化了，也需要发展老年教育，法国模式、英国模式提供了办学参照，但完全照搬法国模式、英国模式许多国家难以成功。因为老年教育英国模式需要高度发达的市场经济和成熟的社会中介机制，法国模式则需要高度发达的高等教育机构，发展中国家往往不具备条件。而中国是一个人口众多的、业已进入老龄化的发展中国家，政府职能部门办学的中国模式提供了未富先老的国度里办老年教育的样板、范本。因此可以说，老年教育中国模式的世界意义就在于为发展中国家提供模式借鉴。中国从来不输出模式，但近年来中欧、东欧、非洲、西亚等一些国家兴起的老年教育办学风潮与老年教育中国模式的影响和借鉴分不开，塞内加尔老年大学公开称他们办学是学习中国的经验就是例证。

从科学发展视角看，研究老年教育中国模式有助于探索这种模式所深藏的发展规律，探索其运行特点有利于扬长避短，自我提升这一模式的质量和水平；从国际化视角看，研究这一模式可以促进中国老年教育国际化发展，让中国的老年教育模式与世界上其他模式相容共存、相互借鉴、相互促进；从认识路线视角看，研究这一模式有助于中国的老年教育工作者正确地认识自己，提升自信心，坚定制度自信、理论自信，开拓国际视野；从成果推介视角看，研究这一模式也有利于为各级党政部门大力发展老年教育提供理论和政策方面的意见，供老年教育的主导、主管部门进一步提升决策、管理水平，为广大老年人提供终身教育的这一基本公共服务，彰显我国社会制度的优越。

因此，研究构建老年教育中国模式具有很强的理论意义和现实意义。

当我们从中国式现代化视野来审视老年教育中国模式之时，更会意识到老年教育模式构建不可或缺。

三、老年教育中国模式产生的思想、理论、实践及历史基础

老年教育国际视野已经打开。2013 年在中国广州召开 AIUTA 第 92 届理事会会议和国际研讨会，通过了国际《老年大学宪章》，中国老年大学的国际化发展开启了新格局。2013 年 11 月以来，中国老年大学协会国际联络部探索和实施了“1 + 1 研讨模式”参与国际学术交流；翻译发表了大量国际老年教育专家学者最新的学术作品；翻译许多中国学者关于老年教育的理论文章介绍到国际上，按年份依次出版了《中国老年教育理论研究与国际对接》系列专著 5 本；2019 年 5 月，中国老年大学协会进一步加强与 AIUTA 合作，成功在中国湖北老年大学承办 AIUTA 第 104 届理事会会议和“‘一带一路’与老年教育”国际研讨会，通过了我们起草的《武汉共识》，宣告 AIUTA 将致力推动世界老年大学与“一带一路”对接，标志着中国老年教育在国际上确立了重要地位，在与 AIUTA 交流合作的过程中，世界了解了中国老年大学，中国老年大学打开了使用国际通用语言和国际理论思维方法讨论问题的途径，开始了老年教育中国模式的构建。终于在 2018 年 4 月上海国际会议上提出“中国模式”。

老年教育中国模式的产生有深刻的社会历史渊源。世界终身教育思潮的传播、国际积极老龄化政策的导向和全球老年教育的兴起、蓬勃发展对老年教育中国模式产生重要的催生、助长影响；中国改革开放的社会历史性进步、特别是废除干部终身制等干部离退休制度的改革成为老年教育中国模式萌芽、形成的直接动因，也因此形成了各级党委老干部局普遍办学这个世界独一现象。老年教育中国模式是中国经济社会发展的产物，伴随社会发展而演进，其中，中国老年大学协会、各地老年大学协会等非政府组织助力作用不可忽视。

老年教育中国模式植根于深厚的中华文化土壤。优秀民族文化是老年教育中国模式的灵魂；文化发展规律决定老年教育中国模式的运转；文化融合规律决定老年教育中国模式的包容性；文化传承规律决定老年教育中国模式的社会性；文化繁荣规律决定老年教育中国模式的功能性；文化服务规律决定老年教

育中国模式的服务性；承担文化繁荣和传承的使命是老年教育中国模式的又一目标 。需要文化展示是老年教育模式的普遍规律，展示内涵、展示程度和水平体现社会文明程度。老年教育中国模式造就了丰富多彩的文化成果。新时代老年教育中国模式的文化走向是文化自信、创新发展、科技引领，彰显老年教育中国模式的文化情怀，提升老年教育中国模式的文化品位。在中国式现代化格局中，老年教育中国模式在中国式文化建设起到传承和繁荣的作用日益显重。

马克思主义中国化理论奠定了老年教育中国模式的思想基础 。习近平新时代中国特色社会主义思想成为这一模式的理论指南；人的全面发展、以人为本思想确立了这一模式的教育目标；科学发展观引领这一模式的发展方向；国际终身教育思潮、构建学习型社会理念、积极老龄化政策框架提供这一模式的重要支撑。中国社会主义初级阶段理论、国情理论以及中国传统优秀文化理论也是老年教育中国模式的理论渊源因素。中国式现代化理论体系的不断更新发展，更为老年教育中国模式注入新动力、新内涵，老年教育中国模式在中国式现代化总格局中成长完善，又反过来成为助力中国式现代化新质发展的重要因素。

同时，中国老年教育研究队伍已经成熟壮大，形成了若干老年教育专家群；老年教育相关理论成果已经打下模式构建的基础，一些研究注重老年教育的国际比较，提出中国模式的自我完善策略。这些准备为老年教育中国模式研究奠定了坚实理论基础；老年教育发展实践又提供了丰厚土壤，以老年大学为主体的中国老年教育历经 40 多年风雨彩虹交织的过程，造就了世界上规模最大、成就最突出、社会影响最好的学习养老模式，也即老年教育中国模式。

至今全国约 7 万所各级各类老年大学无论是教学、管理、科研，还是校园建设、校园文化方方面面，都沿着规范化、现代化、信息化、国际化的路径健康发展，不断创新成长，积累了无数宝贵经验，形成了大量理论成果，由此为老年教育中国模式结构建设、内涵丰富、继续改革完善及提升自我能力、自我水平和生机活力提供了良田沃土。模式孕育于实践，产生于实践，发展于实践。

党的二十大制定了以中国式现代化全面推进中华民族伟大复兴的宏伟战略，老年教育进入前所未有的发展和作用的机遇期，老年人教育需求的持续井喷，强烈呼唤大力发展老年教育，强烈呼唤老年教育模式继续建构和完善，社会强大需求正在反推老年教育中国模式建构发展以及走向世界。

办学主体决定模式本质。坚持以人民为主体的价值取向，催生了“党政主导、职能部门办学”的老年教育中国办学模式；满足人民美好生活需要是该模式的根本动力。

模式理论认为：命名一个新的模式需用一两个词来描述模式的本质、问题、解决方案和效果。在此，允许我们在较高的抽象思维层次上进行理性创造。虽然广义的老年教育内涵丰富且主要体现在社区老年文化、教育活动和远程教育中，但提炼和命名国别老年教育模式定义，国际共识的标准只是老年大学办学主体决定论。因此，老年教育法国模式命名只表述为“高校办老年教育”；英国模式表述为“自主、自助办老年教育”；中国模式相应的表述为“党政主导，职能部门办学”。办学主体决定模式本质。这符合事物主要矛盾的主要方面决定事物性质的唯物辩证法。

从老年教育模式结构理论的角度进行模式建构，应紧紧抓住该模式的诸要素、特别是五个最基本要素来切入：第一是理论依据；第二是目标；第三是实现条件；第四是操作程序；第五是评价。我们需要阐明什么是模式、模式的概念、模式的结构、模式的特点、模式的功能。在这一领域，老年教育中国模式面向世界的阐述、理论探索和实践论证目前仍在路上，我们还有许多事要做。

我们也需要参照经济社会发展模式表述、研究和建构。任何模式都是确定性和不确定性的统一，模式具有一定的阶段性，世界上不存在任何一劳永逸的发展模式。中国还处在社会主义初级阶段，初级阶段有初级阶段的发展模式，老年教育中国模式也一样。老年教育中国模式的框架当以人民为主体的价值取向。社会主义市场经济、带有中国特点的政治制度、悠久深厚的中华文明的浸润、与时俱进的思维方式、稳中求进的战略策略，是现阶段老年教育中国模式构建最显著的特征。老年教育中国模式构建和研究，不需要对英国模式、法国模式反思和批判，只是特别需要模式比较，参照经济社会发展模式国际比较的启迪，找出老年教育中国模式国际比较的异同要点，找出中国模式本质特征和内在规律，我们的研究才有意义。

在国际比较视野中阐发老年教育中国模式特质和特征。各国老年教育模式是共存共荣互鉴的共同体，各有优势各有不足。老年教育中国模式的本质是以人民为中心，人民对美好生活的向往就是这种模式的价值追寻。因此，中国模式的根本目标是为人民提供更加公平而更有质量的老年教育。由此决定了老年教育中国模式实际运行中，各级党委政府重视、支持、投入力度最大；宏观办学规模及微观办学规模在全球均为最大；教学课程设置丰富，科研成果丰富，教学成果展示活动更丰富而达到高水平。老年教育中国模式的不足之处主要是相较于老龄人口巨大基数显得教育覆盖面不高，地域差导致发展不平衡，同时，从老年教育整体上看，中国模式下的教育内涵学术性有待提升。

聚焦和引用我国老年教育发展的一系列法律政策对模式构建很重要。特别是运用国务院办公厅印发的《老年教育发展规划（2016—2020 年）》（以下简称《规划》）提出来的理论、原则、观点来阐述和分析问题。《规划》明确老年教育是服务全民的终身教育体系的一部分，是党和政府为社会提供的基本公共服务，这为老年教育中国模式做了科学的历史定位及社会定位；《规划》提出的中国老年教育指导思想、基本原则、主要目标、主要任务、重点推进计划、保障措施等决策和要求，都为老年教育中国模式发展描绘了形态和成长方向。

老年教育中国模式的根本动力是“满足人民美好生活需要”。这是中国共产党百年奋斗的目标，是老年教育中国模式的集中指向、本质规定性的内源动力。为此，中国模式让老年人从教育边缘走向中心，参与社会发展变老龄化压力为内置动力；中国模式满足老年人发自生命呼唤的教育需求，增强他们的获得感、幸福感和安全感为内涵动力；中国模式是让老年人成为全面自由发展的人为目标动力；中国模式诠释“人民至上”的动力体系真谛。当终身教育被赋能为 21 世纪生存概念，办好人民满意的老年教育，提供更公平、更有质量的老年教育的宗旨和行动，构成在中国式现代化框架中老年教育中国模式的新生态动力。

四、老年教育中国模式的内涵、价值及运行保障条件

纵观老年教育中国模式的具体实现形态可见：党政主导多元办学格局已经形成，以老干部局为代表的党政职能部门办学一直是主流，这是老年教育中国模式定义的主要依据。近年来，国家开放大学系统教育重心很大一部分放到了老年教育方面，国家老年大学成立成为老年教育新质发展重大趋势，民政部门的养教结合办学业已兴起，文化、老龄、科协、社团、企业等办学延伸到社区、街道、乡镇，各级开放大学转向老年教育办学异军突起发展迅速，高校陆续地、批量地介入老年教育提升了中国模式学术内涵，中国老年教育的普及和提高双向发展成效令人振奋，正在进入一个前所未有的、优化转型的黄金机遇期，在这一时期，老年教育中国模式的实现形态具体化呈现百花争艳，特别是数字技术飞速进入老年教育、人工智能赋能老年大学教育，远程教育、云课堂等教学模式成为新常态。而所有这些新动态并不是否定、改变了老年教育中国模式，而是让它更加完善丰满。

剖析老年教育中国模式的具体内涵，可见具有鲜明的中国特色。老年教育国别模式的内涵，归根结底是由各国的国情、社会经济文化、制度等要素决定的。中国模式运行 40 多年，形成具有充满活力、特色鲜明的内涵：课程教学以按需施教与引导施教相结合构成“包罗万象”的课程体系，社会主义核心价值观进入课程体系并起重要支撑作用；政治思想内容、传统文化形成教学中国特质；党建融入中国模式的各个方面；活动教学促使校园文化丰富多彩、大量志愿者服务成为老年教育普遍现象；教学成果展示达到很高水平，活跃了新时代社会文化。

直面老年教育中国模式运行保障条件，可见老年教育中国模式得以发展，最根本的保障源自中国的社会主义社会制度。在这个大前提下，宪法保障老年教育的法律地位，国家颁布一系列老年教育相关法律、法规、政策，支持老年教育中国模式；老年教育中国模式的人才保障，基于管理队伍逐步专业化、兼职和专职结合的师资队伍趋于完善、专家队伍不断壮大；老年教育中国模式的

经费保障，主要依靠政府拨款，同时收取学员学费和得到民间资助；老年教育中国模式的技术保障在于信息技术与老年教育深度融合。

透过中国式现代化视野回首再看、再反思老年教育中国模式的价值，如前述其具有世界意义、历史意义和社会意义。老年教育中国模式是实现积极老龄化的重要手段，是构建服务全民的终身教育体系的重要径途，是建设学习型社会的重要环节，是构建和谐社会的重要因素，是文化建设、文化传承的重要内容，是社会建设的重要部分，因而是中国式现代化的必需品，是世界老龄化背景下共建全球人类命运共同体的助推器。同英国模式、法国模式一样，老年教育中国模式影响世界，造福于世界 10 亿老年人。当然，套用老年教育的价值表述不完全等于其模式的价值，但上述模式价值论是成立及恰到好处的。

五、新时代对老年教育中国模式提出了更高要求，要以改革完善的战略思维和实施策略，推动老年教育中国模式的国际化发展

其实，在同一个世界，老年教育法国模式、英国模式、中国模式各有鲜明特色而又相互并存、相互联系、相互渗透，模式之间的相互影响相互借鉴非常有利于共同进步共同优化。老年教育中国模式的改革完善，正在这个国际比较和国际借鉴环境氛围中展开。

从老年教育中国模式的国际地位视角观察，这一中国模式有强大优势、蓬勃生机，同时也有局限性，最大的问题在于教育学术性较薄弱，提升中国模式下教育的学术性很重要且迫切。新时代中国社会发展对老年教育中国模式提出更高更新的要求，中国式现代化事业发展使老年教育中国模式又面临新机遇、新挑战，根据新形势变化，按中国式现代化的客观要求，我们需要改革完善的战略思维和实施策略。为此：要提升老年教育中国模式的教育功能和效益，这是中国模式发展完善的重中之重；要研究把握好、精准地把老年教育规律贯彻到实处，同时把教学和党的建设有机结合；要着力老年教育中国模式的服务能力建设，构建完善

的老年教育支持服务体系；要增强老年教育中国模式的现代化因素，积极吸纳高新科技，促进中国老年教育智慧化和智能化发展；要推动老年教育中国模式的国际化发展。

近年国家老年大学成立，国家开放大学系统高质量、高覆盖进入老年教育领域，同老干部局系统一直在举办的老干部大学（老年大学）交相辉映，共同为社会提供老年教育公共服务产品，老年教育中国模式得以更好地完善自我。笔者认为，当前开放大学系统和老干部大学系统在同一领域、同一地域的相融、协调和合作，是老年教育中国模式完善发展的重大举措，也是老年教育中国模式增强教育本色、提升教育学术水平的关键。同时，中国的高校要向法国学习，强力介入老年教育，一方面各级政府要有相应的政策支持，另一方面各类高校需增强老年教育责任感。

2021 年 11 月 18 日，中共中央、国务院发布了《关于加强新时代老龄工作的意见》，明确提出："扩大老年教育资源供给。将老年教育纳入终身教育体系，教育部门牵头研究制定老年教育发展政策举措，采取促进有条件的学校开展老年教育、支持社会力量举办老年大学（学校）等办法，推动扩大老年教育资源供给。鼓励有条件的高校、职业院校开设老年教育相关专业和课程，加强学科专业建设与人才培养。编写老年教育相关教材。依托国家开放大学筹建国家老年大学，搭建全国老年教育资源共享和公共服务平台。创新机制，推动部门、行业企业、高校举办的老年大学面向社会开放办学。发挥社区党组织作用，引导老年人践行积极老龄观。"党中央国务院关于老年教育的这段极其重要、极其精彩的论述，站在前所未有的历史高度，不但为老年教育中国模式定性定位，而且指明了未来发展方向和路径。老年教育中国模式的发展前景必然更加美好。

众所周知，中国式现代化是在中国社会老龄化时代背景下进行的，运行中的老年教育中国模式为中国式现代化作了拾遗补缺式的完美注释。

老年大学信息化建设的实践探索

——以南昌市老年大学为例

郗更亚　俞文思[①]

【摘　要】随着5G时代的到来，老年教育信息化建设是大势所趋。为深入实施积极应对人口老龄化国家战略，直面新时代老年教育发展的挑战，南昌市老年大学坚持“数字技术＋老年教育”理念，经过多年实践探索，设计搭建了多个信息化平台，以数字赋能助力教育创新，着力提高工作质量和效益，探索“互联网＋”背景下的老年教育新模式。

【关键词】老年教育；信息化建设；“互联网＋”

近年来，随着科技的飞速发展，互联网、大数据、人工智能等现代信息技术已经深入人们生活的方方面面，成为获取信息、交流思想、创新发展的关键平台，为老年教育的信息化发展带来了新机遇。同时，面对人口老龄化的严峻考验，倒逼线上学习加速发展，进一步推动了教育数字化变革，也让社会更加关注老年教育在新时代的转型发展。2020年11月24日，国务院办公厅印发的《关于切实解决老年人运用智能技术困难实施方案的通知》指出，要“持续推动充分兼顾老年人需要的智慧社会建设”“让老年人在信息化发展中有更多获得感、幸福感、安全感”。党的二十大强调，“推进教育数字化，建设全民终身

① 郗更亚，南昌市老年大学校长；俞文思，南昌市老年大学行政科工作人员。

学习的学习型社会、学习型大国”。这对全国老年大学信息化建设指明了发展方向，提出了更高要求。本文以南昌市老年大学为例，从老年大学信息化建设基本现状出发，提出信息化建设的实践与思考。

一、南昌市老年教育现状及老年教育信息化办学需求

据南昌市统计局数据显示，截至 2022 年年底，该市常住人口 653.81 万人，60 岁及以上人口 99.47 万人，占 15.21%，其中 65 岁及以上人口 73.09 万人，占 11.18%。与 2020 年末、2021 年末相比，60 岁及以上人口占比分别提高了 0.24% 和 0.5%，65 岁及以上人口占比分别提高了 0.64% 和 0.48%。从逐年提高的占比数据可见，该市老年人口比例持续上涨，老龄化程度逐步加深。这意味着该市老年教育需求日益增加，老年教育市场潜力日益增大。据调研，全市 2023 年参加线下学习的老年人达 8.5 万人次，较 2022 年增长 21%。据问卷调查，在参加老年教育必要性上，分别有 48.84%、38.04% 的学员认为“非常必要”“很有必要”。在信息化时代的大背景下，如何发挥老年大学“智慧助老”使命，为老年教育插上“数字的翅膀”，真正帮助更多老人走出孤独和空虚，走出“数字贫困者”“数字弱势群体”“数字移民”等时代鸿沟，使老年教育真正成为老年人重新融入主流社会的重要支点和“再社会化”的重要途径，是值得我们思考的课题。

二、主要做法和成效

南昌市老年大学现有阳明路、碟子湖、九龙湖三个校区，办学面积 36905 平方米。2023 年，学校开设 8 个系、106 个专业、790 个班级，全年招生 25414 人次。2024 年春季学期，开设 10 个系、119 个专业、552 个班级（其中线上班级 9 个），在校学员 19181 人次。为打造“适老化”数字校园，扩大老年教育受益面，使老年教育成果更多地惠及全市老年人，市老年大学不断探索信息化条

件下的办学新模式，建设“没有围墙的老年大学”。

（一）赋能学员党建工作，提升学校组织力

一是坚持“党建+”品牌建设。擦亮“英雄城智慧党建”品牌和“洪城红·乐龄先锋”志愿者服务品牌，在班级、团队中广泛建立临时党组织，班级党支部从2017年40余个发展到2023年的269个，联系党员3000余人。借助网络信息技术，依托网络报名和教学管理数据库，打造智慧党建网络管理系统，开发了“乐龄先锋”小程序。设立了多个子栏目，动态显示在册党员数、党组织建立申报、各支部开展党日活动、志愿者服务活动情况、时间银行动态积分等，进一步增强了学员党建工作的针对性、有效性，解决了功能性党组织建设的一些难题。学员依据积分数量和排名定期享受报名优先、免报名费、微心愿满足等福利，还可通过平台发布求助心愿、兑换积分，实现了班级互助、校内低龄老人帮助高龄老人等功能。二是强化“党建+”网络赋能。着眼老年大学和老年学员特点，推动党建工作领域的技术网络赋能，为班级临时党组织和学员党员提供更便捷服务，把支部建在班上、党员连在线上、活动搬到网上，实现功能性党组织从有形覆盖到有效覆盖。成立学员党建办，加强工作力量，从优秀的班级党支部书记中选拔党建辅导员，分专业、分学习日组成党建工作网格，做出工作示范，及时答疑解难。通过党建网络化建设，让琐碎的工作变得快捷、方便、高效，缓解了专业人员少与服务对象多的矛盾，减轻了党务工作者日常工作负担，推动工作走深走实。通过“乐龄先锋”管理系统，着力完善志愿服务组织网络，以便捷化、个性化、时尚化的社会服务空间更好惠及群众，努力将志愿服务活动覆盖到全校每一个班级、每一个共建服务社区和单位。坚持学有所成、知行合一、力所能及、有所作为的原则，针对不同群体对志愿服务的不同需求，精心设计志愿服务活动特色项目，开展“百班千人进万家”活动，送文化惠民淳风、送关怀扶老恤幼、送爱心服务社会。通过志愿服务平台，让党员先锋模范作用更加有型有用，也提升了志愿服务活动的组织力和号召力。三是拓展“党建+”文化活动。围绕市委市政府中心工作，连续八年举办全市

老年文化艺术节，为老年人搭建了“展示阳光心态、体验美好生活、奉献公益爱心”的平台，与县区老年大学上下联动，每年活动参与人员达 10 万人次，成为全市老年教育和文化活动的一块金字招牌。2020 年以来，创新形式举办云上艺术节活动，线上浏览量最高达到 460 万次，网络投票总数最高达到 1125 万次。每年组织老年迎新晚会等专场活动，均有超过 40 万人次观众通过线上直播和回放欣赏。通过信息化平台，展现了老年学员“快乐自己、幸福家庭、奉献社会”的精彩人生，增强了老年大学的凝聚力、组织力和影响力，营造了融融热气、虎虎生气和堂堂正气。

（二）创新远程教育模式，增加社会受益面

一是打通端口，实现平台全覆盖。与中国电信股份有限公司南昌分公司合作，成功搭建了“南昌市老友大学堂”远程教育云平台，而后又与中国移动合作开通了移动电视端口。目前，“南昌市老友大学堂”通过电视和微信小程序双途径进行课程直播和录播，向全市老年人免费开放，上传 68 门课程 800 课时，注册用户数超 7.7 万人，访问量突破 190 万次。同时，在微信公众号引入“空中课堂”等校外平台，满足学员多元化的线上学习需求。二是丰富资源，实现内容全覆盖。“南昌市老友大学堂”平台包括直播课堂、精品课程、思政课程、学员大舞台、健康科普、反诈防骗等栏目。为确保质量及安全，学校专门组织了培训教育，帮助老师提高授课技巧和课程质量，进一步明确了政治纪律和直播要求，完善相关岗位的人员职责和管理制度，推动远程教育平台运行更加规范有序。定期开展全体教师远程教育视频课件评比、全市县区老年大学精品课件评比等活动，引导教师制作更多可共享在线学习的优质教学视频。积极与全省各地市老年大学协调、收集、交换一批优质老年教育课件，依托南昌市科学协会和市社科联优质专家力量，丰富“健康科普”和“思政课堂”类公益讲座资源，进一步丰富平台内容。三是深入研究，实现流程全覆盖。抓住声乐教学这个突破口，重点研究优化声乐智能教学流程，开发声乐测评系统，打通了课程的“教、学、练、考”流程，更好地发挥声乐教学大纲、录课助学、测评定

级等功能，着力解决声乐教学大纲不统一、学员水平参差不齐、教师难教和学员难学的问题。组织拍摄声乐基础分级教程视频，优化教学内容，区分初、中、高级和简谱学唱，录制260节系列课程，让学员接受系统学习，随时随地复盘。对声乐测评系统进行优化升级，完善学员系统身份识别及监控功能，增加智能语音引导，提供便捷操作方式，升级动态视频测评界面和实施音频识别智能算法，最终实现声乐教学和考评的全流程智能化、网络化。四是贯通上下，实现县区全覆盖。坚持重心下移，把优质资源输送到每个县（区），推进全市老年教育事业均衡优质发展。在搭建直播教室之初即通过后台信息集成处理，为各县区预留直播通道，可以实现与县（区）老年大学和多校区之间进行互动教学。在远程教育云平台构架中，通过三个端口向基层的延伸，指导督促县区老年大学将远程教育铺开至县（区）、乡镇（街道）和村（社区），2023年带动青云谱区率先实现了远程教育社区全覆盖。依托平台整合盘活各类存量设施资源，将远程教育渗透到基层党群服务中心、新时代文明实践站、基层老年学校教学点、老年活动中心等场所，提高基层文化养老服务水平。

（三）优化教学管理保障，提高工作精准度

一是打造宜学环境，构建平安校园。建成集门禁、学籍、班级管理为一体的智能化教学及安防管理系统，有效提升学校的服务保障质量和应急响应速度，解决了学员彻夜排队报名的安全隐患。学校报名系统、智能驻车系统、人脸识别门禁系统、电子班牌与教学管理有机融合，多轨齐下，增强出入安全管控力度，实现高效率的核验通行。学校内部、教学楼各楼层都安装了智能监控探头，内外网相结合，对所有监控设备统一接入和集中管理，确保校园安全无死角。配备自动体外除颤仪（AED），并在各楼层安装一键紧急求助按钮，求助信息与相关科室人员直连，保障学员遇到突发情况能及时求助。二是升级管理模式，提高教学质量。各校区通过电子班牌向学员实时显示任课教师信息、班级学员出勤情况、班级作品展览、课程表、课程介绍等内容，改变了传统的教学管理模式，形成了学校数字化应用平台管理网络，更好地适应现代化管理的

需要。在线上教务管理系统中增加了教师评价功能，每学期对全校所有班级开展两次教学评估工作，并形成评估意见，以深入了解教师思想品德、教学态度、教学方法、教学水平、第二课堂组织等方面的情况和学员对当前班级教学工作的满意度，倒逼教师教学积极性和授课质量的提高，确保三尺讲台无杂音。三是服务“智慧助老”，践行使命担当。持续开展“智慧助老”行动，努力解决老年人在运用智能技术方面遇到的突出困难。开设智能手机应用、电脑手机综合应用、摄影后期制作等班级，开展智慧助老公益讲座，指导老年学员学会智能手机等电子产品的使用。编印“智慧助老”学习手册，从放大字体最基础的技能入手，深度聚焦聊天交流、反诈防骗、支付出行、网络就医等常见生活场景，覆盖 100 多个基本操作，老年朋友可以将其作为常备工具书，遇到问题按图检索，常学常用，帮助全市老年人更好乐享数字生活，跨越“数字鸿沟”。将数字智能产品应用、电信防诈骗等内容融入课堂教学，并邀请省市两级法院、市反诈中心、银行、律所等单位定期开展联合宣传，完善老友人学堂平台“反诈防骗”栏目，提升老年人反诈防骗意识和能力。

三、启示与思考

在新时代、新形势、新起点下，信息化建设是老年教育工作的重要组成部分，对广大老年人具有诸多积极意义。于老年人自身，有利于丰富晚年生活，融入信息化时代，减少身心疾病的发生，更顺利地适应退休生活和新的社会角色，或掌握新的技术和技能，获得重新就业的能力和条件。于老年大学，有利于缓解线下教学“一座难求”和基层老年教育资源相对匮乏的困境，促进教育公平；克服专职人员少、服务对象多的难题，提高工作效率。于社会层面，有利于吸纳更多社会力量参与办学，扩大老年教育覆盖面，打通终生教育的“最后一公里”；树立积极老龄观，实现健康老龄化，助力精神文明建设，促进社会和谐稳定，带动经济增长，构建老年友好型社会。因此，老年大学应坚持以老年人日益增长的精神文化需求为中心，围绕落实“十四五”时期养老服务体系建设系列目标任务，进一步强化举措、创新探索，着力推动5G智慧校园建设，用心用情办好人民满意的老年教育。

一是要推动智慧赋能教学，努力实现信息技术融入老年教育教学全过程。积极把握老年教育进入老龄化、数字化新阶段特点，充分推动信息技术融入老年教育教学全过程，推进教学方式向线上与线下相结合方面发展。进一步做强做大做优“南昌市老友大学堂”等现有网络教学平台，提高优质学习资源的普及率。积极推动短视频、直播与老年教育融合，鼓励“短视频＋老年教育”“直播＋老年教育”等模式发展，打造更多丰富便捷的线上学习平台。

二是要加强基础设施建设，精准推进数字化平台和适老化校园共建共享。对市老年大学信息化系统进行整体规划，打造教学、科研、活动、管理、文化等多个模块相融合的数字服务体系，并分阶段打通基层老年大学（学校）信息平台，促进各级老年大学资源共享，提高优质学习资源的普及率。科学配建智能化教学设备和服务设施，并加强智能化管理、常态化应用以及强化培训，搭建精细化的服务平台，提升老年大学软硬件条件。

三是要开展智慧助老行动，切实增强老年人数字生活的可及性和普惠性。积极提升老年学员数字素养，遵循老年教育规律，高质量开展信息技术教育培训，调动老年人的主观能动性。建设示范性“智慧助老”学习场景，让老年人在弥合“数字鸿沟”中拥有更多获得感、幸福感、安全感。探索打造“智慧生活体验教室”，开发出行、就医、消费、文娱、办事等方面的体验式课程，通过模拟真实场景，将生活与教学融通，帮助老年人增强使用智能电子设备的能力。

吉林省老年教育数字化发展探索与思考

邢艺娇[①]

【摘　要】智能时代和百年未有之大变局的来临，人口老龄化的加快，终身教育的高质量需求，都敦促老年教育亟待做出数字化变革，这是深化中国数字教育行动、实现老年教育现代化的必由之路，是新时代老年教育事业实现新飞跃的发展需要，更是老年大学的重要职能所在。笔者立足国家和省域教育数字化发展背景，对吉林省老年教育数字化发展情况进行了调研分析，阐述特色做法，梳理存在问题，并在回扣老年教育本质的基础上，就推动老年教育数字化发展路径进行了深入思考。

【关键词】数字化；老年教育；路径

随着中国式现代化进程的加快，教育数字化作为促进优质资源高效共享和均衡配置的有效手段，为老年教育高质量发展提供了新的契机。推动老年教育数字化发展，事关老年教育在教育理念、教育要素、教育方式等方面的全方位蝶变。如今，数字能力已成为老年教育高质量发展的关键要素，更是老年教育现代化发展的必由之路。

① 邢艺娇，吉林省老年大学教研指导处干事。

一、识辨抢抓机遇，融入教育数字化发展大环境

（一）国家教育数字化战略环境

技术变革为教育发展创造了前所未有的历史机遇，国家以极强的“方向感”准确研判科技与教育发展态势，连续出台系列文件，以教育信息化带动教育现代化。2001 年至今，先后经历了起步阶段（2001—2011 年），确立了教育信息化在推进教育现代化过程中的重要地位；发展阶段（2012—2020 年），教育管理信息化水平显著提高，信息技术与教育融合发展的水平显著提升，完成了从“带动”到“全面推动”，再到“支撑和引领”的变迁；成熟阶段（2021 年至今），党的二十大首次将“推进教育数字化”写进了党代会报告，教育信息化在多年量变积累基础上开始实现质变，进入了向数字化转型的关键期。进一步推进教育数字化，成为抓住信息技术革命历史机遇的迫切需要，也成为推动教育高质量发展、建设教育强国的新引擎。

（二）吉林省教育数字化发展环境

吉林省抢抓数字变革机遇，积极打造灵活普惠的“数字教育”。教育数字化战略行动启动以来，通过推进教育新型基础设施建设，丰富优质数字教育资源，推动信息技术与教育教学深度融合，优化教育大数据治理，积极发展“互联网＋教育”等措施，逐步形成了线上学习和线下学习相互融合、学校教育与社会教育、家庭教育密切配合、良性互动的网络化、数字化、个性化、终身化教育体系，数字技术在促进教育公平、提高教育质量、深化教育综合治理等方面的能量不断积蓄。以此为契机，老年教育同步推进数字化改革和创新，构建老年教育数字化发展新生态。

二、乘势发展，吉林省老年教育探索数字化发展新引擎

机遇与挑战并存，日益充沛的向学需求为老年教育数字化提供了发展土壤，吉林省老年教育紧跟发展趋势，通过数字化深度融合和应用，激活了老年教育新时代发展的“一池春水”。

一是迎接“银发浪潮”，吉林省老年教育“借数发力”实现跨越提升。据吉林省统计局网统计年鉴统计，五年来，全省60周岁及以上老年人口数量逐年增长，2016年末到2022年末，增加老年人数达65.07万人，人口老龄化持续加深。为更好迎接银发浪潮，吉林省委老干部局以提升老年教育数字化水平为抓手，以吉林省老年大学校为基点，提出“以数促教”。2015年，省老年大学启动远程教育工作，打造数字化学习平台，2017年实现了全省海量数据免费共享，优质资源有效下沉。移动教学的模式拓宽了学习方式，缓解了基层师资力量不足、优质教学资源短缺等问题。在省校的数字化护航下，乡镇、社区运用远程学习网，扩大基层教学点，创办远程学习点，全省老年教育数字化“五级网络”发展格局基本形成。2017—2022年，5年时间，受教育老年人数增加6.6万人次，增长108%，远程教育学习资源月观看时长增长3倍，月点击量增长11倍。

二是依托“数字吉林”，吉林省老年教育加速释放“数字”活力。党的十八大以来，吉林省委省政府作出“数字吉林”部署，各领域数字化平台的建设，为全省老年教育数字化提供了经验。2022年，省老年大学对教学、教研、教务等进行数字化重构，完成了老年教育数字化云平台改造。该平台集门户网站、互动交流、在线学习、信息发布、党建活动、智慧教务等功能于一体，实现了“学习空间”“党建空间”“文娱空间”“管理空间”“交流空间”五大空间集成融通，“数据资源库”“图书资源库”“精品课程库”“优秀师资库”四大资源库全省通用的，注册缴费、报名选课、活动参与等“一次都不用跑”，教务办公、学籍管理、班级管理、课程安排、督导评教、跨校区互动等“一网操作”，一个专属于老年人的数字化“云端学习社区”初具雏形。

三是契合“一主六双”空间产业布局，重点打造老年教育数字化标杆。

2018 年，吉林省实施“一主六双”高质量发展战略，发挥长春主导（一主）作用，打造了“双廊”“双带”“双线”“双通道”“双基地”和“双协同”（六双）的产业布局。省委老干部局抓住机遇，指导长春市、四平市、白山市、延边州、公主岭市、梅河口市等“一主六双”产业带上的老年大学，充分利用政策倾斜优势，借助本地经济发展契机，以数字化带动老年教育规模实现大幅提升，仅 3 年时间，公主岭地区老年大学办学数量增加了 90%，四平地区老年大学办学规模扩大了 43%，长春地区老年大学老年学员人数增加了 41%。

三、精准定位，认清老年教育领域数字化发展本质

数字技术的革命必将带来老年教育的深层变革，对老年大学的核心使命、办学价值、教育方法等方面产生深远影响，只有精准定位，认清数字化变革中的老年教育本质，才能推动老年教育在数字化航海中行稳致远。

一是把握人本性，坚持以人为本。要充分认识推动老年教育数字化发展最核心的要素是老年人，以树立现代老年教育理念为主旨，以提高老年学员数字素养为任务，尊重老年学员的主体价值，从需求出发，明确老年学员想要什么、能够接受什么，在数字化变革中，注重适老化改进，为老年群体融入数字社会提供资源和服务。

二是把握全局性，坚持统筹均衡。老年教育数字化发展，要按照“数字吉林”信息化建设经验，将数字化建设进行长远规划的优先次序划分，由点及面、由单项工作到教育教学与管理全过程，教学与管理、技能与素养、小资源与大资源等协调发展，逐步实现全领域、全方位、全系统拓展。

三是把握生成性，坚持解放思想。推动老年教育数字化发展，不仅需要技术的革新，更需要思想和理念上的创新。要确立培养面向未来、融入时代、适应社会的新型老年群体目标，坚持应用驱动和机制创新方针，促进老年教育数字化从融合应用向创新发展的高阶演进，变传统校园为“数字校园”，变传统老人为“数字老人”。

四是把握创新性，坚持与时俱进。老年教育数字化发展是一个动态、生成、开放的过程。要针对老年群体特殊需求，建设支持动态更新的高质量数字化资源体系，应用各种新型技术丰富数字教育资源的表现形态，提升数字教育资源的教学交互与应用体验，使数字教育资源既要实现常态化应用，更要达到全方位创新。

五是把握双向性，坚持融合共进。数字和老年教育属于双向赋能。一方面技术重塑老年教育生态，驱动老年教育治理现代化。另一方面老年教育作为数字技术的重要实践场域，践行技术的实践价值，特别是人口老龄化日趋加剧的今天，日益增长的高质量终身教育的需求，必将成为推动数字化发展的重要动力。

四、抓住矛盾，分析老年教育数字化发展过程中存在的问题

由于起步晚、发展快，随着实践的推进，笔者发现吉林省老年教育在数字化转型的过程中，存在一些亟待破解的问题。

一是目标不明晰。很多老年大学在发展过程中披着数字的外衣，延续旧的理念，他们对数字化更多停留在教学实践层面，对于要达到什么样的数字化，建设什么样的智慧校园，还不甚清楚。特别是对于因数字技术革命而带来的办学理念、教学形态、教学方法的变化缺少足够的认识，对推动管理数字化，推动线上平台与网络课程开发等方面缺少足够的重视，存在重技术、轻理念，重教育、轻建设的现象。

二是投入不稳定。数字化发展需要稳定的资金和积极的环境作为支撑，从吉林省各级老干部工作部门管理的老年大学发展来看，资金来源主要是财政拨款和学费收入。老年大学学费普遍较低，有的甚至不收费。不同地区的财政拨款也存在差异，有的学校没有财政拨款。资金捉襟见肘，很多基层校硬件和软件投入不足，设施陈旧，更新换代慢，网络覆盖、视频会议等难以独立完成，5G、WiFi、移动互联技术等智能技术不会使用。此外，教师薪资普遍不高，教师的付出与收益不成正比，致使他们缺乏创新动力和措施，在探索教育数字应

用的过程中内生动力不足。

三是体验感不强。目前老年教育系统的线上教学平台和网络课程的开发建设虽然名目繁多，但数字化与教育教学“两张皮”现象仍然存在。就管理方面而言，有的老年大学数字化采取拿来主义，集成外包后的数字成品，不能契合老年学员的行为需求，让学员没有感受到数字技术带来的便利。就教学方面而言，数字化教学相较于传统教学模式，特点之一便是使“教学相长”向“趣缘社群”转化，但有的老年大学只是简单地将线下的教学模式复制搬移到线上，让学员没有体会到数字技术带来的教育形态和学习形态的创新，没有获得太多的数字体验感，反而丧失了线下原有的互动感。

五、应用驱动，探究老年教育数字化发展新路径

善弈者谋势，善治者谋全局。当今，世界的政治、经济、文化和教育等都处于快速发展变化的过程中，科技创新重塑世界格局，为技术变革教育创造了前所未有的历史机遇。就老年教育而言，人口老龄化加快，终身教育的高质量需求都敦促我们亟待做出变革。推动老年教育数字化变革，是深化中国数字教育行动、实现老年教育现代化的必由之路，主动融入数字技术和人工智能，建设智慧老年大学，是新时代老年教育事业实现新飞跃的发展需要，助力老年群体提升智慧素养和数字技能，是老年大学的重要职能。

（一）系统推进，健全老年教育数字化可持续发展机制

提升可持续发展能力建设是实现老年教育数字化发展的关键举措。（1）要加强制度建设。建立适合老年教育发展的、有效的数字化管理制度，明晰数字化在老年大学发展中的定位，做到横向联通、纵向衔接的战略机制。（2）要加强资源共享。按照政府引导、多方参与、共建共享的原则，充分调动各方力量参与积极性，由政府资助引领性资源的开发利用，支持校际间资源联络互通，鼓励企业和其他社会力量投入，形成人人参与建设、推陈出新的优质数字资源

动态供给模式，减少低水平重复开发。（3）要加强队伍建设。开展数字技术培训和信息化领导力培训，打造业务精湛、结构合理的老年教育数字化师资队伍、专业队伍、管理队伍。（4）要加强质量监控。构建并推广老年教育数字化标准，建立技术支持和战略研究体系，注重评估改进机制，通过大规模、长周期、多样态的观测，检验数字化转变成效，产出高质量成果。

（二）夯基强链，优化老年教育数字基础支撑能力

智慧校园作为数字技术的重要试验场，是老年教育数字化发展到一定阶段的产物，也是实现老年大学治理模式向"数治"转变的关键之一招。要提升校园基础设施建设。加快老年大学教学、教研、管理、服务等设施的数字化和智能化升级，以建设"双千兆"网络、教育专网为契机，推动有线网和无线网深度融合，提高各类教室的数字化教学装备配备水平，实现按需配备，逐步普及符合技术标准的个人学习终端，完成网络条件下个性化教与学。要打造完善先进的基础网络环境。充分利用现有的网络基础和资源，加强主干网、省市教育网和老年大学校园网的衔接，大力推进"5G＋老年教育"，通过5G、WiFi、AIoT（人工智能物联网）等多网融合，构建超高速网络，实现人与人、人与物、物与物之间的智能互联。要优化校园数字环境。将数字技术与人工智能融入老年大学各个应用场景，通过引进物联网技术，在教室、图书馆、校园内等场所构建智慧服务管理体系，打造全方位、立体化、多功能的校园服务，为师生提供全面的智能感知环境和智慧教育生态。要建设智慧安全系统。整合校园生活服务资源，完善一键报警、人脸识别、消防安全、访客登记、网络安全等智能系统的配备，对老年大学内的人、财、物、网络等进行数字化感知、识别、跟踪、处理、记录，建立覆盖全面、反应快速的数字化安防系统。

（三）融合创新，以数字技术助力老年教育教学变革

随着高速网络的发展，大量数据的高速传输和海量储存得到满足，"5G＋AR""5G＋VR"等新型教与学模式得以普及。要推动教学模式改革。深化数

字技术与教学的融合，搭建数字教学管理平台，通过监测、收集、汇总、分析学习过程数据，结合老年人自身的认知、需求、优势、兴趣等学习维度，提供有利于激发学习潜能和效果的方案，增强教师在数字化环境下创新教育教学的能力。（1）要推动教学形态改变。坚持数字思维，应用虚拟化、全息投影、幻影成像等各种新兴技术，丰富数字教育资源的表现形态，积极构建“现实＋虚拟”“线下＋线上”的教育环境，例如，通过应用“微课件”、融媒体教材等学习资源，增进师生在教学过程中的在线互动，通过构建人工智能支撑的教学载体，实现人机协作等，提高教学交互与应用体验。（2）要推动数字课程改造。探索课程数字化与教材数字化的开发与设计，从老年学员生理需求、心理需求、社会需求多层面构建，有的放矢地规划开发适合老年人学习的数字化资源。建立和完善老年教育网络学习平台，开通“空中课堂”，打造“数字书屋”，构建一个泛在可及、智惠便捷、公平普惠的优质教育资源远程平台，为老年教育不断注入数字新动力。

（四）形成联动，扩大老年教育数字化服务范围

释放数字要素对老年教育发展的放大、叠加、倍增作用，切实提高老年教育数字化惠民力度和线上线下覆盖范围。要坚持科技赋能。服务助推“智慧助老”行动，加强老年人智能技术应用培训，研发适老 APP 和小程序，实现“掌上学习”，丰富老年远程教育学习网资源，使更多优质老年教育数字资源得以辐射农村、边远、贫困、民族地区，扩大数字化教育受益人群。（1）要坚持远程蓄能。拓展远程学习点和基层教学点数量，持续发挥省级全国远程教育实验区带动作用，针对老年教育在不同区域、城乡、校际间发展不平衡不充分的问题，通过数字转型、智能升级、融合创新，缩小教育差距。（2）要坚持开放聚能。将老年教育数字化发展融入“数字教育”建设，以市县级老年大学为龙头，加强与各级学校、各类高校的资源共享，通过阵地联用、活动联办、师资联享等方式，创办以数字化为资源核心的分校和教学点。将老年教育数字化发展融入“数字政府”建设，加强与机关数字平台的沟通协调，共享助老数字资源和数字

化发展先进技术，画好发展老年教育数字化同心圆。将老年教育数字化发展融入“数字吉林”建设，探索与文体、医疗、银行等企事业单位合作的数字化合作，实现老年大学与各行业间信息畅通、数据流通、发展协同的数字化新形式。

六、结语

以教育数字化带动教育现代化，是我国教育事业发展的战略选择，也是老年教育高质量发展的必然选择。诚然，加快推进老年教育数字化还面临诸多的挑战，但国家政策的大力支持，技术方面的日渐成熟，“互联网+老年教育”积累的经验和资源，都为老年教育数字化发展奠定了基础。未来，老年教育将继续立足新发展阶段，贯彻新发展理念，构建新发展格局，利用数字技术加快教育教学转变，助力老年群体搭上“数字快车”，为积极应对人口老龄化，建设社会主义现代化中国贡献力量。

科技与信息化视角下
智慧型老年教育发展路径研究

张爱秀[①]

【摘　要】随着人口老龄化问题的日益严峻，智慧型老年教育逐渐受到广泛关注，其整合科技与信息化资源的潜能备受期待。本文在科技与信息化背景下，围绕智慧型老年教育的发展路径进行深入探讨。通过理论框架分析与实证研究，揭示智慧型老年教育概念内涵与特征，评估科技与信息化在老年教育中的应用现状及效果。文章采用多样化的数据收集方法与严谨的数据分析技术，基于实地调研数据进行细致解读，确立老年教育模式与科技、信息化结合的有效途径。研究结果表明，智慧型老年教育能显著提升老年人的学习效果和生活质量。针对发展现状与实验结果，提出针对性较强的策略与建议，期望为老年教育的创新发展贡献理论与实践指导。

【关键词】智慧型老年教育；科技信息化；老年学习；发展路径；实证研究

数字化时代，老年群体对科技与信息化的学习需求逐渐增加，如何在智能媒体和信息化浪潮下优化老年教育体系，成为时代发展的关键问题。当前，老年教育模式的创新和改革更多地要聚焦于整合信息技术的应用，提升教学效果与老年人生活和学习质量。

在老年教育领域，信息化发展策略必须考虑其适应性和易操作性，从而确

---

① 张爱秀，北京理工大学离退休工作处副处长，老年大学副校长。

保教育内容与老年人的实际需求相匹配。互联网和智能技术的普及为老年教育带来了创新的路径。教育模式的转型不应只停留在教学手段和工具的运用层面，更应注重老年教育的核心——满足老年群体的终身学习和自我实现需求。实现这一点需要对老年人的学习动机、习惯和偏好进行深入研究，并将研究成果转化为教育策略和实践活动。因此，在研究智慧型老年教育的发展路径时，不仅要综合考虑科技与信息化资源的整合，在策略上也需要从老年人的生活实际出发，探索与个性化需求相适应的教学内容与方法。

一、问题提出

1. 智慧型老年教育的概念

在构建智慧型老年教育的概念框架中，首先需明确“智慧”二字的精确内涵。从广义角度讲，智慧型教育对于特定群体而言，不仅是科技的简单应用，更是一个全方位、多层次的教育体验改善过程。基于此，智慧型老年教育强调的是通过先进的智能媒体技术与个性化设计，适应老年人的学习特点，满足其生活的各项需求。在此定义下，智慧型老年教育应辅以互联网、物联网、大数据、人工智能等现代信息技术手段，以智慧养老模式为核心，打造一个综合性、互动性强且可持续发展的老年学习平台。

继而，深入分析智慧型老年教育的核心应用层面。技术的运用涉及智能学习管理系统的构建，高度个性化的内容推荐，以及人机互动界面的友好程度。这些都是实现智慧教育的关键技术路径。以人机互动界面为例，考虑到老年人对于复杂操作的接受能力相对较低，界面设计上应追求简洁明了而不失智能高效，同时配备语音交流等多模态交互方式，以此降低操作难度，增加学习动力。

此外，智慧型老年教育的实质效果评估为另一个研究重点。效果评估不只包括学习者满意度的调查、学习成效的检验，还应包括智慧教育模式对于改善老年人精神文明生活的间接影响。随着科技的飞速发展，老年人群体对于学习新科技的需求和欲望也在变化，教育内容的更新与丰富成为新的挑战。因而，智慧型老年教育内容的设计应高度重视，它需要立足于当前的社会文化环境与老年人的个体需求，并将其融入老年人可持续发展的生态系统中。

在策略方面，推动智慧型老年教育的有效路径包含技术、人才、内容等多个维度。技术层面需注重智能化教育工具的研发、优化，以及信息技术在教学过程中的集成应用。人才层面则需培养一批熟悉智能技术运用、懂得老年心理学的专业师资。内容层面，除了迎合老年人对传统文化、健康保健等内容的需求外，还需针对智能时代的老年人开发更多与时俱进的课程内容。

总结而言，智慧型老年教育概念的建立是对传统老年教育模式的深刻变革与扩展。在正在逐步走向信息化、智能化社会的当下，智慧型老年教育显得尤为重要，它不仅对老年人的教育和生活质量产生积极影响，还有力促进了社会老龄事业的可持续发展。因此，在未来的研究与实践中，深入探索智慧型老年教育的理论建构与应用路径，将具有十分重要的意义和价值。

2. 研究思路及内容

本研究旨在深刻理解智慧型老年教育在科技与信息化背景下的发展路径与其效应，系统评估并提升老年教育与科技、信息化融合的策略与方法。研究旨在搭建智慧型老年教育的理论模型，探索其对老年学习者学习效果和生活质量的积极影响，同时就老年教育的技术实现方案、教学方法与策略提供实证分析，为智慧型老年教育的创新发展提出建设性意见与策略。为此，研究内容细化为以下几个方面：

首先，基于前期研究及老年学习者的特征，我们将深入探讨智慧型老年教育的内涵和功能，建立起一套面向老年人的学习模式。该模式将融合生活场景与信息技术，注重提升老年群体的数字素养和社会参与意识，旨在充分发挥其潜在能力，推动其实现终身学习和积极老龄化。

其次，将在实地调研与数据分析的基础上，对老年群体的数字学习特点进行深入剖析，构建老年学习者画像，定量衡量智慧型老年教育的实施效果。通过对老年学习者在智慧型老年教育环境下的学习行为与学习效果进行量化分析，系统评估智慧教育模式在提高老年人学习效率、满足其学习需求方面的实际效用。

进一步，将探讨智慧型老年教育中的社会支持体系建设，特别是智慧助老社会支持体系的构建。通过分析老年群体在数字社会中面临的挑战，结合老年教育的数字化转型困境，提出顺应老年学习者需求、适应老年认知特征的智慧型学习环境设计。

最后，围绕老年人力资源开发视角，拟定针对性的老年教育发展策略。将重点考察在老年教育中如何高效整合和应用信息技术与数字资源，如何依据老年群体对未来生活质量的期望而设计老年教育内容与实践活动，以及如何促进老年群体在智慧型老年教育环境中的社会角色定位与心态适应。

综上所述，本研究将针对智慧型老年教育的理论构建与实证测试提供一系列具体详尽的研究内容，涵盖智慧型老年教育的概念框架构建、模式设计、实施效果评价等多个维度，以期应对老龄化社会背景下的教育挑战和机遇，为老年教育的发展提供实践指导和理论支持。

3. 研究假设

在智慧型老年教育领域，研究假设的提出是基于深入的需求分析与问题识别。在构建理论模型之前，你需要明确假设的可测量性、可操作性以及相关性。依托科技与信息化背景，智慧型老年教育应满足老年人的个性化需求，并提高其对新型学习方式的接纳度。因此，本研究提出以下几个具体的研究假设。

假设一，不同程度的智能设备操作培训可以显著提高老年人的数字技能。具体而言，通过定制化的操作手册、互动式的操作指南视频以及模拟环境下的实际操作练习，老年人可以逐步掌握至少三种的智能设备操作技巧。其中，包括但不限于智能手机的基础使用、移动支付的安全操作以及智能家居控制。

假设二，科技介入的老年教育模式能够有效激发老年人学习智能技术的内在动机。以定向反馈为核心，建立智能答疑系统、虚拟现实技术辅助学习以及在线同龄交流模块等，以期促进老年人在享受快乐学习过程的同时，形成对智能技术学习的正向反馈循环。

假设三，个性化的教学内容安排与科技支持相结合，能够满足老年人日益多样化的智能技术应用需求。依据老年人的前期需求调研，设计多层次、多维度的教学大纲，涵盖智能设备应用、网络社交、健康管理等领域，并通过大数据分析及时调整教学计划。

假设四，综合应用现代信息技术构建的智慧助老社会支持系统，将促进老年学习场景的营造，并强化老年人的学习效率与质量。考虑到老年人的生理特点及学习习惯，利用人工智能算法对学习过程进行个性化调整，推送适宜的学习内容，同时搭配生理状态监控、认知能力评估等模块，进一步提升教育的客观性与科学性。

以上假设均将进行针对性的实验设计，所涉及数据集将包括但不限于老年人的基本信息、学习行为记录、智能设备使用频率以及学习满意度等，通过多元线性回归、方差分析以及结构方程模型等统计技术进行分析验证。此外，将邀请老年教育专家及信息技术专家对假设的有效性进行评估，以确保研究的应用价值与实际意义。通过这一系列详尽的预设与研究方法，本研究旨在为智慧型老年教育提供切实可行的策略，改善老年人的信息化生活体验，丰富老年教育的理论与实践内容，助力老年人的终身学习与发展。

二、实证研究

1. 实验对象与样本选择

在本研究中，选择了北京理工大学离退休教职工作为实验对象，目的在于分析智慧型老年教育的实际应用效果和提升潜力。实验样本选取基于人口老化统计数据和社区老年人的普遍特点，确保能够代表性地反映老年群体的整体学习需求和对智慧型老年教育的接受度。首先，确定了样本的年龄阈值，选取65岁及以上的老年群体为研究对象，确保样本具有较高的代表性和研究针对性。

为了确保数据结果的科学性与合理性，采用了分层随机抽样方法来提高样本的覆盖面和均衡性。分层考虑了性别、教育层次、经济状况以及文化需求等多个维度。根据每一层次的人口比例，从各个层次中随机抽取了足够数量的样本，确保每个子群体都有相应的代表。具体样本数量设置为 300 名老年人，其中男性 150 名，女性 150 名，以抵消性别对研究结果的潜在偏差。

接下来，评估了样本的基本认知能力与对科技产品的适应程度。通过简单的认知测试和科技产品操作能力测试，筛选出能够有效参与本研究的老年人。这一过程为后续的教育干预提供了基线数据，同时也剔除了认知障碍严重或完全无法接受智慧型老年教育的个体，这是为了确保研究结果的准确性和可靠性。

之后，在样本选择中特别考虑到了老年群体的信息化接触程度。综合分析了调查问卷和社区的智慧设施使用数据，典型选择了频繁使用智能手机、平板电脑等智慧型设备的老年人以及信息化接触极少的老年人。这样的对比组设置，旨在了解不同信息化背景下智慧型老年教育可能产生的不同影响。

最后，为了增加研究的长期跟踪性，样本中还包括了参与过前期智慧型老年教育试点项目的老年人。这部分样本能够为研究提供更为深入的历时性数据，有助于分析科技与信息化教育对老年群体产生的长期影响。通过系统的样本选择和甄别流程，确保了研究数据的真实性和全面性，为进一步的实验设计和结果分析奠定了坚实的基础。

2. 数据收集方法

为了准确地把握智慧型老年教育中老年学习需求的动态变化及其与科技结合的应用效果，采用了混合研究方法，结合定量和定性数据收集技术。具体地，以富于倾听及深入了解的半结构化深度访谈为基础，录音设备确保记录的准确性，访谈内容涉及个人基本信息、科技使用状况、学习内容与频率以及个人对智慧型老年教育的感受和意见。深度访谈对象涵盖各学历层次、不同社会阶层，共设置访谈对象 100 人，配备专业访谈员 10 名，确保数据的广度和代表性，访谈时间围绕 30 至 60 分钟不等。访谈后，通过专业转录团队将录音文件转换为文字记录，并由研究团队进行质性分析，归纳出访谈数据中的共性及个性化特征。问卷设计采用李克特量表，围绕智慧型老年教育的接受度、满意度以及科技使用的自我评估等维度进行问卷内容的构建，格式上以单选题、多选题、打分等形式呈现。问卷回收率保持在 85% 以上，有效问卷数据通过 SPSS 和 R 语言进行统计学分析，综合应用描述性统计、卡方检验、因子分析等方法，求出中心趋势和分布离散性，从而评估科技与信息化在老年教育中的应用现状及效果。数据分析强调以理论指导实践，使量化数据与定性访谈结果互为补充，深入挖掘老年群体对智慧型老年教育的内在需求和期望。研究中特别关注数据的时效性与真实性，确保了数据收集过程的科学性和有效性，从而为后续的策略制定和实践提供坚实的实证基础。通过这种混合方法论的应用，既保证了研究结果的严密性和普遍性，也给予了研究结果更多人文关怀的温度和深度。

3. **实验设计**

为确保实验设计的科学性与合理性，本研究采用了多种方法对智慧型老年教育进行深度探究。首先，选取了年龄在 60 至 75 岁之间的老年人作为实验对象。确保这一年龄段的老年人能够代表当前智慧型老年教育的主要受益群体。在样本的选择上，重点关注了老年群体中不同教育水平和技术熟练程度的人员，以便进行更加精确的群体对比分析。

实验分为两部分进行，首先利用问卷调查的方法收集实验对象在接受智慧型老年教育前的基本信息与学习需求。问卷内容侧重于探究老年人对智慧型老年教育的接受度、对科技的态度以及他们的学习动机和偏好。问卷中采用的 Likert 量表，有助于量化老年人对智慧型老年教育态度的强度和方向。参照《社区教育助力老年人跨越“数字鸿沟”策略研究》和《老年教育数字化发展的现实困境及转型出路》中提出的教学方法与科技应用模式，对问卷内容进行设计，确保所收集的信息能够准确反映老年学习者的实际需求。

其次，进行为期 6 个月的智慧型老年教育实验。本实验采用分组对照的方法，将实验对象随机分为实验组和对照组。实验组接受智慧型老年教育，而对照组则采取传统教育方法。智慧型老年教育包含了如智能设备操作、网络安全教育、网上购物与娱乐等内容。实验中注重对不同智能设备的操控技能进行专项训练，设计了模拟真实使用场景的互动教学课程，以提高教育实效。

三、调研结果

1. 智慧型老年教育发展调查

调查结果显示，智慧型老年教育对于提升老年人的数字技能和生活质量起到了积极作用。不仅如此，多数参与者对智慧型老年教育表现出了较高的满意度和强烈的学习兴趣，尤其是在模拟场景的项目式互动教学中表现最为积极。然而，也存在部分老年人对智能设备操作感到困惑和不适，这提示我们在未来的教育实践中需要针对老年人的心理状态和生理特点，进一步优化教学策略和内容设计。调查结果还显示，老年人对数字化信息的接受度和认识深度与其之前的教育水平和职业背景有较大相关性。因此，在设计针对老年人的智慧型老年教育内容时，应该更加注重个体差异，以实现真正的普惠型、个性化教育。

为了应对智慧型老年教育在实施过程中揭示的问题和挑战，本研究设计了混合学习模式的教学资源，结合线上与线下教学手段，旨在为老年学习者提供更加灵活多样的学习方式和更丰富的学习资源。进一步研究表明，通过智能设备与互联网技术的整合应用，能够有效帮助老年人跨越数字鸿沟，提高其社会参与度和生活自理能力。

2. 科技与信息化应用情况

研究结果显示，老年学习者对于科技产品的可用性有显著的正向期望，这表明在老年教育中整合信息化资源的必要性。学习者认为信息技术的使用能够提升他们的学习效率和生活质量，这反映出科技在老年教育中的潜在价值。来自北京理工大学老年大学的案例分析进一步证明了信息技术的高接受度与其在老年教育中的有效角色。

在科技与信息化应用方面，老年学习者普遍面临操作难度和学习障碍等问题。针对这些问题，部署了智能辅助学习工具和定制化的教育资源，如录音教材、文字放大软件等，旨在提升年长用户的技术接受度和使用频率。实验数据显示，在实施了针对性的技术培训和教育资源定制后，用户满意度和持续使用意愿显著提高。

科技与信息化应用实践中，发现了一些具体的实施挑战。据观察，智能手机和计算机的使用频率低于预期，分析原因可能是设备界面和功能的复杂性超出了老年用户的认知和操作能力范畴。为此，建议开发更符合老年人认知习惯的应用界面，并简化操作流程。此外，信息技术的教育应用还需综合考虑不同年龄段老年人的心理和生理特点，实施个体化的教育计划。

综上所述，通过对北京理工大学老年大学等案例的深入分析，肯定了科技与信息化在老年教育领域的积极效应。未来，老年教育信息化的推广需要切实考虑老年人的技术学习曲线，提供更加友好的技术使用环境，以实现智慧型老年教育模式的广泛应用和有效推广。

3. 数据统计结果

调查数据显示，参与智慧型老年教育项目的老年人的总体学习满意度得分为 4.2 分（满分 5 分），其中，与科技结合的学习模块获得了最高的满意度评分，反映出老年人对科技和现代信息工具在学习中的应用持极其肯定的态度。此外，关于智慧型教育平台的易用性和互动性评价，平均得分分别为 4.0 分和 3.8 分，说明尽管平台的操作整体友好，但在某些功能和互动方面仍有改善空间。

采用推断性统计手法对老年学习效果的差异性进行分析，采用方差分析（ANOVA）考察了不同教育背景和科技使用经验的老年群体在智慧型老年教育中的学习成效差异。结果表明，具有较高教育背景和科技使用频率的老年人在智慧型老年教育中的学习成绩和学习参与度明显高于其他群体，这一结果表现了教育和科技经验对于提高智慧型学习的积极影响。

进一步的回归分析结果显示，个体在教育程度和主观健康状态上的变化能够显著预测他们对智慧型老年教育的接受度与参与活跃度。具体来说，每增加一年的教育水平，其学习意愿和学习活跃度提升的可能性会上升 12%。同时，较好的健康状态与高活跃度之间存在正相关关系，相关系数为 0.34。

在结构方程模型中，通过引入心理状态和健康行为作为中介变量，分析老年人健康、教育背景和科技使用的复合作用对其学习成效的影响。该模型的拟合度良好（χ^2/df=2.43, RMSEA=0.056, CFI=0.93, TLI=0.91），且所有路径系数均在 0.05 显著性水平上具有统计学意义。模型解释了教育背景和个体健康状态通过心理状态和健康行为，如何影响到老年人对智慧型老年教育的接纳和学习效能，揭示了教育和健康干预对促进智慧型老年教育成功的关键作用。

根据数据的统计结果，结合深入访谈和观察所获数据，本研究对智慧型老年教育模式的有效性和可推广性提出了初步论证。同时，这些数据提供的见解为未来教育平台的优化提供了重要信息，特别是在增强老年人科技适应性和互动体验方面具有重要的实践指导意义。

“银发经济”时代老年教育促进老年人力资源开发路径探索

王　研[①]

【摘　要】随着我国老龄化进程的加快，“银发经济”成了经济发展的新动能，发展老年教育是开发老年人力资源，变“压力”为“动力”的重要途径。本文从人力资源开发的角度出发，通过明晰老年教育与老年人力资源开发结合的需求逻辑、政策逻辑、实践逻辑，针对老年教育存在的认知困境、资源供给缺位错位、实践探索尚不成熟等问题，提出理念先行、统筹兼顾、资源联动等举措，积极探索老年教育促进老年人力资源开发、服务银发经济的路径。

【关键词】银发经济；老年教育；老年人力资源开发

一、引言

人口老龄化是我国中长期发展的一项基本国情。2024 年 1 月国家统计局数据显示，2023 年末我国 60 岁及以上老年人口达 29697 万人，占全国人口的 21.1%；预计 2035 年，60 岁及以上老年人口将增加到 4.2 亿左右，占比将超过 30%。理性看待“衰老”，把老年人视为潜在的人力资源和巨大的消费蓝海，成为积极应对老龄化的共识。

2024 年 1 月 5 日，国务院常务会议研究了发展银发经济增进老年人福祉的

① 王研，烟台老年大学调研宣传科职员。

政策举措。1 月 11 日，国务院办公厅印发《关于发展银发经济增进老年人福祉的意见》（以下简称《意见》），提出发展银发经济的总体要求以及 4 个方面 26 条具体措施。《意见》的出台表明了国家层面的战略意图和顶层设计，一经发布，引起社会各界的积极反响和热烈讨论。《意见》中明确提出，“依托国家老年大学搭建全国老年教育公共服务平台，建立老年教育资源库和师资库”，“涵养老年人力资源，支持老年人参与文明实践、公益慈善、志愿服务、科教文卫等事业”。

如何准确把握“银发经济”时代老年教育的战略地位，如何通过老年教育发展推动老年人力资源开发助力银发经济发展，变“压力”为“动力”，变“福利”为“红利”，变“人力资源大国”为“人力资源强国”，是老年教育理论研究和实践探索中亟须解决的紧迫问题。

二、“银发经济”时代老年教育促进老年人力资源开发的价值意蕴

（一）需求逻辑：“银发经济”时代社会发展需要

国家统计局数据显示，2011 年我国劳动年龄人口（16—59 岁）达到峰值 9.4 亿人，此后开始下降，至 2022 年我国劳动年龄人口仅为 8.75 亿人，占全国人口的比重为 62.0%，10 年间劳动年龄人口减少 6500 多万人。根据劳动力年龄变化趋势预测，2050 年我国劳动年龄人口将下降到 7 亿人。“银发经济”时代悄然到来。为了应对人口红利消失带来的经济增长速度减弱，我国积极调整产业结构和经济发展方式，第三产业占比逐年上升，与第一产业和第二产业相比，服务业对劳动者的学历、经验、技能要求有所提升，而对劳动者的体能要求有所下降，为老年人力资源开发创造了条件。一方面，我国劳动年龄人口逐年降低，需要庞大人力资源来支撑经济高速发展；另一方面，我国低龄老年人力资源储备十分丰富，且利用率和开发率偏低。要实现这种供与求之间的平衡，就

需要在现阶段老年教育“老有所乐”的基础上，以“老有所学”为手段，拓展延伸到“老有所为”，以减轻“老有所养”的压力。从社会经济发展的角度，推动老年教育高质量发展，是当前及今后很长一段时间老年教育不能忽视的社会课题。

（二）政策逻辑：各级政府的倡导与号召

党的十八大以来，国家从宏观层面颁发了多项政策积极应对人口老龄化。2016年10月，国务院办公厅印发《老年教育发展规划（2016—2020年）》，提出“积极开发老年人力资源”。2017年3月，国务院印发《“十三五”国家老龄事业发展和养老体系建设规划》，提出“将老年人才开发利用纳入各级人才队伍建设总体规划”。2021年11月，《中共中央 国务院关于加强新时代老龄工作的意见》强调，“扩大老年教育资源供给……发挥社区党组织作用，引导老年人践行积极老龄观”。2022年，国务院印发《“十四五”国家老龄事业发展和养老服务体系规划》，重申“发挥社区教育办学网络的作用，办好家门口的老年教育”。党的二十大报告再次明确指出，“实施积极应对人口老龄化国家战略”。2024年1月，国务院办公厅印发《关于发展银发经济增进老年人福祉的意见》，再次提出“建设国家老年大学，推动面向社会开放办学”。各省、市也结合自身的实际情况，出台了大量文件，如贵州省于2022年出台《“十四五”贵州省老龄事业发展和养老服务体系规划》，提出“为有劳动意愿的老年人提供政策咨询、职业指导、职业介绍和创新创业指导等公共服务”。上述政策文件接续颁行，使得老年教育与老年人力资源开发间的政策互动越发高频率、具体化、规范化，从顶层设计上强有力地促进了老年教育与老年人力资源开发的结合与完善，为积极应对人口老龄化，推动老年人力资源开发，实现经济高质量发展和社会和谐稳定提供了必要保障。

（三）实践逻辑：国外丰富实践的启示

人口老龄化是世界范围内普遍存在问题。发达国家较我国进入人口老龄化的时间早，经过其长时间的探索，老年教育与老年人力资源开发的结合在管理与实践等方面进行了有益的尝试。如：日本针对不同年龄阶段的老人分别开设“金色计划”退休精神准备课程、“银色计划”退休展望标准课程、“灰色计划”50岁左右年龄层课程等，在各大城市和市町村“银发人才中心”为老年人开展职业培训、搭建就业平台。美国依托现有大学资源开展“老年友好大学”52所，其中密歇根州立大学创建了“Age Alive”项目，通过老年人照护、退休生活、代际交流、增强社区参与、再就业五个板块，建立一个连接教育、科研和外宣的老龄化工作网络。瑞典积极探索出第三年龄大学与正规教育融合的道路，瑞典乌普萨拉第三年龄大学通过“学习圈”，加强老年公民应对新情况的能力，提供参与社会的机会。综上，实践方面的范例与启发为老年教育与老年人力资源开发结合提供了实践层面的逻辑与经验积累。

三、“银发经济”时代从人力资源开发的视角看老年教育存在的问题

自1983年我国第一所老年大学——山东老年大学创办至今，我国老年教育已经走过四十多年的历程，全国各类老年大学（学校）超7.6万所，优质课程598门，形成了省、市、县、乡镇（街道）、村（社区）五级办学网络体系（2022年度国家老龄事业发展公报）。从教育学的角度看，老年大学数量不断增多、设施逐步完善、学员规模日益扩大，既保障了老年人学习的权益，同时也有助于我国构建终身教育体系。但是，从人力资源开发的角度来看，老年教育的人口学和经济学价值有待进一步开发。

1.认识困境：老年教育尚未从个体性全面走向社会性

从我国老年教育理论和实践上看。在理念上，老年教育未完全形成统一认识。中国老年学家熊必俊认为，老年教育是以老年人为对象的教育体系，是终身教育的最后阶段。中国人才学理论专家叶忠海认为，我国老年教育的基本内涵是“健康教育、适应教育、参与教育和快乐文化教育”。中国老年大学协会前

会长张文范则认为，“老年教育是老年人在新的社会化过程中自我完善、超越自我的有目的的学习活动。”在实践上，老年教育课程以康养为主。根据《中国老年教育发展报告（2019–2020）》统计，目前我国老年教育共有 15 大门类、61 个专业、298 门课程，形成了较为完整的老年教育课程体系，但课程大多以休闲娱乐、健康养老、家庭生活为主，目的在于增进老年人的身心健康，丰富老年人的晚年生活，目前大部分老年学校教育仍停留在满足个体需求和娱乐休闲的层面，对老年教育的经济性、生产性、发展性功能重视、开发不够。而老年教育作为终身教育的最后一环，其同样具有个体提升的功能，有促进社会发展的义务。如何在满足老年人康养需求的基础上，通过老年教育激发人力资源和社会资本的潜在收益，成为老年教育发展中面临的重大课题。

2. 畸重畸轻：老年教育供给的缺位与错位

经过 40 多年的发展，我国老年教育无疑取得了丰硕成果，但其发展速度远未跟上人口老龄化的速度。一是供需差异。根据 2023 年 4 月中国老年大学协会公布的数据，全国各级各类老年大学学员逾 2000 万人，而截至 2023 年年底，我国老年人口超 2.9 亿，享受老年教育的比例为 6.8%。老年教育的“供”与“需”之间存在巨大的缺口，客观上制约了老年人力资源开发。二是地区差异。根据上海市教委公布的数据，2023 年上海市建有各类老年教育机构和学习点近 6000 个，每年接受教育老年人超过 200 万人，占到老年人口（2023 年上海市户籍老年人口达 544 万）的 36.7%。而我国西部地区，老年教育尚处于起步阶段，享受老年教育的人数比例更是远低于国家平均水平。三是城乡差异。根据中国社会科学院农村发展研究所 2022 年发布的《中国乡村振兴综合调查研究报告（2021）》显示，农村全体人口中 60 岁及以上人口的比重达到了 20.04%，和全国老龄化数据相比（2019 年我国 60 周岁及以上人口占总人的 18.1%），农村地区的老龄化负担比城镇更加严重。由于农村青壮年人口的大量流失，农村老年人客观上已成为农村生产经营的主体，但受到区域经济发展水平和思想观念的制约，老年教育资源供给极不平衡，农村老年教育尚处于初级阶段，客观上制约了老年人力资源的开发。

3. 方兴未艾，但老年人力资源开发较为薄弱

学习开发是老年人力资源开发的关键一环，尤其是结合我国当前的老年人口受教育这个难度状况，低龄老年人的知识储备需要进一步更新拓展，老年人力资源开发要求社会建立完善的老年职业教育培训系统。从组织结构方面来看，老年教育没有统一明确的管理赋权部门，缺乏长远规划和稳定的经费投入，使得老年人力资源开发缺乏可靠的保障。从管理体制方面来看，当前人力资源开发针对的主体主要是劳动人口，对老年人的技能培训关注较少，缺乏足够的重视，尚未纳入系统规划，通过老年教育开发老年人力资源的认识有待进一步提升。从教育角度来看，针对老年人的需求开设技能型课程是老年人力资源开发的重要途径，但当前技能型课程、岗位技能培训类课程在老年教育课程中属于凤毛麟角。

四、“银发经济”时代老年教育促进老年人力资源开发路径探索

随着“银发经济”时代的到来，我国的老年教育应积极响应国家号召，着眼于经济社会发展大局，从人力资源开发的角度，拓展老年教育的教学内容和教学形式，让老年教育在成为老年人实现自我价值载体的同时，助力我国经济高质量发展。

（一）理念先行：在政策设计中强化积极老龄化思想

老年教育助力于老年人力资源开发，首先要在政策设计中强化“积极老龄化”的思想。一是政策理念引导。老年教育的政策，是老年教育办学的指导方向。当前我国的老年教育政策，已经开始从康养娱乐逐步向支持经济社会发展进行转变。但通过老年教育推动老年人力资源开发仅仅是作为政策中的条款出现，表达力度、重视程度总体不足，没有上升到价值引导层面。因而首先要从政策上强化，进而鼓励老年群体主动提升自我、服务社会、实现自我价值。二

是营造社会舆论氛围。由于受到传统文化和价值观念的影响，无论是家庭观念方面，还是在社会舆论氛围方面，我国当前对老年群体的期待普遍停留在“颐养天年”“含饴弄孙”的层面，忽略了老年群体自身的价值体现。老年大学作为老年人的精神家园，对内要向老年人积极宣传“老有所为”的理念，对外要积极向社会展示“老能所为”的实践，引导老年人积极参与社会活动，挖掘自身所蕴藏的社会价值。三是强化科研支撑。当前学界对于老年教育的研究主要停留在课程内容上，对老年教育服务老年社会参与人力资源开发，研究得相对较少。要充分发挥老年教育科研人才和老年科研人才的作用，针对老年人力资源开发的需求、困境、实践路径等问题展开专题研究，为老年教育助力人力资源开发提供决策咨询参考。

（二）统筹兼顾：提升老年教育供给的“量”与“质”

老年教育助力老年人力资源开发是一个涉及多部门、多层面的课题，要结合我国的退休政策、养老政策统筹推进，通过教育实现对老年人的“赋权增能”。一是从教育供给上“增量”。首先，扩大社区（村居）老年大学教学点的功能，在线下增强老年教育的便利性，因地制宜开展对健康低龄老年人的技能培训。其次，通过信息化手段，扩大老年教育的覆盖面。最后，推动老年教育资源与社区教育、公共文化教育资源等有效整合，实现有机融合。二是从课程内容上“提质”。做强“健康类”课程。康养是老年人力资源开发的前提，要不断做大做强健康类、“素养类”课程。老年群体要实现社会价值的关键一步在于自身价值观念的转变，当前我国各地老年大学普遍开设思政课，应该在此基础上增设新时代价值观、道德法制、政策宣讲等课程，更新老年群体的价值观念，提升老年群体的公民素养，提升其作为人力资源潜在力量的综合素养。补充“技能类”课程。日本在老年教育助力老年人力资源开发上进行了很多有益的探索，鼓励老年人每年“向一门考试挑战”。在老年教育中增设技能类的课程，是老年教育助力老年人力资源开发最直接、最便捷的方式。

（三）资源联动：建立互信互通的老年教育联盟

建设老年教育联盟，推动老年教育机构与所在社区、企业、高校等社会多元主体互动，是推进老年人力资源开发和使用的良好途径。一是加强与其他教育阶段的合作联动。与中小学教育、高等教育和职业教育相比，我国老年教育与外部的连接和互动相对较少。老年教育可以与幼儿园、中小学、职业院校以及大学建立合作项目，如可以与职业院校进行"师资共享"，解决老年大学在技能类课程方面缺乏师资的困境。二是加强与社区、社会组织等的联动。社区是养老的基本单位，也是老年教育的"最后一公里"，目前我国各县市区通过"老年大学进社区"、开设老年学堂等形式取得了许多成果，应该继续加强与社区及各类社会组织的联动，收集他们的人力资源需求，包括时长、是否提供薪酬、用工要求等，搭建老年人与社区劳动力需求之间的桥梁，更直接更有效地促进老年人力资源的效用发挥。三是加强与企业的合作交流。老年人力资源开发最重要的阵地是企业。可以借鉴职业院校，通过老年大学与企业建立合作关系，根据企业的需要和委托，帮助企业寻找其需要的"银龄人才"，或对有意愿的老年人开展针对性培训，既可以节约公司的开支，又可以帮助老年人实现自己的社会价值。

开发老龄人口红利　服务银发经济

江　英[①]

【摘　要】随着中国人口结构性发展和变化，使人口老龄化日益成为一个新的国情特征。人口老龄化对经济社会发展产生了重大影响。创造必要的制度条件，以老年教育开发老龄人口红利，对于推动积极老龄化及服务银发经济发展，具有十分重要的现实意义。

【关键词】老龄人口红利；银发经济；老年教育；积极老龄化

随着经济社会的稳定发展，我国居民平均预期寿命持续增加，老龄化率持续增高，2000 年中国的老龄化率即 65 岁及以上人口比重达到 7.0%，2021 年提高到 14.2%，2023 年这一数据进一步提高到 15.4%，按照这个趋势，预计到 2033 年或 2034 年，老龄化率将会超过 21.0%，中国将成为重度老龄化社会；与此同时，自 2012 年起我国劳动年龄人口的数量和比重连续出现双降，2012 年至 2019 年间就合计减少了约 2600 余万人。因此，重视和做好老年人力资源开发和利用不仅是积极应对人口老龄化、促进人口红利向人才红利转变的客观要求，同时能够为促进银发经济增长提供新的原动力。

① 江英，黑龙江省老干部活动中心主任、省老干部大学常务副校长。

一、开发老龄人口红利是积极老龄化战略的客观需求

我国是世界人口大国，人口问题始终是我国面临的全局性、长期性、战略性问题。党的二十大报告提出："优化人口发展战略，建立生育支持政策体系，降低生育、养育、教育成本。实施积极应对人口老龄化国家战略，发展养老事业和养老产业，优化孤寡老人服务，推动实现全体老年人享有基本养老服务。"开发老龄人口红利，是实施积极应对人口老龄化国家战略、实现人口高质量发展的重要内容。

1. 人口老龄化加速带来的挑战

我国老龄人口基数大，老龄进程快，根据数据显示，截至目前我国 60 岁及以上老年人接近 3 亿，按照联合国预测，2034 年中国成为重度老龄化社会，65 岁及以上人口总规模约为 2.93 亿，占全球老年人口的 27.6%，而且人口结构总是处于动态变化之中。2010 年之后，我国劳动年龄人口在总人口中的比重开始持续下降。与此同时，老龄化程度却在不断加深。劳动年龄人口减少和人口老龄化是现代人口转变的必然结果，老龄化是世界人口发展的必然趋势。

但值得关注的是，未来十几年增长迅速的低龄老人群体，实际上是 1962—1975 年婴儿潮出生的一代人。他们作为消费能力和消费意愿兼具的消费群体，文化水平高，经济条件好，消费观念新，这将会有效推动中国老年行业的商业化变现。因此，应该客观看待人口老龄化所带来的挑战，积极应对人口结构变化，把握机遇，推动经济发展方式转变和产业结构优化升级，促进人口变动与经济社会长期协调发展。

2. 老龄人口红利对积极老龄化的促进作用

劳动力是生产要素中最活跃的要素，研究显示，我国改革开放以来，人口抚养比的持续下降，创造了一个人口机会窗口，其对经济增长产生的正面促进效应，即所谓的人口红利。随着中国人口结构性发展和变化，低生育率导致的少子化和人口负增长，形成对经济社会发展的严峻挑战。因此，发挥老年群体优势，释放人口红利，能够有效化解人口老龄化带来的巨大压力。

首先，老年人具有丰富的工作经验和技能。他们经历过的历史和文化事件，以及他们的生活经验和智慧，都是非常宝贵的财富，对历史文化的传承及社会的发展都具有重要意义。其次，老年人可以为社会提供志愿服务。他们可以利用自己的人生经验和智慧更好地参与志愿者活动，为社会做出贡献的同时让他们体验到自身的价值和存在感。最后，老年人具备较高的责任心和稳定性。对工作的态度认真负责，他们如果再就业不仅可以增加家庭收入，提高生活质量，也能够增加消费需求，推动经济增长。

二、老年教育在开发老龄人口红利方面的可为之举

老年教育作为我国教育事业和老龄事业的重要组成部分，除基础的育人功能之外，还具备经济、文化、社会等方面的功能，是老年人共享社会主义精神文明成果的重要途径，也是提升老年人社会参与的有力抓手。因此，应充分发挥老年教育作用，开发老龄人口红利，以实施积极应对人口老龄化的国家战略。

1. 明确老年教育的功能定位

老年教育是丰富老年人精神文化生活的重要举措，是完善养老服务体系的关键环节，应以促进老年人“积极老龄化”为办学首要宗旨，以优化老年人包括健康状况、社会参与、社会保障等在内的生命生活质量为办学目的。应深入挖掘现有资源，建立健全老年人才开发机制，探索老年教育基础教育与人才培养相结合的“混合式”发展模式。为有特长的老年人提供展示平台，同时为有意愿创业、再就业的老年人提供更为便利、系统的职业培训服务。用好智慧数据教育平台，持续优化线上线下融合的老年教育体系，鼓励老年人利用互联网平台开展学习，更好地帮助老年人跨越数字鸿沟，促进信息技术与老年教育有机融合。

2. 优化老年教育的教学模式

教育是提高人口素质、积累人力资本最有效、最直接的途径，要开发老龄人口红利，必须提供高质量的学习资源。老年教育机构在设计开发学习资源的

过程中，应注重将积极应对人口老龄化国家战略部署融入学习资源建设中，创新教学手段，完善多门类、多层次、特色鲜明的学习资源体系，重视学习资源的规范化建设，通过不断夯实学习资源建设，构建老年教育质量保障体系，主动服务经济社会的发展要求，推动积极老龄化观念不断内化于老年教育教学实践之中。

一是探索市场需求与老龄特点相衔接的课程体系。要根据老年人的文化层次、生活状况以及心理特点等属性，紧紧抓住适老产业发展的新蓝海，选择老年人较易接受的教育教学方式，充分利用既有教学资源，不断挖掘新的教学资源，针对公共服务、休闲旅游、医疗保健、互联网经济等老年人需求较为旺盛的业态领域设计专门课程，把职业发展的必备知识技能传递给老年群体，为其老有所为提供强有力的支撑。

二是利用信息技术和人工智能提高老年教育质量。更新教育理念、变革教育模式、形成面向每个人、适合每个人、更加开放灵活的教育体系。提高信息技术的应用普及，广泛运用信息化办公系统和网络教学平台，加强信息化服务建设，推进线上线下一体化教学，提高优质学习资源的普及率。同时着力提升老年学员信息化素养，切实有效解决老年人在运用智能技术方面遇到的困难，弥合“数字鸿沟”，让老年人在“老有所为”的过程中插上“智慧翅膀”，在信息化发展进程中有更多获得感、幸福感、安全感。

三是树立老年教育多元融合办学理念。充分利用好各类社会资源，加强与高校、科研院所的合作。拓展资源整合渠道，加强与文化馆、博物馆、展览馆等公共文化资源的沟通协作，发挥文化育人功能。充分挖掘高校智力资源，建设老年教育的高端智库。扩大志愿服务范围，拓宽服务领域，将老有所养、老有所学、老有所教、老有所乐、老有所为有机结合起来，让更多老年人通过老年共享改革发展成果、乐享幸福晚年。

3. 创造老年教育的人才红利

近年来，我国“老龄人口红利”正逐步转变为“老龄人才红利”。“人才红利”这一新的优势有利于进一步促进经济社会的正向发展。老年人口素质和人力资本是构成老年人才红利的重要基础，为此，老年教育要注重提高人口健康素质，注重老年人身心素质和综合素质的培养，同时加强人力资本积累，建立老年人才信息库，为老年人服务社会提供有力保障。

一是重视培育老年创新型人才。通过老年教育培养老年创新型人才，并为他们发挥作用创造条件、营造环境，努力实现人尽其才、才尽其用。激发和释放老年创新型人才的创新活力，充分发挥引领示范作用，让老龄人才红利越来越厚实。

二是建立健全以老年大学等为依托的老年人再就业指导中心。根据在校老年人既有资质和学习情况建立老年人才信息库。做好用人单位信息收集整理与联络工作，为有劳动意愿的低龄老年人推送职业信息、提供职业介绍、创新就业指导服务，推动其与劳动力市场需求无缝对接。

三、开发老龄人口红利对于推动银发经济发展的现实意义

《2020 年中国银发经济市场分析概览》显示，2015—2019 年，中国银发经济市场规模（按消费额计）从 2.4 万亿元增长至 4.3 万亿元，年复合增长率 15.2%。《养老金融蓝皮书：中国养老金融发展报告（2023）》显示，2022 年末，我国养老金资产积累规模为 14.5 万亿元，占 GDP 比例为 12%；预计 2030 年中国养老金积累规模将达到约 30 万亿元，占同期 GDP 比例将接近 20%，中国是世界上老龄产业潜力最大的市场。2024 年 1 月，国务院办公厅印发了《关于发展银发经济增进老年人福祉的意见》，这是我国首个以“银发经济”命名的政策文件，从“发展民生事业，解决急难愁盼”“扩大产品供给，提升质量水平”“聚焦多样化需求，培育潜力产业”“强化要素保障，优化发展环境”四个方面提出 26 项举措。对银发经济成为我国国民经济重要支柱产业，释放了里程碑式的信号，国家政策利好背后显示出重大的银发经济商业机遇。

银发经济是向老年人提供产品或服务，以及为老龄阶段做准备等一系列经济活动的总和，涉及面广、产业链长、业态多元、潜力巨大，数亿老年人口，

也必然是超大规模市场的积极贡献者。因此，开发老龄人口红利对促进银发经济发展具有重大意义。

1. **黑龙江老龄人口红利开发的巨大潜力**

黑龙江，位于祖国的最北方和最东方。在这片辽阔富饶的土地上，书写着共和国长子革命、建设、改革、发展的雄浑篇章。该省拥有一批高素质、艺术造诣较高且对龙江文化有着深刻认识、饱含深情厚望的中老年艺术家、文化工作者、文艺爱好者，在释放老龄人口红利方面具有得天独厚的优势。

一是龙江文化资源丰富。红色文化、创业文化、民族民俗文化、欧陆文化、冰雪文化等独具魅力，东北抗联精神、大庆精神（铁人精神）、北大荒精神等纳入中国共产党人精神谱系，赫哲族伊玛堪、满族刺绣、龙江皮影戏等非物质文化遗产具有很高的艺术价值，渤海国上京龙泉府、金上京会宁府等遗址蕴含着丰富的历史文化底蕴，哈尔滨是中西文化交融、艺术品位很强的城市，被联合国授予“世界音乐之都”称号。龙江“四大精神”是龙江人的精神动力和精神支撑；得天独厚的“冰雪文化”更是自然与人文的交响，冰雪文化的传承创新，表现出人们勇敢顽强的意志品质和巧借自然的创造精神；同时这片黑土地上还诞生了无数脍炙人口、传唱不衰的经典歌曲，哈尔滨音乐博物馆展板上 200 多名艺术家，黑土地上走出的作曲家、歌唱家、指挥家、演奏家，几乎占了中国音乐界的半壁江山。这些悠久的文化资源，是历史的记忆，是时代的承载，是未来的延续，像镶嵌在黑土地上的宝石，成为黑龙江独具魅力的文化名片。

二是老龄人口基数较大。目前，黑龙江省现有 60 岁及以上老龄人口 740 万人，占全省人口总数的 23.22%。老年人的智慧、知识和经验是社会的宝贵财富，他们不仅是社会物质文明和精神文明的创造者、继承者，也是优秀传统文化的传播者。老年人的生存状况和精神面貌直接影响到全社会文明程度的提高和社会的稳定与发展。因此，不断丰富老年人的精神文化生活，提高老年人的生活质量，开发老龄人口红利对推进中国梦的实现具有重大的现实意义。

2. **老龄人口红利对银发经济高质量发展的促进作用**

黑龙江省老干部大学在全省老年教育工作中始终发挥着示范引领作用，始终致力于为老年学员“老有所为”插上“智慧的翅膀”，不断创新形式开发老龄人口红利，促进银发经济高质量发展。

一是开发老龄文艺人才队伍促进优秀文化传播推广。据全国老年人群调查数据显示，老年人文化活动的参与率逐步提高，大多数城乡老年人都会参加不同类型的文化活动，特别是黑龙江省老年群体人数众多，参与文化活动的意愿、需求都非常高。充分发挥老年群体特别是离退休干部在传承龙江文化中的独特优势，引导其各显其能，通过艺术演绎、才艺展示，深挖和用好龙江文化资源，当好文化传承人，能够助力龙江文化事业繁荣发展。不断搭建交流展示平台，开展文艺演出、书画摄影、网络征文、展览展示等多种艺术形式，展现优秀艺术新成果。用艺术语言将龙江“四大精神”、龙江的光荣革命传统和龙江人民勇于奋斗进取的精神面貌展现在全国人民面前。整合具有家乡情怀、具备艺术造诣的优秀老年文化队伍，发挥示范引领作用，更好地歌唱家乡、赞美龙江，展示龙江人民积极向上的新风貌，促进社会精神文明建设与发展，使银发力量成为繁荣龙江文化、丰富群众精神文化生活的重要品牌。

二是以老龄人口红利收获多元化消费群体。搭建网络传播平台，通过网台连播、融媒互动进行新闻宣传和舆论引导，加强顶层设计、创新形式、整合资源，将艺术演绎与视听创作相结合，形成跨界联动、形式交融的艺术表演和艺术表达空间，让内容延展为具有沉浸式欣赏、连续性选题等优势特点，有效避免线下演出瞬间收视、短暂停留、迅速遗忘的弊端。通过制播联动、多屏联动、深度融合，精准掌握并充分利用融媒体传播规律，推动项目的口碑式传播。与多家视频网站、新媒平台深度合作，在网络端率先直播，在传统媒体配合宣传，利用“大屏+小屏”的播放方式联动，不断将视听作品进行图文解构、短视频展示等影像化、艺术化、大众化的形式推出，实现全屏终端的全覆盖。例如在黑龙江广播电视台《新闻联播》等电视频道推出活动相关报道，在广播频率推出口播及活动音频；在“极光新闻”宣传推介系列活动、适时组织采访或深度报道；协调央媒共同参与活动宣传，实现线索、素材、文字材料等资源共享，扩大宣传范围；利用优酷、爱奇艺、抖音、快手等第三方商业平台推流相关主题的新媒体产品，实现宣传产品在外省精准传播、精准落地，形成全国唱响黑龙江的强大声势；微博发起相关话题，带动关注度和评论互动；“乐龄龙江”等微信公众号刊发系列微推；极光新闻等新媒体平台集纳推送活动相关报道。将其打造成高质量且具备长期性的文化品牌，具有文化标识度，直接有效地提升龙江文化品牌形象，助力龙江传统文化传承和振兴，有针对性地、创新性地扩大受众群，为龙江经济发展和全面振兴在全国营造良好的文化和舆论支撑，同时以一种符合平台调性的方式收获多元化的消费群体。

在庞大且亟待解决的市场需求与国家利好政策倾斜下，“银发经济”一定会快速增长，必须要紧跟银发经济的发展新趋势，充分发挥老年教育优势，开发老龄人口红利，形成互相促进、协调发展新态势。

变老龄人口压力为银龄人口红利

——老年教育如何挖掘经济发展新动能

罗永刚　李　森[①]

【摘　要】我国的人口老龄化发展迅速，第一次人口红利终将消失，老年教育作为积极应对人口老龄化的重要措施，对挖掘经济发展新动能至关重要。通过分析老龄社会与老年教育发展现状，发现老年教育是开启第二次人口红利的关键变量，从老年人力资源、身心健康、消费能力、社会观念等方面论证老年教育在开发老龄人口红利方面的可为之举。

【关键词】老年教育；人口红利；老年人力资源

一、老龄社会与人口红利

我国社会老龄化程度不断加深，据全国第七次人口普查数据显示，2020 年 60 岁及以上人口数量占比为 18.70%，其中 65 岁及以上人口比重达到 13.50%。我国劳动力人口比重下降，劳动力供给面临短缺的潜在风险，表明我国传统意义上的第一次人口红利逐渐消失。

随着传统人口红利的消失，为发掘新的经济增长动能，全社会开始关注如何开启第二次人口红利。2024 年国务院办公厅印发《关于发展银发经济增进老

---

① 罗永刚，内蒙古自治区包头市老年大学校委办主任；李森，内蒙古自治区包头市老年大学综合部科员。

年人福祉的意见》。可以预见，银发经济作为向老年人提供产品或服务，以及为老龄阶段做准备等一系列经济活动的总和，发展前景好、发展潜力巨大。

教育是提高人口素质、积累人力资本最有效、最直接的途径，是开启第二次人口红利关键变量。面对急骤而来的人口老龄化，通过为老龄群体提供教育机会或开展各类学习项目与实践活动可以有效缓解老龄化给现代社会所带来的负担与冲击，为经济社会发展带来新机遇。

二、老年教育发展现状

终身教育致力于人的全面发展、综合能力和素质的全面提升，老年教育作为终身教育的重要组成部分，是丰富老年人精神文化生活的有效手段，是充分开发老年人力资源的重要举措，是发挥老年人积极作用的重要途径。发展老年教育是积极应对人口老龄化、建设学习型社会、大力提高国民素质的必然要求。

老年大学作为现阶段老年教育的主要阵地，在政策的支持保障下，在体系建设、专业设置、教学管理、校园文化、教育技术应用等方面加强了创新与发展。随着老年群体学习需求的日益增加，以及教育公平理念的深入人心，老年教育的普惠性、服务性、公平性更加凸显。各地在老年大学的办学体系之外，也调动各类教育机构共同开展老年教育服务，老年教育的举办主体呈现出多元化的发展特点。老年教育的课程设置更加注重多样化、层次化，践行“以人为本”的理念，以学习者为中心，打造灵活多样、特色鲜明的课程体系。

目前，我国对老年教育的认识还停留在传统阶段，将老年大学看作是消费型、娱乐型、福利型和被服务型的学校。老年群体具有丰富的人生阅历、广博的智慧经验、熟练的工作技能，老年大学应将“老有所为”有机地融入老年教育办学的全过程中，积极应对老龄化，促进经济社会发展。

三、老年教育开发老龄人口红利的可为之举

（一）开发老年人力资源

1. 加强老年职业教育

年轻劳动力资源萎缩，全社会应该重视老年人力资源开发，探索老年人力资源开发的教育模式，老年教育应当承担搭建老年人力资源开发平台和实现路径的任务。老年职业教育既要对接科技发展趋势和市场需求，培育经济社会发展所需要的技术技能人才，还要顺应人口老龄化趋势，努力培育有作为、有进步、有快乐的时代老人，充分发挥老年职业教育应对人口老龄化的特殊作用。

优化教学内容，探索市场需求与老龄特点相衔接的培训体系。课程体系中要包含就业能力、工作能力、适应能力等老年职业内容，把职业发展的必备知识技能和就业市场的最新动态传递给老年群体，为其再就业做好准备。完善适老化的教学制度，不仅要充分考虑与就业市场的衔接性，还要考虑与老年人特点的匹配度。要根据老年人的文化层次、生活状况以及心理特点等属性，选择老年人较易接受的教育教学方式，充分利用既有教学资源，不断挖掘新的教学资源，丰富老年职业教育课程设置。

2. 做好再就业规划指导

在老年教育体系中，针对身心状态良好的老年人，开展与社会需求紧密衔接老年再就业规划。明确将做好老年人就业指导作为老年大学的重要职能之一，做好老年大学的职业教育规划工作，形成以老年大学为中心，社会公共服务平台为支撑，高校、养老机构、为老服务企业为辅助的老年再就业规划体系。

构建集推荐、评估、反馈相衔接的“一站式”就业促进平台。促进老年大学的教育功能与就业指导功能一体发挥，建立健全以老年大学为依托的老年人就业服务中心。在充分了解在校老年人既有资质和学习情况的基础上，建立银龄人才信息库。老年大学与用人单位相互对接，做好信息收集整理与联络工作，为有劳动意愿的低龄老年人推送职业信息、提供职业介绍、创新就业指导服务，

推动其与劳动力市场需求无缝对接。

3. 家庭照顾和志愿服务

老年教育应该帮助从事志愿服务和家庭照顾的老年人拓展知识、提升能力。目前，老年人已经成为家庭照顾的主要力量，在以家庭育幼和家庭养老为基础的社会传统和政策导向之下，老年人在家庭照顾方面做出的贡献不容忽视。老年人提供的家庭无偿照顾分担了社会照顾成本，缓解了年轻人的就业压力和生活压力，对经济社会发展有积极贡献。老年大学开设母婴护理、收纳整理等课程，提高老年人家庭照顾的能力和水平。

发展老年志愿服务对于老年人力资源开发、完善老年服务体系具有重要意义。老年大学可以建立多层次、多元化的激励措施，激发老年志愿服务者有服务热情。例如，对优秀老年志愿者进行表彰、宣传和奖励，建立并推广志愿者服务储蓄制度，例如志愿服务“时间银行”“积分兑换”等有激励回馈机制，老年人可以根据其志愿服务时长兑换课程服务和文创产品等。老年志愿服务除要求老年志愿服务者有服务热情、愿意奉献社会之外，还需要具备一定的专业知识。老年大学可以通过专题讲座、免费课程、集中培训等形式，向老年志愿者传授医学护理、心理服务、社会工作、社会保障、法律、公共管理等方面的知识。

（二）提升老年人身心健康水平

1. 提升身体健康水平

人口老龄化是不可逆转的常态社会现象，伴随老龄化程度加深，老年医疗卫生服务需求和支出规模将呈直线上升趋势，对经济运行全领域、社会运行各环节都会产生一定影响。健康红利与长寿红利有望塑造新经济效应，中国老年人口总体较好的健康状况可以为开发老年人力资源、提升老年社会参与水平及发展老龄产业提供良好契机。

老年教育应该坚持健康至上，以健康为中心、需求为导向，提供健康教育，引导老年人树立“自己是健康第一责任人”的意识。构建出以老年人为主体的体育与健康课程体系，将中华优秀传统文化和中医“治未病”理念落地于老年教育实践，推动老年人由经验性健身向科学性健身的转变，让老年人在进行健身运动时有明确的健康指南，进而通过这些可操作型的定量化内容，加强对老年人的健身指导与评估，不断提升老年人健康素养水平。

2. 提高心理健康素养

心理健康直接影响生理健康及社会适应水平，是中国发展民生的重要关注方向，与社会和谐发展息息相关。随着老龄化程度不断加深，由独居、丧子丧偶、代际关系不和或缺乏陪伴等原因导致的老年人心理健康问题日益凸显，不仅给家庭带来生活压力，还会给社会的公共卫生和经济发展带来沉重的负担。关注老年人心理健康工作已成为现阶段老年教育的一项重要内容，既是实施积极应对人口老龄化国家战略的必然选择，也是推进社会治理体系和治理能力现代化的内在要求。

老年人的受教育程度对老年学员的心理健康水平有显著的影响。人的智力具有可塑性，经常用脑思考的老年人的认知状况要好于不经常用脑的老年人，因此，要大力宣传、促进老年人接受再教育，强化老年人“老有所学”。老年大学通过心理健康通识课，向老年学员普及心理健康知识，使每一位老年大学学员在学习专业课程的同时，都能够了解心理健康的基本内容，掌握应对心理健康问题的正确处理方法。

将心理援助引入老年大学，帮助老年群体提高生活满意度，改善心理健康状况。由于每个人的生活条件、受教育程度、社会支持不同，老年人心理问题具有个性鲜明的特点，很难通过同一种理论做出回答，用同一种方式加以解决，需要具体问题具体分析，有的放矢地处理。因此，有条件的老年大学应设置专门的心理健康服务机构，如心理咨询室、团体心理活动辅导室等，在一定程度上缓解老年人的心理焦虑和抑郁等情况，有针对性地帮助老年人解决所遇到的心理健康问题。

（三）提升老年人消费能力

1. 老年智能技术教育

目前，我国人口老龄化步入边富边老与数字经济加速发展叠加期，老年消费市场前景可观，但是很多中老年朋友还不能熟练地使用智能手机，给生活造成诸多不便。让老年人“触网”更舒心，是畅通老年人消费渠道、营造良好养老消费环境、推动经济发展的重要前提。老年教育在提升老年人智能技术水平方面发挥着不可替代的重要作用。充分利用老年教育帮助老年人跨越“数字鸿沟”，挖掘老年人的线上消费潜力，让老年人更好地共享数字化发展成果，将对我国经济有更大的促进作用。

老年人跨越“数字鸿沟”一大重要难点在于，学习时记忆力差，子女工作繁忙有时无法在老人需要时提供帮助。老年大学可以组建志愿服务队伍，从教师队伍中选拔智能技术教育专业人士加入，从老年学员中选择对数字化应用有一定基础的老年人参与，为有需求的老年人解答疑惑。在教学过程中，为操作困难的老年人从旁指导，帮助老年人树立学习信心，减轻老年人在跨域“数字鸿沟”时的恐惧感和不自信。

2.“游学养”老年产业

《关于发展银发经济增进老年人福祉的意见》文件明确提出，要通过完善旅游服务设施、鼓励开发各类旅游产品、加强旅游市场监管等方式，不断增进老年人福祉。老年教育在拓展旅游服务业态方面可以起到牵引的作用，带动健康、养老、文化等老年产业一体化融合发展，“老年教育＋旅游”有广阔的发展空间。

“游学养”将教育、旅游、养生三者有机结合，是一种体验式学习，拓宽了老年教育发展路径，扩大老年教育消费。随着我国老龄化趋势愈加明显以及老年人可支配收入的逐步提高与消费观念的转变，“银发族”逐步成了旅游市场的主力军。在游学过程中产生交通、住宿、餐饮、门票、购物等消费费用，带动了银发经济的增长，助推了社会经济发展。部分地区老年教育机构教学设计缺乏趣味性，教室学习过于枯燥，无法满足老年人需求，“游学养”模式是很好的选择。老年大学在游学养课程设计中要注重地域性与人文性，充分利用周边地区自然和文化资源，打造学养结合、游养相融的线路。

（四）转变固有观念

1. 转变老年人自身认知

部分老年人认为自己不能为社会创造价值，已脱离社会生活，对自我价值和社会服务的重要性产生了认知偏差。课程体系是转变老年人自身认知的载体，其完整性直接关系到老年学员能否改变消极认知。老年大学应该从生命教育理论和老年学员的现实需求出发完善课程设置，帮助老年学员开发生命潜能。老年教育行业应当营造激励老年群体参与社会的良好舆论氛围，避免一些负面刻画加深老年群体对自身的“刻板印象”，进一步提升激活老年群体通过学习提升生活质量的意识、效能感与主观动机，使银发教育产业的发展成果惠及更多老年人群。

老年大学可以通过增加人际交往的课程，以帮助老年学员正确认识家庭矛盾，引导其合理控制自身情绪并掌握与家庭成员融洽相处的方法，从而营造出良好的家庭氛围。老年大学开设适应社会类课程，可以帮助老年学员了解社会中出现的新规则和新事物，不断地适应和融入社会，继而扩宽老年学员的社会生命。老年大学开设生命科学的课程。通过生命科学的课程，帮助老年学员了解生命的起源和发展，了解人类生命的丰富性，使老年学员可以从不同的角度看待生命，增加对生命意义的理解，进而树立起积极的生命观，促使老年学员实现自己的生命意义。帮助老年学员梳理积极的人生观，引导其在参与社会建设中贡献力量，实现自己的生命意义。

2. 改变社会传统认知

中国有尊老、敬老的传统。但有些民众总把“老弱病残”挂在嘴上，甚至把个别老人的不端行为扩大到整个老年人群体，这在一定程度上会对老年人力资源开发、积极参与社会治理等造成负面影响。因此，重塑对老年人的认知是必要的。

较早进入老龄化社会的国家，积极开展宣传教育，为促进老年人就业营造良好的舆论氛围。老年教育要加强尊重老年人力资源价值的宣传引导，强调老年人具备的社会经验和资历，提高公众对人口年龄结构变化对社会经济发展影响的关注度。老年教育可以提供平台，树立老年人积极参与公益活动、社区建设和志愿服务的模范先锋，逐步改变社会对于老年人的“刻板印象”，让全社会重新认识老年人这个群体。正如习近平总书记所强调指出的：“要积极看待老龄社会，积极看待老年人和老年生活，老年是人的生命的重要阶段，是仍然可以有作为、有进步、有快乐的重要人生阶段。”

四、结语

我国是世界上人口最多的国家，也是老龄人口最多的国家。长期以来，充足的廉价劳动力为中国经济的快速发展创造了有利条件。当中国进入老龄化社会后，老龄人口数量快速增加，人口红利逐渐消失，未来我国经济高质量发展有赖于进一步释放人才红利，这对教育事业的发展也提出了更高要求。老年教育作为我国教育系统的关键一环，在开发第二次人口红利方面起到举足轻重的作用。

老年教育作为产、事业相融的特殊产业，见民生也要见经济、见事业也要见产业。老年教育是满足老年人精神文化需求的重要途径，是我国教育事业和老龄事业的重要组成部分。加快发展老年教育，做大老年教育消费产业，挖掘经济发展新动能，不仅事关老年人的精神文化生活、教育事业高质量发展，也事关经济发展与社会进步。老年大学要为此积极担当作为！

老年大学学员党组织建设与激发正能量研究

韩会磊[①]

【摘　要】人口老龄化对我国经济和社会发展带来了重大影响和严峻挑战。老年教育是应对人口老龄化的积极措施。在老年大学学员中有较高比例的学员是党员，是办学中的骨干力量，如何抓好老年大学学员党组织建设，激发其正能量，是老年大学工作中需要认真重视和解决的问题。本文以当前老年大学学员党组织建设存在的问题为导向，积极探索铸魂赋能、老有所为的新路径，对发挥学员党员在办学和服务社会中的先锋模范作用有一定的借鉴作用。

【关键词】老年大学；党组织建设；铸魂赋能

面对人口日益老龄化的严峻形势，各级党委、政府高度重视，先后出台了一系列政策性文件和科学应对措施。《中共中央办公厅印发〈关于加强新时代离退休干部党的建设工作的意见〉的通知》（以下简称《意见》）后，各省、市、县（区）党委相继下发贯彻落实的具体措施或实施细则。各级老年大学作为老年人特别是离退休干部文化养老和老年教育的主阵地，自觉顺应时代发展，把加强老年大学党组织建设与激发正能量紧紧抓在手中，旗帜鲜明地讲政治，党建引领不动摇，让党旗在老年大学的校园、课堂上高高飘扬。

① 韩会磊，中共阳信县委组织部干部、阳信县关心下一代教育发展中心主任。

一、充分认识做好老年大学学员党组织建设工作的重大意义

加强老年大学学员党组织建设，是新形势下加强和改进老干部工作的新要求。《意见》强调，要按照有利于教育管理、有利于发挥作用、有利于参加活动的原则，灵活设置党组织。积极探索在离退休干部集中居住地、活动学习场所、兴趣爱好团体、社团组织中建立基层党组织或者临时党组织。对老干部工作和老年教育工作提出新要求、新思路，也为加强老年大学学员党组织建设提供了政策依据和理论支撑。加强老年大学学员党组织建设，是加强新时代党的建设的重要内容。党的十九大报告提出了新时代党的建设总要求，强调“要以提升组织力为重点，担负好直接教育党员、管理党员、监督党员”的职责，并把“认真做好离退休干部工作”放在党的建设的部分加以部署，具有重大而深远的意义。离退休干部工作是党的组织工作和干部工作的重要组成部分，重要性不言而喻。加强老年大学学员党组织建设，既是新时代老年大学突出政治办学的需要，也是发挥党建引领，加强新时代离退休干部思想政治教育和党组织建设工作的重要组成部分。加强老年大学学员党组织建设，是适应新时代老年教育发展的需要。近年来，随着人口老龄化进程加快，越来越多的中老年朋友选择到老年大学参加学习活动，老年大学作为广大离退休干部学习活动的重要阵地，汇聚了大量的离退休干部资源。老年大学的学员数逐年增多，班级数也不断扩大，学校工作人员有限，在班级管理及教学服务等方面的工作队伍力量较不足。通过加强老年大学学员党组织建设，用党组织团结引领广大党员学员提高政治意识、责任意识，积极发挥学员骨干力量和先锋模范作用，能有效加强对办学工作的领导，提升老年大学精准化、精细化服务，提高学校管理服务水平，也进一步增强了离退休党员的归属感和荣誉感。

二、当前基层老年大学学员党组织建设工作存在的主要问题

一是思想认识存在偏差。老年大学作为老年教育与文化养老的主阵地，长期以来，人们一直把“老有所学、老有所乐”作为入校的主要目的，对老年大学开展党建工作存在不够理解、不够积极现象，忽视了老年教育应有的思想政治教育功能。另外，有些离退休学员党员认为自己的党组织关系在原单位或社区，在原单位参加党组织活动即可，没必要在老年大学再浪费时间，思想上放松了党性教育要求。

二是党建活动阵地不足。很多老年大学把文化养老作为主责主业，对学员党组织建设重视程度不够。受学校校舍紧张等影响，一室多用的现象普遍存在，学员党员缺乏独立的学习活动空间，党建工作缺乏有效载体，很大程度上影响学校党建工作的正常开展。

三是党建管理机制不健全。由于学员党员身份的特殊性和党组织隶属关系的双重性，在党组织建设方面存在着管理体系不科学、党组织班子建设不健全、党组织生活不正规等问题，影响了党组织活动的规范化、常态化。

三、加强老年大学学员党组织建设的思路措施

第一，发挥主体作用，强化创新理论学习。老年大学是老年学员思想政治教育的主阵地，是党和政府联系老年人的桥梁和纽带。要组织引导广大离退休党员干部深入学习新时代党的创新理论，特别是把深入贯彻党的二十大精神和习近平总书记对老干部工作的指示精神作为当前和今后一个时期的首要政治任务，引导离退休学员党员坚定理想信念、站稳政治立场，坚持离退休学员党支部定期集体学习和离退休学员党组织成员特别是党组织书记定期培训制度。要加强理论研究，搞好示范指导，运用报告会、读书班、培训班等载体，通过“开学第一课”、“课前微党课”、举办知识竞赛、经典原著诵读等方式，引导学

员党员加强理论学习，不断扩大教育培训覆盖面。要认真总结疫情防控期间老年教育线上教学手段的经验，用好用活共产党员网、“学习强国”、“灯塔－党建在线”、“山东老干部”APP、老干部之家网等平台，健全用好离退休学员党组织互联网群组，充分发挥线上学习教育的红色阵地作用。

第二，强化政治引领，加强党的政治建设。要坚持社会主义办学方向，组织引导离退休学员党员自觉践行习近平新时代中国特色社会主义思想，定期开展政治体验、“向党说句心里话”等活动，深刻领悟“两个确立”的决定性意义，增强“四个意识”、坚定“四个自信”、做到“两个维护”，自觉在思想上行动上同以习近平同志为核心的党中央保持高度一致。要以党建过程管控机制为抓手，根据班级学员党员情况，按照“组织设置好、班子建设好、党员队伍好、学习活动好、作用发挥好、制度坚持好”的“六好”标准，抓实离退休学员党支部这个基本单元，开展示范党支部创建活动，增强党组织的政治功能和组织功能，进一步把离退休学员党员组织凝聚起来。要充分利用当地党性教育培训机构、教育基地、纪念馆所、新时代文明实践中心等教育资源，在离退休学员党员中开展党的宗旨、革命传统、廉洁文化等教育，重温党的艰苦奋斗历程、分享先进事迹，赓续红色基因，守初心、担使命，确保离退休学员党员继续听党话、跟党走。

第三，探索组织形式，加强党组织班子建设。根据上级党组织工作需要和学校离退休学员党员实际情况，科学设置党组织，积极发挥战斗堡垒作用。可在老年大学探索成立临时党组织，将党性强、威信高、身体好、经验丰富、乐于奉献的离退休学员党员选进党组织班子，注重选好配强党组织书记。根据工作需要，选任1名熟悉党务工作的学校中层及以上党员干部担任党建指导员或联络秘书，当好离退休学员党组织的“政策宣传员、思想引导员、党务指导员、民意信息员、发挥作用助推员”。引导离退休学员积极向党靠拢，符合入党条件的，依据相关规定培养发展，不断增强党组织的凝聚力和向心力。

第四，抓好阵地建设，推进党组织融合共建。按照离退休干部就近学习、就近活动、就近得到关心照顾、就近发挥作用的“四个就近”原则，组织引导机关企事业单位离退休干部党组织与社区党组织、老年大学分校、老年活动中心结对共建，实现组织共建、活动共办、阵地共用、资源共享。老年大学各分校要秉承“增长知识、丰富生活、陶冶情操、促进健康、服务社会”的办学宗旨，充分发挥老有所学、老有所乐、老有所为的优势，在积极吸纳离退休干部进校学习的同时，与社区党组织和离退休干部原单位主动对接，努力提高这部分离退休干部党组织关系的归属感，使老年大学真正成为离退休干部的党建家园、幸福乐园、银龄学园。

第五，强化政治关怀，用心用情做好服务。老年大学要深刻认识老干部是党和国家的宝贵财富，牢记他们为国家经济社会发展作出的卓越贡献、打下的坚实基础。带着真心、带着感情、带着担当、带着奉献，努力营造做好离退休学员党员的良好氛围。要按规定与离退休学员党员原单位一起为他们过“政治生日”，做好“光荣在党50年”纪念章颁发工作。积极探索实施新退休干部进校入队办法，引导刚退休的党员干部尽早融入老年教育的大熔炉之中，并根据个人爱好特长编入相关党支部或党小组，让他们感受到退而不休的党组织新生活。

第六，强化管理监督，增强遵规守纪意识。统筹抓好“三会一课”、组织生活会、民主评议党员、集体学习、党组织书记述职评议等制度的落实，开展好主题党日活动，坚持和完善重温入党誓词等仪式，不断丰富形式内容，增强吸引力和感染力。教育学员党员按时自觉交纳党费，积极参加党组织活动。坚持完善谈心谈话和教育提醒等制度，教育学员党员严明党的政治纪律和政治规矩，模范遵守中央八项规定，驰而不息反对“四风”。教育学员党员特别是担任过领导职务的同志要严守有关纪律规矩，不得妄议党中央大政方针，不得传播政治性的负面言论，不得参与非法社会组织活动，不得利用原职权或职务影响为自己和他人牟取利益。教育学员严格遵守党员不得信仰宗教的政治纪律，严格遵守党中央关于讲座、论坛、庆典、刊登、出版、接受采访、网络行为以及在企业和社会团体兼职（任职）、继续从业、出国（境）审批、因私出国（境）证件管理、重要情况报告等方面的纪律规定。教育大家对党忠诚、听党指挥、为党尽责，做风清气正良好政治生态的维护者，做优良家风赓续传承的示范者。

第七，传承红色基因，深化红色宣讲活动。关工委组成人员与“五老”志愿者大多属于老年学校学员，学校要善于挖掘银发人才资源，充分发挥他们的传帮带作用，选任那些党性觉悟高、政治素质强的离退休学员党员组建学校红色宣讲团，常态化组织他们进机关、进企业、进学校、进社区、进农村、进网络。红色宣讲团要特别注重以青少年为主体，以当地红色研学活动为重点，充分挖掘周边各类资源，讲好以党史为主要内容的“四史”故事，引导广大青少年大力弘扬社会主义核心价值观，厚植青少年热爱党、感恩党、亲近党的情怀，努力提高他们的社会责任感、创新精神和实践能力。要扎实开展“传承红色基因・争做时代新人”“红色留声机”“红色故事汇”等活动，广泛宣传伟大建党精神的实质内涵和在社会发展中的生动实践，把离退休学员党员红色宣讲融入“奋进新征程・建功新时代”等重大主题宣讲活动，讲好中国故事、山东故事和当地故事。

第八，搭建平台载体，助力铸魂赋能。目前，仅笔者所属的滨州市就有 3.7 万名离退休干部，2.2 万名离退休干部党员，他们既是国家的一笔宝贵财富，也是促进滨州高质量发展的一支重要力量。各级老年大学必须充分发挥他们政治经验丰富、德高望重的优势，通过组织开展“话传统、谈复兴、聚力量”专题调研，深化“增添正能量・共筑中国梦”“强省有我・银龄行动”活动。通过组建离退休学员党员“服务团”“志愿队”、创建“老党员工作室”等方式，在互助互爱、基层治理、乡村振兴、矛盾调解、红色物业创建等方面，积极为他们发挥余热、传授经验、服务发展搭建平台，让老年人以乐观积极的生活态度，焕发新的生活热情，积极投入社会服务中去，成为实现中华民族伟大复兴中国梦的追梦人、筑梦人、圆梦人。

新时代新征程，新形势新要求。老年大学必须自觉融入应对人口老龄化的大势，坚持党建引领、政治立校，正确处理好学员党员“安家”与“乐业”的关系，创新党建品牌，积极搭建平台，在认真做好离退休干部“老有所学、老有所乐”的基础上，积极探索铸魂赋能、“老有所为”的新路径，激励广大老干部、老年学员继续发光发热，为开创新时代社会主义现代化强省建设新局面，全面建设社会主义现代化国家、全面推进中华民族伟大复兴作出老年人应有的贡献。

"一核三体"：新时期老年大学政治教育模式建构初探

——以长沙市开福区老干部（老年）大学办学实践为例

陈　红　贺丽波[①]

【摘　要】新时期老年大学政治教育意义深远，但相对滞后、跟进乏力。必须加强党对老年大学的统一领导和政治引领。加强老年大学政治教育，应围绕"党的领导"核心，重视做好"党建＋"融合文章，不断开发和丰富三类建设"载体"，努力探索并初步建构有效"模式"。

【关键词】新时期；老年大学；政治教育；"一核三体"

国务院办公厅印发的《中国老年教育发展规划（2016—2020 年）》中强调，要"重视老年人思想政治教育"，这对于我国老年教育事业发展既是一个历史性的突破，也是发展我国老年大学政治教育的历史机遇，它对老年大学政治教育的性质认定、地位确立和科学发展具有根本性的指导意义。基于此，长沙市开福区老干部大学申报湖南省"十四五"课题《加强新时期老年大学政治教育的研究》并开展实验，课题组通过客观分析老年大学政治教育现状，创造性地提出了"一核三体"建构模式，借助"三个载体"突出老年大学"政治建设"的核心地位，强化政治引领。

---

① 陈红，开福区老干部大学正高级教师；贺丽波，湖南师大在读硕士研究生。

一、背景分析：老年大学政治教育现状不容乐观

（1）与大中小学比较，老年大学政治教育行动迟缓。相较于高等院校和中小学而言，老年大学在教育对象、教育内容和教育方式等方面都具有一定的特殊性，但是其本质依然是教育。当前我国正处于人口老龄化快速发展关键时期，政治教育工作尚未得到足够的重视，表现在：将“政治教育工作”列为老年教育内容的学校较少；不少老年大学里一般主要开设娱乐性和休闲方面课程，这些课程一般不隐含政治教育内容；与其他大中小学相比，老年大学的政治教育的重视和开展的力度不够，其内容也不够系统化、专门化；同时，政治教育方面的课程设置比例相对要少，对马克思主义一般原理和党的路线、方针、政策的传播很难落到实处。开福区老干部大学比较重视政治教育，但其教育的力度和效果仍有很大提升空间。

（2）从办学体制机制来看，老年大学政治教育遇到瓶颈。中国老年大学虽然在全国尚无统一、规范化的办学管理模式，但是在实践中已经摸索并总结出了中国特色明显的领导体制和组织架构模式，发挥着党政部门管理老年教育的职能，承担起国家层面的老年教育工作，推动这项具有现实和深远意义的事业朝着正确的方向发展。然而，目前老年大学开展政治教育在体制机制上遭遇到如下瓶颈：一是实施政治教育的力量有限。老年大学学员的教育管理主要依靠学委会、志愿者、党支部委员、班委会等实施自主管理。二是政治教育形式和内容单一。临时党支部开展组织生活缺乏规范性和仪式感；学校开展的思政活动缺乏统筹性和系统性；政治教育的形式缺乏全面性和多维性。三是思政课程开齐开足乏力。思政课本应该是老年大学政治教育的主渠道，其地位和作用不可替代；但目前思政课开课面窄，很难针对全体学员；开课率低，不能保证开足课时。四是政治思想考核评价被忽视。目前老年大学对学员的政治思想方面的考核和评价重视程度不高或者沦为形式。总之，由于目前尚未出台相关的系统政策和制度来规范老年大学政治教育的内容、方式、队伍建设、检查评估、奖惩激励等，老年大学政治教育工作开展的成效必然在很大程度上大打折扣。

开福区老干部大学管理人员少、管理机构设置简单，对学员实施政治教育力量有限；开展思政教育活动形式比较单一；思政课授课对象受限；学员的思想道德考核评价跟进不力。

二、现实意义：加强老年大学政治教育刻不容缓

（一）加强老年大学政治教育是顺应时代要求

（1）坚持老年大学必须姓“党”。党的二十大报告指出“党的领导必须全面、系统、整体加以落实”。中国老年大学的教育特色就是“执政党办学”，老年教育必须在党的集中统一领导下整体推进；老年教育必须以习近平新时代中国特色社会主义思想为指导，全面贯彻党的教育方针，坚持社会主义办学方向，以社会主义核心价值观为引领；老年教育必须坚持以党建为引领，以政治建校为根本，加强对广大老年学员的政治思想教育。开福区老干部大学一方面将一批临时党支部建在“班”上，从2017年开始已分六批成立了76个临时党支部，落实党的领导，推进党的建设，为学员党员“安家”；通过组织建设和开展党建活动发挥出党支部战斗堡垒作用和党员的先锋模范带头作用。一方面重视思政课程开设，通过开发一批优质思政课程，对学员有效进行思政教育，坚定学员政治认同，把老年大学打造成初心不改的老年党校。一方面重视开展思政活动，通过实地参观、理论宣讲、志愿服务等“红色”体验式、浸润式教育，确保老年教育的政治本色。

（2）确保老年教育发展方向。习近平总书记告诫全党：“如果在方向问题上出现偏离，就会犯颠覆性错误。”加强新时期老年大学政治教育，可以起到社会行为示范的作用，是老年群体永葆先进本色的思想基础，是全面做好老年大学学习、生活的重要内容，也是构建社会主义和谐社会的重要组成部分。老年学员将新时期新思想融入学习和实践之中，将社会主义核心价值观融入日常生活之中，通过榜样示范作用影响年青一代，使人们不断在实践中感知领悟新思想，

进而促进整个社会健康向上的精神风貌。如何科学、合理地运用各种有效的途径和方法，在老年大学中加强政治建设，进一步提升老年群体自身的思想政治觉悟，是各级党委机关亟待研究的重要议题，也是确保老年教育发展正确方向的根本保证。

（二）加强老年大学政治教育应体现时代脉搏

（1）老龄学员应补充精神之钙。习近平总书记强调："讲政治是我们党补钙壮骨、强身健体的根本保证。"老年大学是老年党员聚集的场所。资料显示，老年大学中离退休党员或党员干部学员占比达30%；大批学员在老年大学学习时间较长、往往超过其从事其他社会活动时间，他们在退出工作岗位后，逐步远离社会主战场，因为种种原因没有更多的机会了解社会发展的形势、参加各种社会活动和接受各种思想政治教育；纷繁复杂的信息可能让一些老年学员失去正确判断、产生困惑，思想退化，导致精神上"缺钙"。针对此现状，老年大学必须担负起重任，贯彻落实党的教育方针，根据老年群体的特点，开展思想政治教育，充分发挥思想政治教育工作在老年大学建设发展中的作用，使老年学员在增长科学文化知识、丰富精神文化生活的同时，也能够正确认识现代社会转型时期遇到的各种问题和社会矛盾，同步提升道德情操和政治素养，补充精神之钙，以适应不断变化发展的社会经济形势。

（2）老年教育应突出政治引领。《中共中央　国务院关于加强新时代老龄工作的意见》中指出，各级党委和政府要高度重视并切实做好老龄工作，加强党对老龄工作的领导。老年教育应突出党的领导和政治引领。老年群体具有丰富的社会经验、思想认识和工作能力，这批在退休前作为社会发展的中坚力量，其思想状态不仅对其个人及家庭有影响力，而且对社会发展以及广大青少年的思想教育也会产生深远影响。老年大学是老学员学习政策理论的思想阵地，是老年人增长才智、发挥余热、倾力实现"中国梦"的理想舞台。因此，老年大学的政治教育必须不断加强，紧紧跟上，老年大学要通过完善老年教育课程设置，优化老年教育资源配置等方式突出政治引领，为老年人带去党和政府的关怀和温暖，努力使广大老年人理想永存、身心愉悦，进而促进社会和谐发展。

三、行动研究：推进老年大学政治教育任重道远

（一）提出“一核三体”政治教育模式理念

（1）从“党建＋”理念到“融合”理念提出。一是突出“党的领导和党的建设”核心。规范新时代老年大学党的建设工作，既要保持老年大学党建工作与党中央高度一致，以保障老年教育发展的正确方向；又要突出老年大学党建工作的独特性和鲜明个性，以此打造老年教育的办学特色。开福区老干部大学在学校党总支领导和各临时党支部支持配合下，学校坚持一切工作围绕“党的领导和建设”整体推进。二是做好“党建＋”融合文章。围绕“党建”核心，学校结合办学特点和实际情况，在“党建”统领下，将“党建”工作与学校其他工作如教学管理、教师管理、学员管理、宣传和后勤管理等工作进行有机融合，实现“党支部工作”与教务处、办公室、学员处、后勤办和艺术团等行政工作的有机结合，以不断提高办学水平和办学效益。老年大学的党建工作与其他工作协同融合是新时代老年大学党建工作的新模式。推进老年大学党建工作与思想政治教育工作的协同融合应成为老年教育发展的一个主要方向。

（2）从“融合”理念到“一核三体”理念提出。一是以“党建＋”融合为切入点。开福区老干部大学课题组通过调查走访、查阅资料，将学校实施推进政治教育的现有或拟建内设机构、渠道、阵地、课程等进行汇总和分类，一方面实施有效结合，做好融合文章；另一方面，为建构“党建＋”模式做好准备，奠定基础。二是初步提出“一核三体”理念。课题组坚持以锻造更加坚强有力的党组织为主要抓手，初步提出“一核三体”政治教育模式理念。“一核”指一个“核心”，即“党的领导和党的建设”；“三体”指三个实施“载体”，即“党建活动”“思政课程”和“宣传阵地”。概括起来就是，围绕“党的领导和建设”核心，通过开展多元“党建活动”、开设多维“思政课程”、开辟多面“宣传阵

地”三个载体，达到加强新时期老年大学政治教育目的（见图1）。

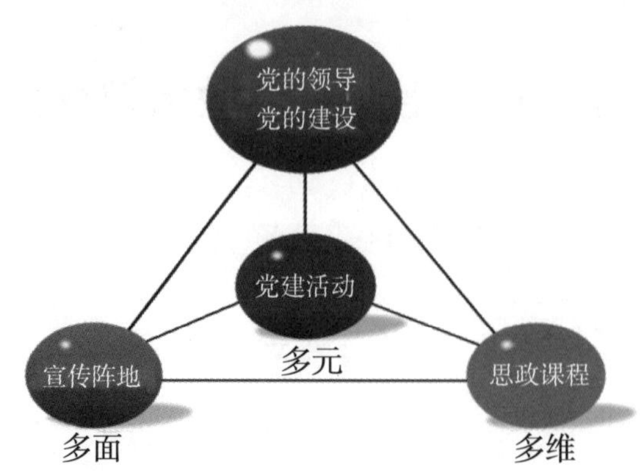

图1 “一核三体”三维图

（二）完善“一核三体”政治教育模式体系

（1）突出“党的领导和建设”在政治教育中的核心地位。习近平总书记指出，办好中国特色社会主义大学，要“强化思想引领，牢牢把握高校意识形态工作领导权”。这一重要精神同样适用于老年大学。老年大学既是老年人学习科学文化知识的场所，也是党和政府团结教育老年人，为实现党的中心任务而奋斗的阵地。开福区老干部大学突出“党的领导和建设”在政治教育中的核心地位，坚持把政治建校摆在办学工作的首位，强本固基、政治建校。表现在：一是加强临时党组织建设。学校先后分七批成立76个临时党支部，2023年3月成立“党建1班”，吸纳临时党支部书记、委员为学员，依托区老干部大学党校，由学校思政课教师按照教学计划，实施系统培训。二是发挥党组织战斗堡垒作用。将“支部建在连队上”是人民解放军加强基层建设的历史经验和优良传统，学校发扬这一优良传统，加强政治建设、组织建设、思想建设，通过党总支、临时党支部和党小组，将党的路线、方针、政策和中央、省市区各级党委指示精神，贯彻落实并有效实施。三是发挥党员先锋模范带头作用。党员学员和群众在临时党支部领导下，坚持政治学习，参加组织生活，参与各类政治活动如志愿服务、疫情防控、“五讲两做”等，充分发挥党员的先锋模范作用。

（2）三个“载体”围绕“核心”进行并相互促进。抓好“党建”是老年大学的重要责任，加快政治教育是老年大学第一要务。如何充分推动党建工作成果转化成发展实效，这是当前老年大学党建工作的重要课题。开福区老干部大学依托“三个载体”，为贯彻党的领导奠定更牢固的基础、提供更强有力的保障。一是依托“党建活动”载体。学校坚持党建活动制度化、经常化、系列化、主题化，在党建活动形式上集思广益，群策群力，如开展各类征文竞赛、作品创作、“五讲两做”、志愿服务、主题宣讲等；在活动内容上具体化、主题化，纳入主题党日序列，如2023年以党的二十大精神宣讲为主题；在活动场域上灵活化、红色化，如选择韶山或长沙市内、区内红色景点开展活动；在内容、时间和形式等安排上具体化，有效地增强老年学员的凝聚力，保证党建活动有目标、有方向、有重点、有力度，能贯彻上级党委精神，立足于老年教育健康发展，契合广大老年学员需求。二是依托“思政课程”载体。“育人之本，在于立德铸魂。”思政课作为落实立德树人根本任务的关键课程，是老年大学政治教育的主渠道，更是价值引领的主阵地。学校聘请一批优秀思政课教师，开设“党建班”和思政“流动课堂”，将党的二十大精神、习近平新时代中国特色社会主义思想、党的路线方针政策、时事政治、思想品德、上级党委政府中心工作等，系统纳入思政课教学内容。三是依托“宣传阵地”载体。宣传工作是深化共识、凝心聚力的重要保证；宣传阵地担负着举旗帜、聚民心、育新人、兴文化、展形象的光荣使命和历史重任。学校着力建强平台载体、扩大品牌影响，表现在一方面重视实地场域宣传，如宣传橱窗、校刊校报、文化标识、电子显示屏等；另一方面重视媒体宣传，如微信公众号、新媒体、校园广播、音像制品等（见图2）。

三个“载体”之间相互联系、相互促进、相互补充、相互依赖、相互融合，共同形成一个体系、指向一个核心。每一个载体各自的侧重点和视角不同，如党建活动重在“活动”内容和形式、表现为“多元”，突出在活动开展层面；思政课程重在“课程”呈现形式、表现为“多维”，突出在课程实施层面；宣传阵地重在“阵地”场域选择、表现为“多面”，突出在场地场域层面。各载体之间相互联系，相辅相成。党建活动大多要依托阵地开展，有时要采用授课形式进行；思政课程需要依托阵地来开展，也需要通过开展党建活动演变为大思政；宣传阵地能为党建活动开展和思政课程开设提供必要的实地空间或网络空间。

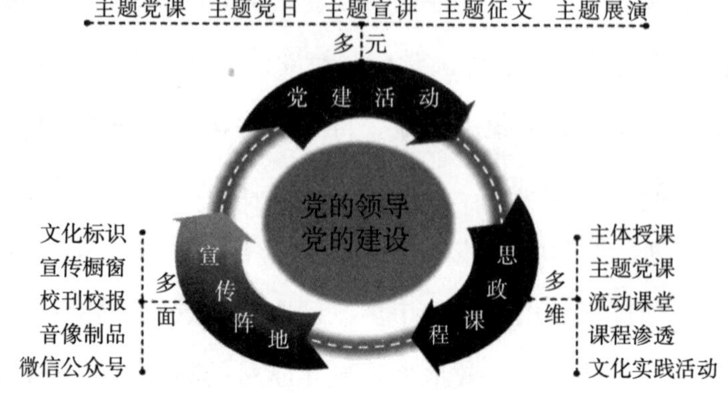

图 2 “一核三体”平面示意图

（三）丰富“一核三体”政治教育模式内容

（1）开展多元党建活动。开福区老干部大学党建活动面向“全员”开展，其形式呈现多元化，主要有主题党课、主题党日、主题宣讲、主题展演、主题征文等多种形式，一些新的形式正在创新和创建之中。概括起来，学校的党建活动形式主要如下：一类是主题党课。每年开展 2 次以上，一般安排在临时党支部成立授牌时进行，以宣讲党代会或中央全会精神为主，请党校教授授课。二类是“五讲两做”。“五讲”指讲学习、讲奉献、讲纪律、讲文明、讲卫生，“两做”指做好学员、做好市民，这是学校多年持续开展的一项传统活动。三类是志愿服务。学校“春晖”志愿者服务队由学员骨干组成，十分活跃，志愿者不仅在校内协助学校开展好疫情防控、学员报名、大型活动工作，而且还经常深入街道、社区、企业和学校，协助开展“五老”活动。四类是征文创作。学校每年自行组织或支持配合上级开展各类主题征文或作品创作活动，如“双庆征文”“建党百年征文”“庆祝党的二十大征文”等爱党、爱国、爱校活动。五类是各类展演。学校“春晖”艺术团、诗词社、书画社、通讯社等社团组织，积极主动创作文艺、文学、书画作品，参加各类竞赛或展演活动，既为学校争得了荣誉，更是传递了正能量，弘扬了主旋律。每一类型的活动中又可以再拓展出更多的元素。

（2）开设多维思政课程。开福区老干部大学主要通过下列途径开设思政课程：一是主体授课。针对"党建班"学员授课，纳入课程表，学制一年，按课表系统授课。二是主题党课。针对党支部委员、班委、志愿者等骨干学员授课，每年2次以上，纳入"通识班"授课。三是流动课堂。根据学校《流动课堂开设实施方案》，打破班级建制开课，主要利用"主题党日"和参观活动时间进行，开展政治思想教育，使思政课程走向大思政，具有一定的灵活性。四是课程渗透。所有教师要做到为人师表、言行示范，要求"全课程"特别是文史、书画、诗词、写作、英语、朗诵、旅游地理等社会科学类课程教师，在讲授本课程知识的同时，要求渗透思想政治教育和德育，适度宣讲党的路线方针政策和师德师风，严把意识形态关，使思政课程走向课程思政。五是线上教学。或摄录成视频、或利用微信直播、腾讯会议直播，由思政课教师讲授思政课，线上教学不受空间制约、具有一定灵活性。

（3）开辟多面"宣传阵地"。开福区老干部大学"全方位"开辟宣传阵地，主要开拓两个空间阵地：一是实地场域宣传。充分挖掘和运用校园及周边宣传阵地，整体布局、精细规划、合理使用，宣传党的路线方针政策，刊载师生优秀作品，广泛传播思想文化。如利用教室墙壁、走廊、过道、天花板、门楣、景观开辟宣传橱窗；利用教育现代化设备和环境开设电子显示屏、制作音像视频等。二是网络媒体宣传。办好《壮怀》校刊、校报，编辑出版系列征文作品集；建设好学校微信公众号平台，及时登载或发布学校重大事件新闻；完善好书记、班长等微信群，发挥其在工作部署、思想交流和政策传达方面效用；遴选、推荐优秀作品到《老年教育》《湖南老干部工作》《长沙市老干部大学学报》《长沙老年人》等报刊杂志上发表；与各类纸媒、视媒、网媒等新闻媒体合作，及时宣传报道学校办学亮点、特色和成果，弘扬主旋律，传递正能量（见图3）。

习近平总书记在党的二十大报告中指出，要"实施积极应对人口老龄化国家战略，发展养老事业和养老产业"。必须高度重视并加强新时期老年大学政治教育，紧扣党的领导和党的建设核心，坚持在全员参与下开展多元党建活动，在全课程渗透下开设多维思政课程，在全方位视域下开辟多面宣传阵地，这是新时期老年大学和老年教育发展的刚性需求，更是广大老年教育工作者的应尽之责。

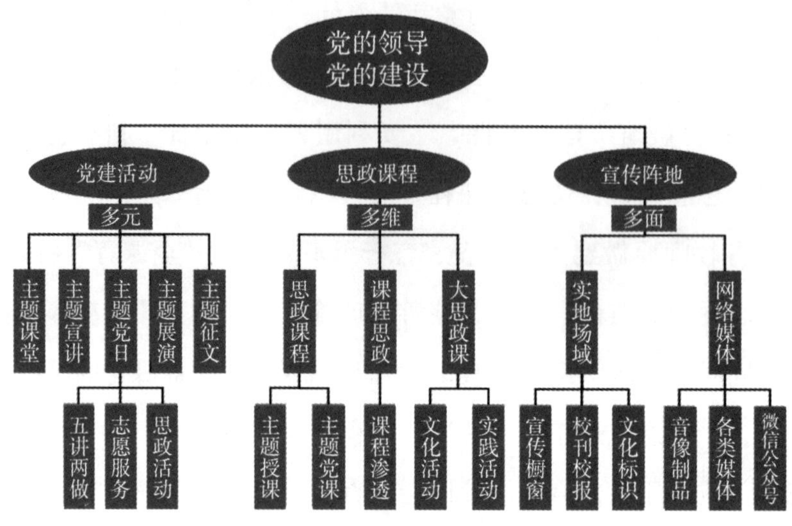

图 3 “一核三体”平面示意图

学习型城市建设视域下的老年教育红色文化研学资源开发研究

——以上海市老干部大学系统校为例

王　霞　孙梦蕾　王　圣①

【摘　要】本文以上海市老干部大学系统校为案例，在学习型城市建设视域下就老年教育红色文化研学资源开发项目展开研究发现：红色文化研学资源开发对于推进学习型城市建设具有重要意义，上海市老干部大学系统校在红色文化研学资源开发工作中有诸多创新做法值得借鉴。同时也发现，仍有一些需要解决的问题，比如在认识与理解上存在误区、在课程化设计方面存在薄弱环节、在参与对象方面存在局限、在研学经费和安全保障方面存在隐忧等。红色文化研学资源开发未来需在以下几个方面持续提升改善：（1）提高对红色文化研学意义的认识，全面领会“红色文化研学”内涵；（2）完善红色文化研学课程开发流程，凸显红色文化研学教育属性；（3）扩大红色文化研学活动覆盖面，提高离退休干部学员参与度；（4）加强对红色文化研学工作的投入力度，提升红色文化研学安全系数；（5）扩大红色文化研学资源开发“朋友圈”，形成强劲工作合力。

【关键词】学习型城市建设；老年教育；红色文化研学；教学资源开发

① 王霞，上海市老干部大学副校长，助理研究员；孙梦蕾，上海市老干部大学编研室主任，助理研究员；王圣，上海市老干部大学社团部副主任（主持工作），助理研究员。

作为“学习型社会”理念的重要实践途径，学习型城市建设发端于 2013 年 10 月。十年之前，联合国教科文组织在首届国际学习型城市大会提出学习型城市主要特征，并着手组织全球学习型城市网络。这一城市发展的创新模式，把全民终身学习作为城市发展的重要基础，在十年间得到广泛快速的发展。在中国，十所城市陆续融入全球学习型城市网络，参与国际政策对话、行动研究、能力建设和同行学习；北京、上海等四城先后获得“学习型城市奖”，为全球学习型城市建设贡献着中国智慧和中国方案。

围绕“学习型城市建设”的中心议题，一方面，学习型城市建设对于增强全社会积极应对人口老龄化思想观念、实施积极应对人口老龄化国家战略具有重要意义，对于培育和践行社会主义核心价值观、提升社会文明程度乃至国家综合国力、推进城市建设治理创新发展有着深远影响，对于满足全民学有所教的终身学习需求、促进人的全面发展、提升老年人生命质量起着推动作用；另一方面，发展老年教育作为积极应对人口老龄化的有效途径和构建老有所学的终身学习体系、建设学习型城市的重要举措，其持续发展有助于学习型城市建设的深入推进，其发展程度是检验学习型城市建设成效的重要方面（吴峰，2023），探索老年教育新形式，有效推进老年教育发展，是赋能学习型城市建设的强劲动力；同时，人口老龄化背景下的学习型城市建设需要银龄群体的深度参与、积极投入，终身学习、以学促为的老年群体本身即是学习型城市建设的生动缩影和真实写照。

近年来，诸多研究者以学习型城市和学习型社会建设为旨归，从宏观层面、中微观层面开展了丰富的理论探索和实践研究。但对于学习型城市建设视域下老年教育究竟如何发展，如何发挥其在学习型社会建设中的作用，则鲜少涉及。本文以上海市老干部大学系统校为案例，以红色文化研学资源开发为切入口，以管窥豹，呈现新时代学习型城市建设下老年教育的实践进展。

一、问题提出

学习型城市是学习型社会的发展缩影，也是推进我国学习型社会、学习型大国建设的重要抓手。作为一种以“终身学习”为核心内容构筑未来社会形态的理念，“学习型社会”这一概念由美国学者赫钦斯（Hutchins，R.M.）于 1968 年率先提出并倡导。与联合国教科文组织对学习型社会、学习型城市建设的重视和推崇相呼应的，是中国的学习型社会、学习型大国建设进程在近年来的持续推进、深入发展。我国历来重视学习型社会建设，从 2002 年党的十六大报告肇始，历届报告均提出建设学习型社会的任务，党的二十大报告进一步明确提出：建设全民终身学习的学习型社会、学习型大国，2023 年 5 月，习近平总书记在中共中央政治局第五次集体学习时强调要“建设全民终身学习的学习型社会、学习型大国”，提出“人人皆学、处处能学、时时可学”的建设目标，并特别强调要通过全民终身学习促进人的全面发展，为中国式现代化新征程提供了指引与遵循。

对于学习型城市建设，早在 2014 年 8 月，作为首届全球学习型城市大会的重要后续工作，教育部等七部门印发《关于推进学习型城市建设的意见》，首次提出我国学习型城市建设的阶段性目标，并重点阐释了当前我国学习型城市建设的主要任务，明确提出了推进学习型城市建设的支持政策和相关措施。2023 年 9 月，国家教育部发布《关于印发〈学习型社会建设重点任务〉的通知》，强调要把建设学习型社会、学习型大国作为建设教育强国的战略举措，并指出要通过“促进优质资源整合与共享开放”“推进各类教育融通发展”“增强社区教育和老年教育资源供给”“创建泛在多元、智能化、体验式的学习场景，营造开放共享的学习环境”等途径方式，推进新时代学习型城市建设，构建终身学习服务体系，为教育强国建设提供有力支撑。

进入国家“十四五”规划实施以来，中共中央办公厅、国务院办公厅印发《加快推进教育现代化实施方案（2018—2022 年）》提出，要“加快构建终身学习制度体系，加快发展老年教育，深入推动学习型组织建设和学习型城市建设，推进学校治理现代化”。以上政策文件，对身处新形势新格局、置身于学习型城市视域下的老年教育提出了新要求，也为处于转型发展中的上海市老干部大学系统校如何赋能学习型城市建设、发挥其在学习型社会建设中的作用，指明了发展方向。

上海市老干部大学系统校的发展，始自 1985 年市老干部大学建校。38 年来，上海市老干部大学分校、系统校先后共建有 36 所，其中，由于企业集团转制、区县撤并、军地脱钩等原因，有 11 所系统校先后退出。截至目前，上海市老干部大学系统校共 25 所（不含市校）。本文以上海市老干部大学系统校红色文化研学资源开发项目为切入口，尝试呈现新时代学习型城市建设下老年教育的实践进展，从中汲取实践经验，关注现实样态，思考发展路径。

二、研究过程与方法

（一）调研对象

基于研究目的的有效达成，本文以上海市老干部大学 25 所系统校为调研对象。其中，区委老干部局主办的老干部大学（以下简称“区校”）14 所，委、办、局主办的老干部大学（以下简称“委、办、局校”）5 所，企业主办的老干部大学（以下简称“企业校”）6 所。

（二）调研工具

采用问卷调研法、焦点访谈法和经验总结法，深度了解系统校红色文化研学资源开发项目的工作现状，挖掘典型案例，凝练特色经验，分析面临困难和存在问题，以便提出后续工作推进的对策建议。

（三）调研过程

2022 年，开展红色文化研学资源开发试点，建立研学基地，形成研学地图，编制研学教案。2023 年，红色文化研学资源开发工作在全系统全面开展。2023 年 5 月，上海市老干部大学依托系统校南、北片校工作会议，并辅之以线上调查问卷，了解系统各校在红色文化研学资源开发方面的难点问题和意见建议。6—7 月，赴黄浦、普陀等五区老干部大学红色文化研学基地进行实地调研并开展研学活动；同期，征集红色文化研学资源开发项目典型案例，并举办上海市老干部大学系统校“红色文化研学”工作推进会，推介系统校在红色文化研学资源开发方面的经验做法和亮点成效。

三、研究发现

红色文化研学资源开发研究，以学习型社会理论、情境学习理论、项目化学习理论为指导，研究发现：

（一）红色文化研学资源开发对于推进学习型城市建设具有重要意义

1. 红色文化研学资源开发有利于培育践行社会主义核心价值观，凝聚全社会价值共识

推进学习型社会建设以促进人的终身学习和全面发展为出发点，其主要任务之一即全面系统、分层次、有重点地开展社会主义核心价值观教育，引导民众不断加深理解认同，成为精神追求和自觉行动。红色文化研学资源开发工作作为老干部大学系统校思政教育课程体系建设的重要环节，因应了学习型社会建设的任务要求，拓展了社会主义核心价值观教育空间和途径，使离退休干部学员在体悟红色精神、传承红色文化、赓续红色血脉的学习实践过程中，提升思政素养，实现自我价值，贡献社会正能量，具有重要的现实意义。

2. 红色文化研学资源开发有利于服务构建资源融通与共建共享的终身学习公共服务平台

在上海市老干部大学系统校全面开展的红色文化研学资源开发工作秉承资

源共享、工作共推、品牌共创、实现共赢的理念，有力推进了老干部大学系统校之间，以及老干部大学系统校与长三角区域老年教育各单位、区域各有关单位之间教育、文化等学习资源的整合与共享，增强了老年教育资源供给，有助于推进学校教育和社会教育的融通发展，服务构建资源融通与共建共享的终身学习公共服务平台。

3. 红色文化研学资源开发有利于推动打造人人皆学、处处能学、时时可学的全民终身学习服务体系

部分系统校在红色文化研学资源开发过程中，遵循老年教育规律，根据学员学习需求和学习特点，提炼红色文化研学课程设计开发流程，通过情境党课、实地教学、现场互动、人文行走等泛在多元、智能化、体验式的学习场景，让学员投入情境式、体验性、具身化的学习实践活动。同时，通过项目化学习等方式让学员以志愿者身份参与研学各个环节，实现老有所学与老有所为的深度结合，对于推动打造全民终身学习服务体系起到积极作用。

（二）系统校在红色文化研学资源开发工作中的创新做法

1. 机构联动，精心选址设点

多所系统校通过加强老干部工作部门之间以及老干部工作部门与区域内其他部门之间的联动，有力推动了红色文化研学资源开发工作。如静安区老干部大学与区党史办研究室、区文旅局、区绿化和市容管理局等部门联动，对区域内的红色文化资源进行梳理，确定适合开展研学活动、能够充分发挥离退休干部作用、具有静安特色的研学基地。

2. 因地制宜，体现行业特色

由企业和委办局举办的系统校立足本行业优势，集聚行业资源，积极开发红色文化研学资源。电气、铁路、文旅、仪电、轻工、商务等老干部大学因地制宜，分别依托行业内的上海机床厂、上海铁路博物馆、上海市历史博物馆（上海革命历史博物馆）、无线电博物馆、益民一厂展示馆和老字号品牌馆，挖掘具有行业特色的红色文化研学资源。开展具有庄严感、沉浸感、体验感与科

技感相结合的系列研学活动。

3. 串点成线，形成资源矩阵

在推进红色文化研学资源开发工作中，多所系统校通盘设计，串点成线，为研学资源结线成网、全域推进奠定坚实基础。例如，嘉定老干部大学通过精心选点和线路设计，实现不同领域、多元主题的研学点位有机整合并纳入研学地图，使红色研学主题与体验区域经济社会发展、历史文化等内容紧密结合，打造离退休干部学员的创新课堂和学习阵地。

4. 学为结合，创新研学形式

部分系统校在研学资源开发工作中，注重配套研学课程的设计，通过项目化学习，引导学员学有所为、以学促为。例如，金山区、普陀区、静安区老干部大学组织引导离退休干部学员或担任红色文化场馆讲解员，或担任红色文化场馆宣传员，或以志愿者身份参与到研学活动的各个环节，把研学基地打造成离退休干部学员发挥作用的“第二课堂”。

5. 服务保障，筹划工作预案

有力的后勤保障和缜密周全的预案是确保研学活动顺利开展的关键。例如，金山区、静安区老干部大学在红色文化研学资源选址设点时就考虑到部分高龄学员体力脚力相对较弱的特点，对周边交通、餐饮、行走时长、小憩场所等各类要素进行合理安排，确保每一位学员都能以饱满的精神和良好的状态，参与完成整个研学活动。普陀区老干部大学在精心设计开发研学资源的同时，综合学员出行、天气和健康防护等需求，为其配备研学随行包，内含学习资料和防护用品。研学活动全程安排医护人员、摄影摄像跟拍，并代为购买保险，进行全流程的守护。

四、若干思考

（一）关于红色文化研学资源开发工作存在的主要问题

1. 在认识与理解上存在误区

红色文化，是中国共产党领导中国人民在革命战争年代与和平建设时期所创造的物质文化与精神文化的总和，有着丰富的内涵。研学，特别重视在行走中学习，在实践中学习，倡导在广阔的社会空间开展情境化学习，提倡在广泛的社会实践中开展项目化学习，注重凸显“教育”属性和“学习”味道。对“红色文化”和“研学”概念的理解，是红色文化研学资源开发工作的基础。在调研中，课题组发现，有相当部分的系统校对“红色文化”和“研学”两个概念，在认识理解上存在误区：或将“红色文化”的时间跨度窄化为“革命战争年代”，忽视了对和平建设年代研学资源的挖掘开发；或将“研学”简单等同于“游学”，忽略了研学作为一项教育活动所应具备的元素和特征。

2. 在课程化设计方面存在薄弱环节

“重游轻学”的现象较为普遍。系统各校普遍缺乏对研学资源配套课程的重视和研学课程的系统性设计。课程设计开发没有形成“流程闭环”，有的课程理念不太清晰，课程目标不甚完整，课程内容比较零散。

3. 在参与对象方面存在局限

多将研学对象聚焦在退休干部学员，导致了部分系统校的研学资源无法得到有效利用、红色文化研学课程覆盖对象有所局限等问题。

4. 在研学经费和安全保障方面存在隐忧

一方面，由于缺乏上位政策或文件等指导意见，在研学资源开发相关经费方面没有列支依据，导致相关工作无法正常化、常态化开展；另一方面，由于研学往往会涉及外出参观等项目，系统各校在离退休干部学员的交通安全、医疗防护、食宿卫生等方面普遍缺乏保障措施和安全预案。一些校对组织研学活动存有顾虑或持观望态度。

（二）关于红色文化研学资源开发的未来努力方向

1. 提高对红色文化研学意义的认识，全面领会“红色文化研学”内涵

红色文化研学具政治功能、社会功能与教育功能，是推进学习型城市建设的重要实践路径。系统校在开发红色文化研学资源过程中，应从广义视角全面认识红色文化内涵，将其视作中华传统人文精神的赓续和中国共产党人精神谱系的体现，除了革命战争年代的红色文化研学资源，也要注重和平建设时期红色文化研学资源的开发利用。在研学资源的挖掘上，将红色文化研学主题与本区域、本行业资源精准对接，精心设计研学路线，通过一场场有体验、有价值、有收获、有影响的研学之旅，满足学员对美好生活的新期待，切实提升其幸福感和获得感。

2. 完善红色文化研学课程开发流程，凸显红色文化研学教育属性

根据离退休干部学员特点开发研学资源，并设计与研学资源相配套的课程开发流程，即形成“课程理念——课程目标——课程内容——课程实施——课程评价——课程迭代”流程闭环（见图 1），将“教育”和“学习”作为关键词贯穿整个研学活动。

图 1　红色文化研学课程设计开发流程图

应确保研学活动与研学课程的理念、目标紧密联系，辅以适切的教学方式，推进研学的课程实施。还要设计课程评价环节，促进研学课程不断改进提升、更新迭代。

3. 扩大红色文化研学活动覆盖面，提高离退休干部学员参与度

一方面，可以运用现代智能技术，通过“云上研学”“研学展播”“研学社群”等方式，拓展线上空间，使红色文化研学资源突破空间和地域的限制，更广泛地覆盖、惠及各年龄阶段的离退休干部学员；另一方面，可以通过“学为结合”“能者为师”的方式，组织引导学员担任“研学导师”“研学宣讲员”和“研学宣传员”，鼓励学员以志愿者身份参与到研学活动中来，彰显学员主体作用，有效提升学员参与度，把研学基地打造成学员的社会实践课堂。

4. 加强对红色文化研学工作的投入力度，提升红色文化研学安全系数

上级部门须及时出台上位政策或指导意见，加大对红色文化研学工作的投入，将研学工作纳入系统各校经费预算，确保系统校研学经费支出有据可依、科学合理，确保研学活动能够可持续开展。

要将学员安全置于首要位置。建立应急预案，完善救援机制；研学活动前，学校须提供书面《安全告知书》，研学学员需填写《安全承诺书》；要为每位研学学员购买相应责任险、人身意外险或交通工具意外伤害险；研学过程中配备具有资质的随行医护人员和必要的急救药品和物品；随行学校工作者要做到安全提示到位。

5. 扩大红色文化研学资源开发“朋友圈”，形成强劲工作合力

一是在“联动上”下功夫。加强区域联动、行业联合，充分发挥老干部大学系统校、老干部工作共同体乃至长三角老干部工作联盟的资源集聚优势，同时加大与党建、教育、文旅等多部门的联动，创新工作机制，整合研学资源，设计研学线路，为后续研学工作展开奠定坚实基础。

二是在“结合上”做文章。一方面，在研学资源开发的基础上，把红色文化研学活动与离退休干部党建工作相结合。调查显示，近五成的离退休干部希

望老干部大学学员基层党组织可以通过组织参观革命历史纪念馆、爱国主义教育基地、传统文化展览等开展党建活动（见表1），而这一形式与红色文化研学活动高度契合。另一方面，可以把红色文化研学活动与志愿服务相结合。要善于在一体推进离退休干部党的建设、学习教育、发挥作用和老干部工作部门自身建设中，找到工作结合的契合点，将开发研学资源、开展研学活动放在工作全局来谋划，着力推进新时代新征程下老干部大学工作高质量发展。

表1　老干部大学学员基层党组织开展活动意愿类型（来源：2023年上海市离退休干部调查问卷统计结果）

选项	小计	比例
A. 组织学习党的基本理论和国家政策法规	962	19.54%
B. 组织参观革命历史纪念馆、爱国主义教育基地、传统文化展览等	2453	49.83%
C. 组织志愿者服务活动，如为社区、学校、医院等提供帮助	613	12.45%
D. 组织庆祝国家重大节日、纪念日等的活动	793	16.11%
E. 其他（请说明）	102	2.07%
本题有效填写人次	4923	

上海军休老年大学思政教育路径初探

李　霞　纪晓露[①]

【摘　要】军休干部具有老年人的共性，又具备独有的特性，对其开展思政教育是党和国家的要求，也是军休工作的需求，更是群体本身的渴求。上海军休老年大学落实积极应对人口老龄化国家战略，进一步强化军休干部思想政治引领和精神文化建设，不断探索军休干部思政教育新路径，通过形式多样的思政课堂与内涵丰富的思政实践相结合，带领军休干部听党话、跟党走，为中国老龄事业贡献军休力量。

【关键词】上海军休老年大学；军休干部；思政教育；作用发挥

军队离休退休干部是指移交政府安置的由退役军人事务部服务管理的中国人民解放军和中国人民武装警察部队离休退休干部，简称为军休干部。按照退役军人事务部要求，2021 年 7 月，上海军休老年大学正式揭牌成立，并经上海市教委备案成为上海市第五所市级老年大学。学校以上海市一万余名军休干部为招生对象，积极发挥政治引领和教育管理职能，全面满足军休干部学员学习需求。几年来，学校以政治建校为原则，针对军休工作的特定要求和军休干部的特殊需求，就新时代背景下对军休干部开展思政教育的新路径进行了积极探索。

① 李霞，上海市军休老年大学常务副校长；纪晓露，上海市军休老年大学校长助理。

一、军休干部的特点

（一）具有老年人属性

目前，发展中国家多将 60 岁及以上的人群定为老年人。根据 2023 年数据，上海军休干部总计 1 万余人，其中 60 岁及以上的占比约 83%，可以看出，军休干部群体具有老年属性，是老年群体的一部分，具有和普通老年群体共通的精神文化需求。

上海万余名军休干部中，60 岁及以下占比 18%，60—79 岁的比重合计高达 52%，可以看到，上海军休群体中“年轻老人”占比较高，此群体在老年人中相对比较活跃，对高质量的教育服务有较高期待。

（二）呈现“四高”特征

所谓“四高”是指“职务高、学历高、社会参与度高、政治素养高”。军休干部群体与其他老年群体相比，具有一定的特殊性。据统计，上海军休干部中，约 60% 为师职干部，超过 90% 为团职以上，约 90% 学历达到大专以上。

根据“中国健康与养老追踪调查”（CHARLS）相关数据显示，超过半数的我国老年人没有进行任何社会活动参与，与之相较，军休干部社会参与度较高，且参与的社会活动形式、内容均比较丰富。

上海军休干部中，中国共产党党员占比近 97%，整体政治素养高，对思政教育的需求大。调查显示，近 1200 个样本中，超过 85% 的样本经常参加政治学习，近 50% 的样本表示参加军休老年大学学习的目的是为了解时事政治动态，以上数据均反映出军休干部具有接受思政教育的强烈需求（见表 1，图 1）。

表 1　军休人员社会活动参与情况

年龄组	政治学习	文艺活动	休闲娱乐	实用技能培训	健康医疗	体育竞技	其他
60 岁以下	208	164	132	53	88	103	20
60—69 岁	357	260	153	68	127	95	53

续表

年龄组	政治学习	文艺活动	休闲娱乐	实用技能培训	健康医疗	体育竞技	其他
70—79 岁	316	224	113	70	120	62	27
80 岁及以上	136	90	45	25	67	19	14
小计	1017	738	443	216	402	279	114

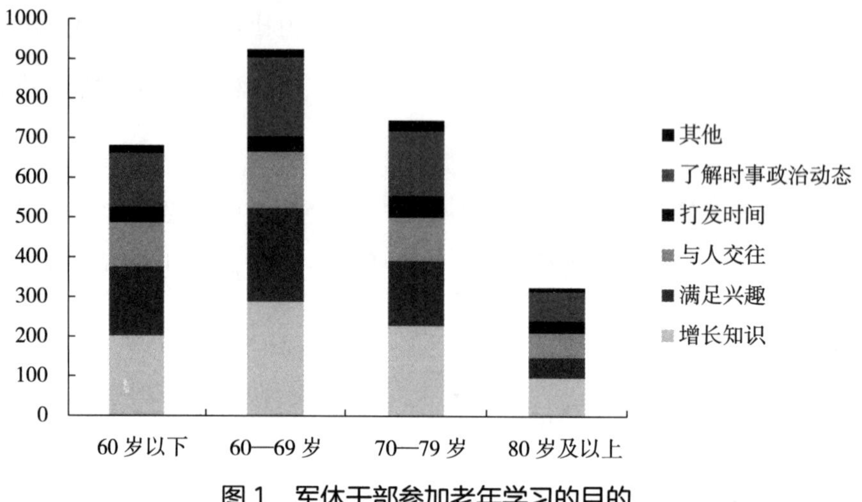

图 1　军休干部参加老年学习的目的

因此军休干部呈现出“职务高、学历高、社会参与度高、政治素养高”的“四高”特点。

（三）身份认同感较强

军休干部是退役军人的一部分，他们为国防事业贡献了一辈子，接受党的教育一辈子，即使离休退休后，依然体现出其他群体不可比拟的组织纪律性。他们政治意识和集体观念强，无论是参加军休老年大学的学习，还是发挥余热为社会作贡献，这个群体都能相对比较容易组织动员起来。该群体对军休干部这个身份有强烈的认同感和归属感。

二、开展军休干部思政教育的意义

近几年，老年教育作为终身教育的一部分，逐步从“娱乐型”向“赋能型”

转型，其中首要的即是“思想赋能”。充分发挥老年大学的思政引领作用，对老年学员开展思政教育，是所有老年大学当下面临的重要课题。对军休老年大学来说，开展好军休干部思政教育，更是新时代为军休干部思想赋能的重要途径，也是推动军休工作高质量发展的必由之路。

（一）党和国家的要求

新时代下经济、政治、文化和社会都发生了深刻变革，国际局势出现百年未有之大变局，使当前我国意识形态面临前所未有的挑战。据国家统计局最新统计数据，2023 年末中国 60 岁及以上人口 29697 万人，占全国人口的 21.1%，其中 65 岁及以上人口 21676 万人，占全国人口的 15.4%。随着老年人口占比的上升，国家积极老龄化战略的历史意义逐渐凸显。2021 年 11 月 18 日，中共中央、国务院发布《关于加强新时代老龄工作的意见》，强调推动老龄事业高质量发展，把老年人的学习从文化娱乐属性转向教育属性。2020 年 11 月，退役军人事务部等六部门联合下发了《关于进一步提升移交政府安置的军队离休退休干部服务管理水平的通知》，强调要加强军休干部思想政治引领，运用多种形式常态化开展传承红色基因、宣传时事政治等教育。根据 2022 年数据，全国共有军休干部近 30 万人，且逐年增加。由于该群体退休前在部队或居领导职位，或是专业技术人员，服役期间工作内容涉及国家军队建设、核心技术、国防安全等，因为这一特殊性，其思想动态更事关国家安全和社会安定。通过军休老年大学的平台，持续加强军休干部思政教育，才能更好地带领军休干部不忘初心，坚定其永远跟党走的信念和决心，这也体现了退役军人事务系统积极贯彻落实中央文件精神、主动支持国家人口老龄化战略的政治意义。

（二）军休工作的需求

目前，上海市有一万余名军休干部，作为党和国家的宝贵财富，在发挥他们政治优势的同时，不断拓展思政学习平台，持续提高其思想政治素养，是军休工作的时代之需。2021 年的《退役军人事务部关于开展“军休大学”创建工作的通知》指出，军休老年大学创建是军休系统的政治工程、暖心工程、精品工程，是落实积极应对人口老龄化国家战略、进一步强化军休干部思想政治引领和精神文化建设的重要举措。上海军休老年大学认真落实习近平总书记关于退役军人工作重要论述，突出政治办校，以加强思想政治引领为根本，以满足军休干部需求为中心，以发挥军休干部作用为导向，市区两级按要求统一名称、规范设置、科学布局，着力打造高质量、有特色的军休老年大学，全面构建军休干部思政教育新高地、精神文化新园地、作用发挥新平台，这对全面推动军休工作高质量发展具有重要意义。

（三）军休干部的渴求

军休干部在军队长期接受系统性的政治教育，这一特殊的群体与政治有着天然的联系。他们离退休脱下军装来到地方后，由于身份特征、思维习惯及主观意愿等种种因素，强烈希望安置管理部门提供形式多样的学习平台和学习渠道，期待有专门为他们安排的思想政治教育课程或活动，让他们活到老，学到老，保持思想不脱节、退休不褪色。日常工作中，各军休服务管理机构常态化地对军休干部开展思政教育，满足了军休干部的普及性需求。面对军休干部更高层次、更个性化、更多维度的思政学习需求，则需要市区两级军休老年大学在面上进行统筹协调，充分发挥资源整合方面的优势，开发更有内涵的思政教学内容，打造更富特色的思政学习体系，集聚更有影响的思政教育能量，与各军休服务管理机构形成点面结全、联动共享的思政教育新格局，以具体举措回应军休干部对思政学习的渴求。

三、上海军休干部思政教育的路径探索

军休老年大学是老年大学的一种新兴业态，以学校为载体对军休干部开展思政教育，也是军休工作的一种全新尝试。三年来，上海军休老年大学按照党和国家有关文件精神，根据上海军休工作和军休干部实际，积极打造多维思政

教育体系，从课堂教学和实践教学两个层面对军休干部思政教育路径作了初步探索。

（一）课堂教学：思政课程与课程思政的整体架构

课堂教学是学校教育的重要阵地。上海军休老年大学紧抓这块阵地，注重搭建思政课程与课程思政的整体架构，对课堂内的思政教学作了积极探索。

1.“思政大讲堂”，探索全覆盖思政教学新模式

“思政大讲堂”一季度举办一次，采用线下部分学员＋线上同步直播的方式，邀请知名专家、行业大咖等为军休干部做思政专题讲座。近年来，上海军休老年大学探索结合建党百年、党的二十大精神学习、习近平新时代中国特色社会主义思想、新质生产力等主题，创新讲座形式，把快闪、朗诵、合唱、钢琴弹奏等多种形式引入思政大讲堂，特邀奥运冠军、国家创新与发展战略研究会资深研究员、复旦大学教授、上海音乐学院青年教师等担任主讲嘉宾，打造名师队伍，让上海军休干部从中汲取“红色营养”。截至目前，共举行了9场思政大讲堂，每场平均观看人数逾6000，超过上海军休干部总数的60%。军休干部学员纷纷表示军休老年大学的思政教育形式生动新颖、鲜活有效，累计超过5万人次学员参与思政大讲堂的学习，撰写心得体会一千余篇。这样的教学模式把思政课送到各军休服务管理机构，送到军休干部学员家里，基本实现了教学全覆盖。

2. 打造招牌课，探索差异化教学新方式

为满足新时代新形势下军休干部对学习平台的新要求和对学习内容的差异化需求，鼓励、帮助军休干部用活新技术、拥抱e时代。2021年起，上海军休老年大学为学有余力的军休干部开设线上思政专题课“党史月月讲”和“时政半月谈”，分别邀请中央党校和上海市委党校的名师为军休干部线上授课。“党史月月讲”每月一次课，系统讲解党的历史，宏观视角与微观事件结合，以党史上的重要事件为主线带领军休干部学党史、悟思想。“时政半月谈”通过解读近期时政要闻，传达党和政府的最新精神，引导军休干部正确认识当下形势和

社会热点，做正能量的宣传者、主旋律的倡导者。这两门线上思政课形式新颖，有思有趣，吸引了近五百名“粉丝”常年坚持学习，其中不乏多名年逾九十的军休干部。他们线上认真听课，课后就学习内容展开讨论、相互交流、撰写体会，营造了浓郁的云上学习氛围。截至目前，“党史月月讲”共开课 22 次，“时政半月谈”共开课 27 次，参与学习累计逾一万人次。如今，这两门课已成为上海军休老年大学的招牌课，每逢招生季听课名额均“秒光”。

3. 录播视频课，探索时时可学、处处可学新形式

为了给学员提供更多泛在可选的思政学习资源，2022 年开始，以学员需求调研为基础，上海军休老年大学启动作短视频思政微课项目。组织来自文化、艺术等领域的 10 余名专业教师，自主开发线上思政小课件，拍摄制作了包括《共产主义与近代中国的百年征程》《治国理政中的文化经典》《抗美援朝经典战役》等 20 余门、百余节课程，通过微信公众号、视频号、客户端多平台定时推送。每门课程分为 8—10 节，每节时长约 10 分钟，每周定期推送两节课。思政微课一方面简短精练、通俗易懂、故事性强，以多频次的特性达到高效率传播的效果，以触手可及的优势让军休干部时时可学、处处可学，碎片时间加以利用，点滴知识得以积累。另一方面，思政微课摒弃了纯粹讲理论的做法，以更直观的视频方式呈现，讲师或通过文学作品的讲述传递红色文化的魅力，或通过经典歌曲的赏析回顾红色历史的脉络，或以对话方式展现传统文化之美，或以导读形式体现阅读之趣。思政微课“小而美”“小而精”的特点，符合互联网时代学员的学习习惯，吸引了众多军休干部，他们足不出户在手机上学习新思想、掌握新理念，主动撰写学习心得，积极为思政微课点赞。截至目前，思政微课共推出 116 讲，覆盖了约 23 万人次学员。

4.“显隐”相结合，探索课程思政新格局

为了贯彻落实习近平总书记关于上好大思政课的重要指示，通过课程思政立德树人，上海军休老年大学加强教学设计，构建课程思政新格局；加强元素开发，打造课程思政新课堂：一方面开发全新思政课，旗帜鲜明地讲政治、学理论，把显性教育落到实处，另一方面注重挖掘各类课程中蕴含的思政元素，

将思想政治教育内容有机融入课程教学的各环节、各方面，使学员在潜移默化中受到教育和感染，润物细无声地聚思想、强共识，实现“隐性”的思想政治教育。朗诵班学员用心排演《长征组歌》，深化对党史的学习；合唱班学员动情高歌《党啊我想对你说》，抒发对党的热爱；国画班学员挥毫泼墨，赞美伟大的抗疫精神；钢琴班学员深情弹奏《青年参军》，重温军人的革命传统。

（二）实践教学：作用发挥与育己育人的联动互促

军休干部是党和国家的宝贵财富，是一座蕴含着闪光精神的红色富矿。习近平总书记多次强调，要把红色资源利用好，把红色传统发扬好，把红色基因传承好。安置在上海的一万余名军休干部，来自各大军、兵种，每个人的人生经历都承载着鲜活的革命历史，都见证着民族复兴的奋斗历程，他们身上的政治优势，是社会方方面面迫切需要的鲜活的思政教材。市军休老年大学拓展资源、搭建平台，让军休干部走出去，以自身经历为全社会思政教育出力，在贡献社会的过程中也不断汲取养分、提升自己，实现了育己与育人的双赢。

1.“戎光印记”——口述历史

为了深入贯彻落实习近平总书记“希望老同志们继续发光发热，结合自身革命经历多讲讲中国共产党的故事、党的光荣传统和优良作风”的精神指示，2021 年，上海军休老年大学与复旦大学历史系启动军休干部口述历史合作项目，历时两年，完成了对 20 名荣获过一等功或相当荣誉的军休干部的口述历史专业访谈，并汇编成书，举行首发式。这一项目中，复旦历史系学生与 20 名军休干部结对，通过访谈军休干部、整理口述材料等，得以亲身接触鲜活历史，在史学研究的实践中接受了生动的红色教育。汇编出版的书籍记载、传播着军休干部的光荣事迹，为全社会开展红色教育提供了不可复制的珍贵教材。

2.“社区政委”——基层治理

习近平总书记指出：“管理和治理一字之差，体现的是系统治理、依法治理、源头治理、综合施策。”2022 年，上海军休老年大学启动“社区政委”项目，即选派一批军休干部进社区担任编外政委，采用“助力党建＋参与自治＋关心下一代＋志愿服务”模式，并结合实际设立工作室（站），开发特色服务平台，推动军休干部在城市治理中成为方针政策的倡导者、思政教育的推动者、红色基因的传播者、共建共治的践行者。这是上海结合军休干部特长优势，着眼社区治理需要进行探索的创新做法，在促使更多的军休干部融入基层治理、为上海人民城市建设出力的探索上迈出了重要一步。

3.“红色宝藏”——大思政课

2023 年，为了全面学习贯彻党的二十大精神，深入开展学习贯彻习近平新时代中国特色社会主义思想主题教育，上海军休老年大学深入挖掘军休干部资源，在军休干部中征集“红色物件”“红色宝藏”故事，各军休服务管理机构同步组织军休干部开展“红色宝藏”主题党日活动。同时，军休干部走进校园、社区、公园、部队进行“红色宝藏”故事分享，成为军休基层党组织开展主题教育的生动案例。八一建军节前夕，经对千余个“红色宝藏”图片和故事进行精心遴选，选取了不同时代背景的 6 组“红色宝藏”故事进行全方位打造，搬上舞台，由军休干部与少先队员以艺术的形式进行演绎并同步网络直播，为全社会上了一堂具有军休特色的大思政课，观看总人数达 105 万人次。

四、上海军休干部思政教育的体会

（一）成效

上海军休老年大学多形式、多维度推进思政教育，把对军休干部的思政教育作为首要任务来抓，体现了军休老年大学的独特职能，经过近几年初步探索，收获了一定成效。

1. 让学员在春风化雨中凝聚思想、统一认识

无论是课堂内的教学，还是实践中的教育，其目的都是让军休干部学有所成、学以致用。从近几年思政教育的探索中，笔者感到，讲政治不代表枯燥无味，越是有温度的思政教育越是能吸引军休干部。讲座季季开、党史月月讲、

时政半月谈、微课周周推，不同频次、不同形式的思政课程满足了军休干部共性化和个性化学习需求，为他们提供了充分的选择空间，让每一名学员都能找到适合自己的学习方式。常态化的、定时定点的课程安排，把思政教育春风化雨般地融入军休干部的日常生活中，潜移默化地发挥着教育引领作用，确保了军休干部队伍凝聚思想、统一认识，更加坚定拥护“两个确立”、坚决做到“两个维护”，不断提高政治判断力、政治领悟力、政治执行力。比如，在2022年上海封控居家期间，军休老年大学以课程思政为抓手，以常态化线上思政教学为载体，有力地发挥了思政引领作用，帮助军休系统消除杂音、统一思想、凝聚共识，形成齐心协力抗击疫情的强大力量，体现了知识传授、兴趣培养和价值引领相统一、显性教育和隐性教育相统一的课程思政本质内涵。

2. 让学员在实践教育中教学相长，贡献社会

上海军休老年大学积极搭建平台，连接社会资源，鼓励和引导军休干部充分发挥老党员先锋模范作用，军休干部学员将思政课堂所学转化为强大实践动能，在社区服务、公益志愿、思政教育等方面担当作为。尤其是许多有专长的军休干部，在军休老年大学的组织下走上学校、企业、部队的讲台，成为思政课堂的施教者，为推动全社会思政教育贡献军休力量。“红色宝藏”大思政课、口述历史项目、“社区政委”等思政教育路径的探索，是军休干部以自身革命经历引导青年一代的重要实践，是挖掘军休干部政治优势、弘扬红色精神的有力举措，是以老带新、让信仰在参与中传承、在传承中发扬的有效做法，也是新时代背景下军休老年大学对接社会资源，发挥军休干部积极作用反哺社会的有益探索。同时，这更是军休干部自我学习、自我教育、自我提高的过程，对军休干部和社会而言，都体现了积极的时代意义。

（二）不足

1. 创新力度有待加强

虽然目前思政教育取得了一些成效，但在新时代背景下，上海军休老年大学思政教育的载体比较单一，形式还不够丰富，对互联网新技术的利用还不够

充分，思政内容与军休干部实际生活的紧密程度还有欠缺，对学员的吸引力还需进一步提升。

2. 课程设计不够完善

思政课程设计不够完善，目前还是以讲师理论知识的单方面输出为主，课程的总体目标不够明确，对学员的需求了解不够具体、不够透彻。评估反馈机制还未健全，对于思政课程是否发挥了应有的效能尚不能准确统计。

3. 平台搭建不够广阔

军休干部队伍中各类人才资源非常丰富，对这部分人力资源的再发挥、再利用，是军休老年大学下一步需要重点思考的课题。目前虽已建设了部分作用发挥平台，但对于上海军休干部人才资源总量来说还远远不够，未来要在这方面多有作为。

五、完善军休干部思政教育路径的思考

（一）强化课程思政协同

习近平总书记强调，“大思政课我们要善用之，一定要跟现实结合起来”，“思政课不仅应该在课堂上讲，也应该在社会生活中来讲”，思政课要自觉将课程知识与现实生活相结合，将理论知识与实践生活相融入，把课程知识与生活场域相连接。要打造专业思政教育教师队伍，在新时代背景下，借助“互联网+”，研发更丰富的授课方式、内容，进一步激发军休干部对思政学习的兴趣。要更加注重课程思政与思政课程协同育人，完善由思政课程、专业课程显隐结合、功能互补的课程体系，充分挖掘各类课程中蕴含的思政元素，将思想政治教育内容有机地融入课程教学的各环节、各方面，使学员在潜移默化中受到教育和感染，实现润物细无声的思想政治教育。

（二）健全课程评估系统

一方面，尽快建立健全系统完善、科学规范的评估和学员反馈机制。一是加强思政课程建设，深化思政课教学改革，提高课程质量。二是设置科学的课程评估体系，可包括课程的目标是否明确、是否匹配学员的特征属性、内容是否全面等指标，并根据实际情况和反馈不断优化评估体系。三是完善学员反馈机制，可采用课后问卷、座谈会、个别交流等方式，了解学员对课程内容、教学方法、教师表现等进行评价和反馈，结合学员反馈优化课程方案设计，加强军休干部思政教育成效。

另一方面，注重搭建学以致用平台，给学员提供分析讨论、沟通交流的机会，互相启发学习。适当组织与课程内容相关的实践活动，如社会调研、研学等，让军休干部产生学习动力。

（三）完善顶层设计规划

要进一步发挥军休老年大学在促进军休干部作用发挥方面的职能，持续挖掘军休系统政治优势、盘活军休干部红色资源。建议加强顶层设计，市区两级进行科学统筹、合理规划，凝聚各军休机构及军休干部，形成合力。同时，要重视军休干部作用发挥项目的可持续性和后续延展性，以进一步扩大军休干部思政育人的社会效能，持续将军休红色资源转化为理想信念教育的生动教材，让更多军休干部成为大思政课堂的施教者，教学相长、薪火相传，为全社会思政教育提供榜样示范。要撬动更多社会资源，对接社会需求，深入探索与其他系统共建共享思政教育新模式的方法、路径，联动互动、实现双赢，为老年教育事业做出更大的贡献。

相关政策文件

1.《退役军人事务部等 6 部门关于进一步提升移交政府安置的军队离休退休干部

服务管理水平的通知》，2020 年 11 月。

2. 退役军人事务部下达的《退役军人事务部关于开展“军休大学”创建工作的通知》，2021 年 3 月。

3.《中共中央 国务院关于加强新时代老龄工作的意见》，2021 年 11 月。

4. 上海市政府印发的《上海市教育发展“十四五”规划》，2021 年 8 月。

5. 退役军人事务部等 6 部门印发的《关于进一步做好移交政府安置的军队离休退休干部养老服务工作的通知》，2022 年 8 月。

新时代老年大学思政教育的规律及其方法的把握

李　宋①

【摘　要】老年教育是我国教育事业和老龄事业的重要组成部分，也是终身教育的最后阶段。习近平总书记强调指出："老年是人的生命的重要阶段，是仍然可以有作为、有进步、有快乐的重要人生阶段。"这是对老年大学办学目标的集中阐释，是我们办好老年大学的根本遵循。党的十八大以来，党中央始终坚持把学校思政课建设放在教育工作的重要位置，党对思政课建设的领导全面加强。老年大学同样是老年人思想政治教育的重要阵地，"政治建校"是第一要求。老年大学首先要发挥政治功能，把政治理论作为必修课，通过开设政治学习课程、辅导报告、专题学习、政策辅导等，学习贯彻习近平新时代中国特色社会主义思想，宣传党的路线、方针和政策，切实增强老年学员的政治认同、思想认同、情感认同，激发晚年政治热情，永葆政治坚定、思想常新、理想永存。

【关键词】老年大学；思政教育；规律；方法

一、由问题引发的对教育规律的思考

国务院办公厅印发的《老年教育发展规划（2016—2020年）》《加快推进教育现代化实施方案》等明确要求，积极开展老年人思想道德、科学文化、养生

① 李宋，上海老龄大学校长。

保健、心理健康、职业技能、法律法规、家庭理财、闲暇生活、代际沟通、生命尊严等方面的教育，帮助老年人提高生活品质，实现人生价值。根据对全国部分省、市、县老年大学，以及有关地区的相关街镇老年学校课程设置情况的研究，目前，老年大学的书画、舞蹈、中西医保健、声乐、计算机应用等 5 类专业设置比较普遍，其他课程的设置大多集中在文学历史、英语、钢琴、太极拳、民族器乐、摄影摄像、戏曲、健身操、电子琴、烹饪等方面，思政教育类课程设置比较少，有的甚至没有。究其原因，大多反映目前设置思政课由于缺乏系统的课程设计和稳定的师资队伍，难以吸引学员。据调研，老年学员，特别是老党员、老干部有很强的政治性，也很想深入、系统、全面学习领会党的创新理论，问题是我们现在缺乏适合老年人学习的教学课程和教学模式，大家普遍认为教学的针对性有待加强。由此引发对老年大学如何把握思政教育规律的思考。

老年教育作为终身教育的后期阶段，老年朋友接受教育不是为了人生打基础的义务教育，其接受教育的目的也不是为了升学、就业、晋级和升职等，而是面对逐渐衰减的生理功能、退休后社会角色的变化以及缺乏自信的心理状态，以增长知识、丰富生活、促进健康，从而达到提升生命价值和生活质量的目的。老年大学作为老年教育的重要载体，其课程主要以协助老年人了解自我、认同自我，认识生理衰老，形成对生命价值的理性认知方面的内容为主。为此，老年大学必须把握老年大学加强思政教育的规律。

（1）加强老年大学思政教育必须提高政治站位。老年教育作为终身教育的最后一站，是积极应对人口老龄化、健康老龄化的重要途径，更是践行社会主义核心价值观，提高全社会老年群体文明程度，增强中华文明传播力、影响力的一个重要文化阵地。要坚持以党的二十大精神为指导，带着责任感、使命感，牢牢把握老年教育“姓党”“为老”的政治属性和社会属性，贯彻落实习近平总书记“让老年人融入智慧社会”的要求，坚持鲜明的政治方向和正确的办学导向，坚持以人民为中心的发展理念，不断契合提高老年群体政治和文化生活质量的需求，加强顶层设计，大力推进老年大学思政教育的步伐，努力构建线上与线下互补短板，探索全方位、立体式教学服务模式，厚植发展优势，不断破解发展难题。

（2）加强老年大学思政教育必须增强教育自信。从教育的属性看，思政教育并非由思想政治理论课独立承担，一切课堂活动均应承担起价值引导、知识传授与能力培养的功能，所有老师均应承担起教育学员的职责。“欲人勿疑，必先自信。”老年大学要转变思想观念，立足老年学员的实际，增强办好思政课的信心。加强老年大学思政教育，必须坚持质量和效果至上的理念，既要直面党建工作新使命、老年学员新需求、教育态势新变化，又要充分发挥老年教育阵地、服务基地、示范窗口的作用，把自己摆进去、把职责摆进去、把工作摆进去，悟原理、明方向、强动力、学方法，切实把加强思政教育转化为创造性地开展各项教学工作，完成教学任务，做到既为一域增光、又为全局添彩。

（3）加强老年大学思政教育必须坚持问计于老人。老年大学开展思政教育，其主要对象是老年学员，如何有效开展思政教育，应当立足老年学员这一特殊群体的实际，摸清底数、了解需求、有的放矢，有针对性地深入谋划、有效开展。可以通过召开老年学员座谈会、问卷调查、意见征集等形式，积极回应老年学员的关切；对于老年学员思政教育课程设置、教学内容的安排，也不能“一刀切”，采用一个模式、一个路数，应针对不同年龄、学历、身体状况等区别对待，分层次进行，即使是同一内容，也要在教学时间上、形式上、对象上有所不同，使之更加切合老年学员的实际，这样才能达到应有的教学效果，推动思政教育走深走实、入心入脑，落地见效。

二、老年大学开展思政教育的有效方式

习近平总书记指出：“新时代新征程上，思政课建设面临新形势新任务，必须有新气象新作为。”思政教育是整体的，是对人全方位、立体式的影响。创新老年大学思政教育的方法，既要结合老年大学办校宗旨，又要立足两个“实际”：一要立足于老年大学加强政治理论教育作为必修课必须精心设计，增强教育的指导性；二要立足于老年学员接受教育的心里特征和生理特征，增强教育

的针对性，积极探索加强和改进思政教育的有效形式和途径，使党的创新理论在潜移默化中被更多老年学员入耳、入脑、入心。

（1）课程式。即以专门课程或讲座的形式开展思政教育。课程式思政教育是长期以来传统的教学模式。新时代老年大学课程式思政教育，如何有效运用、落地见效，关键是要实事求是、有针对性开展。一是抓好“第一课”。即每学期的开学典礼，旨在引导老年学员和教职员工紧跟形势任务，主动地接受思政教育。进一步增强“四个意识”、坚定“四个自信”、做到“两个维护”，明确“两个确立”的重大意义；二是抓好“公开课”。通过“公开课”的形式，旨在为教师搭建一个交流的平台，提供一个互相取长补短的机会，从而提高教师们思政教育的水平和专业技能；旨在激发老年学员的学习兴趣，引导老年学员自觉听课学习、积极座谈讨论。三是抓好“课前课”。即利用课前 10 到 20 分钟时间，组织开展思政教育。“课前课”灵活性、机动性强，能够起到专门专题思政教育所达不到的效果，关键要系统谋划、持之以恒。

（2）融入式。即将思政教育融入教学全过程。思政课的重点在于系统，焦点在于融入。老年大学思政教育的核心理念，不是靠增开一门课，也不是凭增设一项活动来达成，而是要将思政教育融入教学各环节、各方面，与老年学员的专业课程“同向同行”“互有你我”，从而构建起以思政教育为核心、综合素养课为支撑、专业教育课为辐射的思政教育体系。因此，必须坚持用习近平新时代中国特色社会主义思想凝心铸魂，以政治认同、国家情怀、文化素养、道德修养为重点，将社会主义核心价值观的要求、实现中国民族伟大复兴中国梦的使命担当贯穿各门课程的教学中。比如：结合学习党的创新理论，学校可以分步骤、有针对性地对教材进行修订，及时将党的创新理论成果进入教材；引导授课教师将党的创新理论有机融入课程，与老年学员的学习兴趣、学习内容有机统一起来。

（3）专题式。即专门在党员群体中开展思政教育，影响和带动非党员学员。老年大学一般党员占比都比较高，应根据党内有关规定建立临时党组织。通过党的组织开展思政教育是很好的形式，即通过“三会一课”、主题党日等组织生活形式，开展专题式的学习教育，并引导老年学员党员高质量过好组织生活，影响和带动非党员老年学员，必要时吸收非党员老年学员列席并参与到党组织的活动中来。有的老年大学根据形势任务要求，定期邀请党校、高校等有关专家，多时段、多批次、多层次为老年学员举办理论讲座，引导老年学员深入学习贯彻党的创新理论，进一步激发老年学员的学习兴趣和学习积极性。

（4）渗透式。即通过充分利用学校隐性资源开展思政教育。从实际情况看，每所老年大学都具有各自独特的不可复制的校风、校训、校歌和校史文化，校风校训校歌是学校理念、学校精神、学校教学，以及价值取向等的高度凝练，是学校悠久历史和优秀传统文化的一种高度浓缩，也是师生员工共同遵守的行为规范，而且校风校训既精练高雅，又能准确反映学校的育人宗旨和办学方向；校史真实且客观地记录了学校的发展历程，同时也体现了学校的精神文化和风格特色，是校园文化建设的重要内涵和发展载体。学习、理解和掌握校风、校训和校史，既能优化思想政治理论课的教学内容供给，还能通过生动宣讲校史文化精神，使学员的思想情感在吸收知识的过程中得到升华，使各种思想道德修养内化于心、外化于行，做到知行合一。

（5）挖掘式。即充分挖掘专业课程中的思政元素从而达到思政教育的效果。从教育的属性看，思政教育不能局限于思政理论课，思政教育也并非由思政理论课独立承担，所有课堂均应承担价值引导、知识传播和能力培养的功能。思政教育具有鲜明的意识形态，具有突出的教化功能，这是思政教育的显性课程。老年大学专业课程，是老年学员的必修课，也是选修课，这些课程当中同样具备思想政治教育的属性，属于隐性的思政内容，具有润物细无声的功效。因此，要尊重思政教育的特点和规律，充分发挥专业学科优势，深入挖掘不同专业课程特点的“思政资源”，深度拓展思政教育的教学内容。所有老师均应担负起思政教育职责，发挥好思政教育在价值引导中“群舞中领舞”的作用和“共舞共振”效应。

（6）进入式。即将思政教育内容进入微信群。随着城市的数字化转型，微信早已进入“寻常百姓家”。通过将思政课程的视频、音频、文字材料，系统、全面、常态化地进入微信群，引导老年学员自主学习。老年大学可结合思政教育实际，通过购买，或通过各地党建服务中心远程教育平台、学习强国等精选《习近平新时代中国特色社会主义思想学习纲要》《习近平谈治国理政》《论中国共产党历史》《新时代新经典》等视频和音频资料，精心剪辑制作系统性的学习素材，每个3—5分钟不等；根据形势任务和实际需要，及时整理习近平总书记的最新讲话精神发送各班级、各系群主，并分享到学员微信群供大家学习。同时，通过鼓励撰写观后感、听后感、学后感等形式，加深强化对思政内容的学习理解。

（7）表演式。即通过寓教于乐的形式开展思政教育。思政教育形式丰富多彩，最常见的就是集中学习教育、理论灌输，我讲你听、组织讨论等，事实证明这种传统的形式是经常的，也是必须的。同时，还可以通过艺术创作、文艺展现，使老年学员在现场教学，互动交流、情景模拟等生动场景中，深入学习贯彻习近平新时代中国特色社会主义思想、深切感悟党的创新理论思想伟力。

国际老年教育发展
与我国老年教育实践比较研究

郜利宁[①]

【摘　要】人口老龄化已经成世界各国普遍存在的社会现象，我国人口老龄化形势也日益严峻，老年教育作为积极应对人口老龄化的重要手段被全球关注。本文将通过国内外老年教育发展历程、教育模式和发展趋势对比，在比较视角下，总结我国老年教育发展优势与发展方向，学习借鉴国外老年教育发展经验，为推动我国老年教育高质量发展做有益探索。

【关键词】老年教育；积极老龄化；国际经验；发展趋势

一、引言

21 世纪是全球人口老龄化的世纪。2025 年，全球 60 岁及以上人口总数将达到 12 亿左右。据联合国统计资料显示，2015 年全球近一半的国家人口老龄化，到 2050 年，这一数字将超过 80%。我国老龄化情况同样日益严峻，第七次全国人口普查显示：截至 2020 年 11 月 1 日，60 岁及以上人口为 26401.9 万人，占人口总数的 18.7%。预计到 2040 年，我国 60 周岁及以上老年人口占比将超过 28%。在全球老龄化程度日益加深的背景下，如何做好“积极老龄化”已成为世界共同关注的话题和热点，老年教育可以帮助老年人丰富生活方式、提升

① 郜利宁，河北省石家庄市老年大学教务科二级主任科员。

生活质量、完成角色转变、实现社会价值，已经成为全球应对老龄化的重要手段。

国外老年教育起步较早，美国老年教育在 20 世纪 50 年代已经进入萌芽期，1949 年，由全美教育协会成人教育部成立老龄化教育委员会。1973 年，法国图卢兹老年大学成立，世界第一所“第三年龄大学”机构成立，很快老年大学概念在全球兴起。经过近 80 年发展，各国根据不同历史、文化和社会等因素不同，逐渐形成了以高等教育机构、民间机构、公益团队、宗教团体等为主体，多元化且各具特色的办学组织体系。我国第一所老年大学于 1983 年在山东成立，经过 40 余年发展，全国各类老年大学（学校）已达 76296 所，已建成全球此类大学最多的国家。党的十八大以来，各级政府对老年教育加大投入力度，迎来了老年大学发展新热潮，我国老年教育已经初步形成了一个全方位、多层次、多学科、多功能、开放式的教育教学体系。

二、国内外老年教育发展历程比较

国外老年教育发展大致分为三个阶段，萌芽阶段、兴起阶段和发展阶段。

以美国老年教育发展为例。第一阶段，20 世纪 50 年代美国老年教育进入萌芽阶段。当时美国的老年人口并不多，对学习的需求没有那么迫切，而且由于社会主流思想认为当下任务应该以培养在职人力资本为主，把资源投到老年教育是一种资源浪费。老年教育在这个阶段处于边缘化和萌芽状态。第二阶段，1962 年美国成立退休协会，该学会建立首次把老年教育独立出来，极大地推动了老年教育的发展，随之而来的是 1965 年美国联邦政府出台了《高等教育法》《美国老年人法》，以立法的形式确定了老年人接受教育和社会相关服务的权利。之后《成人教育法案》的颁布实施，规定了联邦政府拨款给州和地方教育机构或者其他公私立非营利机构，向读说能力有限且居住在与其原有文化不同地区的老年人提供教育机会等。密集的老年教育相关政策法案的出台，推动老年教育进入兴起阶段。第三阶段，1971 年，第二届老龄会议召开，这次会议首次提出老年人教育需求分类理论，促使美国老年教育以社会服务为主，转变为帮助老年人实现自我价值，帮助社会各个年龄层提供有品质的教育机会，以进行终身学习等。

我国老年教育发展也大致分为三个阶段：初始阶段、探索阶段和高质量发展新阶段。

（1）初始阶段。1983 年，全国第一所老年大学——山东红十字会老年大学诞生，我国老年教育进入初始阶段，这一阶段老年教育机构为自发创办，以服务消遣、娱乐为主。

（2）探索阶段。20 世纪 90 年代开始，我国老龄化趋势不断加剧，各类相关政策开始纷纷出台。1994 年，我国制定了《中国老龄工作七年发展纲要（1994—2000 年）》，提出了在全国开展老年教育的预定目标。1995 年，《中华人民共和国教育法》颁布实施，规定在全国“建立和完善终身教育体系”；1996 年颁布的《中华人民共和国老年人权益保障法》规定：“老年人有继续接受教育的权利”“国家发展老年教育，鼓励社会办好各类老年学校”。老年学校如雨后春笋，不仅在数量上迅速增加，而且使老年人的知识结构从养生领域向参与社会领域不断扩展。

（3）高质量发展阶段。进入新时代，老年教育迎来了高度重视和发展阶段。2016 年 10 月，国务院办公厅印发《老年教育发展规划（2016—2020 年）》，明确指出，老年教育是我国教育事业和老龄事业的重要组成部分。2019 年，中共中央、国务院印发《国家积极应对人口老龄化中长期规划》，提出：通过提高出生人口素质、提升新增劳动力质量、构建老有所学的终身学习体系，提高我国人力资源整体素质。2021 年 11 月，《中共中央 国务院关于加强新时代老龄工作的意见》指出，加强党对老龄工作的全面领导，将老龄事业发展纳入“五位一体”总体布局和协调推进“四个全面”战略布局，实施积极应对人口老龄化国家战略。

三、国内外老年教育模式比较

由于历史、文化和社会情况发展的不同，各个国家都有各自相异的老年教育模式。根据办学组织、管理模式和师资结构等方面的不同，办学模式总的分为法国模式、英国模式和中国模式。

（1）法国模式。法国作为老年大学的发源地，其教育模式的最大特点是：高校办老年大学。将老年教育纳入国家教育体系。老年大学的师资、设备、经费均由政府预算解决，对于会员只是象征性地收取部分费用。从教育管理方式来看，法国老年大学积极发挥高等教育机构作用，通过课程、师资、设备共享，来推动老年教育结构的运行。

（2）英国模式。20 世纪 80 年代，第三年龄大学概念传至英国，然而具体的创办主体和管理理念与法国模式却不相同。从创办主体来看，英国第三年龄大学都是独立融资和自我管理机构。从经费来源看，政府对于此类大学并不作政府预算和拨款，经费主要来源于慈善机构的捐款、非政府组织和民间组织募集。从教育管理方式来看，英国政府和高等教育机构不参与老年大学的管理和教育工作，但是鼓励各行各业开办老年大学，自主选举的管理委员会由志愿者统筹安排与管理，或组建信托公司进行管理，充分实现“自主办学”“自主学习”“自主管理”的非政治价值取向、非宗教价值取向的互助模式。

（3）中国模式。党政主导、政府职能部门直接办学是我国老年教育的鲜明特色。据相关数据显示，我国老年教育机构 70% 以上是党政部门公办的，校舍建设、师资、设备等纳入政府预算和经费。虽然也有社会民营老年大学，但政府部门办学是主体。党政主导类老年教育机构：党委主导，老干部局主办，占全国老年大学数量的 71.4%。政府主管：主要为老龄、教育、文化、民政几个政府组成部门主办管理。社会办学、自主管理：社会力量联合办学，例如，宁波江东社区学院联合百丈街道老年教育中心联合创办老年大学。民间自主福利办学，如广州市岭海老人大学创办于 1984 年，属民间社团办学性质。另外还有部门主管经费自筹、军队自主管理等教育模式。

四、国内外老年教育发展趋势比较

（1）国外老年教育发展的一个重要方向就是积极开发老年人力资源。

以日本为例，日本是全世界老龄化程度最严重的国家，据日本《高龄社会白皮书》统计，日本 2020 年 10 月 1 日总人口为 1.2571 亿人，其中 65 岁及以上的老年人为 3619 万人，占总人口的 28.8%，人口老龄化带来了人力资源储备不足、养老金社会资源供不应求等问题，在人口结构失衡、财政压力以及老年人的就业需求等因素的综合影响下，日本开启了老年人力资源的开发之路。在拓展老年人力资源过程中逐渐发现，教育是开发人力资源的有效途径。因此，日本老年教育的发展趋势是开发人力资源，围绕增进健康、延缓退休、促进就业等方面，加大政府政策的支持和相关配套细则的制定和实施。

（2）我国老年教育的重要发展趋势为向现代化老年教育方向发展。

经过 40 年发展，我国老年教育在课程体系建设兼顾多元化特色化，教学更加有特色和适应时代发展；信息化和智慧校园建设，普及完善，5G 智能校园建设推出各类管理云平台、数据云平台、教学资源云平台，助力老年教育向信息化数据化方向推进；学术科研力度加大，据老年教育发展报告显示，2010—2020 年间，学者发表老年教育中文学术期刊论文共计 1007 篇，呈现理念递增趋势，推进老年教育纵深发展；老年教育向带动和促进银龄经济发展。2024 年 1 月 15 日，国务院办公厅印发《关于发展银发经济增进老年人福祉的意见》，是国家层面第一次出台以银发经济为主题的专项政策，针对发展银发经济进行前瞻性、战略性布局。通过老年教育，在提升老年人身体和心理健康的同时，潜移默化地改变着老年人生活理念和消费方式，丰富其社会经济活动，创造社会价值。因此，构建现代化老年教育发展体系，给现代老人以更多的安全感、幸福感，成为我国老年教育一个重要发展趋势和最终目标。

五、比较视角下我国老年教育的发展优势

（1）国家高度重视，践行积极老龄观。

随着老龄化形势的加剧，老年教育作为应对老龄化的措施被提到了国家战略层面，因而得到了党和政府高度重视。特别是2016年以来，涉及老年教育的多项政策、规划、意见密集出台。2016年，国务院办公厅印发《老年教育发展规划（2016—2020年）》、2017年，国务院印发《国家教育事业发展“十三五”规划》、2019年，国务院印发《国家积极应对人口老龄化中长期规划》、2020年，教育部印发《国家开放大学综合改革方案》、2021年，中共中央、国务院印发《关于加强新时代老龄工作的意见》、2023年，中共中央办公厅、国务院办公厅印发《关于推进基本养老服务体系建设的意见》，老年教育国家层面顶层设计不断充实和完善。

（2）齐抓共管，形成合力。

国家高度重视老年教育，通过制度建设和顶层设计推动老年教育快速发展，政府各有关部门按照职责分工形成抓老年教育合力。与此同时，社会多方力量汇聚到老年教育领域，多措并举，齐抓共管，形成了教育合力。

首先是地方政府积极对接和落实国家政策。在国务院办公厅发布《老年教育发展规划（2016—2020年）》之后，各地积极制定出结合本地老年教育发展特色的细则、条例和实施意见等，加快发展本地老年教育事业。例如安徽省在2020年制定《安徽省老年教育条例》、山东省在2021年制定《山东省老年教育条例》、贵州省在2022年制定《贵州省老年教育条例》。其次是中国老年大学协会积极发挥协调组织作用，在全国老龄办和中国老龄协会的领导、指导下，统筹资源，凝聚力量，促进老年教育教学、科研、信息化建设等各项工作再上新台阶。最后是社会企事业单位延伸尝试业务范围，通过共建共享合作办校、建立企业研学基地等方式参与进老年教育行列。

（3）丰富教学资源，建立起特色系统化课程体系。

我国老年教育起步较晚，但发展迅速。老年教育机构为全球规模最大。全

世界共有 12 万多所老年大学，而我国有一定规模的就有约 8 万所，占世界 2/3；教育网络布局面广，我国老年教育形成了省、市、县、乡镇、村均有老年大学的全方位、多层次、多形式的老年教育机构网络；课程体系完善，经过 40 多年的发展，我国老年教育形成具有 15 大门类、61 个专业、298 门课程的较为完整的教学体系。中国老年大学协会推出的 5 本通识类教材，指导各地老年大学不断丰富课程类别，加大特色课程开发，全方位、多层次、多学科的老年教育立体课程体系基本形成。

2024 年，国际老年大学协会主席弗朗索瓦·维拉斯教授一行来到中国，参观老年教育发展情况时，我国老年大学完善的教学设施、丰富的课程设置和办学成果给维拉斯留下了深刻印象，他对我国老年教育事业的发展表示高度赞赏和肯定。

六、比较视角下我国老年教育发展可借鉴的经验

（1）加强理论研究，形成理论体系。当前，我国学术界关于老年教育理论的研究整体是在西方的理论框架内进行的，结合本地特色不够明显，缺乏整体、系统性关于习近平新时代中国特色社会主义老年教育相关理论的研究论证。在制度层面上，关于新时代中国特色社会主义老龄化工作的相关法律法规、制度文件、理论研究已趋于成熟，但是在老年教育这一细分领域仍缺乏统一性的理论总结和成果展示。中国老年教育自诞生以来发展迅速，从实践上取得了丰硕的成果，需进一步加强理论总结，提升理论体系建设水平。

较早步入老龄化社会的美国在老年教育理论发展方面比较成熟。自 20 世纪 50 年代以来，美国已经开启理论研究，脱离理论、活动理论、生产性理论、积极老龄化理论等适时提出。理论来源于实践，根据老年教育发展的不同阶段形成不同理论，也构成了老年教育发展的理论体系，对于了解本国老年群体发展的时代特点、社会需求、指导老年教育事业进一步发展具有重要意义，我国在加强理论建设方面仍需加大力度。

（2）重视多元化办学高效合作。我国的老年教育事业以政府提供服务为主，与

此不同的发展模式为英国模式，英国模式注重多元化办学，鼓励社会力量多方参与。其优势一方面可以减轻政府投资压力，另一方面可以整合社会专业资源，形成合力，更加高效地完成教学和实践活动。

境外多层次老年教育机构还包括社区开设、政府购买服务、企业开设政府扶持等形式。例如，美国社区老年大学是非营利性质的社会组织，资金来源主要有基金会的慈善捐款、政府资助与学员少量缴费。多层次教学机构在资金筹措方面充分发挥了社会力量，同时丰富了办学机构，有效补充了教育资源。

我国老年教育市场化的多元服务仍有较大的“蓝海”空间。继续提升政府老年教育公共服务的同时，应充分支持社会力量进入老年教育领域，在细分市场上提供更具针对性、个性化、专业化的服务，最终形成以政府提供优质服务为基础、市场化老年教育服务百花齐放的局面。高校应进一步敞开为老年人办学的大门，各老年大学也应注重加强与其他社会力量的合作，丰富办学形式，拓展教育成果，在不断探索中不断优化办学模式。

（3）探索老年教育促进人力资源建设。随着老龄化程度的不断加剧，我国老年教育的发展思路与服务社会理念也将发生深刻变革，面向人力资源建设的新型老年教育应尽快进入学界的研究实践范围。

日本作为全球老龄化程度最严峻的国家，其老年教育非常重视老年人人力资源培养与开发，鼓励老年人学习各类技能和知识，积极参与社会建设。日本成为世界上第一个在国家法律层面确定终身学习模式的国家，在 1990 年，日本就制定了《终身学习振兴法》，从国家层面确立终身学习制度。老年人在参与社会建设和服务中，成功融入社会，得到社会的认可与肯定，为社会作出贡献的同时，也实现了自我价值，有益于老年人身心健康发展和社会和谐稳定。

凡事预则立，作为人口大国，在未来数十年内，我国面临的老龄化程度和劳动力短缺问题将日益严峻，随着延迟退休等政策的逐步推进，加强老年人的人力资源开发管理也将成为紧迫的社会课题。面向人力资源建设的老年教育应提前布局，从法律法规、政策制度到课程体系建设等探索实践都应结合时代特征逐步推进完善。

乡村振兴视域下农村老年教育发展问题及策略研究

——以济南市章丘区双山街道三涧溪村为例

李庆国[①]

【摘 要】农村老年教育是我国老龄事业和教育事业不可或缺的重要组成部分，更是全面实现乡村振兴的应有之义。新时代乡村振兴战略背景下，农村老年教育在产业升级发展、人力资源开发、传统文化传承、生态环境保护、乡村基层治理等方面发挥了重要作用。然而，当前农村老年教育存在政策保障缺失、管理机制缺位、思想认识不足、城乡资源失衡、需求定位不准、家庭条件受限等问题。本文以三涧溪村的实践研究为个案，结合章丘区在农村老年教育方面的经验做法，以促进农村老年教育的可持续发展、为全面推进乡村振兴提供重要支撑为目的，针对性地提出了健全政策法规保障、理顺管理运行机制、强化资源协同供给、优化教学内容和形式、创新学养融合模式、构建多元参与格局、完善考核评估机制等措施。

【关键词】乡村振兴；农村老年教育；策略研究

农村老年教育是针对农村老年人实施的有目的、有计划、有组织的教育活动，是终身教育体系的最后阶段。农村老年教育是提高农村老年人的知识技能、

---

① 李庆国，中共济南市章丘区委老干部局办公室副主任。

身心健康、思想道德和科学文化水平的重要途径，也是全面实现乡村振兴、构建和谐社会的重要条件，它对于积极应对农村人口老龄化、提升农村老年人生活品质、建设学习型社会具有重要的作用。

“民族要复兴，乡村必振兴。”加快建设农业强国、全面推进乡村振兴，是以习近平同志为核心的党中央深刻把握我国国情，着眼全面建成社会主义现代化强国做出的战略部署，是新时代“三农”工作的总抓手，也是实现高质量发展的“压舱石”。习近平总书记在党的二十大报告中再次对推进乡村振兴作出了深刻论述和全面部署，为各行各业在推进乡村振兴中如何找准自己的位置并做出贡献，提供了明确的指导方针和基本遵循。农村老年教育应不断适应新时代乡村振兴战略需要，充分发挥老年教育的经济社会效应助力乡村振兴，努力形成具有中国特色的农村老年教育发展新格局。

一、三涧溪村老年教育发展现状

三涧溪村位于济南市章丘区双山街道，由三个自然村组成，全村 1160 户，3384 人，其中 60 岁及以上老年人 760 人，占 22.5%。2018 年 6 月 14 日，习近平总书记在山东考察时，专程来到三涧溪村，对该村以党建为统领，强化班子建设、推动产业发展、保护生态环境、汇聚人才资源、建设文明村风家风、壮大村级集体经济的做法进行了考察。习近平总书记同赵顺利一家围坐拉家常时，特别关切老年人的身体健康、家庭养老、精神文化生活等情况。

近年来，三涧溪村牢记习近平总书记嘱托，聚焦“党建引领乡村全面振兴”，以打造村级老年学校示范点为抓手，围绕老有所教、老有所学、老有所为、老有所乐等方面持续发力，通过成立三涧溪老年学校、建设老年活动中心、组建老年文化艺术队、挂牌“五老”工作室、启动文化康养项目等一系列措施，该村老年教育事业取得了长足进步，老年人获得感、幸福感、安全感不断提升。

本文综合问卷调查、座谈访谈、工作调研三种形式分别对三涧溪村“两委”成员、老年教育工作者以及老年学员进行了多渠道、多方面调研，通过收集的数据和反馈的结果显示，三涧溪村老年教育也存在学习活动场所受限、财政投入保障不足、师资队伍不稳定、教学内容形式单一、思想认识有偏差、参与度和积极性不高等问题。

二、农村老年教育助力乡村振兴的重要意义

党的二十大报告指出，“全面建设社会主义现代化国家，最艰巨最繁重的任务仍然在农村。坚持农业农村优先发展，坚持城乡融合发展，畅通城乡要素流动。”积极发展农村老年教育，既是实现农业农村现代化的重要任务，也是全面推进乡村振兴、加快建设社会主义现代化农业强国的必然要求。农村老年教育作为终身教育体系的重要环节，在推动产业升级发展、人力资源开发、传统文化传承、生态环境保护、乡村基层治理等方面都能发挥重要作用，为扎实推动乡村产业、人才、文化、生态、组织振兴提供宝贵的人力资源、智力支持和文化动力，对乡村振兴具有重要意义。

（一）农村老年教育是助推乡村产业兴旺的新动能

习近平总书记视察三涧溪村时强调：“农业农村工作，说一千，道一万，增加农民收入是关键。”产业兴旺是农民增收的“生力军”，而农村人口中从事农业生产活动的主要力量是中老年群体，农村老年教育通过提供各类农业知识和产业技能培训，帮助当地农民提升产业品质、扩大产业效益、发挥产业优势，推动乡村产业向多元化、高质量、可持续发展转型升级，加快构建促进农民持续较快增收的长效机制，让老年人在参与和推动乡村产业升级发展中找到属于自己的劳动价值。

（二）农村老年教育是培育乡土优秀人才的活源泉

习近平总书记视察三涧溪村时强调指出：“乡村振兴，人才是关键。”由于城市对农村人才的“虹吸效应”，农村青年人才不断流失，老年人成为农村地区

极为重要的潜在人力资源。农村老年教育通过建立老年乡土人才队伍，鼓励引导“田秀才、土专家”担任“顾问员、技术员”，可以提高农村老年人的综合素质和专业技能，同时他们在农村老年教育中积累的知识和经验能够传承给年轻一代，进一步促进乡村人才的培养和储备，盘活乡村人才“蓄水池”。

（三）农村老年教育是传承弘扬传统文化的主阵地

习近平总书记视察三涧溪村时要求：“要加强村规民约建设，移风易俗，为农民减轻负担。”老年人作为农村文化传播中的基石，在乡村文化传承中承担长者角色。农村老年教育除了传授老年人知识技能，还能结合当地历史人文和民俗民风等资源，传承和弘扬农耕文化、传统技艺、乡风文明等优秀传统文化，丰富乡村文化活动的多样性，加强乡村文化的凝聚力和吸引力，是培育健康文明乡风、提高乡村文明程度、延续优秀人文精神、培养文化传承人的重要保障和有效举措，为乡村文化振兴注入了新的活力。

（四）农村老年教育是践行绿色生态发展的结合点

习近平总书记指出：“要深入贯彻绿水青山就是金山银山的理念，把生态治理和发展特色产业有机结合起来，走出一条生态和经济协调发展、人与自然和谐共生之路。”生态振兴是乡村振兴的重要支撑，良好的生态环境是农村最大优势和宝贵财富。通过农村老年教育，培养和增强老年人的环保意识和生态观念，引导老年人积极参与美丽乡村建设、人居环境整治、生态旅游发展、农村生态保护，把农村的生态优势转化为发展优势、经济优势，为乡村生态振兴和绿色可持续发展贡献“银发”力量。

（五）农村老年教育是增强乡村组织凝聚力的新举措

习近平总书记视察三涧溪村时要求：“要把党的政策用生动通俗的形式宣传好，让广大群众听得懂、能理解。”老年人作为农村社会生活的重要组成部分，宣传好党的政策、传播好党的声音，激发农村老年群体对基层社会治理的积极性和主体性是乡村组织振兴的关键。农村老年教育贴近农村、贴近实际、贴近老人，能够推动党的政策理论“飞入寻常百姓家”，提高积极主流思想舆论的传播力、公信力、影响力。引导广大农村老年人参与农村基层治理，提升乡村德治水平，推动农村发展改革，是增强村级党组织凝聚力、建设社会主义新农村的重要动力。

三、农村老年教育发展问题分析

（一）政策保障缺失

近年来，随着国务院办公厅《老年教育发展规划（2016—2020年）》和《山东省老年教育条例》等相关政策文件的颁布，有力推动了山东省老年教育的发展，但大多数政策文件都着眼于老年教育的整体发展，对农村老年教育的具体条款涉及很少，更没有专门关于农村老年教育的法律法规。农村老年教育在缺少政策制度和法律法规保障情况下，被重视程度不够、责任主体不明确、组织运行效率不高，考核督导、反馈评价等配套保障措施不足，以至于即使是政策文件中现有的关于推进农村老年教育的举措也基本停留在字面上。

（二）管理机制缺位

《老年教育发展规划（2016—2020年）》中老年教育被归为老龄工作的一部分，老年教育的相关活动涉及教育、民政、老干部、文化、农业农村等多个部门。《山东省老年教育条例》第一章第六条：“县级以上人民政府教育行政部门负责老年教育工作的统筹规划、综合协调、宏观管理。教育行政部门、负责老龄工作的部门、老干部工作部门和其他有关部门在各自职责范围内分别负责有关的老年教育工作。”目前没有任何法规或条例明确规范老年教育的直接行政主管部门，乡镇、村居一级基本没有专门的农村老年教育负责机构，有的依托党群服务中心，有的依托文化或民政部门。各部门各自为政，缺乏统一的协调和管理机制，容易造成交叉管理、职责不清和推诿扯皮等“九龙治水”问题，难以形成工作合力，从而影响农村老年教育的整体发展。

（三）思想认识不足

现阶段我国的养老模式还处于针对老年群体的物质基础和身心健康施以保障，对于养老问题中精神层面发展依然匮乏。政府层面对发展农村老年教育在积极应对人口老龄化、实现教育现代化、建设学习型社会方面起到的作用不够重视，对发展农村老年教育的重要性和紧迫性更是认识不足，把老年教育工作重点放在了城市社区，而对农村老年学校的资金投入、配套设施、教育师资等方面选择性忽略。农村老年人文化水平普遍不高，思想观念相对落后，终身学习意识淡薄，未能认识到老年教育是满足老年人精神需求、提升老年人生活品质、促进社会和谐的必然要求。

（四）城乡资源失衡

由于我国城乡经济发展、城乡二元结构等因素制约，老年教育发展城乡差距日益严重，已经成为制约和障碍农村老年教育可持续性发展重要因素。老年教育城乡发展失衡具体表现在：一是老年教育机构方面，目前老年大学、老年学校几乎都集中在城区和少数镇街驻地，农村老年教育机构数量极少，县、乡、村三级老年教育网络尚未全面覆盖，许多城区老年学校“一座难求”，而许多农村老年人则几乎是“无学可上”。二是师资力量方面，城区老年学校师资力量充足，专业水平较高，报酬待遇更是明显高于农村老年学校。而农村老年学校教师队伍不稳定、专业性不强、缺乏管理人员，很多农村地区甚至没有专门从事老年教育活动的师资力量。三是场所设施方面，受财政经费的投入导向影响，教育设施配备明显偏向于城市社区，农村公共设施建设相对薄弱且村庄分散，难以形成建立老年学校的集聚条件。

（五）需求定位不准

由于城乡居民的生活学习方式存在较大差异，城乡老年群体的学习需求也呈现着不同质现象。我国老年教育起源于城市，在教学内容和课程设置上更多地侧重居民的休闲娱乐、闲暇养生，与农村老年人学习需求的契合度较低，缺乏针对农村老年人实用技能需求、健康保健需求、社会参与需求等特点的课程，甚至存在简单将城市老年教育的课程内容和教学模式复制照搬到农村老年教育上的问题，导致课程内容不接地气、教学方式不适基层、教育效果不佳，影响了农村老年人的学习积极性。

（六）家庭条件受限

虽然农村老年教育机构对老年学员实行免费教育，但是由于老年人缺乏参与农村老年教育的经济保障和后勤保障，家庭条件多方面的限制使得许多老年学员无法规律、积极地参与农村老年教育。受城乡就业差异和家庭经济条件影响，城市老年人退休后能够领取到养老金或退休工资，这使得他们退休之后可以不用工作；然而农村老年人除了农业收入和农村微薄养老金以外，基本没有其他收入来源。农业户口的男性 60—64 岁的有超过 80% 的人仍在劳作；超过 80 岁及以上者，也有约 20% 的人不能停止劳作。农村老年人除了在田间劳作、外出务工的同时，还要承担抚养下一代的责任，经济和生活压力较大，没有时间精力和额外积蓄参与到老年教育中，他们的子女因经济条件和思想意识也大多不予支持。

四、农村老年教育发展策略

（一）健全政策法规保障

农村老年教育离不开权威完整、规范的政策文件的指引以及健全、科学的法律法规的保驾护航。要从全面推进乡村振兴战略高度加强顶层设计，将农村老年教育纳入终身教育、老龄工作和乡村振兴等政策文件规划制定中，细化支持农村老年教育的相关发展举措，进一步明确农村老年教育在发展过程中的组织管理部门、财政资金投入、师资设施配备等标准，为农村老年教育的长久发展做出强有力的政策保障。为保证农村老年教育的持续稳定发展，应尽快出台系统、完整且专门针对农村老年教育的法律法规，让农村老年教育的发展有法可依，以强有力的法律保障农村老年人受教育的权利。

2022 年，济南市印发《关于进一步推进基层老年学校建设的意见》，要求“力争‘十四五’期间，推动基层老年学校建设实现‘一镇（街）一校’，村（社区）老年学校或教学点布设符合实际需求。”章丘区也积极争取将老年教育工作纳入全区经济社会发展和乡村振兴大局谋划落实当中，先后制定印发《关于进一步加强老年人大学（分校）建设的实施意见》《老年教育合作办学协议》等文件，明确目标要求、基本原则、方法步骤等，通过镇街主导、部门配合、区委老干部局给予适当奖补配套、区老年大学业务指导的形式，大力推进基层老年学校规范化建设。

（二）理顺管理运行机制

农村老年教育涉及多领域、多部门，不能停留在传统老年教育办学主体的“三驾马车”（老干部局、民政部门、教育部门）并驾齐驱格局上。应该加快健全管理体系、理顺运行机制，建立党委领导、政府统筹，主要负责部门牵头实施协调、有关部门协同推进的跨部门联动机制。建立农村老年教育工作权责清单，厘清和明确主要负责部门和其他部门的职责范围，将经费投入、场地规划、师资力量、教学设施等工作任务分解到相关部门，制定各项工作任务推进落实的时间表、路线图，增强各部门推进农村老年教育的合力，高效协调处理好农村老年教育发展过程中的问题。

（三）强化资源协同供给

城乡基本公共服务均等化和老年教育资源均衡化是保证农村老年教育权利

的前提条件，要坚持农业农村优先发展，不断优化城乡老年教育布局，形成以基层需求为导向的老年教育供给结构，将老年教育的增量重点放在农村，引导老年教育资源向农村倾斜。坚持城乡融合发展，畅通城乡要素流动，建立城乡老年教育资源共建共享机制，促进老年教育资源的优化配置和充分利用。加大对农村老年教育的财政投入，全面提高农村和偏远地区的师资力量、课程资源、教育设施水平，确保农村老年教育资源供给充足稳定。

针对农村老年教育资源不足问题，章丘区实行区老年大学、镇街、社区（村居）资源共享机制，积极加强与驻章高校、区委党校、区文化馆、区开放大学等方面的合作，共享阵地场所、师资课程资源。深入挖掘乡土文化资源、乡土文化能人和民间文化传承人，成立乡村人才志愿服务队伍，以就地取材的方式充实农村教育师资。三涧溪村老年学校与章丘区老年大学联合共建，教学内容、教学计划、教学大纲等教学环节均由章丘区老年大学全程指导。章丘区老年大学根据课程安排从乡村人才志愿服务队中选派教师，并协助三涧溪村老年学校制定执行管理制度、学籍制度、教学制度，提高办学规范。三涧溪村还统筹利用文明实践站、文明实践基地、养老院等各类文化教育阵地，有效解决了办学场地、文化资源等问题，拓展了三涧溪村老年学校的办学空间。

（四）优化教学内容和形式

教学内容是实现教育目标、体现教育价值的核心和基础。农村老年教育教学内容的设置应准确把握农村老年人的学习需求，紧密结合乡村振兴战略的需要，开发适合农村老年人的课程。农村老年教育的受教育群体主要是农民，因此在规划教学内容时应以实用技能课程为主，比如农业技术、隔代教育、传统文化等课程，不断提高农村老年人生产生活水平和服务社会发展的能力，促进农村优秀传统文化的传承，推进乡村全面振兴。应根据农村老年人的文化水平、接受能力等因素创新教学方式，积极探索多元化、互动性强的教学方法，将课堂学习和各类文化活动相结合，积极推行体验式学习、远程式学习、活动式学习模式，提高农村老年人的学习兴趣和效果。

三涧溪村老年学校的课程设置注重与农村老年人的实际需求相结合，开设有智能手机应用、声乐舞蹈等课程。同时借助广播电视、融媒体平台实行“远程式”“线上式”教学，在乡村振兴展馆、活动广场实行“讲堂式”“活动式”办学，不断丰富教学内容和教学形式，提高了农村老年人的学习兴趣和效果。

（五）创新学养融合模式

随着农村经济发展和物质水平提高，农村老年教育逐步从过去“物质养老型”向“精神养老型”转变，教育服务模式也应与时俱进。创新学养一体化融合模式，通过将农村老年教育延伸到日间照料中心、农村敬老院等养老服务机构，设立固定学习场所、配备教学设施、开设课程讲座，丰富住养老人的精神文化生活，推动农村老年教育融入养老服务体系，科学而全面地提升老年人生活质量和教育水平。培育和延长老年教育与医疗康养、文化旅游等养老服务业的产业链，促进农村老年教育与养老服务产业相互促进、相互发展，形成学养融合的多功能综合性农村老年教育服务模式。

（六）构建多元参与格局

长期以来，老年大学是老年教育的主要供给者，单一的主体造成了老年教育发展后劲不足。乡村振兴背景下农村老年教育的发展需要多方共同努力，要鼓励社会力量参与老年教育，充分激发市场活力，大力推进农村老年教育参与主体、资金筹措渠道的多元化建设，通过政府购买服务、项目合作等多种方式，支持和鼓励各类社会力量举办或参与老年教育，推动政府部门、教育机构、社会组织、家庭等各参与主体之间共建共享，通过激活每个社会细胞，统筹各参与主体资源，激发社会整体力量，构建社会资源和权利共享、社会责任和义务共担的农村老年教育发展机制。

近年来，章丘区老年大学创新探索社会多元化办学模式，与章丘区开放大学、社区教育学院、教师发展中心建立资源共享机制，在阵地场所、师资力量、课程资源等方面互通互联。重视发挥社会专业培训机构资源优势，加大合作力度，联合开设花样面点、瑜伽、舞蹈形体等课程，丰富了教学内容和形式。引入社会资本开办了第一家“长者学堂”，改善了农村老年教育的办学条件，扩大了受益老年人群的覆盖面。

（七）完善考核评估机制

各级党委政府要把农村老年教育作为基本公共教育服务纳入本地区经济社会发展规划和教育事业发展规划，纳入政府及相关部门职责和绩效考评，纳入公共财政支出范围和工作考核奖惩，逐步形成工作运行、监督考评、督促反馈闭环管理机制，合力推进农村老年教育事业发展。建立健全农村老年教育的监测和评估指标，定期检查农村老年教育的政策措施推进成效，对政府部门主要监测评估政策执行、经费投入、组织管理等方面，对农村老年教育机构主要监测评估教学质量、师资水平、学习资源等方面，对村居主要监测评估重视程度、人员组织、宣传发动等方面。监测评估结果可以作为政策制定和资源配置的依据，方便有关政府部门和农村教育机构对运行过程中存在的问题进行监督与管控，并及时采取措施加以改进，促进农村老年教育的改革和发展。

五、结语

农村老年教育作为全面推进乡村振兴、实现农业农村现代化和建设社会主义现代化农业强国的重要内容和实施路径，既存在巨大的发展需求和空间，也有进一步反哺促进作用。农村老年教育应把握好乡村振兴战略机遇，不断完善政策体系、法律体系、制度体系、工作体系，加大教育投入、改善教育环境、提高教育水平、促进教育公平，在全社会共同努力下，推动农村老年教育与乡村振兴战略同频共振、同向发力、同步前行，激发乡村振兴内生动力与创造活力，高质量推进乡村全面振兴，以农村老年教育的持久健康发展促进农业高质高效、乡村宜居宜业、农民富裕富足。

“一带一路”视域下大湾区老年教育融合发展研究

夏　蕾　何先义　刘建丽[①]

【摘　要】中共中央、国务院印发的《粤港澳大湾区发展规划纲要》，对粤港澳大湾区建设做出了总体部署，即把粤港澳大湾区打造成为“一带一路”建设的重要支撑、世界级城市群和国际科技创新中心、内地与港澳深度合作示范区以及宜居宜业宜游的优质生活圈。同年，中共中央、国务院印发了《国家积极应对人口老龄化中长期规划》，将积极应对老龄化上升为国家战略，其中明确提出要主动布局，加强应对持续加深的老龄化趋势，并构建为老服务供给体系，实现经济高质量发展。两大国家战略的指导与要求为粤港澳大湾区的老年教育融合一体化发展带来了机遇，也指明了方向。本文通过对大湾区老年教育融合发展必要性、可行性分析，提出了构建“一带一路”视域下大湾区老年教育融合发展的措施构想。

【关键词】老年教育；一带一路；大湾区；融合发展

① 夏蕾，东莞市老干部大学（老年大学）校刊编辑；何先义，东莞市老干部大学（老年大学）校委会成员；刘建丽，东莞市老干部大学（老年大学）办公室职员。

一、“一带一路”视域下大湾区老年教育融合发展的必要性分析

（一）满足大湾区老年教育需求缺口的需要

据第七次全国人口普查结果及港澳特别行政区统计年鉴显示，粤港澳大湾区 9 市 2 地中过半城市已进入老龄化社会，其老年人口占 18.7% 以上，约 1300 万人。预计在未来 20—30 年里，三地的老龄人口将不断增加。与此同时，粤港澳大湾区的老年教育在校学员仅约 10 余万人，老年教育资源供给与需求之间存在较大差距。在此背景下，粤港澳大湾区老年教育迫切需要积极作为，加快探索区域老年教育融合发展的成功模式，加速提升粤港澳大湾区老年教育供给能力。

（二）实现大湾区老年教育协调发展的需要

调研显示，粤港澳大湾区老年教育发展水平的不均衡制约了地区老年教育的协调发展。一方面，城市之间差距较为显著，老年大学基本集中于广州、佛山、深圳、中山四个地区，除此之外的地区所存老年大学仅个位数，与各地老年人口学习需求不匹配。其中，港澳两地由于老年教育制度差异，未设置政府定编定员全额投资的老年大学，因此老年教育学费相对高昂，且由于老年人口密度较大，养老资源紧缺，返粤养老需求较大，导致部分港澳老者学习需求亦难以得到满足。另一方面，各城市内部未形成城、县、乡、镇四级一体化老年教育体系，各城市居住在县级以下行政单位的老年人难以突破空间限制，无法满足受教育需求。

（三）建设终身学习型社会的需要

早在党的十六大报告中，就把建设学习型社会列为全面建设小康社会的重要目标。老年教育作为终身教育体系的重要组成部分，让老年人通过积极学习

不断提升自我实现社会价值已成社会发展必然趋势。这就要求老年教育机构必须扭转单打独斗的思路，依托粤港澳大湾区建设与“一带一路”倡议的对外开发发展战略，通过区域内各方参与力量的合作，不断改善教学思路与制度、丰富课程体系、提高教学质量，满足老年人日益提升的多元化学习需求，提升其综合素质与生命质量，让老年人真正成为建设终身学习体系的重要组成部分。

（四）实现“一带一路”倡议的需要

“一带一路”倡议打造国际合作新平台，实现政策沟通、设施联通、贸易畅通、资金融通、民心相通。当前，老龄化是世界各国共同关注的问题，大力发展老年教育是全球各国应对老龄化的共同追求。充分发挥粤港澳大湾区在对外开放中的窗口作用，以粤港澳大湾区老年教育融合发展的成功经验来促进国际老年教育的交流合作，推动与“一带一路”沿线国家开展应对人口老龄化问题的政策对话和经验对接，有利于以老年教育为纽带促进“一带一路”倡议全面落实。

二、大湾区老年教育融合发展可行性分析

（一）大湾区“政经文”发展融合性较强

粤港澳大湾区虽然存在“一个国家、两种制度、三种货币、三个关税区、四个核心城市”的竞争因素，但自古以来便具有地理相连、政策共享、经济一体、文化相通等特点，是“一带一路”建设的区域节点与支撑点。2019 年中共中央、国务院正式印发的《粤港澳大湾区发展规划纲要》更是将粤港澳大湾区的合作建设提高到了国家战略层面，使得粤港澳大湾区之间向多元化、多方合作形式发展，众多教育、人文合作组织形式涌现，为粤港澳大湾区老年教育融合发展提供了坚实的合作基础。

同时老年教育作为文化教育的重要组成部分，可以通过教育融合发展与交

流，帮助突破上述竞争因素的限制，增强内地与港澳同胞之间的血缘、文化认同感，保障粤港澳大湾区真正实现一体化发展，发挥其在"一带一路"建设中的关键作用。

（二）大湾区老年教育发展态势良好

1. 老年教育消费需求水平较高

相关数据调查结果显示，大湾区老龄化程度较高且呈加剧趋势，同时老年人收入水平亦位于全国前列，为大湾区老年教育发展奠定了生源及物质基础。同时调研结果显示，目前区域内以各种形式经常性参与教育活动的老年人口比例与广东省人民政府办公厅颁发《关于大力推动老年教育发展的实施意见》中"珠三角地区达到 30% 以上"的要求仍存在差距，对促进老年教育区域间合作，扩大与提升老年教育水平的需求明显。

2. 老年教育基础建设相对完善

随着积极老龄化战略的不断落实，老龄工作的不断优化，湾区内各地的老年教育经费来源机制不断得到完善，珠三角各市财政预算中均有针对老年教育的定向拨款。港澳地区政府虽不设置政府定编定员全额投资的老年大学，但持续每年向办有长者学苑的学校和社会团体发放补贴，积极鼓励与调动社会力量参与老年教育办学。

三、构建"一带一路"视域下大湾区老年教育融合发展构想

（一）在理念上坚持"老有所为"与"老有所乐"相统一

老年教育作为积极老龄化社会治理的一个重要载体，对于老年人积极参与基层社区、服务老龄社会以及转化老年人力资源等方面具有重要意义。要落实国家"十四五"规划中所提出的"实施积极应对人口老龄化国家战略"，就有

必要扭转当前老年教育重“老有所乐”、轻“老有所为”的现状，坚持“老有所为”与“老有所乐”相统一。在老年教育的教育理念、管理制度及教学内容中强调老年教育在积极老龄化中的重要载体作用，将老年教育切实纳入社会治理体系中来。

（二）在机制上坚持标准化与个性化相统一

1. 组建区域老年教育发展联盟，科学制定区域统一总目标

大湾区 9 市 2 地的老年教育发展并不均衡，其教育资源要素之间存在差异，至今未出现规范化的合作机制与牵头组织。若要打破 11 个城市之间老年教育发展的资源壁垒，从整体上实现老年教育资源要素在区域内自由流动和优化配置，则必须在“推动老龄事业高质量发展，走出一条中国特色积极应对人口老龄化道路”的指导思想下，以“努力实现老有所养、老有所医、老有所为、老有所乐，让老年人共享改革开放成果，安享幸福晚年”为根本目标，由党委政府主导，相关部门、机构牵头，参照“粤港澳高校联盟”合作发展模式，建立“粤港澳老年教育发展联盟”，并基于大湾区老年教育对象、规律的共通性，科学制定区域融合发展总目标，专门制定粤港澳大湾区老年教育合作阶段性计划和办学条例，达到纲举目张，以标准化建设推进区域老年教育高质量发展。

2. 构建联动机制体系，差异化协调各地衔接制度

一方面，要构建老年教育合作发展的政策机制体系，形成粤港澳大湾区老年教育集群与合力；另一方面要重视大湾区 9 市 2 地之间存在的客观差异，探索政策制度在各城市的对接渠道与路径，形成可复制推广的模式与经验。具体而言，需在“粤港澳老年教育发展联盟”的牵头下，加强粤港澳三地老年教育管理部门的合作，立足各城市、城乡之间老年教育发展的不平衡特点，从老年人多样化的学习需求出发，将总体目标及总规划细化到各城市、各阶段，差异化地调整各机构组织模式、课程设置、合作交流制度，使大湾区 9 市 2 地的老年教育机制在统一的核心指导思想下拥有个性化的联动机制，实现符合自身条件的高质量发展。

（三）在路径上坚持共建共享与取长补短统一

1. 发挥区域化研学效能，共推协同创新

当前粤港澳大湾区老年教育并未形成有效且可推广的协同发展模式，9市2地的老年教育团体无论是从教学研究还是教学管理上都呈单打独斗的形态。若要推动粤港澳大湾区老年教育融合发展，需在相关机制的管理与相关组织的牵引下，首先建立类型丰富、功能多样的老年教育协同发展教育机构。这些机构可以是政府、高校、企业、科研院所等合作成立的创新型协同发展机构。同时开展以协同发展项目为依托的培训计划，重点培养老年教育领域的合作型人才，使他们具备在多方面合作中有效沟通、组织协调和资源整合的能力，从而更好地推进老年教育协同发展。进而以该类机构及合作型人才为载体，开展大湾区内各地的老年教育资源整合，进行区域内跨机构的研学合作，共同优化老年教学与管理模式，实现老年教育协同创新。

2. 联合各地办学主体，构建老年教育多元格局

老年教育资源供不应求的现状一直是制约粤港澳大湾区老年教育发展的瓶颈，联合调动各地办学主体积极性，加强老年教育供给侧改革是解决区域内老年教育资源短缺的首要任务。

粤港澳大湾区内各地老年教育的教育管理体制主要为以办学主体为主的多元化管理模式，但其办学主体各不相同，这为区域内统筹办学建设增加了难度。也带来了多视角借鉴激活社会参与力量的机会。从实践上看，在珠三角地区9市中，办学主体主要有：组织部或老干局及其他涉老部门办学、部分国营企业办学、公立高校办学、部队办学、私人办学等形式。珠三角地区各市办学主体存在差异，但基本由政府主导。与之相反，港澳地区的老年教育办学主体则基本由高校、社会团体及私人机构构成，政府单位仅提供财政补贴，不作直接领导与管理。

3. 各地办学主体的差异有其地区适应性

就珠三角地区而言，应在充分发挥政府主导作用、规范机构设置与权限划

分的前提下，借鉴港澳地区的经验，整合社会资源，激活社会参与力量，形成以政府为主导，高校、企业、社会团体及个人都参与的多元主体办学结构。丰富教学内涵，提高资金利用效率，将老年教育切实纳入社会福利政策与社会发展战略中来，如港澳地区“长者学苑”与高校及中小学共享教育资源，老年人不仅有针对性的长者学习机制，还可以进入高校与本科生同室学习。这不仅解决了供给侧短缺的问题，为政府节约了大规模投资硬件建设的资金，还有效地满足了老年人“老有所为、老有所乐”的需求。同时，调研显示，港澳地区部分老年人亦对珠三角地区由政府主导的老年教育办学规模及教学模式表示赞许，认为港澳地区老年教育费用对部分老年人而言较为高昂且大众性课程较少。因此，港澳地区亦可参考借鉴珠三角地区的办学主体结构，进一步加强政府影响力，适度增加政府在老年教育中的财政补贴力度与管理力度。

4. 搭建教育信息化平台，共享教育资源与服务

在教学水平上互学互助，形成集群效应。粤港澳大湾区各地老年教育机构教学水平不一，课程内容各具特色与优势，若要实现粤港澳大湾区各地老年教育融合发展，同时满足老年人日益丰富的多元化课程学习需求，则势必要从整体上实现老年教育资源与服务的共享共通。客观来看，依托互联网时代背景，全面推动粤港澳大湾区老年教育的数字化和信息化，以技术赋能湾区老年教学服务一体化、教学资源共享化是目前最为高效、可行的一种手段。2023 年 3 月，中国国家老年大学正式揭牌。国家老年大学是依托国家开放大学体系建立的全国老年教育数字化资源共享和公共服务平台，粤港澳大湾区老年教育机构可在自身接入全国教育资源共享和公共服务平台的基础上，考虑将香港、澳门地区接入该平台之中，或针对性地建设粤港澳大湾区老年教育课程数字化平台，开放线上教学及管理渠道，为老年教育主体与客体的跨区域流动整合提供可能性。

5. 打造国际老年游学基地，拓宽老年教育领域

将粤港澳大湾区打造成国际老年游学基地，不仅符合老年教育国际发展新趋势，更是积极对接“一带一路”国家战略，实现《粤港澳大湾区发展规划纲

要》中“共建大湾区优质生活圈”这一重要目标的有力举措。首先，老年游学集“休闲”与“教育”为一体，是很受老年群体欢迎的交叉结合型模式，在世界范围内均得到了迅速地推广与发展。有利于促使粤港澳大湾区内外部各地老年教育机构开展交流访学，丰富教学形式与教学内容。其次，《粤港澳大湾区发展规划纲要》要求将大湾区建设为世界著名宜居宜业宜游的优质生活圈，为开展国际国内老年游学提供了优良的环境条件。最后，将粤港澳大湾区作为“一带一路”的重要区域节点与对外开放战略点，具有承担“一带一路”沿线各地区国际老年人及老年教育交流枢纽作用的重要优势。总之，粤港澳大湾区要打造国际老年游学基地，不仅要贴合老年游学中“休闲”与“教育”一体的基本诉求，还要与《粤港澳大湾区发展规划纲要》中“共建大湾区优质生活圈，改善社会民生”的目的相一致，聚合粤港澳三地优势，实现旅游资源共享和旅游产业联动发展。

贵州老年游学的探索与实践

吴立竹①

【摘　要】 倡导和推动老年游学，是老年大学办学模式的创新尝试，对于拓展老年教育的内涵路径、丰富老年人精神文化生活、助力旅游产业发展、应对人口老龄化挑战等具有十分重要的意义。本文分析研究老年游学的科学内涵和重要意义，总结提炼贵州省开展老年游学的优势条件和经验做法，并就推动老年游学提质升级提出了对策建议。

【关键词】 贵州；老年游学；提质升级

老年游学是老年教育的教学形式之一，本质是教育。2013 年 5 月，在广州召开的国际老年大学协会理事会议暨老年教育论坛上首次提出“老年游学”理念，并逐步在老年大学开始实践；2016 年，国务院办公厅印发《老年教育发展规划（2016—2020 年）》，正式提出“游学是丰富老年教育内容和形式的一种教育活动”；2018 年 3 月，中国老年大学协会成立游学部，对各校开展老年游学工作进行协调和指导；同年 5 月，由国际老年大学协会、中国老年大学协会等联合发起的首届世界老年旅游大会暨国际老年旅游研讨会在烟台召开，老年游学陆续在全国展开；2019 年 5 月，第二届世界老年旅游大会以“老年游学点亮世界”为主题在烟台成功举行，进一步丰富老年游学的内涵价值；2021 年，贵州省委办公厅印发《贵州省老年教育发展“十四五”规划》，明确提出“整合全

---

① 吴立竹，贵州老年大学发展规划处三级主任科员。

省老年教育和旅游资源，组织实施老年游学工作”。全国老年游学的蓬勃发展以及国家、省委的规划，为贵州开展老年游学工作坚定了信心、指明了方向、提供了遵循。

一、老年游学的本质内涵

老年游学是一个新兴事物，国际没有成功的经验可以借鉴学习，需要把它作为一项重要课题加以研究，不断总结经验，充分认识其规律和特征。

第一，精准把握老年游学的本质属性。读万卷书，行万里路。游学古已有之，东西并倡。游学是最为传统的一种学习教育方式。早在我国的春秋战国时期，孔子率领众弟子周游列国而治学，从而增长见识、培养毅力，开辟了中国古代游学的先河。在古代英国贵族男性的成年礼中，游学是一项很重要的活动，青年要想接替父辈成为统治者，就必须到各国去结交他们的统治阶级，也需要和各个阶层的人进行交流，开阔视野。现代意义上的游学，是学校教育的一种延伸和拓展，把学习和旅游相结合，成为人们获取知识、交流文化的一种有效途径。老年游学是老年学员借助旅游的组织形式来体验教学内容的实践课，通过了解游学目的地的历史文化，感受民俗风情、人文风貌，以“游”的方式实现“学”的目的。研究老年游学的内在属性，有助于把握本质要求，增强开展老年游学的科学性、指导性和有效性。

第二，正确认识老年游学与老年大学的关系。老年游学作为一种全新的教学模式，恰到好处地把“游”与“学”结合到了一起，为人们的老年生活带来新的幸福体验。对于老年游学而言，其活动开展依赖于当地的老年大学及相关老年教育机构。从某种角度来看，老年游学是伴随老年大学的发展而衍生出来的一种新颖的教学方式，二者是相互促进的。随着社会经济的发展，老年人自身需求越来越多样化，仅仅在校园里的学习已经很难满足老年人的学习需求。老年游学作为一种全新的教学方式，组织老年人到各地去亲自体验、接受不同地域文化氛围的熏陶，增加阅历和见识，丰富老年人的内心世界，为老年大学的发展注入了新的活力。同时，老年大学的实践和探索，有助于规范和普及老年游学，为老年游学产业以后的发展奠定基础。可以说，二者互为补充，相得益彰。

第三，充分挖掘老年游学的教育元素。教育元素是老年游学的灵魂，教育元素欠缺的游学项目必然缺乏生命力。在研发每一条游学线路时，都应该遵循老年教育规律与特点，赋予和挖掘项目中蕴涵的教育元素，并进行梳理、总结，做到“游”与“学”的系统呈现。在游学的组织中，每到一处需要有明确的学习目的并提前做好计划，在游学开始前，就要组织老年学员先入性地学习游学目的地的历史和特色文化。到达后，通过实地参观、交流、互动等进一步强化知识印象。老年游学的过程既是老年人学习的过程，也是地方特色文化传播的过程，每次游学都应让老年学员在学习中成为地方文化的学习者、传播者。

二、老年游学的重要意义

开展老年游学，是深入实施党和国家“积极应对人口老龄化国家战略”的重要举措，是贯彻落实贵州省委“加快推进旅游产业化”决策部署的具体行动，是实现全省老年教育高质量发展的创新载体，是广大老年学员增强幸福感的所需所盼。

第一，老年游学是满足老年人美好生活向往的有效途径，彰显广泛的社会效益。从需求层次来看，人类需要大致可划分为三个层次：第一层次是物质性需要，第二层次是社会性需要，第三层次是心理性需要。开展老年游学，正是基于老年群体的社会性需要和心理性需要的有益实践，不但增长知识、陶冶情操，还能促进身体健康、情感交流，帮助老年人重新融入社会，让老年人在学习中丰富人生阅历，在旅行中提升文化素养，在交流中深化学习效果，成为老年人拓展生命宽度、提高生命品质的重要途径，极大增强了老年人的获得感、成就感和幸福感。

第二，老年游学是助推旅游产业化发展的重要力量，创造巨大的经济价值。党的十九届五中全会提出："实施积极应对人口老龄化国家战略，发展银发经济"。"银发经济"一般指的是"与老年人相关的经济，包括为老年人或人口老龄化提供的产品和服务"。从国际、国内来看，"银发经济"已成为旅游市场中最具潜力的增长点之一。省委、省政府立足新发展阶段，把旅游产业化作为"四轮驱动"中的重要一轮，统筹推动与新型工业化、新型城镇化、农业现代化协同发展。养老是消费力，也是生产力，满足老年人对美好生活的需要，是一篇做好经济转型发展的大文章。能参与游学的老年人，多为退休老人或者经济条件宽裕的老年人，他们具有消费热情和购买力，这是一个非常庞大的消费群体。如何提高"老有所养"的质量，银发旅游业的示范作用正在凸显，老年游学撬动"银发经济"持续发力。

第三，老年游学是老年教育拓展延伸的创新形式，构建良好的教育生态。在积极应对人口老龄化国家战略实施背景下，要牢牢把握老年教育与时代发展、社会实践之间的联系，积极探索老年教育承载的社会功能，不能只停留在满足老年人的兴趣、爱好、求知、娱乐上，还要在应对老龄化社会的战略需要方面进行新的拓展和延伸。游学可以拓宽老年大学的办学渠道，通过游学让更多老年人参与学习，提高老年教育的普及率；同时，游学作为课堂教学的有益补充，通过实地、实物、实景体验式学习，可以加深巩固和拓展所学知识，丰富老年教育内容，满足老年人对学习的多样化需求，促进全省、全国老年大学多层次的交流和融合，实现校际合作共赢，推动老年教育高质量发展。

三、贵州开展老年游学的优势条件

老年游学既不是单纯的旅游，也不同于课堂学习，其内容涵盖了红色基因传承、文学艺术学习、民风民俗熏陶、文化技能交流和参观游览，介于"游"与"学"之间，同时又融合了"游"与"学"的内容。贵州优良的生态环境、多彩的民族风情、丰富的红色资源、热闹的体育文化以及老年教育工作体制优势为打造老年游学特色品牌提供了强有力的支撑。

第一，用活优良生态环境这台“绿色提款机”。贵州是世界知名山地旅游目的地和山地旅游大省，拥有优良的生态环境，风景名胜景区十分丰富。全省4A级以上旅游景区121个、省级以上旅游度假区37个、国家全域旅游示范区7个，世界自然遗产地、传统村落、少数民族特色村寨数量均居全国第一。贵州清新的空气、舒爽的气温、洁净的水源和苍翠的植被，都是宜居宜人、让人流连忘返的，吸引着来自全世界的游客，为贵州人民创造着经济财富。老年游学要依托优质优美的自然生态资源，通过组织老年人游览黔贵大地自然风光，让他们共享生态文明发展成果，充实文化养老的内涵，把生态优势巩固好、提升好、利用好，源源不断地为全省、全国乃至全世界老年人提供丰富的自然资源游学产品。

第二，擦亮多彩民族风情这块“金字招牌”。贵州是一个多民族共居的省份，全省共有民族成分56个，其中世居民族有苗族、布依族、侗族、土家族等18个民族。全省有3个民族自治州、11个民族自治县、253个民族乡。各民族文化交相辉映，民族风情独特，绚丽多彩。贵州还拥有丰富的非物质文化遗产，如侗族大歌、苗族蜡染、石桥古法造纸、剑河锡绣制作工艺、牙舟陶器制作技艺等。多彩的民族风情对于老年人的吸引力无疑是巨大的，少数民族地区开展老年游学，可探索以保护和传承民族文化为主线，筛选最具代表性的非物质文化遗产作为游学体验项目，创造不同的展演形式，既丰富教学内容，又增加可观赏性，让学员在游学活动中亲身体验非遗的魅力、民族文化的瑰宝，确保游有品质、学有收获。

第三，讲好红色文化资源这本“生动教材”。2021年2月，习近平总书记在贵州考察时指出，当年长征时，红军在贵州活动时间最长、活动范围最广，为我们留下宝贵精神财富。遵义会议是我们党历史上一次具有伟大转折意义的重要会议。如果把长征比作一条红飘带，那么贵州在这条红飘带上留下的色彩最为厚重，红色也成为“多彩贵州”最亮丽的颜色。每一处红色遗址都有着感人的故事，都蕴藏着伟大的建党精神，是一个个生动的党史学习教育课堂。老年大学是党和国家加强老年人思想政治引领的重要阵地，开展红色资源老年游学，通过组织学员现场参观、聆听讲解、亲身体验等方式，接受革命传统教育，重温中国共产党在贵州波澜壮阔的光辉历史和奋斗历程，不断凝聚起广大老年人不忘初心跟党走、同心共筑中国梦的思想共识。

第四，留住农村体育文化这一“网红打卡地”。贵州体育文化底蕴丰富，群众性体育传统悠久。从“村 BA”的台江县到“村超”的榕江县，贵州小城接连因为体育出圈，在网络上当仁不让地晋身顶流，斩获数十亿播放量。“村 BA”“村超”不只是一场体育赛事，更是一场文化盛宴。中场休息时，芦笙、木鼓、多耶舞、侗族大歌等，各种民族特色技艺轮番助威，热闹与快乐的气氛让观众大呼过瘾，在潜移默化中，以文化留人拴心，筑牢乡村振兴的基底。开展农村体育文化老年游学活动，结合地方传统文化特色，设计特色鲜明、安全措施完善的游学活动，鼓励老年人以体验师、推荐官、合伙人等新姿态，参与农村体育文化活动的设计、评价、反馈，助力乡村振兴。

第五，夯实老年大学这个“教学阵地”。贵州老年教育经过 38 年发展，已形成省、市、县、乡、村五级办学网络。在全国率先成立起省、市、县三级老年教育工作领导小组，成员由相关职能部门组成，办公室设在老年大学。近年来，各级老年教育工作领导小组充分发挥“指挥棒”作用，加强工作组织领导，形成了一级抓一级、层层抓落实的格局，有力推动了老年教育各项工作任务落地落实，这些都成为贵州省开展老年游学的体制优势。老年大学拥有庞大的学员数量、丰富的办学经验以及相关的政策支持，是开展老年游学的主要载体。各级老年大学充分发挥示范引领作用，以加强自身建设为抓手，在破解办学难题、拓宽办学路子、创新教学形式、提高教学质量、提升服务水平等问题上下功夫，不断扩大社会影响力，为老年游学的开展奠定坚实基础。

四、贵州老年游学的探索实践

近年来，贵州老年教育工作以习近平新时代中国特色社会主义思想为指导，坚持创新发展理念，将活动阵地转向户外，把教学课堂搬进景区，打造老年游学新课堂，推动全省老年教育高质量发展。

第一，高站位部署抓统筹。老年游学是一项创新工作，没有可借鉴的模式。为此，贵州坚持统筹推进，把游学放在全省旅游产业发展大背景、大格局中思考谋划。一是广泛开展调研。与省文化和旅游厅开展座谈，实地调研 9 个市（州）部分县（市、区），涵盖老年大学教师学员、文旅部门和旅游企业代表等，了解掌握老年人参与游学意愿和政策支持。赴国家老年大学、山东老年大学、水利部老年大学学习考察，为工作开展提供智力支持。二是合理规划布局。建立老教系统联动机制，定期召开会议，做好全省老年游学的整体规划，避免游学线路主题重复，尽可能保证老年游学产品各具特色、良性互动，形成“省级指导、市州实践、县区配合”的工作格局。三是强化协调合作。加强与文化旅游部门的联系协作，在完善公共服务设施、提升服务水平等方面实现优势互补、资源共享。为有效规避老年游学带来的相关风险，通过向社会公开招标比选，聘请第三方专业机构作为老年游学服务商，负责具体组织实施老年游学工作，推动老年游学规范化、专业化发展。

第二，高标准推进树品牌。老年游学市场虽然需求旺盛，但是缺少优质的、成熟的游学产品。为此，贵州省不断总结经验，优化精品线路，树立特色品牌。一是抓好课程设计。在研发游学课程时，充分结合老年人兴趣爱好，遵循老年教育规律与特点，赋予和挖掘项目中蕴含的教育元素，做到教学性、趣味性、参与性有机结合。二是探索打造基地。按照“试点先行、稳步推进”原则，在全省范围内选点打造老年游学基地 224 个，增设休息区、体验区等适老化设施，突出便利和人文关怀，培养老年游学导师，规范老年游学服务。比如，黔南州重点打造都匀影视城和“三线”博物馆游学基地，铜仁市打造“一城一镇一山两址”示范基地。三是突出地域特色。科学规划和设计主题鲜明、独具地方特色的老年游学线路 270 条，老年人参与游学活动 11 万人次。比如，遵义市主打红色文化，推出 3 条红色主题线路。各县区辅之以生态文化、酱酒文化、民俗文化打造具有县域特色的“3 + N”游学线路，安顺市依托自然资源禀赋，重点打造“逐梦采风”和“生态康养”线路。黔东南州突出民族文化特色，筛选

15 项非物质文化遗产作为游学体验项目。

第三，高效率运转提质效。老年游学是一项系统性工程，缺乏统一的标准和规范。为此，贵州建立一套完整的游学制度体系，确保游学活动有序有效开展。一是完善制度规范。制定《游学课程设计》《游学接待服务规范》《游学服务承诺》等，对游学涉及的教学安排、方案设计、活动组织、服务管理等环节进行细化分工，做到精准管理。二是加强思想引领。依托全省丰富的红色旅游资源，加强对老年人的思想政治引领，把积极老龄观、健康老龄化理念融入教学活动中，培育“有作为、有进步、有快乐”的新时代老年人。三是开展宣传推介。充分利用旅游公司宣传平台优势，组织开展形式多样、内容丰富的老年游学品牌推介和展示，积极营造全社会关心、支持、参与老年游学，共同推动老年游学有序健康发展的良好社会舆论氛围。

第四，高要求落实保安全。安全是开展老年游学的第一要务。为此，贵州坚持全过程、全环节、全要素加强安全监管，不留盲点和死角，力争把安全风险降到最低。一是制定安全措施。与第三方专业机构开展合作，针对老年人特点，制定完善《游学安全保障》《游学纪律事项》《游学学员承诺书》《游学保险方案》等一系列安全保障措施，细化保障内容，制定应急预案。二是做好行前提醒。出行前做好安全培训和行程提醒，了解学员身体素质及基础疾病适行情况，告知学员及家属可能存在的风险和需要注意的事项，签订安全承诺书，购买旅游保险。三是细化服务保障。工作人员及医疗人员随团出行，耐心细致地做好服务和安全保障工作，“动态化”监测老年人身体状况，“清单化”监管景区景点及食宿行安全，共同织牢安全“责任网”。

五、老年游学提质升级的对策建议

坚持问题导向、目标导向、结果导向，围绕老年群体对教育教学日益增长的需求，聚焦老年游学难点、堵点问题，进一步细化落实目标任务，推动老年游学提质升级。

第一，完善机制，强化老年游学执行力。积极与省文化和旅游厅对接，拟出台《关于开展老年游学工作的实施意见》，为全省开展老年游学工作提供政策保障。结合主题教育，开展老年游学工作专题调研，推动研究成果转化。建立文化旅游部门、老年大学、第三方服务机构等部门为成员单位的老年游学工作联席会议制度，定期召开会议，对老年游学工作进行分析研判，总结推广经验。

第二，突出教学，增强老年游学影响力。结合老年教育教学目标，打造有主题、有教学、有文化、有意义的全省老年游学课程体系，培育老年游学导师。加强对第三方服务机构监督，优化老年游学评价体系，评估游学成效情况，确保游学活动适老化、规范化、专业化。在全省范围内打造、遴选一批主题鲜明、内容丰富、形式多样、底蕴深厚的游学线路，纳入《贵州省老年游学精品课程线路》，加强宣传推介。整合有关力量，制定《贵州省老年游学服务规范》《贵州省老年游学基地评定标准》等地方行业性标准，提升贵州老年游学工作影响力。

第三，树立品牌，提升老年游学竞争力。立足贵州资源优势和发展需求，突出生态、人文、开放、健康、好客“五个贵州”特色，构建“5＋N”多点布局的全省老年游学产品体系，以“五个贵州”老年游学品牌，促进与老年教育相关的养老服务、康养服务、旅游服务有机整合，不断提升贵州老年游学和文化旅游品牌竞争力。与省外老年大学建立战略合作，组建老年游学省际联盟，开展老年游学活动，促进文化交流和教育普及。

六、结语

老年游学是高水平的精神文化交流，是讲好中国故事、地方故事的重要阵地。贵州老年教育紧盯全国老年游学发展前沿，坚持守正创新，主动围绕中心、服务中心、融入中心，扎实推进老年教育与旅游产业化发展深度融合，大力发展游学课堂，积极组织游学活动，探索出一条具有贵州特色的老年游学发展路径，以实际行动助力全省老年教育高质量发展，为推进中国式现代化的贵州实践贡献老年教育力量。

在助力现代化建设实践中发光发热

——老年人才作用发挥之我见

吴玉玲[①]

【摘　要】为积极应对“老龄化”挑战，国家加快配套体制机制改革，大力倡导“要把老有所为同老有所养结合起来，鼓励老年人继续发光发热”，为统筹应对“老龄化”问题指明了方向。老年人才应当自觉融入伟大时代，树立“为霞尚满天”的积极“老龄观”，保持“天生我材必有用”的精气神儿，增强实现自我价值升华的紧迫感，不断激发发光发热的自信自强；要自觉厚植“种子”情怀，在躬身中国式现代化的火热实践、躬身乡村振兴发展的广阔天地、躬身治理体系与治理能力现代化的宏大舞台、躬身人民群众所急所盼的一线阵地中履行好老年人才“星火燎原”的责任担当；要完善政策措施，进一步加大教育培训力度，加强具体专业指导，完善信息平台，为老年人才发光发热提供有力保障。

【关键词】老年人才；伟大时代；自信自强；责任担当

老年人才是党执政兴国的重要资源，是推进中国特色社会主义事业的重要力量，在新中国社会主义建设实践中发挥了不可估量的重要作用。迈向新时代新征程，老年人才更要珍惜光荣历史，不忘革命初心，永葆政治本色，为全面

① 吴玉玲，中共济南市历下区委党校高级讲师。

建成社会主义现代化强国、实现第二个百年奋斗目标和中华民族伟大复兴的中国梦贡献智慧力量、持续发光发热。

一、融入伟大时代，激发老年人才发光发热的自信自强

当前，中国已迎来中国特色社会主义新时代，正踏上全面建成社会主义现代化强国、实现第二个百年奋斗目标，以中国式现代化推进中华民族伟大复兴的新征程。新的使命，召唤每一位时代公民用“奋斗托举梦想”、用“奉献书写华章”。这种时代激情，不光激励着每一位正当其时的年轻人，同样也感染着“宝刀未老”的老年人。

一是要树立“为霞尚满天”的积极“老龄观”。最近，“中国老年人才网”特别抢眼，一大批老有所为的老年人才，用他们积极参与经济社会工作的态度与成就，刷新了人们对老年人的认知，诠释了“革命人永远年轻”的内涵。我国第 7 次人口普查数据显示，就我国目前老龄人群结构来看，有 55.83% 的人是处于 60—69 岁的低龄老年人，大多具有知识、经验和技能，有参与经济社会的意愿和发挥余热的潜能。因此，必须跳出老年人创新创业就是与年轻人“争饭碗”、抢舞台的认识误区，引导鼓励老年人才退休不退志、退岗不褪色。用人单位要树立“聚天下英才而用之”的大人才观、新老龄观，形成激励老年人才在不同领域发光发热、老有所为的社会风尚。广大老年人要树立老骥伏枥、志在千里的雄心，勇于展现“为霞尚满天”的壮心和风采。

二是要保持“天生我材必有用”的精气神儿和自信心。奋斗没有休止符，只有自信自强，人生才更加精彩。不少老年人才退出火热的工作一线后一度很不适应、心态失衡，产生被束之高阁的自怨自艾情绪；有的则执念“不在其位不谋其政”，甘愿当游离于时代的看客过客，不仅造成了“执政兴国重要资源”的浪费，也因无所寄托带来了许多个人身心健康问题。所以，老年人才必须注重发挥自己的内生动力，发扬“人生自信二百年、会当击水三千里”的革命进取主义精神，积极融入新时代，主动建功新征程，把老有所养与老有所为结合

起来，在老有所为中把握人生主动，展现“银龄风采”。

三是要增强实现自我价值升华的紧迫感。人生如白驹过隙，“不为”更待何时。老年人才是当代中国人才群体的重要组成部分。特别是多数老年人才受党教育多年、经历岗位磨炼，经验丰富、技能过硬，弃之不用是人才资源的浪费，无所作为更是人生价值的颓废。因此，老年人才要强化实现自我价值升华的紧迫感、责任感，找准价值定位，把握社会所需，持续发光发热，无私创新奉献，给出不负时代、不负人民、不负人生的终生答卷。

二、厚植“种子”情怀，履行老年人才“星火燎原”的责任担当

落红不是无情物，化作春泥更护花。20 世纪六七十年代，有一首传唱甚广的毛泽东语录歌，歌词是“我们共产党人好比种子，人民好比土地。我们到了一个地方，就要同那里的人民结合起来，在人民中间生根开花”。歌词虽短，但却完美诠释了共产党人的初心使命和责任担当。无论什么时候，共产党人都要无条件地同人民群众紧密结合，在人民群众中生根开花，引领带动人民群众去追求幸福，追求民族复兴的伟业。大部分老年人才，尽管已经离职离岗，但共产党员的身份始终没有变，履行党员初心使命的责任始终没有变。必须主动躬身与人民结合，与时代需求结合，才能真正“生根开花”“星火燎原”。一是躬身中国式现代化的火热实践。我们党的宗旨使命就是为人民谋福利，为民族谋振兴。以中国式现代化推进中华民族伟大复兴，这是当代中国最大的政治，也是每一名老年人才应尽的责任。要积极贯彻新发展理念，认真研究思考中国式现代化的历史起点、性质特点、路径选择、运行逻辑、技术阻碍等基本问题，大力开展思路创新、科技创新、路径创新，在助推转型发展、基础性前瞻性科技创新、数字化经济等重点领域，以“老骥伏枥”的姿态，毫无保留地贡献老年人才的智慧、经验与力量。二是躬身乡村振兴发展的广阔天地。要积极置身国家乡村振兴战略的部署与落实，采取结帮扶对子、当致富顾问、拉致富项目

等形式，力所能及地利用好一切可以利用的资源，做乡村振兴的热心人和困难群众的贴心人，像谷文昌、张富清、钟扬那样，真正成为一颗在人民群众心中生根开花的种子，为乡村振兴发“大吕”之声，尽绵薄之力。三是躬身治理体系与治理能力现代化的宏大舞台。广大老年人才大都从事领导管理岗位或专业技术岗位，组织管理能力强，科技创新能力强，对管理规律以及流程方法如数家珍，对技术要点难点胸有成竹，要珍惜和运用好自己的成熟思路与经验，积极为推进治理体系和治理能力现代化建言献策。尤其是大多数老年人才居住在社区，要主动参与社区管理，善于出谋划策，在完善和推进基层群众自治中发挥主心骨作用，进一步提升基层治理层次质量。四是躬身人民群众所急所盼的一线阵地。人民所急所盼，就是无声的召唤。当前，随着当代中国迈进新时代，改革进入深水区，新矛盾和老问题交织叠加，影响和左右着人民群众的获得感和幸福感。像看病难看病贵问题，不知法不懂法问题，入托入学就业难问题，拆迁上访问题，社区治理问题，等等。这些都是人民群众生活的难点痛点，理应就是老年人才要关注的热点。要善于倾听，了解老百姓的真实想法和真正困难，多做解疑释惑的工作，多做通气顺气的工作，多做救急救难的工作，当好群众的“知心人”，当好矛盾的“减压阀”，事事为群众谋利益，处处为“银龄”增光彩。

三、完善政策措施，为老年人才发光发热提供有力保障

时至今天，中国老年教育走过了不凡的40年，以“中国老年人才网”为标志的一大批老年服务网络脱颖而出，《中共中央 国务院关于加强新时代老龄工作的意见》颁布，国务院办公厅《关于发展银发经济增进老年人福祉的意见》出台，为老年人才老有所养与老有所为提供了方向引领与政策保障。引导老年人才发光发热，充分释放老年人才资源潜力，无论是对应对老龄化还是助推社会现代化都是重要选择。如何将当前的良好起势推向蓬勃大势，急需上下结合

完善相关政策措施，为老年人才发光发热提供坚实的政策机制保障。当前宜重点关注解决好三个方面的问题：一是加大教育培训力度，适时为老年人才加油充电。近年来，全国各地老年大学“满坑满谷”、供不应求的火爆景象说明，老年教育需求庞大、大有可为。信息时代，知识、技术更新日新月异，老年人才同样面临实时加油充电问题。要按照老年人才“活到老学到老”的人生规划需求，加大公益教育供给力度，适时跟进组织系统老年教育和各种务实技能培训，由省市级别逐步向社区或基层社会组织延伸，进一步扩大教育与培训面，惠及更多的老年人才。二是加强具体指导，校准老年人才创新创业之路。开发老年人才资源，既不可竭泽而渔，又不可放任自流，如何加强正确引导与具体指导，让老年人才找准需求的切入点和创新创业的落脚点显得尤为重要。比如，老年人才普遍年纪偏大、体力精力下降，对再创业的工作强度、弹性有更直接的要求。再如，大多老年人才尤其是专业技术人才，在岗位几十年深耕不辍，更需要选择利于发挥其经验智慧的岗位或工作，等等。因此，职能部门要针对老年人才的特点，打通机制体制上的传统壁垒，为他们量身定制个性化的、配套对路的创新创业方案，加强专业化的具体指导，在重用与用准上下功夫，最大限度地释放老年人才资源蕴含的巨大能量。三是完善信息平台，优化老年人才资源布局。老年人才资源是一座“富矿”。要围绕社会发展所需、发挥正向作用，坚持高端站位，运用前瞻思维，借鉴发达国家相关经验做法，将老年人才纳入公共服务体系，开辟建立覆盖全国的老年人才市场，积极探索实践符合中国国情与老年人才实际的运行模式与管理办法，尽快使老年人才这座“富矿”能够“活”起来、用起来。加快老年人才流通与使用，资源透明精准是关键。为此，要在“中国老年人才网”启动建设的基础上，进一步加大投入、加快步伐，形成以“中国老年人才网”为支撑，上下贯通、左右衔接的网络体系。尤其要坚持立足领先与“借船出海”相结合，引入数字孪生等先进技术，“搭车”智慧城区、智慧社区等信息平台，提高信息服务的精准度与融合度，为优化老年人才资源布局与利用提供可靠的技术支撑。

农业农村现代化视域下发展农村老年教育的实践与探索

肖孝代[①]

【摘　要】人是中国式现代化进程中的决定性、创造性力量，是最活跃的要素。中国农业农村现代化的本质是人的现代化，关键是种地人的现代化。推动人口高质量发展，加快农业农村现代化，实现乡村由表及里、形神兼备的全面提升，教育是最基本、最有效、最直接的途径。要加快发展农村老年教育，有效改善农村劳动力的素质和结构，培养塑造大批现代老人，让广袤乡村在实现“物”的现代化的同时，实现“人”的现代化，为中国式现代化贡献老年教育智慧和力量。

【关键词】老年教育；农业农村现代化；人口高质量发展；培育新农人

习近平总书记强调，“没有农业农村现代化，就没有整个国家现代化。中国现代化离不开农业农村现代化。全面建设社会主义现代化国家，最艰巨最繁重的任务仍然在农村。人是现代化进程中的决定性、创造性力量，是最活跃的要素。进入新发展阶段，积极应对人口老龄化，推动农村人口高质量发展，加快农业农村现代化，农村老年教育面临良好的发展机遇，也面临着诸多困难与挑战。农村老年教育如何适应新形势，抓住新机遇，实现新突破，是一个时代新课题。

① 肖孝代，福建省三明市老年大学办公室一级主任科员。

一、老年教育在加快农业农村现代化中的角色定位、功能分析与现实意义

中国式现代化建设进程必然伴随着城乡区域结构的深刻调整，这也是释放巨大需求、创造巨大供给的过程。在破解城乡二元结构，促进城乡融合发展的历史舞台上，老年教育在积极应对人口老龄化，推动人口高质量发展，促进乡村文化振兴，加快农业农村现代化等方面，扮演着独特而越来越重要的角色。目前农村老年教育凸显“四个化”的需要。

一是推进新型“城镇化”建设的需要。改革开放40多年来，我国经济快速增长，为城镇化转型发展奠定了良好物质基础，为农业转移人口市民化创造了条件。过去五年，我国常住人口城镇化率从60.2%提高到65.2%。在以县城为载体的城镇化过程中，农民家庭一方面保留了村庄的生产资料和社会关系，另一方面又积极嵌入城市生活系统中，但目前大量农业转移人口难以融入城市社会，尤其是农村中老年群体，文盲半文盲大量存在，在观念转变及文化融合方面，仍然表现出与现代城市文明格格不入的落后、狭隘、封闭的价值观念与行为方式，需要通过教育不断学习新知识，开拓新视野，更新新观念。随着人民生活水平的日益提高和社会保障体系的日趋完善，农村老年人生活将显著改善，精神需求日益增加，学习欲望不断增强，这将为农村老年教育发展提供持续的动力。同时，新型城镇化以居住相对集中化为突破口，而农民相对集中居住加强了老年人之间的联系，为发展农村老年教育创造了条件。

二是积极应对人口“老龄化”的需要。目前，农村老龄化相较城市更为严峻。由于农村青壮年大量外迁，留守老人已成为许多农村常住居民的主体，目前全国近60%的老年人口生活在农村，2030年前后，农村老年人口占总人口比重将突破30%，农村人口年龄结构提前进入重度人口老龄化时期。青壮年农民外出务工导致土地撂荒，农民种地“高龄化”，50岁及以上的人口成了种地的主力军，人均年龄近60岁。“谁来种地、如何种地”成为新课题，如何端牢“中国饭碗”面临新挑战。同时，老年人在丧失劳动能力后，成了农村的弱势群

体，老年人的精神生活成了被遗忘的角落，相当多的老年人晚年生活孤独单调，焦虑无助，严重影响了身心健康。所以要以先进的文化在农村催生新思想、新观念，激励农村老年人积极参加老年学校学习，让老年人自我组织、自我教育、自我管理、自我服务，为其创造一个健康的生活环境十分重要。

三是实现人口素质“现代化”的需要。农业农村现代化关键是种地人的现代化，广大农民的文化素养、知识技能、道德品质、思想观念等因素是实现农业农村现代化的前提和基础。通过教育着力提高人口整体素质，加快塑造素质优良、总量充裕、结构优化、分布合理的现代化人力资源，不断提升人们道德水准、文明素养、科学文化素质，实现乡村由表及里、形神兼备的全面提升。在农业生产过程中，部分农村大面积、大批量地使用化肥、农药、地膜等物资，畜禽粪污、生产污水、恶臭气体等对生态环境造成破坏。因此，要将绿色发展融入农民日常生活中，引导村民逐步养成低碳环保的生活方式。同时，农村老年人在出行、就医、消费等日益智能化、网络化的日常生活中遇到诸多不便，面临网络谣言、网络诈骗、虚假广告等陷阱，抵御风险的能力差，容易上当受骗。通过老年教育开展“智慧助老”行动，帮助老年人跨越“数字鸿沟”。

四是培养新型“职业化”农民的需要。推进乡村振兴，人才振兴是基础。随着物联网、人工智能等科技在农业生产中大显身手，“数字稻田”“无人机点对点追肥”“智能滴灌系统”“田间无人值守墒情测报系统”等精细化田间管理技术，不断赋能农业生产，正让农业生产从“靠人力”向“靠算力”转变，从“体力活”向“技术活”转变，从“会种“到”慧种”转变，新型职业农民正成为建设农业强国的新生力量。在老年教育教学中，可探索建立农学结合的实践教学模式，依农情、农时举办、组织实地参与农业实践活动，培养出理论知识丰厚、动手能力强、能够服务农业农村现代化建设的新型职业农民。

二、新发展阶段农村老年教育存在的突出问题和剖析

笔者参加市老年教育调研组，采取调查问卷、座谈交流、实地察看等方式，

先后深入三元区、沙县区、明溪县、将乐县、泰宁县、大田县、尤溪县，以及部分乡（镇）、村老年学校调研，了解基层老年教育的办学现状、老年人的学习及精神文化生活情况、老年教育在推进农村人口高质量发展和农业农村现代化中所发挥的作用、面临的主要问题以及解决问题的方法途径等。老年教育凸显“四个突出”特点。

一是城乡区域发展不平衡问题突出。老年教育与人口老龄化发展和老年人日益增长的精神文化需求还不完全适应，老年人较强烈的精神文化和学习需求与有限的老年教育资源供给之间的矛盾日益凸显。当前老年教育优质资源主要集中在县城和经济发达地区，在经济相对落后的乡村还存有大量盲区，老年教育资源、覆盖对象等方面明显不均衡，普惠性低，区域、城乡、校际差距明显。

二是农村人口老龄化问题突出。随着我国新型城镇化的深入发展和农业转移人口市民化政策的落实落地，农村大量青壮年劳动力向城市转移，留守老人和留守儿童成为农村的主要群体，很多农村成了“空心村”。据中国社会科学院农村发展研究所新近发布的《中国乡村振兴综合调查研究报告2021》显示，农村全体人口中60岁及以上人口的比重达到了20.04%，农村的老龄化程度明显高于城市。目前农村老年人的精神文化需求并没有得到很好的满足，主要表现在：科学文化素质低，文盲和半文盲大量存在；思想空虚、辨别是非能力差，不少人还信奉和从事迷信活动；精神文化生活匮乏，除了扎堆聊天、晒太阳，没有更好的生活娱乐方式。这些不和谐音符，构成了农村的老龄化问题。

三是管理体制机制不健全问题突出。不少乡镇对农村老年教育促进地方经济、维护社会稳定的积极作用和意义缺乏足够认识，更多将精力放在经济发展和项目建设上，没有把老年教育的经费、人员配置等提上重要议事日程。缺乏相对完整的部署和要求。同时，老年教育涉及老干、教育、文旅、民政、卫健委等多部门，各部门各自为政，在资源建设、信息平台共享等方面缺乏统一的协调管理机制。这种多头管理现象导致老年教育在运行过程中存在权责不清、业务上互相扯皮等问题，不利于发挥宏观调控作用来规划农村老年教育事业的发展。理顺农村老年教育管理体制，是当前老年教育发展亟须解决的问题。

四是农村老年教育资源短缺问题突出。长期以来，农村老年教育资源短缺，“三无”（无场地、无人员、无经费）问题成为制约老年教育发展的瓶颈，而且农村人口居住分散，集中困难，全面创办农村老年学校难度较大。农村老年数字教育虽然已具备一定的政策、硬件、技术和实践基础，但仍存在数字教育技术适老化程度较低、数字化学习资源供给不足、数字教育运行机制不完善等问题。

如表 1 所示，从校舍面积、学员人数、办学经费、工作人员配备、基层办学基本情况等方面进行比较，可以看出，11 个县（市、区）老年教育发展存在区域城乡明显不均衡。

表 1　2023 年三明市各县（市、区）老年大学（学校）办学分类统计表

地区	县（市、区）								乡镇（街道）					行政村（社区）				
	县级老年大学（所）	校舍面积（m^2）	学员数		经费投入		工作人员		辖乡镇（街道）数（个）	已办老年学校数（所）	办学率（%）	学员数		辖行政村（社区）数（个）	已办老年学校数（所）	办学率（%）	学员数	
			人	人次	财政拨款（万元）	学费收入（万元）	在职干部（人）	编外人员（人）				人	人次				人	人次
三元区	1	1200	608	1300	29.8	7.4	2	3	12	6	50	1320	4230	132	31	23.4	1949	10913
沙县区	1	2900	1618	3138	37	30	5	2	12	12	100	1500	3200	183	62	33.9	3560	7120
永安区	1	6200	2605	4175	75	54	2	10	15	13	100	5627	19315	237	60	35	2892	9785
尤溪县	1	5500	2247	5219	54.6	16.2	6	8	15	15	100	1664	3127	262	196	74.8	9179	13052
大田县	1	2089	870	2860	16	10	2	1	18	11	61	235	290	266	11	0.4	109	132
宁化县	1	2900	1188	1643	5.28	14.412	3	0	16	8	50	957	1255	210	15	7.1	1038	2269
清流县	1	3600	612	879	10	5	3	0	13	13	100	780	1360	111	78	70	1380	1950
将乐县	1	2976	737	920	11	2.278	4	0	12	3	25	207	288	145	3	0.2	150	202
建宁县	1	2000	362	496	7	1	1	2	9	2	6.5	70	86	92	5	5.5	230	350
泰宁县	1	4600	387	513	8	1.5	2	0	9	2	22	30	58	111	2	1.8	60	89
明溪县	1	2400	445	696	4	3.7	2	2	9	4	44	317	1817	92	8	8	152	306

三、加快农业农村现代化视域下发展农村老年教育的对策和建议

中共中央、国务院办公厅印发《关于构建优质均衡的基本公共教育服务体系的意见》，提出“以公益普惠和优质均衡为基本方向，全面提高基本公共教育服务水平”。在全面推进乡村振兴、加快农业农村现代化视域下，要聚焦农村庞大老年群体所急所需所盼，以公益普惠和优质均衡为基本方向，破解体制机制障碍，优化资源配置方式，以“六个发展”推进农村老年教育高质量发展。

一是推进区域均衡协调发展。习近平总书记强调，“推进中国式现代化，必

须全面推进乡村振兴，解决好城乡区域发展不平衡问题”。要牢牢把握高质量发展这个首要任务，探索区域高质量协调发展方面的引领示范作用，聚焦不同地市、县区之间缩小办学条件和水平差距，充分发挥区域中心作用，以核心区域辐射联动周边区域，补短板、强弱项，供给总量进一步扩大，供给结构进一步优化，均等化水平明显提高，老年学校办学条件、师资队伍、经费投入、治理体系实现质的有效提升和量的合理增长。推进老年学校标准化建设，推动老年学校校舍建设、安全防范建设、教学仪器装备、数字化基础环境、学校班额、教师配备等办学条件达到规定标准，加快缩小区域老年教育差距。

二是推进城乡融合整体发展。适应我国城镇化不断推进和农村人口日益“市民化”的新趋势，在县域内破除城乡二元结构，把县域作为城乡融合发展重要切入点，合理调整县域城乡老年学校的布局结构，提升县城和中心镇的集聚效能及辐射带动能力，以城带乡，整体推进，推进老年教育优质均衡发展和城乡一体化，解决城镇挤、乡村弱问题。发挥县域老年大学优势，健全城乡老年学校帮扶激励机制，常态化开展专递课堂、名师课堂、名校网络课堂，有效缓解农村老年学校开不齐开不足开不好课程问题。推进县域内、校际间师资均衡配置，探索采用教师派遣制模式，对培养、输送优秀骨干教师支持老年教育的学校给予奖励支持。2023 年 7 月，农业农村部、国家发展改革委等九部门联合印发《“我的家乡我建设”活动实施方案》，提出“鼓励退休干部、退休教师、退休医生、退休技术人员、退役军人等回乡定居”。要注重从这些回乡定居的优秀人才中发展一批老年教育志愿者，培养一批“留得住”的乡村老年教育骨干队伍，到乡村老年学校任教或者从事老年教育志愿服务活动。

三是推进教育资源共享发展。随着学龄人口减少、城镇化持续提升等因素，我国的小学、幼儿园数量也呈现持续下降的态势。根据第一财经记者梳理，从小学数量来看，相较于 2012 年，至 2022 年，我国小学数量减少 7.95 万所，降幅达到 35%。

进入人口负增长后，随着适龄入学人口阶段性变化和结构性调整，未来一个时期，一些地区尤其是农村地区部分义务教育阶段学校将会出现招生不足、学位过剩乃至关停并转的现象，从而造成教育资源局部闲置的问题。可以在政府层面采取一定的政策措施，优化教育资源配置，适时引导并推动一部分义务教育阶段学校转办老年学校，将更多义务教育资源转化为优质老年教育资源，避免校舍、师资资源的浪费。

四是推进数字技术创新发展。当前，数字化正在塑造教育发展新优势，在推动着教育教学方式的变革。要以创新精神与时代同频，把握数字化变革带来的新机遇新挑战，构建互联互通、共建共享的老年数字教育平台体系。近日，中央网信办等 11 部门联合印发《关于开展第二批国家数字乡村试点工作的通知》，明确到 2026 年年底，试点地区数字乡村建设取得显著成效，乡村信息化发展基础更加夯实，城乡“数字鸿沟”加快弥合，涉农数据资源实现共享互通，乡村数字化应用场景持续涌现，数字经济促进共同富裕作用凸显，乡村振兴内生动力不断增强。开展老年数字教育进乡村行动，实施“互联网＋老年教育”达标创建工程，聚焦新课程、新教材、新方法、新技术，推动数字技术的教育“适老化与便捷化”改造，开发兼具“普适性与差异性”的优质数字教育资源，促进数字技术与老年教育融合发展，创新发展，让农村老年人共建共享数字化发展成果。

五是推进农村人口高质量发展。农业农村现代化建设需要更多知识型、技能型的新农人。将老年教育与培养高素质农民结合，以举办培训班、技术交流会等形式，让农村老年人了解新鲜事物、会用新技术新手段，不断增强与农业农村现代化要求相适应的素质和能力，把大批“老农民”变身“新农人”，将人口红利逐步向人才红利转变，把农村老年人口规模优势转变为数量与质量兼顾的人力资源优势，激发乡村振兴内生动力，为推动乡村振兴、农业农村现代化提供有力人才支撑，以人才红利优势赋予中国式现代化强劲动力。

六是推进乡村文化振兴发展。将老年教育同传承优秀农耕文化结合。肩负起农耕文明传承创新的时代责任，着眼传承历史文脉，保护好利用好农业遗迹、传统村落等乡村文化遗产资源，挖掘乡土文化资源，创新乡土教育课程，增强农村老年人的乡土情怀，使传承千年的农耕文明焕发新的生机活力。将老年教育与乡风文明建设结合。通过老年教育引导农民革除陈规陋习，推动社会主义核心价值观的生活化，在潜移默化中引导农民将美好生活价值理念内化于心、外化于行，不断提升农民的思想观念和行为规范，促进乡村精神文明建设和文化振兴，为乡村振兴增添新动能、注入新活力。

只有全面推进乡村振兴，实现农业农村现代化，才能补齐中国式现代化的短板。这就要求我们立足国情，立足资源禀赋，充分发挥老年教育在加快推进农业农村现代化、推动人口高质量发展中的优势和作用，促进农业全面升级、农村全面进步、农民全面发展，为高质量发展注入澎湃动能，让广袤乡村在实现“物”的现代化同时实现“人”的现代化，为中国式现代化贡献老年教育智慧和力量。

县级老年大学高质量发展的实践探索与启示

——以安徽省霍邱老年大学为例

王国信[①]

【摘　要】县级老年大学在老年教育系统中，承上启下，地位特殊，研究县级老年大学的实践与探索，对于总结40年来我国老年教育的发展规律，至关重要。本文采取“解剖麻雀”的方式，通过对霍邱老年大学发展历程、办学成就、办学特色的研究，从而揭示办好县级老年大学的基本规律。

【关键词】县级；老年大学；实践发展；规律

全国共有县级行政单位2656个。其中，包括县1317个、区948个、县级市391个。县一级一般都办起了老年大学。县级老年大学在老年教育系统中地位特殊，承上启下，起到十分重要的作用。它是中国老年大学协会这个大厦的根基和支柱，而对乡镇、社区、村办老年学校则起到直接指导、辐射和引领作用。研究县级老年大学实践与探索，对于认识和把握40年来我国老年教育事业的发展规律至关重要。那么，我国县级老年大学的发展有些什么规律可循呢？或者说，对县级老年大学发展有些什么规律性的认识？怎么样去把握它？没有调查就没有发言权，只有通过调查研究，才能正确认识和把握县级老年大学的办学规律。

---

① 王国信，霍邱老年大学名誉校长。

习近平总书记告诉我们，蹲点调研、“解剖麻雀”是过去常用的一种调研方式，在信息化时代依然是管用的。

安徽省霍邱县曾经是国家级重点扶持的贫困县，霍邱老年大学是一所公办的县级老年大学，也是安徽省“首批省级示范校”“全国示范老年大学”“全国老年大学信息化建设优胜单位”。一个贫困县的老年大学竟然办成了高质量的“全国示范老年大学”，其奥秘何在？其办学经验有没有普遍意义？“麻雀虽小，五脏俱全”，让我们来解剖这只“麻雀”，看看它的办学实践、发展历程，研究其高质量发展的成功密码，并从个别到一般，从而认识和把握办好县级老年大学的一般规律。

一、霍邱老年大学办学基本情况

该校 1992 年春创办，经历了艰难的起步阶段、跨越发展阶段、创新提高阶段，至今已走过了 32 年的历程。

学校占地 8000 平方米，有 3 幢教学楼，建筑面积 4800 平方米；有 13 个专业教室（其中，有 3 个 200 平方米以上的大教室），每个教室都配备有智能黑板（多功能智能一体机），有一个可容纳 500 多人的报告演艺大厅，舞台安装有 LED 屏幕和灯光音箱；室外有 4000 多平方米的地坪可供晨练使用；有一处布局典雅供师生休闲活动的小花园；有专门的停车场所。

学校实行校委领导下的校长负责制，校委班子由县委研究任命，校长由退休的县级领导干部担任，副校长 5 人，由退休的县委县政府部、委、办、局负责人、县老干部局长和县直部门负责人担任，退下来的校长继续担任名誉校长。学校有党员 540 名，建有临时党支部。2023 年 6 月，经县委批准成立党委，党委下设 5 个党总支、27 个党支部。班级配有班长、副班长，从班级学员中挑选善于管理、乐于奉献、爱校如家的人担任。班长、副班长由校委考察、提名，班级学员民主选举产生。校办室现有专职工作人员 4 人，纳入县事业编制，工作人员都是经过严格考试招录的大学毕业生。学校成立有艺术团、老年教育理论研究会、老年书画研究会、老年摄影学会等 11 个专业学会，分别开展有关活动。

办学经费由县财政拨款。从起初的每年 4 万元，逐步增加到 8 万元、10 万元，2014 年，按班级学员每人每年 200 元列入财政预算，增加到 30 万元；2018 年增加到 70 万元；2022 年增加到 150 万元。学费收入每年约 20 万元，入财政收入账户，全额返还学校使用。

学校成立 5 个系：艺术系、体育健身系、书画摄影系、文史系、计算机和信息管理系。校本部开设 54 个专业、81 个教学班；注册学员 1836 人，班级学员 4500 多人次。加上 3 所分校与 3 个校外班，总计 72 个专业、103 个教学班、2356 人，班级学员 5100 多人次。

学校有教师 41 名，都是经过学校严格选聘的在某一个专业领域有专长、热爱老教事业、可以胜任教学工作的人才。有的专业建立有初级班、中级班或提高（研究）班，实行分层次教学。除了正常的教学外，还开展丰富多彩的校园文化活动。

坚持“以人为本，立德树人，营造和谐校园”的办学理念。本着“增长知识，丰富生活，陶冶情操，促进健康，服务社会”的办学宗旨，“以人民满意为标准，办人民满意的学校”；确立校训：政治建校、质量立校、名师强校、和谐兴校；培育校风：崇德向学、尊老敬贤、友善乐群、康乐有为；创作校歌：《白发时代共芬芳》；设计了校徽；制定了完善的规章制度；创办了校刊《老年学刊》；开设了“霍邱老年大学网站”；建设校园文化，营造和谐环境，尊师重教、尊老敬贤，蔚然成风。

建校 31 年来，已有数万人参加了这所老年大学的学习，在身体素质、思想素质、文化素质等方面普遍有了提高，在家庭和社会上继续做出新贡献。学校先后荣获了“安徽省首批省级示范校”“全国示范老年大学”“全国老年大学信息化建设优胜单位”等荣誉。

二、老年教育高质量发展及办好县级老年大学的体会与启示

唯物主义哲学认为，规律具有必然性、普遍性和客观性。规律和它的现象是密切相关的，规律是现象中稳定的、深刻的东西，它深藏在事物的内部；现象是规律的外在表现形式，规律要通过现象来表现，现象和规律统一在同类事物中。遵循唯物主义哲学所阐述的规律的一般原理，通过对霍邱老年大学办学历程、办学成就、办学特色这些“现象”的研究，并通过抽象思维，探索和揭示了老年教育高质量发展及办好县级老年大学的基本规律。

一是老年大学怎么办，党政重视是关键。领导的重视程度决定老年大学的发展速度。县级公办老年大学，在校址选定、征地、规划、建设和教学设施的投入等基础性工作都是由县委研究决定、政府投入并组织实施的；老年大学校长的选聘也靠书记、组织部长慧眼识人、善当“伯乐”；在学校管理体制、教学经费是否列入财政预算、学费收入是否返还给学校使用、学员学费回原单位报销等也都是县委、县政府给政策。霍邱老年大学之所以办得好，先决条件是党委、政府开明、高瞻远瞩，对老年教育高度重视，大力支持。该校建第一幢教学楼时，财政只能拿出100万元，书记、县长、组织部长就带头每人捐款1000元，带动县直机关纷纷捐款捐料，筹资60万元，率先在全省建起了老年大学的独立校园和教学楼。之后的几届县委、县政府领导在学校新建扩容、增拨经费、设置编制方面做出决定，解决了有场所办学、有钱办学、有人办事的问题，为老年大学的发展创造优越条件。事实证明，县委的重视程度，直接决定着县级老年教育事业的成败兴衰。

二是老年大学要办好，校长班子要配好。有一流水平的校长队伍，才能办出一流水平的老年学校。“政治路线确定之后，干部就是决定的因素。”校领导班子作为学校的领导核心，班子成员的思想观念、价值取向、工作作风等，直接影响着学校的建设，决定着学校发展方向和水平。在领导班子中校长居于主导地位，选一个好校长尤为重要。著名教育家陶行知先生在谈到校长的作用时

说："校长是一所学校的灵魂，要想评论一所学校，先要评论她的校长。"霍邱老年大学正是因为有好的校长、好的校委班子，老年大学才得以快速持续发展。因年龄关系，霍邱老年大学校长已更换了四任，每一任校长都是经过县委反复物色、慎重挑选的，挑选校长的标准是：看能力，重品行，有思想，敢创新。不仅要选好人，选贤人，而且要选能人、名人。几任校长都是从县处级离退休干部中挑选出来的，他们觉悟高、责任心强、有服务精神、有协调能力和组织能力，善于管理、乐于奉献。第一、第二任校长艰苦创业、勤俭办学的作风；第三任校长积极进取、严谨规范办学的精神；第四任校长加大投入、敢于扩张创新的魄力，形成了连贯性加速度，使老年大学锦上添花，越办越好。霍邱老年大学的办学历程表明，每一步前进都渗透着校长的心血和汗水，每一项办学成果，都闪耀着校长的智慧之光。没有校长一任接着一任干，运筹帷幄、务实工作、无私奉献，就不可能有今天的办学成果。

三是老年大学要办火，"质量立校"猛加"火"。只有办学质量高，老年人才会往老年大学跑。研究霍邱老年大学的办学实践，可以发现这所学校始终把教学作为学校工作的中心，把提高教学质量作为学校发展的生命线和永恒主题，紧抓不放，因此取得了丰硕的教学成果。由此，不难发现"质量立校"是办好县级老年大学的又一条规律。老年大学要办火，"质量立校"猛加"火"。因为老年大学的学员是一群特殊的人群，他们有理想、有追求，有情趣，上老年大学不是为了拿学历，不是为了求职做准备，也不是为了加薪，而是为了求知、求健、求乐，修身养性，完善自我，有益家庭，有利社会，活出人生的精彩。他们上老年大学，不单是为了"玩玩"、打发退休后的寂寞时光，而是要"增长知识，丰富生活，陶冶情操，促进健康，服务社会"。他们珍惜退休后的宝贵时光，希望有所造就，大器晚成。因此，老年大学要办有质量的教育，要教有所成，学有所获，每个学科、每一堂课都要让学员感受到"不虚此行"，这样学校才能有吸引力、号召力。否则，不收费也没人来，用小车接也接不来。霍邱老年大学深谙此道，紧紧把握住"质量立校"这一规律，建立以"质量立校"为核心的教学管理，做到领导重视教学，教师献身教学，制度保证教学，科研促进教学，管理服务教学，经费保障教学，实现教学规范化、环境优良化、设备现代化，所以才能够一直兴旺发达，生机勃勃。

四是老年大学要办好，开拓创新精神不能少。坚持守正创新，老年大学发展才会有不竭动力。老年大学是伴随着干部离退休制度建立的新事物，从无到有，每一步成长，每一个进步，每一项成果的取得都是老年大学人不断实践创新的结果。霍邱大学在当时没有现成的模式可以参照的情况下，确立了“政治建校，质量立校，名师强校，和谐兴校”的办学理念，领导班子求真务实，始终坚持以德治校，积极倡导以仁爱之心爱人，以宽容之心度人，以平等之心待人，善于管理，乐于奉献，把老年大学办成了没有台阶的“平民学校”，创造了和谐校园。随着办学规模的扩大，又不断创新管理模式，推行系班架构，然后，以系为支柱、以班为根基，完善“校、系、班”三级管理模式，每系设系主任一人，由副校长或校党委成员兼任，校长统揽全局，实施经常性督导。在思想政治教育上，先是提倡教师在教学过程中要体现立德树人的教育思想，运用成语、格言、典故等多种形式对学员进行潜移默化的思想教育，培育践行社会主义核心价值观，引导人们向善向上；党的二十大以后，又采取开设课前 5 分钟思政课形式，由党小组长带领学习党的二十大报告和习近平金句，让二十大精神深入人心。事实证明：勇于探索、守正创新，是老年大学发展的不竭动力。

认识事物发展变化的规律，是指引人们走向成功的法则。让我们积极探索老年教育的发展规律，自觉遵循规律，并按照客观规律谋划老年教育事业，更好地推动老年教育事业不断向前发展。

老年教育助力乡村文化振兴的路径探索

——以贵州省黔西南州基层老年教育发展助力乡村文化振兴为例

罗佐文[①]

【摘　要】乡村文化振兴是乡村振兴战略的重要组成部分。老年教育不仅是老年群体持续学习的渠道，更是承载文化活动的平台。当下，我们应深思如何利用基层老年教育来有效推动乡村文化建设，激发其活力，为乡村文化振兴注入动力。这是新时代老年教育在文化传承与创新方面所面临的重大使命。

【关键词】基层；老年教育；乡村文化振兴

一、基层老年教育助力乡村文化振兴的实践成果

“十三五”以来，在黔西南州、县（市）党委、政府的支持和老教系统的努力下，全州共建成基层老年大学（学校）961 所，其中：县（市）老年大学 8 所，乡（镇、街道）老年学校 140 所、村（社区）老年学校 813 所。全州各级各类基层老年大学（学校）发挥政治、教育、文化、服务四大功能，通过强化示范带头作用，为乡村文化振兴注入了强大的活力。这些老年大学不仅在一定程度上推动了乡村居民思想道德水平和文明素质的提升，更在引领农村文化发展方面发挥了不可替代的作用。它们犹如文化引擎，助力全州范围内的乡村焕

① 罗佐文，贵州省黔西南州老年大学副校长。

发出新的生机与活力。

一是主题教育深入开展。全州各级各类基层老年大学（学校）认真落实“政治建校”第一要求，宣传党的路线方针政策，讲解时政信息，传递健康老龄化理念，倡导科学健康生活方式，指导融入科技信息时代，使老年学员在参与过程中既受到主题教育，又丰富精神文化生活。2023年，全州各级各类基层老年大学（学校）开展健康讲座117场次，开展智慧助老71场次，实用技能培训17次，覆盖2000余名老年人。例如，晴隆县利用与县离退休党总支人员交叉、场地紧邻的优势，每月、每季度定期组织党员学员参加政治理论学习和党性锻炼，让老年朋友紧跟时代不掉队，做到政治坚定、思想常新、理想永存。二是文化活动丰富多彩。全州各级各类基层老年大学（学校）积极为学员搭建风采展示舞台，开展经常性校园文化活动，培育优良校风、教风、学风，强化在校学员的光荣感、自豪感、归属感、获得感。通过校刊、校网、微信公众号等广泛宣传，积极推进校园文化建设，不断扩大和提升老年教育的社会影响力。截至目前，全州在校学员5.09万人，以各种形式经常性参与教育活动的老年人9.29万人。三是文化传承积极作为。全州各级各类基层老年大学（学校）积极探索创新教育教学模式，推动地方民俗文化的传承保护和创新发展。有的在县老年大学开设布依戏、布依山歌、布依刺绣等民族文化教学特色课程，邀请布依非遗文化传承人担任教师，开展布依民族文化教育教学，通过“非遗新体验”的授课方式，让老年学员零距离感受到非遗的魅力，增强民族认同感。有的将地方民俗文化融入当地产业发展，利用老年学校平台开展民族服饰、手工绣、竹藤编织、特色美食等民间技艺短期培训，推动老年学员的学习成果转化为经济收入。2023年，全州各级各类基层老年大学（学校、教学点）开设民族文化、非物质文化传承技艺等课程18门，覆盖1100人次。例如，册亨县20余名非遗文化传承人组建“多彩布依宣传队”、纳福布依戏队等特色班级，开展“遇见扎染·布里生花”扎染知识专题培训，致力于传承和弘扬非物质文化遗产，展现了深厚的文化底蕴和卓越的文化传承能力。四是文化服务贡献有力。全州各级各类基层老年大学（学校）坚持围绕中心服务大局，引导学员为助推乡村文化建设传递正能量，做出积极贡献。组建由668名老年学员参加的州、县、乡三级银龄志愿服务队86支，为学员搭建学以致用、体现价值的平台，以需求为导向，以服务为目标，广泛开展各类文化惠民活动。利用“七一”“国庆”等重要节庆，以宣传习近平新时代中国特色社会主义思想、党的二十大精神为主线，通过音乐舞蹈、绘画、书法等文化艺术形式，把对党和国家发展的切身感受充分表达出来，把党的路线方针政策传播到乡村，让党的声音“飞入寻常百姓家”。每逢春节前夕组织开展“文化下乡”活动，为增添节日氛围、助力乡村文化建设贡献银发力量。组织开展文明创建、移风易俗宣传、邻里纠纷调解等活动，弘扬中华传统美德，倡树时代文明新风，为文明乡风建设起到积极推动作用。2023年，全州县（市）、乡（镇、街道）、村（社区）三级“康养胜地、人文兴义”银龄志愿服务队开展各类政策法规宣传宣讲168场次，调解矛盾纠纷81起，督促整改安全隐患63处，辅导学生3800余人次，帮助群众办实事943件。

二、基层老年教育助力乡村文化振兴的作用定位

通过调研思考，县（市）、乡村、街道社区老年教育助力乡村文化振兴，应在四个作用发挥上聚力用劲。一是乡村老年文化活动的组织作用。乡村、街道社区老年教育本质上是一种自下而上的群众性教育活动，组织开展乡村老年文化活动，丰富老年人精神文化生活，是基层老年教育的重要内容。发挥好乡村文化活动的组织作用，需要在两方面下功夫。首先要把阵地建起来。要按照集中、便民的原则把群众家门口的老年学校建好，有条件的可以独立建设，条件暂时不具备的可以整合乡村现有场地资源加以利用。其次要提升办学吸引力。活动是各级老年学校展现生命力、吸引力和凝聚力的所在。老年教育不能仅仅拘泥于“课堂”“学校”的教育视野，更要致力于不断满足老年人“求康、求乐、求友”的精神生活需求，在开展必要课堂教学的同时，积极探索体验式学习，开展参观、展演、游学等多种形式的教学活动，让老年人在快乐中参与、

在快乐中学习，把遂愿而学的过程作为一种快乐，一种享受，一种幸福，以此提高办学吸引力，提升学校的号召力，让乡村老年学校成为引老聚老的重要阵地，成为村民分享睦邻友好的场所，通过吸引老人积极参与乡村文化活动，扩大文化活动参与主体。二是传播新时代好声音的平台作用。乡村、街道社区老年学校作为向乡村、街道社区老年群体传播新时代声音的主阵地，要搭建好讴歌新时代、礼赞新时代的平台，通过组织开展形式多样、喜闻乐见的主题教育活动、主题庆祝活动、主题纪念活动、主题实践活动，以文艺演出、作品展示、宣传宣讲等方式，展示新时代人民群众的美好生活，将党的好声音、好政策传递到广大群众心间。三是传承优秀传统文化的促进作用。一方面，老年教育参与乡村文化振兴的一个重要举措是挖掘当地特色文化。乡村、街道社区老年学校可以成为抢救、传承乡土文化特别是其中的非物质文化遗产的一个阵地。一方面，要充分利用本地特色文化资源开展教学活动，让老年师生学习本地特色文化，保护和传承传统文化，既为老年学校增强了文化品位，丰富了人文精神，又创造了自己的校园文化特色，进而为建设地方文化、和谐文化作出积极的贡献。另一方面，老年教育还应注重将特色文化发掘引导到产业发展、形成经济效益的可持续发展道路上，激发村民发掘和利用传统特色文化并加以创新发展的动力，推动地方民族服饰、特色美食等产业化发展。四是建设乡村两个文明的推动作用。要围绕“乡村振兴老有所为”主题，激发“银发力量”，发挥学员特长，为乡村两个文明建设出点子、当参谋、作示范，推动乡村科技致富。组建好热心公益事业的志愿队伍，积极开展各类文化惠民活动，帮助乡村、街道社区开展文明创建、矛盾调解、社区治理等工作，引领形成对党感恩、崇德向善、邻里互助、诚实守信、勤劳奋发的乡村社会良好风尚，助力文明乡风建设。

三、基层老年教育助力乡村文化振兴面临的现实问题

通过调研发现，近年来，全州各级各类基层老年大学（学校）虽然在发挥老年教育作用助力乡村文化振兴方面做了一些有益探索、开展了一些有效工作，

但也还存在一些问题，集中体现在以下三个方面：

一是乡村组织对老年教育缺乏高度关注。虽然国家出台了相应的推进老年教育的措施，但就目前而言，乡村组织对发展老年教育的重视程度不够，只是将重点放在集镇和社区，对边远村老年教育的关注较弱，没有站在推进基层社会治理、建设文明乡风的高度来认识和推动乡村老年教育，没有把发展老年教育的人、财、物摆上重要议事日程，没有营造普及乡村老年教育的社会氛围，认识不足缺乏重视，措施轻视行动忽视，导致乡村老年学校整体运行效果不好。

二是乡村老年学校的吸引力不够。乡村老年学校由于受场地、专业教师等教育资源缺乏等因素制约，开设相对规范的专业课程教学普遍不具备条件，教育教学内容和形式比较单一。即使具备条件的村（社区）老年学校开设一些课程，但针对性、系统性不强，不切合乡村老年人学习需求，基本上是少数群众参与，广大老年群体还是望而却步。加之留守乡村的老年人多数文化水平不高，认为上老年学校会对休闲生活有所束缚，对老年教育参与的热情和激情不够，有的还在为生计奔波，有的忙于照顾孙辈等家务琐事，限制了参加老年教育的时间和精力。上述主客观因素，导致乡村老年学校入学率较低，乡村文化活动参与主体缺失，由此造成基层老年教育在乡村文化建设中的作用发挥大打折扣。

三是乡村社会对老年教育认识存在偏差。仍有一部分人对于老年教育的认知停留在浅层次的娱乐和消磨时光上，未能全面认识到老年教育在促进老年人身心健康、提升思想觉悟、改善生活质量以及生命价值等方面的深远影响。他们尚未充分领悟到，老年人在接受老年教育后所释放的正能量，不仅能够为子孙后代树立积极的榜样，对家庭和睦亦能发挥建设性的作用。此外，发展老年教育对于构建学习型社会、建立终身教育体系，以及综合应对人口老龄化问题具有重大的战略意义。这些深层次的思想认识偏差，在一定程度上制约了乡村老年教育的进一步发展和优化。

四、基层老年教育助力乡村文化振兴的对策建议

针对调研中发现的问题，在充分吸收基层老教工作者意见的基础上，提出以下工作建议。

一是深入贯彻条例促重视。加强老年教育工作，既是发展所系，也是时代所需，更是民心所盼。2016 年，国务院办公厅印发的《老年教育发展规划（2016—2020 年）》，2023 年 1 月起施行的《贵州老年教育条例》等对各级人民政府应当加大对老年教育事业的投入，从制定发展规划、健全管理和服务体系、加强老年教育保障措施、鼓励支持社会力量办学、统筹利用相关资源等方面作出细化规定。深入贯彻落实国务院《老年教育发展规划（2016—2020 年）》和《贵州老年教育条例》，做好老年教育工作，是各级党委政府的职责，也是老教工作者的使命。作为一级党政组织，要在机构、人员、校舍、设施、经费、教师聘用等方面下功夫，排除障碍，强化保障。作为老教工作者，要以教学为中心，以管理为抓手，创新教育教学方式，努力提高办学质量，形成具有地域特色的老年教育品牌，用卓有成效的工作赢得党委政府的关心重视、支持帮助。因此，县（市）老教办要认真履行牵头抓总职能，进一步加大法规的宣传力度，以深入贯彻国务院《老年教育发展规划（2016—2020 年）》和《贵州老年教育条例》为牵引，深化乡村振兴背景下农村老年教育重要意义的思想认识，推动落实“党委领导、政府主导”的工作机制，不断完善发展老年教育的政策措施，优化老年教育资源供给，营造全社会关心、支持老年教育的良好氛围，推动乡村老年教育扩容提质增效，让乡村老年学校更好发挥政治教育、精神养老、服务社会的功能作用，赋能乡村文化建设，助力乡村文化振兴。

二是提升办学水平聚人气。乡村老年学校要唤醒乡村老年群体参与乡村文化活动的主体意识，吸引他们积极参与乡村文化活动，扩大文化活动参与主体，唯有提升学校发展内涵和办学水平，增强学校的凝聚力和吸引力。（1）课程内容要帮老人所需。要立足于乡村老年人真实的爱好，以短平快学习内容为主，从文化、体育、健康等方面灵活安排符合老年人共同感兴趣的课程，让更多的

老年人“学得了”“学得好”，提高课堂教学效果。（2）活动安排要体现“农事忙闲”原则。坚持农忙少学、农闲多学。节假日集中开展适合乡村老年人的群众性文化、体育、娱乐活动，丰富老年人的精神文化生活，提高活动课的吸引力。（3）教学组织要灵活多样。在教学组织中，要遵循因材施教、寓乐于教的原则，采用课堂教学、实践体验、分享交流、在线学习等多元化的形式，创新教学过程与教学方法，激发老年学员的学习积极性与主动性。（4）载体搭建要着眼于为老年人提供展示平台。可以根据行业特点、学员意向、服务区域，有针对性地建立老年学员志愿服务队，采取多种模式扩大老年学员参与社会服务的领域。例如，可以通过当地开展平安建设、文明城市创建、重大节庆活动等时机，组织老年学员参与志愿服务；或是以村（社区）为依托，引导学员担当起政策法规的“宣传员”，环保绿化的“监督员”、社情民意的“信息员”，邻里关系的“调解员”等，根据村（社区实）际需要发挥作用，常态化开展各种志愿服务活动，提高社会实践课的广度。

三是加大宣传推介扩影响。老年教育具有引导、帮助老年人实现再社会化的重要作用。全州各级各类基层老年大学（学校）坚持宣传为学校更好发展服务的原则，利用好各种媒介、各种形式，加大老年教育宣传力度，不断扩大、增强社会影响力。一要面向领导作宣传，争取关心和支持。要通过向党政领导和单位部门送文件送阅校报校刊，邀请参加重大节庆日书画展览、文艺展演、到校视察等，及时向领导汇报、反映老年教育成果以及遇到的问题，便于领导了解情况、指明方向、解决问题，便于与文化、体育、卫生等行业形成合作机制，丰富老年教育的资源供给，全方位构建学习型社会。二要面向社会作宣传，扩大影响提高关注度。要通过举办学员文艺公益演出、摄影书画诗词作品展出等，利用学校官方网站、微信公众号等平台，借力地方党报党刊、广播、电视等主流媒体，宣传展示学校的办学成果、老年教育助力乡村文化建设的实践收获、老年学员在老有所学、老有所为、老有所乐等方面的事迹以及老年教育在应对人口老龄化中的特殊作用，让全社会认知并了解老年学校，形成全社会关心支持老年教育的良好氛围。三要面向老同志作宣传，鼓励参与发挥作用。要主动向老同志宣传国家在老年教育方面的方针政策，提升老同志老有所学、老有所乐、老有所为的自信和参与意识，吸引凝聚更多的老同志参与学习活动，同时依托老同志这一老年群体中的“关键少数”，充分调动其积极性、主动性，发挥其政治、经验、威望、业务优势，助力教育教学管理，促进老年学校科学发展、创新发展。

浅谈老年大学与乡村振兴的互助双赢

蒋江星①

【摘　要】随着我国人口老龄化速度加快，越来越多的老年人进入老年大学，丰富退休后的精神生活。与此同时，成为社会关注焦点的乡村振兴也在稳步推进中，如何将老年大学与乡村振兴有机结合起来，形成互助互利共赢模式，具有重要意义。笔者通过对老年大学教学实践和对乡村振兴村庄的走访调查，提出了老年大学与乡村振兴、互助共赢的若干构想，意在为今后老年大学教育工作和乡村振兴工作的发展提供一些借鉴和启发。

【关键词】老年大学；乡村振兴；优势特点；互助共赢

笔者从事老年大学诗词教学工作四年。在此之前，曾在乡村中学教书十九年、去全州县龙水镇坦口村扶贫五年、去龙水小学支教一年，这些难得的工作经历让笔者十分清楚乡村的教育、文化及经济现状，尤其是亲身经历了乡村教育的艰辛与乡村扶贫脱贫、扶智启智的挑战之后，发现乡村老年教育和乡村振兴之间有很大的关联性，特别是这两年通过对龙水、枧塘、庙头、黄沙河、才湾等 8 个乡镇正副书记、正副镇长及村干部的走访，并经过部分老年大学学员的家访和对老年大学现状的调查研究、数据分析，笔者认为老年大学与乡村振兴局应该结对帮扶，弥补彼此短板，加强文化与经济的深度融合，互助互利，携手共赢，以进一步搞好老年大学教育，搞活乡村经济振兴。

---

①　蒋江星，广西全州县老年大学教师。

一、老年大学优势与现状

（一）学员特点

从生理心理技能上看：老年大学招收的学员，年龄一般在50—80岁之间。在全州县今年春季学期招收的570名学员中，50—59岁的低龄老人290名，占51%；60—69岁的213名，占37%；70—80岁的67名，占12%。按照联合国世界卫生组织提出的年龄分段标准，45岁至59岁为中年人。也就是说，老年大学有一半以上的人的心理机能和生理机能依然健康稳定，他们仍然可以参与劳动强度不大的体力劳动和脑力劳动。

从学员身份上看：老年大学招收的学员，既有医生、教师、律师，也有园艺师、建造师等，他们是来自各个领域、各种级别的专业技术人才，具备扎实系统的专业知识与专业技能技巧，拥有丰富的工作实践经验和人生阅历。

从政治面貌上看：老年大学招收的学员，很多来自机关事业单位，他们当中很多人都是中共党员。根据2024年全州县老年大学春季学期报名注册登记，发现招收的570名学员中，有112名中共党员，占学员总数的20%。这些退休党员干部政治素质好，文化层次高，普遍关心国家大事，对国家的重大政策与方针一如既往地持续关注，对党组织有着深厚的感情。

从学员性别上看：老年大学招收的学员，绝大多数都是女性学员，特别是舞蹈班、旗袍班、模特班，学员都是清一色的女性。在全州县老年大学招收的570名学员中，女性学员有457名，她们的精力比较充沛，社会活动能力强，有较强的参与意识、社会服务意识和无私奉献精神。她们把老年大学当成文化养老的圣地，当成精神乐园，学习热情日益高涨。

从学员出生年代看：老年大学招收的学员，绝大多数是出生在20世纪60年代及以前的人群，他们的思想观念传统，崇尚传统文化，注重家庭、讲究孝道。日常生活有规律，消费有节制。教育孩子或自我修行以儒家思想为核心，尊老爱幼，乐于助人，对亲戚朋友热情，有很强的家族观念，也有很强的集体主义和社会主义观念。

从学员经济状况上看：老年大学招收的学员，95% 以上每个月都有固定退休金或养老金。在笔者执教的诗词班，通过对 50 人的调查，有 1 人月收入低于 3500 元，有 9 人月收入在 4000 ~ 5000 元，有 39 人月收入在 5000 元以上，有 1 人月收入在 20000 元以上。这些学员的生活相对于普通老百姓要好很多。有稳定的经济作保障，才有时间根据兴趣爱好进行学习，追求生活质量。

（二）学校特点与不足

（1）老年大学教学场地与活动场地普遍狭窄，例如全州县老年大学除去 6 间办公室、1 间会议室和 1 间展示厅，教学楼只剩 7 间教室，用于开设 19 门学科教学场地，非常拥挤。

（2）老年大学教学设备陈旧老化，没有及时更新，与时代脱节。例如全州县老年大学教室里挂的黑板面积太小，一首长点的诗词都难以全部板书到黑板上，直接影响上课效果。所有的教室使用的都是传统的教学工具，即黑板与粉笔，没有投影电子白板一体机。教室里也没有专门的讲台，讲台是和学员用的一样高、一样宽的课桌，讲义与教案放在低矮的讲台上，用起来很不方便。

（3）老年大学办学经费主要来源是靠收取学员的学费，其次靠政府补贴一小部分资金。以全州县老年大学为例，每一名学员一个学期收取 150 元的学费，除去支付教师的工资，所剩无几，没有足够的经费来更新教学设备，更没有经费建造更多的教学场地。因为经费紧张，老年大学的教师很少有机会去外地学习交流，汲取其他老年大学先进教学经验。

（4）老年大学办学经费虽然紧张，但依然重视教学，严抓教风学风，教师不能随意调课缺课，不能迟到早退，课前必须备课，上课要有教案或讲义。学校墙壁上的校训校风、教风学风、教师服务格言很醒目，让老年人感觉又回到了学生时代，营造了良好的学习氛围，让老年人明白终身学习的意义，激励老年人主动做“老有所学，老有所乐，老有所为”这样的“三有”老人。

二、乡村振兴面临的难题

（一）乡村人口流失严重，空巢留守现象突出

21 世纪初，全国各地城市房地产开始快速发展起来，带动了建材工业及装修业的发展，大量的青壮年劳动力从农村涌向城市。为了让自己的孩子接受良好的教育，许多农民工缩衣节食，在三线、四线城市购买了商品房，他们拖儿带女进入城市或县城长期定居生活。乡村人口减少了，尤其是乡村中青年人口锐减，农业生产渐渐地失去了活力。在村中留守的多数是老人与儿童，空巢现象突出。近几年，我国人口生育率明显下降，而老年人的人均寿命却有所延长。人口老龄化在农村日趋严重。

（二）乡村人员整体素质不高

现今留在农村种地的农民，绝大多数文化较低，也没有谋生的技术与特长，他们思想守旧，依旧过着传统的农耕生活。外出务工的村民的大片土地闲置撂荒，留在村里的其他农民也没有能力与精力去耕种，成为普遍现象。乡村要发展就必须普及科技，调整产业结构，但新的产业结构需要有知识、有能力、有技术、有特长、有眼光的高素质人才。要在文化素质整体水平比较低的农村实行农业生产方式转型是非常困难的。

（三）基础设施薄弱

乡村的道路虽然比以前好了许多，但是偏远山区路面依旧狭窄、不平顺，无法满足大型货车通行，种植的水果蔬菜难以大批量外卖。乡村道路没有路灯，存在安全隐患。

乡村水沟水利多年失修，导致旱季农业灌溉能力不强，春夏之交洪灾水涝严重。

乡村不够重视卫生环境，黑臭水体普遍存在，无害化厕所普及率低，家禽

粪便随处可见，生活垃圾也没有分类处理。

乡村村民获取知识技能的文化设施不完善，以至于无法提高自身文化素养，跟不上时代步伐。通讯网络差，偏远山区与外界联系不方便，外界信息更新未能在第一时间获得。很多乡村尚未搭建电商平台。

乡村医疗设施简单，专业医疗人员配备不足，健康教育资源缺乏，村民的健康没有保障。

（四）农村经济发展不平衡

各个村庄的自然环境不同，导致各村经济发展不平衡。有些村有“领头雁”，能依托丰富的自然资源，积极开发利用自然资源，实现经济快速增长；有些村庄的村民则思想保守，村里缺少“领头雁”，未能迈出发展乡村产业的第一步。这是不同村级集体经济发展不平衡的关键因素所在。

（五）乡村产业品牌不响亮

近几年，乡村的种植业、畜牧业、林业、渔业以及农产品加工业，虽然快速发展起来，农村电子商务帮助促进农产品的流通和销售平台逐渐增多。但是乡村产业普遍存在多而不强、多而不精、多而不贵、多而不广。农村的旅游资源也在大力挖掘，可是规模太小，吸引力小，让游客观光停留的时间短，没有相应的文化产品，难以达到让村民盈利致富的目的。

三、老年大学与乡村振兴局结对帮扶的可行性研究

（1）老年大学把积极贯彻落实上级党委、政府重大决策和重要工作部署作为重要职责，例如全州县老年大学上专业课前要求上思政课 5—10 分钟，积极学习贯彻党的二十大精神、习近平新时代中国特色社会主义思想以及习近平总书记对广西重大方略要求，积极宣传学校的先进事迹，提振精气神，激发正能量，牢牢把握学校正确舆论导向，增强党建工作的影响力、辐射力。在党组

织引领下的老年大学与党组织引领的乡村振兴局都在思想上和党中央保持高度一致，政治方向相同，初心使命相同，具备结对帮扶的良好基础和共同追求。

（2）老年大学普遍女性学员较多，女性求知欲强，不甘落后于时代，愿意提升自我，美化自我。老年大学送教下乡，很多女性学员积极参与这样的志愿活动。女性学员具有较好的审美观，她们下乡，可以帮助村民建造漂亮的微型菜园、微型花园，弥补乡村振兴缺乏有知识、有眼光的高素质人才，这样的人才既免费，又实用，不计报酬，乐于帮助村民致富。

（3）老年大学开设有绘画、书法、诗词等传统文化科目，这些传统文化老少皆宜，永不过时。老年大学学员可以帮助乡村把孝道文化、墙绘文化、诗词文化做得更好。比如在祠堂里，展示绘画、书法、诗词作品，这些作品以弘扬正能量为主导。每逢节日，加大宣传，吸引本村外出务工人员回村观赏，增加人气，留住人心。青少年经常到乡村参加这样的活动，耳濡目染，感化熏陶，自觉传承传统文化，可以更好地抵制一些自媒体上的歪理邪说、蛊惑宣传。

（4）老年大学学员拥有丰富的人生阅历，生活中能成功转换各种角色，在单位，他们是职场能手，在家里，他们是模范丈夫贤惠妻子，绝大多数女性能协调好婆媳关系、家庭关系。老年大学学员可以投身乡村治理，帮助村民处理好家庭关系、邻里关系，减少社会矛盾，增加凝聚力向心力。例如现在村子外嫁出去的女性，流行每逢九月九一起回娘家，集资修路、修凉亭等。以为社会公益出力为荣，影响和带动良好村风民风形成。

（5）老年大学学员中，教师和医生比较多，他们有专业技术技能，文化素质也高，通过网络平台，可以弥补乡村振兴教育资源、医疗资源的薄弱环节，缩小农村和城市之间教育、医疗、文化等方面的差距。

（6）通过老年大学学员，帮助村民或留守老人培养兴趣爱好，学会减压，让他们在艰苦的劳动中也能感到左手是诗、右手是歌的浪漫，培养正确的劳动观、人生观以及社会主义核心价值观。通过调查，有两种及以上兴趣爱好的老年人，总体幸福感高于没有兴趣爱好的老年人。有兴趣爱好的老年人生活充满活力、人际关系友好，崇尚利他行为。这些兴趣爱好的培养，为乡村振兴营造积极向上的精神力量。

（7）老年大学学员可以帮助村民解读宣传其村古代名人文化，用来励志。2023 年 8 月，笔者对全州县黄沙河镇竹塘村进行了古代名人文化宣传力度调查。蒋曙（1475—1541 年），字景明，号竹塘，明弘治九年（1496 年）丙辰科进士。蒋曙任江西右布政使时，宁王宸濠为乱，王阳明开府豫章，事发其地，虽功成王氏，而幕府策划多出曙谋，至于后方安定与后勤援手曙力最大。蒋曙曾撰写旷世奇文《兴革利弊疏》，收入《皇明经世文编》，为官之道主张务实求真、忠孝清廉。顾东桥，即顾璘（1476—1545 年）明代思想家、文学家，他曾经这样评价蒋曙："诗如韦应物，文如白乐天，疏议如陆敬舆。"笔者翻阅蒋曙的《竹塘遗稿》，发现他写给蒋时（蒋曙的同胞第三位兄长）的 20 首七言律诗，使用的是同样的韵脚，并且对仗工整，情景相融，让人拍案叫绝。

可是当我走访竹塘村村民时，绝大多数村民只知道蒋曙是明朝的一位大官，竟然无一人知道蒋曙与圣人王阳明曾经同朝为官，并且与王阳明有诗词唱和。他们看不懂蒋曙著的《竹塘遗稿》，因为里面都是文言文和古诗词，这就需要有一定文学素养的老年大学学员或教师帮助解读与宣传乡村文化，助力乡村文化振兴。文化搭好台，经济才能唱好戏。

（8）老年大学学员，他们有很强的家国情怀，也爱表现自己，可以动员这些文人，对乡村先进感人事迹，用诗词绘画形式表达出来，并进行宣传。雁过留声，人过留名，这是很多文人墨客梦寐以求的事。对乡村的治理与发展，要讲究立章成文、兴文治心、崇德治人。通过对家乡的大力宣传，争取吸引更多退休的老人，加入乡村振兴中来。对发展规模不大的乡村产业，老年大学学员可以注入少量资金进行入股，助力乡村振兴的发展。例如，根据当地的文化习俗特点，设计一些文化产品或者品牌 LOGO，融入乡村产业。这样既能传承当地的文化习俗，也能为当地老百姓带来经济效益。

四、老年大学各班走进乡村的方式方法

（1）舞蹈班走进乡村：首先，将舞蹈班分成若干小组（根据实际情况确定人数），每一个小组挑选出一名组长、副组长，作为乡村舞蹈振兴的联系人和负责人。其次，将划分好的所有舞蹈小组分派到全县各个乡镇，通过乡政府有关负责人，与各个村建立联系。最后，组长和副组长与乡村舞蹈队建立微信群，通过微信群，对农村舞蹈队进行指导，一个星期指导一次，例如跳舞前的热身、跳舞的面部表情、跳舞中场休息和跳舞后如何给身体科学补充水分等。

（2）葫芦丝、二胡、吉他等乐器班走进乡村：首先，挑选各个乐器班学习时间久，乐器演奏熟练，懂简谱能指导新手的人，组成一个乡村音乐振兴组，挑选一个组长和副组长。其次，乡村音乐振兴组组长通过乡政府有关负责人，与各个村建立联系，一人负责一个乡镇所有的村。最后，乡村音乐振兴组的成员通过抖音直播平台，对乡村学员进行乐器基础知识讲解和乐器演奏。抖音直播一个月三次为宜，一次一个小时。村民学习乐器基础知识免费。

（3）诗词、书法、绘画班走进乡村：首先，挑选各个班学习时间久、诗书画有一定基础的人，组成一个诗书画乡村振兴组，挑选一个组长和副组长。其次，诗书画乡村振兴组通过乡政府有关负责人，与各个村建立联系，一人负责一个乡镇所有的村。最后，诗书画乡村振兴组的成员通过抖音直播平台，对乡村学员进行诗书画基础知识讲解。抖音直播一个月三次为宜，一次一个小时。剪纸班、工艺插花班以及其他班采用同样的方式进入乡村。绘画作品、书法作品、剪纸作品、工艺插花作品均可销售，所得销售金额一部分归作品创作本人，另一部分归老年大学用于扶贫。

（4）在老年大学挑选教师、心理医生等具有专业技术资质的人组成一个教育、健康乡村振兴组，通过抖音直播、微信群，帮助村民重视孩子的教育，积极参与孩子的教育，让村民的孩子从小养成爱学习的好习惯。家长、学生以及村民遇到想不通的问题而产生的抑郁，可以咨询心理医生，通过心理医生的疏导，让村民拥有阳光健康的心理状态。

（5）老年大学选择“三月三”“五一”“端午”“九月九”“元旦”等民族传统节日和重要节日，组织各个班的乡村帮扶组队员下乡到各乡镇与村民进行交流互动。对现场教学和精彩表演进行拍摄，美图配以美诗文，用微信公众号或美篇软件制作出来，进行推广，或者编辑印刷成书，供村民学习阅读和内部交流。

（6）乡村产业的产品和产品的特色，通过老年大学学员的抖音、微视频等自媒体进行大力宣传，由老年大学各班挑选的组长帮忙在电商平台进行促销推广，帮助村民增收，同时按比例给予老年大学学员适当提成，予以鼓励。

（7）负责与各个乡镇联系的人，要经常与其他乡镇产业负责人交流自己乡村产品情况，以便及时帮助乡村产业促销产品。也可以将各个乡村产品搭配组合成一套产品进行销售，或者各乡村电商平台交叉促销产业产品。

（8）每年年底，各个乡镇的乡村产业根据发展和盈利情况，对老年大学给予一定的资金帮扶，帮助老年大学解决下乡搞活动所需要的交通、伙食、宣传等费用。

总之，乡村振兴离不开有知识、有能力、有技术、有特长、有眼光的高素质人才，这些高素质人才完全可以来源于老年大学，老年大学的学员有时间、有能力、有技术、有文化。老年大学与乡村振兴进行深度融合，通过各种平台达到互助双赢，定能走出一条积极应对人口老龄化并且有中国特色的乡村振兴之路。

乡镇社区老年教育的实践与探索

王爱彬[①]

【摘　要】人口老龄化悄然来临。如何让老年人更好地发挥余热，使其晚年生活得更充实、更有意义，是社区老年教育研究的重要课题。江苏省如东县栟茶镇党委、政府充分发挥辖区内各涉老机构的作用，形成合力，整合资源、引育师资力量、丰富办学模式，闯出了一条有栟茶地方特色的老年教育新路子，为社区老年教育提供了有益借鉴。

【关键词】老年教育；社区；模式；举措

一、栟茶老年教育背景

如东县栟茶镇——中国历史文化名镇，一个有着 1400 多年悠久历史的古镇。

全镇总人口 5.89 万人，现有 60 周岁及以上人口 1.8071 万人，占总人口的 35.5%，老龄化程度远远高于国家、省、市、县的平均水平。

面对规模庞大的老年人群体，该镇党委、政府以终身学习理念为指导，坚持创新发展，以镇老年学校为主体，以镇各类社团学习活动组织为辅助，创建起“多层次、高质量、多学科、多形式”的老年教育办学模式，实现了全镇老年人的“老有所教、老有所学、老有所为、老有所乐”。

---

① 王爱彬，江苏省如东县栟茶镇社区教育中心高级讲师、校长。

2019 年 2 月“如东县老年大学栟茶分校”正式挂牌。利用社区现有资源，建立了集教育培训、文化娱乐、健身休闲于一体的如东县老年大学栟茶分校，设立茗海、靖海、浒零、教育 4 个中心活动组，14 个村依托村（居）民学校建立了相应的老年大学栟茶分校村教学点。组织开展了一系列老年教育学习培训活动。各涉老组织、老年文化体育学习活动组织，围绕老年教育主动作为，使如东老年大学栟茶镇的老年教育工作开展得红红火火，成为南通市、江苏省乃至全国乡镇社区老年教育的典型。

二、栟茶老年教育模式

发挥老年人的余热，让他们过得充实、有意义，是该社区老年教育的初心和宗旨。

栟茶镇在镇老干部、老年体协、关工委积极参与配合下，组织动员各方力量，探索出由七个模块组成的独具特色的乡镇社区老年教育模式。除如东老年大学栟茶分校外，以毕业学员为主体组建的“夕阳红舞蹈队”、合唱团、书画组、“协会”“中心”，既在业务上与如东老年大学栟茶分校有联系，又是相对独立的教育活动主体。他们与如东老年大学栟茶分校共同支撑起了该镇老年教育大厦。

一是如东老年大学栟茶分校：这是镇老年教育的主力军。学员是各村居的老年人，设立茗海、靖海、浒零、敬老院 4 个中心学习组，14 个村居都有老年大学办学点。教师除了社区教育专职教师外，还聘请了离退休的党政干部、村居干部、文体骨干、技术人员等，创新“灵活开放”的教学体系。在人员集中的分校开设时政讲座、健康讲座、书画培训、健身培训等相关课程；如社区教育中心王爱彬校长的《乡村振兴，老干部做啥？》《优良家风与文明传承》系列讲座、市学科带头人茗海中学石慧英主任的《魅力数学在身边》、江苏省先进个人栟茶小学周海燕老师的《古诗词中的情感点——诗眼探秘》、茗海中学张伟主任、钱慧老师的《视频剪辑》、缪群主任的《手机微信的应用技巧》等课程的开设，为老年人的业余生活，增添了更多的乐趣。2020年秋季，南通开放大学艺术传媒学院摄影大专学历班在栟茶开班，课程有摄影基础、书法绘画、计算机、艺术概论等，内容丰富，形式多样。特别是借力“互联网+教育”，让老年人跟上时代的步伐，先后开设了计算机、智能手机、视频剪接、网络学习培训等，不仅丰富老年人的学习内容，又使学习更加的丰富多彩，让老年学员走在时代前列。引导和鼓励社会力量参与办学，每个村居都形成多个广场舞推广活动集中点。延伸“丰富多元”的参与方式，寓教于乐、寓教于学。为让老年人学以致用，实现人生价值，栟茶分校搭建各种平台让老年人主动参与社会服务，延伸老年教育内涵。每年组织多场广场舞交流、书画作品巡展、文艺演出、文体比赛、智能手机应用培训等，让老年人学有所获，学有所乐。

二是“夕阳红”舞蹈队：运动和舞蹈有益于老年人身心健康，对活跃气氛、陶冶情操是非常有益的，很受老年朋友们的欢迎。她们经常为群众演出，为阳光福利中心的孤寡老人们演出，丰富社区业余文化生活，曾取得市自由动作金奖、规定动作银奖的佳绩。村村有组织，二十多支老年舞蹈队，分布在大街小巷，村村落落，他们自娱自乐，自编自练，活跃在田间地头。

三是“夕阳红”合唱团：由栟茶高级中学的专职音乐老师骆杰（社区教育志愿者）担任指导，姜琴、唐釜杰老师协助建立的“夕阳红合唱团”每周一、周四定时定点活动，在跨年文娱汇演、艺术节等活动中表现不俗，曾登上如东县老年电视春晚的舞台，成为小镇老年教育活动的一大亮点。

四是“夕阳红”书画组：由一群爱好书法绘画的老人们组建的“夕阳红”书画组在书法绘画志愿者缪建平、惠映清老师的精心辅导下，经过一段时间的磨炼，他们的作品参加了古镇开街“栟茶镇夕阳红书画社作品展”，受到了原全国政协副主席李金华、县政协主席蒋树建、陈建华等领导和数万游客的好评，也成为老年人为家乡古镇旅游和经济发展做贡献的一个成功范本。

五是“夕阳红”邮票协会：开展群众性集邮活动，定期举办主题邮展，普及邮票知识，进行爱国主义、历史唯物主义和革命传统教育，提升集邮队伍的整体素质和居民对集邮认知。联合国教科文组织亚太地区负责人曾专程前来参观，给予高度评价。

六是“夕阳红”京剧票友会：京剧，被视为中国国粹，成为介绍、传播中国传统艺术文化的重要媒介。镇老年京剧票友们，每月集中活动一次，切磋技艺，欣赏京剧。同时不定期地为居民和来宾献艺，原全国政协副主席李金华回乡时观看了他们的演出，给予了高度评价，给他们题词并合影留念。

七是镇社区教育中心：坚持科研引领，全心全意为老年人提供服务，提高了社区教育的社会美誉度。2017 年 12 月，社教中心王爱彬校长主持的《栟茶社区老年教育研究》中国成人教育协会批准立项，在社区教育志愿者、特级教师、课题顾问、原栟茶高级中学副校长缪铭的细心指导下，经过两年的研究和探索，该课题于 2019 年 7 月顺利结题。2020 年 10 月，该科研成果被江苏省社指中心评为“江苏省优秀社会教育（教学）成果”二等奖。2020 年秋季，南通开放大学老年摄影学历大专班落户栟茶，这是乡镇老年教育事业上取得的一个创新举措，也成为这里的一大亮点。

三、不断巩固发展老年教育的栟茶举措

1. 建立如东县老年大学栟茶分校校务委员会

镇党委政府分管社会事业的领导任校务委员会主任和校长，老干部总支常务副书记、社区教育中心校长任老年大学副校长，成员包括老干部各支部的书记、各村居的书记（主任），大家齐心协力，发挥各自优势，将老年大学各项工作稳步向前推进。

2. 发挥老干部党员示范引领作用

党员学员占老年学员的比例达到 20% 多。栟茶镇老干部党总支的活动场所正规，党员学员素质高，开展活动最为经常。借助他们的资源优势，以他们为依托，镇老年大学分校充分发挥老干部党员的示范引领作用，辐射带动村居老年教育，承担资源整合、师资培训和指导评估的工作，盘活现有资源，优化村居布点、解决入学“最后一公里”的问题。

3. 创新志愿者服务体系，面向“全员”遴选构建师资队伍

整合政府、社会资源，建立老年教育师资库，重点发挥志愿者的优势，在专业课教师之外，打造一支通识课志愿教师队伍，化解师资短缺的困难。志愿者队伍有党政干部、村居干部、文体骨干、技术人员等，挖掘资深的学员，动员街道、社区爱心人士参与老年教育志愿服务。鼓励老年学员结伴相约，教学相长，同时在学习之余，反哺社区，志愿加入到化解社区矛盾，参与社区综合治理、创建和谐社区、建设品质城区队伍中来。

4. 创新课程设置，建设“灵活开放”的教学体系

老年大学摄影学历大专班常年开班，按照国家开放大学的规定课程安排教育教学。学校常年开设计算机、摄影、书画、中国特色社会主义理论、时政讲座、健康讲座、健身培训等。引导和鼓励社会力量参与办学，每个村居都形成多个广场舞推广活动集中点，镇老年教育实现了统一谋划，滚动办班及点单式课程等一系列灵活的模式。组织老年人访谈，挖掘本土历史文化题材，整理和保护本地珍贵的历史文化资源。

5. 创新智慧教育，建设“互联网＋”的老年教育平台

借力“互联网＋教育”，首先让学历班的老年人跟上时代的步伐，先后开设了计算机基础、智能手机应用、视频剪接、网络学习等，拓宽了老年人的学习渠道，让学习富有时代特征，使绝大多数老年人能够完全跟上时代的节奏和脉搏，享受改革开放的发展红利。

6. 创新活动载体，延伸“丰富多元”的参与方式

老年教育寓教于乐、寓教于学。带领老年人参观“精神文明”建设成果展览，增强老年人的自豪感，培养对家乡的感情。组织老年人参观新农村，体验休闲农业、大棚农业、生态农业的独特魅力，增强建设美好家乡的信心。鼓励老年人积极参与《栟茶镇志》编写工作，为书写家乡历史出力。加入“古镇文化研究会”，为古镇旅游开发出谋划策。成立南沙书苑、茗海红帽队等学习型和公益性组织，鼓励志同道合的老年朋友一起学习，共同进步。每年都组织多场广场舞交流、书画作品巡展、文艺演出、京剧票友会、文体比赛等。

四、栟茶老年教育的成效与启示

1. 老年教育既要落实阶段性目标，也要有一贯性、长期性规划

老年教育一方面具有阶段性的教育目标和内容，需要分阶段实施教育目标；另一方面又应具有长期性的特点，将其贯穿老年人日常生活之中。

选择老人们关心和感兴趣的社会科学、自然科学、哲学、历史、体育、艺术、书法、绘画、乐器等。高老的适合散谈；中老的可听听讲座，时间不宜过长；低龄的选择相对丰富些，可集中组织参观、游览、学习、活动等。这样的安排，既照顾到阶段性差异，又考虑到老年教育的持久一贯性。会同老干部党支部共同组织学员前往常熟沙家浜、上海一大会址、嘉兴南湖、盐城新四军纪念馆等革命传统教育基地，进行“红色游学”，追红色记忆、寻红色足迹、悟红色精神、绘青山绿水，收获颇丰。2022 年 11 月，《党史宣讲红色研学 E 网助力》获省成协“党史学习教育创新案例”二等奖。组织参加老年人智能手机专项培训，适应时代生活，享受智能化服务带来的快捷和便利。

2. 老年教育既要注重生动性，也要追求形象性

充分发挥江苏省非物质文化遗产《浒澪花鼓》传人张德君的作用，设立《浒澪花鼓》工作室，在带领学员研究发掘中，提高老年学员艺术素养和生活情趣。同时以图片、橱柜、实物展览等形式，让学员、社区居民、来宾有机会全面的了解、认识地方传统文化的魅力。聘请张德君为社区戏剧文化顾问，带领老年学员一起走进幼儿园、中小学，让地方文化从小在孩子们的心中扎根。组织他们走进村居，为居民带来精粹的《浒澪花鼓》剧目，让居民在欣赏中增强认同感和自豪感。《浒澪花鼓》节目组应邀赴香港九龙演出，获得金奖特等奖。2023 年 3 月 23 日，他们走进中央电视台星光大道演播厅，荣获“钻石奖”。

3. 老年教育既要注重实践性，又要突出精神性，努力实现实践与精神的统一

我国的老年教育办学宗旨就是改善和提高老年人的生理、心理素质，增强自我服务意识和继续为社会服务的能力，提高其生活质量，这些都体现了实践

性。老年教育的目的更多的是精神的充实、生活质量的提高和自我完善，应充分体现其精神性。

缪铭，江苏省语文特级教师、原栟茶中学副校长，担任社区教育文化研究顾问。他围绕地方党委政府的重要工作部署，倾心研究“水韵南沙，五彩栟茶”地本文化，并提出将其融入镇中心校本教材的具体建议。同时结合中心授课需要，着重研究栟茶历史教育文化名人及其著述，查找资料，翻译文本，阐发内涵，开设讲座。2018 年，组织老人们编写的《扶海一隅由南沙》等荣获全国优秀传统文化特色课程二等奖。2022 年 9 月，“打造特色文化助力乡村振兴”被中国成协评为“成人教育助力乡村振兴”品牌项目。

2017 年 12 月，社教中心王爱彬校长主持的《栟茶社区老年教育研究》中国成人教育协会批准立项，经过两年的研究和实践，2019 年 7 月课题经过中国成协专家组的评定顺利结题。2018 年，中心成为教育部职业技术教育中心“实验基地”；2020 年 10 月，该科研成果被江苏省社指中心评为“江苏省优秀社会教育（教学）成果”二等奖。2022 年 11 月，“让夕阳格外红”被江苏省教育厅评为江苏省社区教育特色品牌。

4. 老年教育既要重视整体性，也要强化渗透性

渗透性主要体现在课程、环境和活动中。

①课程中渗透。通过定期举办老年教育培训班，有计划、有课程、有考核、有教材、有方法指导等。2020 年秋季，南通开放大学艺术传媒学院在该镇开设老年摄影大专班，开设计算机、昆剧欣赏、视频编辑、形势与政策、毛泽东思想与中国特色社会主义理论体系概论、艺术色彩等，内容丰富，形式多样。老年学员们在兴趣盎然的学习中自觉接受了政治理论、文化艺术的教育熏陶。

②通过社区环境、教育中心环境、家庭环境等进行积极健康、文明、热情、豁达的精神风貌熏陶。

③公益活动渗透。清明组织活动：组织老干部“红色经典进校园”，给师生们讲老一辈无产阶级革命家为了新中国英勇献身的故事，既陶冶老年人的情操，也教育了年轻一代要珍惜美好生活，发愤图强，报效祖国。

组织观看文娱节目：活跃身心，延年益寿，满足老年人的好奇心。栟茶镇京剧票友会的老人们，每月自己活动外，还经常义务为村居演出，丰富居民精神文化生活。

参加影视活动：愉悦身心，陶冶情操，专门邀请了本土籍上海著名导演张长征老师为老年朋友作了题为《漫话电影》的报告会，进一步开拓了他们的视野，陶冶了他们的情操，使他们对电影和电影人有了更多的认识和了解。

组织参加各级各类竞赛：组织老年人参加省老年乒乓球比赛、香港国际艺术节演出、市广场舞比赛等，增长他们的知识，强身健体，敏捷思维，延年益寿。

吸收老年人参加“古镇文化艺术研究会：丰富老年人精神文化生活，提高艺术鉴赏力和品位。

近年来，栟茶镇社区老年教育得到了高文兵、谢国栋、江波、周延军等专家的肯定。《信息周刊》《享学网》《乐学乡村》《终身学习一体化》《全民终身学习活动周》《现代导报》《如东电视台》等报刊、网站、电视上都有该镇社区老年教育的宣传和报道。

栟茶镇开展社区老年教育的模式，蕴含了以老年人为本的创新精神和实践智慧，具有操作性强、适用性广等特点，具有一定的理论上和实践上的推广价值，为社区老年教育提供了一个“普适性”样本。

加快农村老年远程教育发展的对策与思考

——以泉州市为例

余清梅[①]

【摘　要】 发展老年远程教育，是积极应对老龄化的需求，也是满足广大农村老年人对美好生活追求的需求。面对老年人需求多元化和网络信息技术的日新月异，老年远程教育得到迅速推广普及，成为老年教育新常态的有效载体。本文结合泉州市发展农村老年远程教育的实践，对当前农村老年远程教育的现状和老年人学习需求等作了调查研究和探讨，就加快农村老年远程教育的发展提出了对策建议。

【关键词】 老年远程教育；学习平台；教学视频；生命教育

当前，老年远程教育凭借其突破时间和空间限制、传播方式独特等优势，得到迅速推广普及，成为老年教育新常态的有效载体。如何发挥老年远程教育优势，用好老年远程教育资源，满足广大农村老年人对美好生活需求，是关系到构建终身教育体系和建设新农村的一个重要课题。

---

① 余清梅，泉州老年大学一级主任科员、泉州市老年教育研究委员会研究员。

一、泉州市农村老年远程教育现状与分析

泉州市老年远程教育始于 1994 年，是全国最早开展老年远程教育的地区之一。三十年来，该市按照“自主创建，外引内联，资源共享，以点带面，加快发展”的思路，不断探索、构建适合农村老年远程教育发展的平台和工作机制。至目前，全市已创办收视点 2308 个，每年参加学校和“居家”老年远程教育学习人数达 230 多万人次，覆盖率、入学率分别达到 90%、26%，居全省、全国前列。

（一）主要做法

一是勇于“打头阵”，探索适用平台。1998 年，市老教委、老年大学与泉州市电视台合作开办空中老年教育。2010 年，依托市委组织部“农村（社区）党员干部现代远程教育”网络开办泉州老年远程教育。2015 年，在泉州广电网络平台上开通了“泉州老年远程教育”云平台。2020 年，在泉州老年大学微信公众号和中国网家家“智慧教育”平台开设了泉州老年远程教育微课堂。2021 年，先后与中国电信 IPTV、中国移动互联网电视合作开通了老年教育栏目。

二是推出“组合拳”，落实有力保障。2010 年，成立了由市委组织部分管领导担任组长，市委老干部局、市老龄办、老年大学主要领导为副组长的老年远程教育领导小组。同时，建立了“财政投入为主，社会捐助为辅”的资金保障机制，列入市、县两级财政预算，并得到慈善部门的资金支持，有效保证基层老年远程教育发展必要的正常经费。2011—2013 年，市老教委办公室联合市老龄办、市慈善会，大力开展“双百工程”，即连续三年市、县两级每年各购买 100 台彩电赠送给基层老年学校示范点；2019—2023 年，市委市政府连续五年把“实施老年远程教育提升工程”纳入为民办实事项目，每年建设 50 个示范性老年远程教育收视点，市、县两级共投入扶持资金 1250 万元，带动社会资金 500 多万元，有力推动了全市各级老年远程教育工作的蓬勃开展。

三是唱好“通俗歌”，凸显远教课程特色。建立了泉州、晋江、石狮老年

大学及惠安老教委四个视频教材制作基地，精心设计、制作融通俗性、教育性、知识性、趣味性于一体的700多课时教学视频、300个微课，涵盖了时事政治、法律常识、老年保健、音乐、舞蹈、南音、科普、家教、泉州讲古、红色记忆、党建等10多门课程，为老年人提供了丰富多彩的学习资源。为了让当地农村老年人能听得懂、提升学习兴趣，还精心选择一些课程采用闽南话授课，例如《泉州讲古》等。先后有20多个课程教学视频、微课分获全国老年远程教育优秀视频课程、优秀微视频课程，并获得“全国老年远程教育智慧助老”特别贡献奖。

四是做实“基本功”，实现持续发展。一是制定工作规划。市老教委把老年远程教育列入全市老年教育“十二五”“十三五”“十四五”发展规划，专项制定了2011—2015年全市老年远程教育发展计划，提出到2025年基本实现基层老校老年远程教育全覆盖的目标。先后两次召开老年远程教育动员会、五次现场推进会、四次经验座谈会，结合创建7个全国老年远程教育示范区、12个全国老年远程教育实验区，扎实推进全市老年远程教育事业持续发展。二是强化人员培训。为了尽快使基层管理员（辅导员）熟悉老年远程教育工作，市老教委通过实施新的“双百工程”（每年分别表彰、培训一百名基层优秀管理员、辅导员），已连续三年举行基层老年远程教育管理员评比、表彰、轮训。据不完全统计，市、县、乡三级共举办120多期各级老年远程教育管理员培训班，培训人数达5000多人次。三是规范制度管理。先后制定了《教学管理制度》《管理员岗位职责》等一套老年远程教育调查、统计、考评、反馈、评估、奖励等管理制度，建立健全“一员”“五簿”，让全市老年远程教育工作起步时，就在管理、运作上有章可循，推动老年远程教育工作规范发展。

（二）问卷调查数据分析

为了推动农村老年远程教育高质量发展，2018年市老教委办公室对全市农村老年远程教育进行专题调研，下发问卷调查对全市12个县（市、区）、61所老年学校、630位老年学员进行抽样问卷调查，基本上反映该市老年远程教育实际情况。统计数据如表 1 所示：

表 1　老年远程教育实际情况调查表

项　目	数据统计
问卷数	630 份。
性　别	男 344 人；女 286 人。
年　龄	50–59 岁：109 人；60–69 岁：306 人；70–79 岁：183 人； 80 岁以上：32 人。
文化程度	大专及以上：88 人；中专、高中：212 人；初中：203 人； 小学及以下：127 人。
职　务	行政干部：69 人；科技人员：25 人；教师：137 人； 工人：115 人；农民：284 人。
对老年远程教育了解程度	了解：597 人；不了解：33 人。
学习情况	有参加：588 人；没有参加：42 人。
学习平台（多选）	福建老年学习网：174 人；福建老年教育新媒体电视平台：208 人； 乐龄网：31 人；泉州老年远程教育云平台：497。
学习渠道（多选）	电视：562 人；手机：282 人；电脑：128 人。
所需课程（多选）	种植、养殖：148 人；农产品网络营销：67 人；病虫防害：97 人； 舞蹈：180 人；医疗保健：525 人；老年人心理疏导：370 人； 烹调技术：202 人；防灾：148 人；防骗引导：304 人； 地方民俗文化：359 人；其他课程：时政 30 人左右。

从表 1 中可以看出：

在 630 位老年学员中，在性别方面，男女比例约各占一半，这与市、县老年大学中男少女多不同，这说明农村女性老年人学习的积极性不如城市。

从对各个年龄段的学员人数分析看，各个年龄段中都有参加学习的需求，尤其是 60—69 岁年龄段中参加学习人数最多，特别是 80 岁以上老年人也有参加学习兴趣，说明老年学校很受广大农村老年人欢迎。

从文化程度方面看，由于这次调查的学员大多数是乡镇老年学校，文化程度相对较高，这是乡镇老年学校的特点，也说明文化程度越高，参加学习的积极性越高。

从职业方面看，退休干部、教师在基层老年学校中是骨干力量，特别是退休教师是一支办好基层老年学校的骨干队伍。

从对老年远程教育是否了解、参与学习方面看，有了解高达597人，不了解仅有33人；有参加学习达到588人，没有参加仅有42人。说明该市经过二十多年的发展，老年远程教育取得了显著成绩，已基本实现全覆盖，也得到广大老年人欢迎。

在关注、运用学习平台、学习渠道方面，问卷调查数据显示，绝大多数农村老年学员喜欢通过电视载体参加老年远程教育学习，利用手机参加学习还不到一半，最不喜欢通过电脑参加学习；泉州老年远程教育云平台最受老年人欢迎。

在所需课程方面，调查数据说明：一是广大老年人都追求身体健康，期望提高晚年生命生活质量；二是各老年学校要把老年心理课排上重要位置，重视对老年人心理疏导；三是具有地方特色的民俗文化课、防骗引导讲座、烹调课较受老年人欢迎；四是选种植养殖、病虫防害等农业技术的学员占较大比重，说明在山区、经济不发达农村，老年人还要从事农业劳动，对学习现代农业技术增加收入愿望强烈。此外，还有10%的老年人对农产品网络营销感兴趣，提示今后在课件制作时要不断满足新时代老年人多元化学习需求。

二、加快农村老年远程教育发展的对策思考

农村老年远程教育是顺应时代发展方向，是老年教育形式和手段的重大创新。对统筹城乡发展，解决基层老校教材师资不足、提高教学质量发挥着重要作用。新时代，要加快农村老年远程教育发展需要在以下几个方面下功夫：

（1）要完善管理体制。一是建立健全领导体制。要明确老年远程教育是党委领导下的政府主管、老教委指导、老年学校组织实施的分级管理体制。要纳入乡镇（街道）、村（社区）年度工作目标考核内容，经费纳入各级财政预算。二是建立一支稳定的远程收视管理（辅导）员队伍。每个农村（社区）老年学

校，起码要配置一名管理员、一名辅导员，确保每一堂远程教育课程的收视有人组织，有人操作，有人播放。

（2）要创新运行机制。一是要纳入村（社区）工作的议事日程，明确分管领导，指定一名工作人员配合老年学校具体来抓。要科学安排收视课程和收视时间，尽量迎合老年学员的需要。要积极宣传发动更多的老年朋友参加远程教育，努力提高参与率。二是要确保经费投入。农村（社区）要采取多种方式增加对老年远程教育的投入，不断拓宽老年远程教育经费投入渠道，形成政府、市场、社会组织和学习者等多主体分担和筹措经费的机制，保证可持续发展。

（3）要丰富教学内容。当前，农村老年人最关心的是自己身体健康、家庭和睦、国家稳定，他们的最大要求就是我们的社会要保持稳定，经济要能不断发展，养老政策要继续完善。因此，要积极开展老年人思想道德、心理健康、养生保健、科技文化、法律法规、闲暇生活、代际沟通、生命尊严等方面的教育，满足老年人对提高生命和生活质量的需求。要围绕以下几个方面科学设置课程：

①科学养生——让老年人安享晚年。老年远程教育要有这方面的教学课件，方便老年人从中学习科学养生知识、健康向上的生活方式，以及小病和一般常见病症的解决办法。

②心理健康——让老年人幸福生活。老龄化进程与家庭小型化、空巢化相伴随，与经济社会转型期的矛盾相交织，造成当前老年人心理不同程度存在问题。特别对于那些孤寡老人、空巢老人、留守老人更要加大关心力度。老年远程教育中要增设老年人心理健康课，帮助老年人释放心中压抑情绪，增强安度晚年、延年益寿的信心，更多享受祖国太平盛世的美好光景。同时，要重视老年人生命教育。应把老年人的生命教育作为一个重要的社会学议题，编写系统化课件，开辟老年远程生命教育专题课堂，帮助老年人理解生命的过程，把握科学的生活方式，坦然面对生老病死，提高生活质量，特别是精神生活品质。

③现代科技——让老年人增收致富。现在农村还有许多老年人还要从事农业劳动，对现代农业科技、先进加工工艺技术仍有迫切需求。如德化县开设陶

瓷生产技艺和“三黑三黄三宝”等绿色农产品种植技术课程，安溪县开设种茶制茶和竹藤加工科技课，帮助老年学员学到现代科技知识，增加农民收入。老年远程教育中要将农业科技、养殖技术、先进工艺等纳入农村特色课程，服务于新农村建设。

④思想教育——让老年人学会包容。有些老年人在处理家庭成员关系、邻里关系中经常彼此产生误解，激发矛盾，既影响家庭和睦、邻里和谐，又影响老年心情舒畅，不利于身心健康。老年远程教育中要适当安排一些家庭美德、社会公德教育课，引导老年人的身心健康，做道德模范长者。

⑤老有所为——让老年人余热生辉。老年人虽然体质不如年轻人，但他们依然有人生追求，有表现自我、提升人生价值的渴望，有时甚至会更强烈。老年远程教育要为老年学员“学、乐、为”搭建平台，充分利用老年远程教育的优势和资源，让老年人充实老有所学的内容，提高老有所为、贡献社会的本领和能力，主动融入社会、参与社会、服务社会。

（4）要发动扩大“居家老年学员”队伍。农村老年远程教育除丰富老年学校教学内容外，还要让大部分有学习意愿但又因为时空因素无法到老年学校上课的老年人享受教育的权益。当前参与“居家老年学员”的人数和比例仍然较低，仍有很大的提升空间。各级老教委、老年学校要与电信、广电网络集团建立长期协作关系，借助当地远程教育的云平台，发动更多的老年人安装接收老年远程教育网络，不断扩大“居家老年学员”远程教育覆盖面。要统筹加强组织管理，实现资源共享，提高老年教育的可及性，最大限度地满足各类老年群体学习需求。

老年教育智慧助老模式的实践与思考

——以湖北省老年大学为例

邓　来[①]

【摘　要】为积极应对人口老龄化国家战略，不断提高老年人适应智慧社会发展能力，促进智能技术在老年人中普及提高，让老年人在信息化发展中跨越“数字鸿沟”，湖北省老年大学认真贯彻国务院办公厅《关于切实解决老年人运用智能技术困难的实施方案的通知》精神，积极落实《中共中央 国务院关于加强新时代老龄工作的意见》提出的“实施智慧助老行动，加强数字技能教育和培训，提升老年人数字素养”要求，充分发挥智慧校园建设优势，聚焦老年人运用智能技术、融入智慧社会的需求和困难，以提升老年人数字技能为重点，多措并举，大力实施“智慧助老”行动，开展智能技术教育，帮更多老年人跨越“数字鸿沟”，增强其获得感、幸福感、安全感。

【关键词】老年大学；智慧助老；责任优势；数字生活

一、智能时代老年人“数字鸿沟”的现状

随着互联网、5G 等技术手段的运用，人们日常生活都被打上了信息化的烙印。小到出行买菜，大到产业赋能，都离不开数字化的高效与便利。但我们也

① 邓来，湖北省老年大学宣传调研处一级主任科员。

应清醒地认识到当前我们社会发展中许多人群尤其是老年人在数字化手段使用方面仍然存在较大差距。

一是老年人“数字鸿沟”现象日益凸显。党的二十大报告提出“实施积极应对人口老龄化国家战略”“加快建设网络强国、数字中国”。这些宏伟战略背后离不开占全国人口近五分之一老年人群体的共同努力。“数字时代”老年人不是观望者，而是参与者、受益者。目前，使用互联网的老年人人数虽然在不断增加，但也应该看到，老年人在数字融入的过程中与其他年龄群体仍存在较大差距。许多老年人使用手机的最主要功能仍然是通讯功能，对于在线就医、网络购物、移动支付等功能仍较为陌生，且往往成为网络电信诈骗的对象，这极大影响了老年群体的生活质量和生活满意度，广泛开展老年人运用智能技术教育还有很大提升空间。

二是老年人对智能技术的需求越来越迫切。现如今，移动互联网技术已经渗透到人民生活的方方面面，只要一部手机就能实现通讯、交流、学习和日常生活应用等目的。智能手机等智能终端对老年人生活影响的范围越来越广。移动支付、在线医疗等数字应用技术的掌握，有利于帮助老年人从容应对现代数字化生活方式带来的各种挑战，从而使他们实现与社会的同步发展，满足其生存、发展和社会参与的需要。随着移动互联网的进一步普及和老年人信息素养的不断提高，越来越多的老年人渴望融入信息化时代。数据显示，湖北省老年大学智能手机班招生越来越火爆，年年都在“扩招”，从 2015 年起开设智能手机班，今年从最初的 4 个班增加到 19 个班，学习智能手机的学员增至近千人。讲授的线上挂号、线上购物、线上学习、扫码付款到拍照摄影、视频剪辑、图片 PS 等各项内容，都极大地吸引了老年学员。

三是老年大学承担着“智慧助老”行动的重要责任。在我国互联网、大数据、人工智能等信息技术快速发展和智能化发展广泛应用的大环境下，党和国家一直高度重视老年人“数字鸿沟”问题，从 2020 年 11 月，国务院办公厅印发《关于切实解决老年人运用智能技术困难实施方案的通知》。到 2021 年 6 月，国务院印发《全民科学素质行动规划纲要（2021—2035 年）》。在“老年人科学素质提升行动”一节中提出：“聚焦老年人运用智能技术、融入智慧社会的需求和困难，依托老年大学（学校、学习点）、老年科技大学、社区科普大学、养老服务机构等，普及智能技术知识和技能，提升老年人信息获取、识别和使用能力，有效预防和应对网络谣言、电信诈骗。”2021 年 11 月，《中共中央 国务院关于加强新时代老龄工作的意见》提出，实施“智慧助老”行动，加强数字技能教育和培训，提升老年人数字素养。这些文件的出台充分说明，在“智慧助老”各项活动的开展中，国家对老年大学无疑赋予了至关重要的责任。如何帮助老年人普及智能技术知识和技能，尽快融入现代信息社会，是每一位新时代老年教育工作者肩负的职责使命。

二、老年大学实施“智慧助老”行动的优势

一是老年大学的教学环境更有利于实施“智慧助老”行动。我国老年大学经过 40 年发展，已初步形成了覆盖广泛的老年教育办学网络。构建了一个全方位、多层次、多学科、多功能、开放式的老年教育教学环境。老年大学多有较为固定的教学场所，且经过长时间的建设与发展，教学设备相对完善，教学资源充足，具备有一定经验的教学管理团队和丰富的教师资源，这些都为智能技术教学的开展提供了优质的环境和基础。

二是老年大学的教学模式更适用于“智慧助老”可持续发展。近十年来，党和国家从各个层面加大了对老年教育的推动，社会各界也纷纷投入了力量，使得老年大学逐步走向科学化、正规化、体系化建设的道路，逐步形成了其特有的教育教学模式。这种模式包括由学校按照教学大纲和教学计划确定学习周期，根据这种模式包括的难易程度分班，并设计课程列表提供给学员，由学员根据自己的基础和学习需求自主选择课程报名学习。对于有一定难度和需要较长时间学习的课程内容，学校通常会划分成多个学习周期、多个课程，以便学员根据自身学习基础选择难易程度、起点不同的课程进行学习，并在学习完成一个周期课程后继续学习程度较高的课程。学员的学习方式既有固定场所的集

中面授辅导学习，也有线上线下相结合和基于网络媒体和网络通讯工具的可视化学习。这样的教学模式，在一定程度上构建了学习的持续性和延续性，更适用于智能技术教育这种知识内容不断更新、需要长期持续学习的教学内容。

三、老年大学破解“数字鸿沟”的主要做法

第一，搭建“智慧助老”平台，帮助老年人步入“云课堂”。充分发挥老年大学主阵地作用，为开展“智慧助老”工作搭建平台、创造条件。一是着力建设老年大学智慧校园。坚持将信息化建设融入校园管理全过程。省老年大学引进人脸识别门禁系统和校园安防监控系统，开通微信公众号、视频号，建设远程教育网，搭建校园覆盖无线网络，教室设施设备接入物联，教学管理通过“湖北省老年大学微信小程序”实现注册登记、选课报名、考勤打卡、教务管理、在线缴费、申请发票等全流程一体化服务，实现教学、活动和校园管理全面智能化，积极打造智慧校园工程，被中国老年大学协会评为“全国老年大学信息化建设优秀单位”。二是着力开辟线上教学渠道。新冠肺炎疫情暴发以来，为适应疫情防要求，保障教学计划顺利完成，满足近万名老同志学习需求，湖北省老年大学实行线上与线下融合教学新模式，与深圳市金龄科技有限公司合作，将传统课堂搬上网上老年大学 APP，实现线上线下融合式同步教学。截至目前，累计上传录播课程 95 门、1000 多个视频免费优质课程资源，累计点击量达 200 余万人次，让广大学员共享平台海量学习资源。三是着力推进老年教育资源共享。积极发挥省老年大学示范引领作用，通过建设远程教育视频控制中心，将学校精品课程面向 17 个市州老年大学开展同步教学，已有 10 万多人次参与学习。开通基于 PC 端的“湖北省老年大学远程教育平台”，上传党史党建、养生保健等 10 大类 300 余个课件，累计点击量达 11 万余人次。依托“湖北省老年大学”微信公众号，开通“远程教育微课堂”，内容涵盖书画摄影、文化历史等 10 大类、100 门、1.2 万分钟课程，方便老同志手机在线观看学习。

第二，开展“智慧助老”培训，帮助老年人乐享“云生活”。一是把“智

慧助老”纳入专业课，长远谋划助力老年人运用智能技术。根据教学大纲安排，湖北省老年大学常年开设智能技术学习课程，如2023年秋季学期开设有计算机基础、平面设计、影视制作、手机摄影、智能手机操作等常规班次，分设基础班和高级班，涉及4个专业、19个班，满足老年人学习智能技术的多样化、多层次的需求。二是把“智慧助老”纳入公共课，着重普及老年人智能技术常识。面对面的课堂辅导是精准服务，屏对屏的在线教学是普及服务。湖北省老年大学定期邀请专家来校专题讲授《助力跨越“数字鸿沟”让老年人生活更幸福》公共课，通过校微信视频号等直播平台分享给老同志。同时，联合湖北广播电台开设“智慧助老”栏目，录制80多个优质短视频，致力于普及智能技术应用知识，让老同志轻松掌握智能技术知识。三是把“智慧助老”纳入校媒专栏，助力更多老年人掌握智能技术。为让更多社会老年人享受到智能化带来的快捷便利，学校在微信公众号、网站开设“智慧助老”“反诈进行时”专栏，内容包括网上支付、预约挂号、手机充值、生活缴费、导航定位、微信小程序、智能手机设置、健康码出示、反诈金融宣传等，基本涵盖出行、就医、消费、娱乐、安全等日常应用，供老年人通过系列视频课程自学智能技术，线上学习达12万余人次。

第三，开展“智慧助老”服务，帮助老年人享受“云辅导”。一是从入学报名开始推动智能技术学习。2018年，学校推行网上报名，先后组织数场大型培训活动，安排干部职工、志愿者现场指导学员完成报名系列操作，鼓励各班级、团（队）中对智能技术掌握较好的老学员，面对面传教新学员学习线上签到、请假等智能技术。二是送智能技术课下基层。通过全省远程教育直播平台，将智慧助老系列公共课、省委老干部党校党员培训等精品课程，同步直播到17个市（州）老年大学，直接辐射基层老年大学学员10万余人。积极联合湖北卫视、湖北之声，共同打造“长江乐龄课堂”“老年大学公开课”，通过长江云直播间、湖北之声广播电台对外发布，让社会老人享受老年教育。截至目前，共联合录制8期“长江乐龄课堂”、80期“老年大学公开课”。三是向基层老年大学分享经验做法。依托湖北省老年大学协会平台，每年组织召开全省老年大学校长培训班、全省老年大学教师培训班、全省远程教育工作交流会、老年教育理论研讨会，向基层老年大学推广智慧校园系统，分享在信息化建设、线上教学、智慧助老等方面的经验做法，目前已带动15所老年大学成功入驻荆楚乐龄APP，累计100多所老年大学开通了校微信公众号，20多所老年大学引进了人脸识别门禁系统，还有一些老年大学率先建立起5G智慧校园。

四、老年大学破解“数字鸿沟”的建设性思考

党的二十大报告中提出“实施积极应对人口老龄化国家战略”，国务院办公厅印发的《关于切实解决老年人运用智能技术困难实施方案的通知》中列出了7个大项20个小项的重要任务，展现了党和国家解决我国日趋严重的人口老龄化问题与日益凸显的老龄群体“数字鸿沟”问题的坚定决心。在这样的时代背景下，仅仅依靠老年大学办学机构实现全面的老龄群体智能技术教育显然是不够的，需要全社会关心和支持。作为老年大学而言，更应该认真学习贯彻党的二十大精神和习近平总书记关于老龄工作的重要指示，积极担当作为，形成“头雁”效应，引领更多老年人融入“智慧社会”，乐享“数字生活”。

1. 将国务院办公厅《关于切实解决老年人运用智能技术困难实施方案的通知》精神落地落细落实

该文件是解决老年人在运用智能技术方面的权威性文件，为我们指明了方向，提供了遵循。老年大学要把工作切实做实做细，制定具体实施方案，从基层抓起、从社区做起，不断推动解决老年人在运用智能技术方面遇到的困难，为老年人提供更周全、更贴心、更直接的便利化服务。

2. 建立智能技术教育师资队伍，保障老年人智能技术学习的有效开展

老年大学教师不仅需要具备较高的老年教育教学专业素质，还要具备一定的信息化教学能力。要主动加强与高校的合作，选聘符合任职资格条件的优秀专业教师到老年大学任教，并建立相应的激励机制，实现优秀师资的优化和共享；加强师资队伍的信息化教学培训，开展有关智能教学设备操作、信息化教

学资源设计与开发、智能技术教学方法与策略选择、智能技术教学过程设计等方面的培训，提高智能技术课教学水平。

3. 创新智能技术教学理念和方法，强化老年人对智能技术的适应性

老年人智能技术教育需要以先进的教学理念和方法为支撑。首先，开展老年人智能技术教育要秉持以老年人为本的教育理念，并将其渗透到老年智能技术教学的各个方面，为老年人营造轻松愉悦的学习环境及氛围，提供人性化、适切性服务。其次，在老年人智能技术教学过程中，要善于构建一种“指导—参与”的理念，潜移默化地激发老年人学习智能技术的热情和积极性，增强老年人对智能技术的适应性。要积极主动探索符合老年人身心发展规律的适老化教学方法，促使智能技术教育教学方法更能适应老年人的接受能力。

4. 开设智能技术应用培训课程，强化实践操作运用能力

在具备智能技术教育师资队伍这一前提、智能技术教学理念和方法这一支撑和多样化智能技术学习资源保障这一基础之上，应当专门开设智能技术应用培训课程，加强智能技术实践性教学环节，提供老年人运用智能技术的实践机会，使老年人掌握智能技术应用操作的要领和步骤，不断增强其技能运用的熟练程度，以便更好地发展老年人运用智能技术的能力，从而巩固老年人在实际操练过程中获得的学习成果。通过课上和课下的实践操练以及多次反复的实际应用，可以强化老年人的记忆，帮助老年人掌握智能技术的应用。另外，可录制智能技术实际操作的视频课程，让老年人随时随地都可以重温智能技术的实际应用步骤。

5. 开展智能技术引导教育，消除技术应用心理障碍

随着智能技术的快速发展，大部分老年人在运用智能技术时感到不知所措，尤其是在遇到智能技术使用困境时，感到莫名的压力，从而将智能技术视为异端，产生科技恐惧。另外，社会从弱势群体的角度来看待老年人，给老年人营造了一种消极的氛围，以致老年人从心理上形成一种自己没有能力学习智能技术的暗示，从而使老年人更加排斥接触智能技术。这就有必要开设智能技术引导教育，它属于心理上的教育，旨在破除老年人对智能技术应用的心理恐惧。

开展智能技术引导教育需要具备以下基本条件：第一，老年教育者和老年人之间平等沟通交流；第二，老年教育者应当准确把握老年人的心理发展走向，耐心加以指导，引导老年人放下思想包袱，积极主动地去学习；第三，营造一种积极运用智能技术的氛围，鼓励老年人走出与信息社会脱节的“孤岛”，以平和的、包容的态度对待老年人面临智能技术应用时的恐惧与求知，促使老年人能用、会用、敢用，直面内心的恐惧，调整好心态，促成心灵破冰之旅。

科技赋能助推老年教育高质量发展

叶　骏①

【摘　要】科技的发展为老年教育注入“新动能”，开启“新模式”，为其可持续发展营造“新生态”。科技赋能推动老年教育发展，带来了传统教学方式变革、学习场景改变。推动科技与老年教育的融合。本文从科技赋能对老年教育带来的影响着手，分析科技创新与老年教育深度融合，助推老年教育高质量发展的实践路径，构建老年教育数字化发展新格局。

【关键词】科技赋能；老年教育；高质量发展

党的二十大首次将“推进教育数字化”写进党代会报告，强调“建设全民终身学习的学习型社会、学习型大国”。在此背景下，如何有效利用科技创新来推动老年教育的转型升级，革新老年教育教学理念、变革老年教育实践样态、改善老年教育供需矛盾，探索“中国式教育现代化”的实践道路，进一步推动老年教育的高质量发展，是老年教育工作者需要认真研究和解决的重大和现实问题。

一、科技赋能给老年教育发展带来的影响

科技赋能教育高质量发展的本质是深入贯彻落实科教兴国战略、人才强国

① 叶骏，武汉大学离退休工作处，事业职员六级。分管老年大学工作。

战略、创新驱动发展战略，以“科技、教育、人才”三位一体的协同发展、统筹规划为指引，以大规模、高质量、创新型人才的自主培养为目标，以科技创新为“支点”撬动教育服务能力的提升、教育实践样态的革新、智慧教育生态的重塑，打造全面、开放、灵活、创新、高效、优质、均衡、绿色、终身、可持续的高质量教育体系，助推中国式教育现代化的转型升级，为世界教育发展贡献中国智慧。

首先，凝聚物联网、大数据、人工智能、云计算、5G 等智能技术的核心优势，提升教育服务能力，完善教育供给体系，打造系统解决方案，强化科技对于教育的“赋能”作用，以科技创新为教育的高质量发展注入新动能；其次，打造“科技”与“教育”深度融合的创新生态，用协同创新驱动智慧教育生态的系统重构，为科技赋能老年教育高质量发展保驾护航。

（一）科技赋能助推老年教育事业快速发展

截至 2023 年初，全国各级各类老年大学（学校）已达 76296 所，与 2017 年统计的 62161 所相比，增加了 14135 所。参加学习的学员从初创时期的 900 余人，增至目前的 2000 多万人，包括远程教育注册学员 1000 多万人。近年来，各地老年大学的招生情况火爆，呈井喷式上涨。这说明，我国的老年教育事业发展迅速，越来越受到人们的重视。在未来一段时间内老年大学（学校）将会进入一个快速发展时期，热度持续攀升。

2023 年 3 月，国家老年大学挂牌成立。截至 2023 年年底，已成立 40 家老年大学分部、3000 个老年学习中心、5.5 万个老年学习点。全国老年教育公共服务平台围绕“德学康乐为”五个类别上线课程 43.6 万门，总时长 408.9 万分钟，线上注册用户 234.1 万人，服务 5640 万人次学习。数字化教育逐渐成为老年教育的重要形式，我国老年教育开始面向数字化、智能化方向发展。

（二）科技赋能提升老年人科学素质和数字技能

第十三次中国公民科学素质抽样调查结果显示，2023 年我国公民具备科学素质的比例达 14.14%;《全民科学素质行动规划纲要（2021—2035 年）》指出，到 2025 年，我国公民具备科学素质的比例要超过 15%；到 2035 年，我国公民具备科学素质的比例要达到 25%。老年人是全民科学素质提升的薄弱环节，科学素质总体偏低导致老年人适应信息化社会的能力不足，对迷信、伪科学，以及诈骗等的分辨能力差，并且容易在出行、就医、消费等日常生活中遭遇“数字鸿沟”。

现今社会数字化、智能化程度加深，老年人需加快应对“数字鸿沟”问题，而老年大学作为老年人学习、生活的主战场，对其进行数字化建设，对老年人进行数字化普及，实施智能技术教育，能有效提升其自身素养以及数字技能，有效跨越“数字鸿沟”的障碍。

（三）科技赋能扩大老年教育覆盖面，节约办学成本，提高教育效益

老年大学从办学的角度来看，面临着场地不足、成本较高的困境。学员所交纳的学费很低，而硬件投入、设备维护、教师课酬、活动组织等方面的花费较大。老年大学的规模难以扩大，重要原因在于经费短缺，场地有限。在经费投入不足的情况下，如何节约办学成本、增强办学效益成为学校管理者的重要任务。抓好教学质量和效益的提高，需要在教学资源上做文章。

数字技术、信息技术具有即时性、互动性、整合性、共享性等特征，在教学资源制作上的优势明显，尤其是数学化老年大学的出现，实现了按需定制学习时间、学习内容、教学互动、学生互动、体验分享等全新教学功能，有效实现了优质教育资源的共建共享、合理使用，弥补了老年大学建设的“尴尬”，促进了教学效果的提升。

二、科技赋能助推老年教育高质量发展

科技发展，促进了老年教育数字化和智能化的发展，这也是当前老年教育

的发展方向。覆盖全国的老年教育数字化网络平台也在逐步构建。科技发展，解决老年人在运用智能技术方面遇到的困难，打造沉浸式、体验式的数字智慧学习新空间，推进老年人学习场景建设，从而提升科学素质和数字技能，稳步实现老年教育资源精准化供给，帮助老年人跨越“数字鸿沟”，不仅是教育部门自身的需求，更是来自社会、组织、家庭、个人的呼声。深化和推进科技赋能老年教育，开拓老年人智慧学习应用场景，创造包容、普惠、友好的老年数字生活新图景，进一步形成老年教育数字化发展新格局。

（一）各级政府和教育管理机构要高度重视

各级政府和教育主管部门应高度重视老年教育数字化发展趋势，统筹规划，整体推进，将此项工作列入议事日程，明确年度工作任务，制定工作目标和绩效考核指标，组织专人负责落实。建立健全各项工作制度和资源保障机制，确保老年教育在数字化建设中的可持续健康发展。

同时，各级政府和教育主管部门做好宣传引导，将推动老年教育数字化学习作为宣传重点，通过各类媒体开展正面宣传，挖掘工作新突破、新特点、新成效，梳理先进典型、先进经验、先进事迹，为推进老年教育数字化发展营造良好的政策环境和舆论氛围。积极组织开展各类交流与分享活动，搭建公众参与平台，调动各方面主动性、积极性和创造性，营造社会各界共同关心支持和参与老年教育数智化发展的良好氛围。

（二）以加强老年教育数智化建设为抓手

运用现代信息技术和远程教育手段发展老年教育，具有不受人数规模、地域远近限制的巨大优势。物联网、大数据、人工智能、云计算、5G 等数字化智能技术建设工作是实施老年教育信息化的关键和抓手，如果不能得到加强，势必延误远程教育的推进。对此，必须建设各专业（课程）的多媒体专业教学资料库，将有关老年教育的课程、教材和理论进行汇集，尤其是教学过程的声像实录，要积极进行创造、收集和积累，确保各门课程、各项专业的教学资源齐全、丰富，真正打造一个“数智化＋老年教育”的深度融合应用平台。这就需要政府牵引、全面推动，在人力、物力和财力上进行充分保证。毕竟建设数字化资源不仅需要高水平教师，更需要专业化的信息技术人才，相关信息技术设备也要落实到位。

（三）以数智化老年开放大学建设为核心

建立全新数智化理念的老年开放大学。加快建设老年教育数字资源库，开展线上线下一体化教学，通过老年教育智慧场景建设、智慧学习课程开发、智能技术运用能力培训等项目，提升老年教育办学水平。数智化老年学校是以数字化信息和网络为基础的，尤其要发挥大数据技术的优势，通过对教学、科研、管理、服务等信息进行收集、处理、整合和传输，形成一种虚拟化、互动化、信息化、泛在化的教育环境。数智化老年开放大学一般围绕如何实现教学、办公和管理的数字化来展开。与普通学校相比，老年开放大学在拓展服务领域、整合教学资源和外部联系强化上具有更高的要求，具有广覆盖、深联系的特点。这就需要在建设中不仅要把本校老年人作为服务对象，还要充分利用信息技术的远程性，把区域内的老年人群涵盖，为有需要的老年人提供信息支持和服务。同时，要强化与其他地区老年开放大学的联系，借助公共网络平台建构教育资源的数据中心，建立老年教育教研共同体，形成推进老年教育信息化发展的合力。

（四）加大老年智能教育产品的研发和推广

智能教育产品是智能技术教育应用的核心落脚点，也是“撬动”教育数智化转型的关键“支点”。当前常见的智能教育产品主要包括两类：一类是以智能导学系统、教育机器人、自适应用学习平台为代表的经典智能教育系统；一类是近年来互联网教育企业推出的一系列智能教育硬件产品，例如：AI 学习机、大力智能学习灯等。智能教育产品的核心优势在于，它能够汇聚物联网、大数据、云计算、人工智能、5G 等智能技术的核心优势，为学习者打造“产品—资源—数据—服务”一体化的智能教育服务供给模式，通过学习情境的智能感知、学习数据的有效汇聚、学生状态的精准识别、学业问题的科学研判、学习资源的智能聚合、学习服务的精准推送，为学生提供适切、精准、科学、系统的学业问题解决方案，推动“科技创新”向“教育服务”转型，以及“科技创新成果”向“教育实践场景”的转化。就智能教育产品自身的功能定位来讲，其能够在学员学习的过程中充当“助学者”“导学者”“督学者”“伴学者”的角色，通过学习资源和学习服务的精准供给，让学生利用智能教育产品实现对自身学习的自我计划、自我监控、自我评价、自我反思、自我调节，以此实现个性化的自主学习。未来应该进一步重视智能教育产品的研发和推广，通过优质智能教育产品的大规模普及，实现优质教育资源和教育服务的常态化应用，以此来解决偏远地区优质教育资源缺失、师资配备不足，以及区域性教育资源分布不均、城乡教育水平差距大等问题，以智能教育产品为依托推动人工智能使用的大规模个性化学习，驱动教育的高质量发展和智能化变革。

三、结语

科技创新与老年教育的有机融合为老年教育的发展创设了新的空间，寻找了新的方向。通过加快全国老年教育管理机构和教学机构的数智化转型发展，提高老年教育数字化治理水平，通过建设各类数智化学习平台，拓展老年教育资源供给渠道，通过数字技术媒介创新数智化学习产品，可以提升老年教育服务广大老年人口能力，是积极实施国家应对人口老龄化战略的切实之举。加快科技赋能，能进一步助推我国老年教育可持续的高质量健康发展。

高校老年教育数字化转型的探索和实践

——基于华东师范大学老年大学数字化转型探索的审视

裴建华[①]

【摘　要】在老龄化叠加数字化背景下，老年教育数字化转型是适应数字时代发展的需要，是实现老年教育现代化的必然选择。然而，当前高校老年教育数字化转型发展过程中存在数字化经费投入不足、数字化资源建设亟待丰富、教师数字化教学能力仍有待提升等问题，阻碍了高校老年教育数字化转型的推进。华东师范大学老年大学作为上海高校较早面向校内外老年群体招生的非学历、公益性的终身教育机构，学校积极回应数字化转型的时代要求和城市发展需求，积极进行了数字化转型的探索和实践。基于该校的实践经验，破解高校老年教育数字化转型的难点，需加大老年教育数字化经费投入，创设适配的数字技术环境；共建共享老年教育联合生态，建设优质的数字资源供给；提升教师队伍数字素养，构建完善的数字培训体系。

【关键词】高校老年教育；数字化转型；经验审视

伴随着人口结构转型发展，人口老龄化业已成为世界各国的人口发展趋势。据 2021 年发布的第七次全国人口普查数据显示，我国 60 周岁及以上老年人口达 2.64 亿。我国老年人口规模巨大，人口老龄化生发出新的社会发展问题。面

① 裴建华，华东师范大学老年大学常务副校长。

对汹涌而来的银发浪潮，全球各国都在积极探索应对之策，老年教育成为积极应对人口老龄化问题的重要手段之一，老年大学则成为为老年人提供终身教育活动的主要载体。而高校举办老年大学成为我国老年教育事业发展的重要组成部分。

随着社会的发展和智能科技的快速变革，数字化已成为人们新生活方式的时代“红利”。但是对于大多数老年人来说，数字化却成为一道难以逾越的“数字鸿沟”。党的二十大报告明确提出了“推进教育数字化，建设全民终身学习的学习型社会、学习型大国”的要求。教育数字化也成为我国国家战略的重要组成部分，为有效迎接信息技术革命和积极应对老龄化社会，在老年教育中，如何让老年人跨越“数字鸿沟”，及时搭上信息时代的快车，共享数字化成果，充分享受数字化生活服务，成为全社会需要解决的时代课题。而高校老年大学作为老年教育办学机构，亦是高校发挥其服务社会职责的重要表现，高校老年教育亟须进一步推动老年教育数字化转型发展。

一、高校老年教育数字化转型的现实困境剖析

（一）高校老年教育数字化经费投入不足

当前高校在助力老年大学中存在着制度性缺失的问题，受制于人力资本理论和精英教育思维影响，普通高等教育在我国尚属紧缺资源，适龄青年入学率还有待提高，高校老年大学在教育理念和投入保障等方面受到限制。从办学经费渠道来看，高校老年大学下拨经费少，叠加不收取学费的义务性办学资质，致使高校老年教育处于发展经费不足的窘境。凸显出高校老年教育在高校的发展规划中仍不受重视，其发展定位模糊，顶层规划仍然有待完善。

具有数字特征的基本设施和平台是数字赋能老年教育的基本支撑。高校老年教育数字化转型中，打造数字化学习场景和数字课堂需要具有可用的网络服务设备、高清的屏幕显示设备、特色的数字学习平台、丰富的课程资源，以及

更加智能化、信息化的教学工作场地、活动场地等基本设施，而由于经费划拨的总量不足，造成部分高校老年大学学校中网络服务不到位，网络接入的稳定性不强，在实际网速不能满足老年教育教学活动和相关工作的网络要求，无法有效支持老年学员的数字化学习和教师教学的信息化，很大程度上制约了老年教育数字化转型的步伐。

（二）高校老年教育数字化资源建设亟待丰富

数字化资源建设是高校老年教育数字化转型发展的关键。在教育领域中，数字化资源通常是指经过数字化处理之后，可运行于多媒体计算机上或网络环境下的多媒体材料，包含数字视频、数字音频、多媒体软件、CD-ROM、网站、电子邮件、在线学习管理系统、计算机模拟、在线讨论、数据文件、数据库等等。囿于经费投入总量少，造成高校老年教育具有指导性的学习场景建设仍未大规模形成，更加无法支撑起高质量数字化资源的开发。高校老年教育在服务老年人数字化学习的数字资源的数量和质量亦不足，无法达到老年教育数字化转型发展需求。

（三）高校老年教育教师数字化教学能力仍有待提升

老年教育师资的专业化、合理化是实现老年教育高质量发展的重要保障。当前，我国老年教育机构中师资队伍仍然面临着专业基础薄弱、专兼职结构不合理、流动性大、师资标准准入制度仍待建立等问题。

尤其在迎接数字化时代，高校老年教育数字化转型发展过程中，逐渐实现教育教学数字化、智能化新载体、平台的普及，数字化教育教学工作要求教师需要通过手机、电脑等新媒体查阅课程资料、备课、授课，利用数字化设备处理老年教育相关工作并逐渐成为常态化，这给高校老年教育教师带来新的挑战。高校老年教育数字化转型对高校老年教育教师提出了更高的要求，要求高校老年教育教师需要具备足够的信息素养和掌握信息技术的操作能力。但由于高校老年教育教师培训体系无法及时更新，使得高校老年教育教师的数字化教育教学能力有限，难以开发和有效实施老年教育数字化课程，更无法充分挖掘和使用数字化教育资源，成为阻碍高校老年教育数字化转型发展的突出问题。

二、华师大高校老年大学数字化转型的实践探索

华东师范大学老年大学（以下简称为华师大老年大学）成立于 1999 年 12 月 16 日，是上海高校较早面向校内外老年群体招生的非学历、公益性的终身教育机构。自建校以来，学校遵循“增长知识，丰富生活，陶冶情操，增进健康，服务社会”的办学宗旨，坚持“教、学、乐、为”的教学方针。学校依托华东师范大学的学科特色和专家优势，通过立足老年人的需求、探索办学规律、创新工作方法、开设特色课程、优化师资力量等多种途径来不断提高办学质量。华师大老年大学积极回应数字化转型的时代要求和城市发展需求，积极响应上海当前正着力打造“国际数字之都”的发展政策，以数字化转型为抓手，以打造“银龄智慧课堂”为核心，积极谋求学校、课程、教学的数字化、线上化转型，为老年人打造安全、精彩的空中课堂，提升学员信息素养，弭平老年人数字鸿沟，使学员与学校能与时代发展同频共振。

（一）优化顶层设计，着力构建普适有效的技术环境

为推进高校老年教育数字化转型的顺利开展，华师大老年大学重视学校数字化顶层设计，以顶层设计为抓手推进线上教育管理、教学以及其他工作的有序开展。依托华东师范大学高校资源，在高校数字化校园统筹规划建设下，为老年大学拨专用经费，支持老年大学信息化建设，改造教学设备和网络课程设备。截至 2021 年年底，学校完成了多媒体教室的改造，为打造数字化学习场景和数字课堂提供了大尺寸的液晶显示屏、一应俱全的录播设备、移动高清直播教学摄像头、无线传屏电视机。为高校老年教育提供更加智能化、信息化的教学工作场地，力图打造适老化的智慧课堂环境，为构建“银龄智慧课堂”提供了技术支撑，更为数字化赋能高校老年教育发展奠定了坚实的基础。

（二）以老年人为本，探索线上线下融合教学新模式

华师大老年大学在数字化转型探索中，基于老年学员学习需求的调研数据，在课程开发上遵循老年学员的身心发展规律，探索线上线下融合的教学新模式，开设包含文化教育、书法绘画、钢琴演奏、摄影技术、健康教育、声乐、体育舞蹈、艺术修养8类课程。开发直播课程与录播课程，突破了线下一块黑板、一张讲台的传统，为老年学员提供及时性和可回顾性的新课堂。这种“云教室”“云课堂”“云教学”“云师生”让老年学员数字化学习更高效。老年教育数字转型的课程建设立足以老年人为核心，实施分类分层、个性贴身服务的课程，对信息素养不同层次的老年学员开设分层的信息素养课程，便于具有不同知识背景的老年人根据自身信息素养水平而选择适合自己能力的课程，从而实现因材施教、进阶发展的分类分层目标。同时，依托数字化平台，如微信、钉钉等软件，组建老年教育课程群，使两类教育教学资源，实现线上线下教学无缝切换，为老年学员数字化学习提供一对一的在线指导、个性化服务。

（三）整合资源，打造覆盖广泛老年教育数字资源体系

老年教育数字化转型发展，除了在物理空间上需完成数字化的转型，更需在资源空间上完善数字化平台的建设。实现数字资源的建设，需要多个主体部门共同参与，畅通沟通渠道，做好高校老年教育数字化转型的各项保障工作。华师大老年大学为顺利推进教育数字化转型，最大程度保证教师线上教学顺利开展，整合优质的人力资源，通过建立各种微信群，依托高校优势，将华东师大学生志愿者、校办企业电器公司的工作人员加入服务老年学员的队伍行列中。此外，为更加契合老年学员的信息化能力，老年教育数字化资源建设增加“适老化”考量，积极探索现代信息技术与老年教育的全面深度融合，不断整合新资源，实现以数字化手段引领高校老年教育理念和教育模式创新，创设“多代共学之智慧学习场景”，打造智慧学习体验空间，以“智慧助老”实现学校担当。同时，优化“智慧校园”系统，将老年学员招生报名、排课等以线上方式

进行，整合录播课程，与其他老年教育机构共建共享数字化课程资源。

（四）培育团队，开展老年教育信息化培训

老年教育教师是实现老年教育高质量发展的关键。为推动高校老年教育数字化转型发展，推动老年教育数字化教育教学工作的有效开展，老年教育系统中教师的数字素养和数字化能力尤为关键。华师大老年大学为培育数字化教学团队，定期开展管理人员、教师、班长的信息化培训工作，制定完善的教师培训体系，内容包含关于线上报名、多媒体教学设备使用、钉钉软件线上教学管理等。华师大老年大学凭借高校数字资源，承担了上海市老年教育书画师资培训项目，将优势资源向外辐射，以网课形式为市、区两级老年大学和街道老年学校书画教师提供了优质数字化培训服务，为老年教育师资队伍建设作出贡献。此外，为进一步提高学校信息化教务管理水平，学校按照上海市老年教育信息中心要求，安排专人参加培训会议，认真录入规定信息，有力促进高校老年教育教务管理信息化建设，极大地推进了高校老年教育教学工作运行的智能化、规范化。

三、高校老年教育数字化转型的思考启示

（一）加大老年教育数字化经费投入，创设适配的数字技术环境

高校老年大学是高校发挥其社会职责的重要体现，凸显了现代大学的功能发挥。高校老年教育数字化转型需要依托高校发展战略中的合理布局和规划，在实施过程中，更加注重强化高校顶层设计，以规划为指导，加强组织领导。尤其在经费投入上，老年教育要实现数字化转型，首先需要充分的经费投入。要求高校在其发展的战略中，在建设经费投入使用上适当加强对老年教育数字化的经费投入，向高校老年教育数字化基础建设倾斜，加大对通信、网络的应用，建设具有现代化、智能化的教学工作基础设施，营造智能化、沉浸式智慧

学习场景，推进“数字化校园”建设。为高校老年教育数字化转型创设适配的数字技术环境，有效支持老年学员的数字化学习和教师教学的信息化，满足高校老年教育数字化转型发展的需要。

（二）共建共享老年教育联合生态，建设优质的数字资源供给

促进高校老年教育数字化转型发展，亟须提高高校老年教育资源的共享整合。一是充分发挥高校的资源优势，提高与本校的资源共享整合度，可利用高校已有的信息平台优化高校老年教育的信息化服务，将信息技术的应用与老年教育深度融合，用信息化手段探索线上线下教学模式；充分发挥高校课程资源优势为老年教学课程开发提供服务，丰富老年教育的课程体系；同时将高校老年教育活动与高等院校的教学活动相互沟通，加强高校学生群体和老年学员队伍的相互交往，实现互补双赢。二是高校老年教育属于老年教育的重要办学点，需加强与其他类型老年教育的资源共建共享，发挥不同类型老年教育的优势，形成资源互补。三是高校老年教育充分发挥着其社会职责，亟须加强与老年人家庭、社会其他单位、组织的合作，形成高校老年教育与社会资源的联动，为高校老年教育输送全面的、具有特色的教育资源。加强高校老年教育与自身所在的高校、其他老年教育办学机构、社会资源的联系，共建高校老年教育联合生态，为高校老年教育数字化转型提供优质的资源供给，促进高校老年教育的数字化转型步伐。

（三）提升教师队伍数字素养，构建完善的数字培训体系

加强老年教育教师队伍的数字化素养和能力是实现高校老年教育数字转型发展重要人才保障，从当前的培训体系来看，传统的基于知识型的培训内容难以满足数字经济时代对老年教育教师的培养需求。亟须加强老年教育教师的数字赋能，一方面需要培养教师的数字意识，加大对教师的数字引领，把握正确的数字知识观、数字信息观、数字安全观、数字伦理观等。另一方面，开设完善的老年教育数字化培训体系，从基本的数字知识出发，加强理论知识内容的

培训，让高校老年教育教师充分了解当前数字化发展状态，提升教师数字接受度；加强教师数字技术的应用培训，提高高校老年教育教师的数字教学和数字设备的应用能力，为高校老年教育数字化转型提供人才支撑。

民办非企业老年大学发展路径探索

陈 勇 胡梦瑶[①]

【摘 要】民办非企业老年大学作为公益性社会组织，嵌入并受制于外部环境，但作为能动性主体，可以为适应环境进行策略性回应和互动。由于民办非企业老年大学的非营利和非官方性，天生对资源环境有“强依赖性”，但在现实的物质、制度、情境等不同环境制约下生存受困，发展受阻。基于环境嵌入－影响机制－实践策略的逻辑框架，以江苏青春老年大学的办学实践为分析样本，探索民办非企业老年大学发展新路径。发现要在夹缝中求生、在困境中发展，必须在物质环境下整合社会资源、开源节流并重、合作互利共赢；在制度环境下要做好规范性的教学管理制度设计，走规范化办学之路，获得学校的合法性；在情境互动关系中通过提升服务质量、打造服务品牌，来赢得社会信任。

【关键词】民办老年大学发展；嵌入机制；合法生存；构建信任

一、引言

（一）老年教育发展现状

《中共中央 国务院关于加强新时代老龄工作的意见》明确要求：支持采用社会力量举办老年大学（学校）等办法，推动扩大老年教育资源供给。引入社

① 陈勇，江苏省老年大学协会办公室主任，主要从事老干部工作和老年教育研究；胡梦瑶，河海大学社会学博士研究生，主要从事老龄化、老年教育、社区研究。

会力量参与老年教育是政策所向。根据中国老年大学协会的统计数据显示，国内有 7.6 万余所老年大学，包括远程教育在内的老龄学员共有 2000 万余人，但这一数字也仅占 60 岁及以上老年人口的 6.7%。老年人“入学难”，已日益成为关系基本民生的社会突出问题。因此，发展民办老年大学显得更重要、更迫切，客观上需要政府办学和社会办学两条腿走路。

（二）民办非企业老年大学现实境况

民办老年大学呈现创办不容易、发展更困难的样态。因非营利属性，其生存发展所需资源必然对政府存在“强依赖性”，尽管从事的是老年教育公益事业，积极承担与公办同等的社会责任，但却没有公平地享受到政府的扶持和服务。

2008 年，为有效缓解公办老年大学“一座难求”的突出社会矛盾，几位离退休老领导本着“为政府分忧，为社会服务”的初心，创办了江苏青春老年大学，江苏省、原南京军区，南京市几位老领导为支持和鼓励这项利国利民的公益事业，担任名誉校长。这是一所经江苏省教育厅审批、江苏省民政厅注册登记民办非企业老年大学。经过十四年的艰苦创业、创新作为，已成为江苏省规模较大的老年大学，2014 年被评为江苏省首批“示范老年大学”，2016 年被评为全国首批“示范老年大学”。

目前江苏青春老年大学面临的主要困难：一是没有自用的、稳定的、适合的教学场所，二是缺少政府的财政扶持，三是老年群体对民办老年大学先赋信任不足。此外，整个民办老年教育客观上存在法规制度保障缺失、统筹管理体制不顺、扶持政策落实不够等问题。为此，本研究旨在直面民办非企业老年大学的现实处境，剖析外部环境的影响机制，探索破解问题的应对策略。

（三）分析框架

任何组织都依赖于多元化的外部环境，获得自己无法生产的资源，但也拥有策略性回应和互动的能力。社会组织参与老年教育已成为理论热点和实践亮点，对民办非企业老年大学生存发展实践的基本逻辑框架鲜有探究。以江苏青春老年大学的办学实践和夹缝求生的现实关切，尝试建立外部环境嵌入下民办非企业老年大学生存发展实践的基本逻辑框架：环境嵌入－影响机制－实践策略。

首先将民办非企业老年大学的外部环境解构为物质环境、制度环境、情境环境三类，呈现民办非企业老年大学在不同环境制约下的现实境况和发展困境，然后分别透析不同环境对组织的影响机制以揭示形塑发展困境的深层原因，最后提出民办非企业老年大学的发展策略。这客观上为如何培育和发展民办非企业老年大学，鼓励该类组织参与老年教育服务中提供一定经验路径。

二、生存之源的获取：嵌入机制下的资源整合

民办非企业老年大学的生存发展是建立在社会物质资源基本满足基础上的，这是生存之源。

（一）物质资源供给情况

1. 办学资金

办学资金紧张和无政府资金扶持是民办老年大学的软肋。江苏青春老年大学的办学资金主要来源于学费收入，学费水平和公办相当，覆盖日常办学成本后所剩无几。尤其 2015 年后学校划归鼓楼区教育局业务指导，省财政经费补贴被停拨，加上社会捐赠渠道不通畅，因此学校只能在保证教学质量基础上“精打细算”。2020 年受新冠疫情的严重影响，学校一方面要加大财力、物力投入，做好校园疫情防控工作，另一方面学校又主动压缩办校规模近 2000 人次，以减少老年人群的聚集，导致学费收入大幅减少。经济上捉襟见肘使得学校基本无力改善办学条件。

2. 办学场地

安居才能乐业。老年人尤其希望就近、就便入学。对民办非企业老年大学

而言，最大的困难是根本无力在城区交通较为方便、居民较为集中的地方自建老年大学校舍。江苏青春老年大学先后借助南京市青少年宫、南京市军队离休退休干部活动中心、省级机关管理干部学院提供教学场所联合办学。但对共用场所进行教学适应性改造和根据联办单位活动临时调整上课时间，给学校带来一定程度的教学影响。

3. **人力资源**

民办非企业老年大学的运行离不开领导班子以及管理队伍。由于经费有限，江苏青春老年大学为减少成本，仅使用了 16 名热心公益、不计报酬、任劳任怨的专兼职工作人员，其中 14 人是退休返聘人员，为同等规模公办老年大学的 1/5 左右。存在严重的人手不足、工作量过大和人员不稳定等问题。

4. **技术支持**

数字时代和疫情加速了互联网技术在老年教育中的应用。江苏青春老年大学尝试与北京“乐退族”科技公司联合开办了线上直播、录播远程老年教育课程。学校还利用微信公众号、抖音号，宣扬学员风采和校园文化。但以老年人为主的工作人员信息技术办公能力欠缺、一些教师的信息化教学水平不足、部分学员排斥线上教育形式等“数字鸿沟”问题都是学校面临的新挑战。

（二）嵌入①机制分析

1. **政府对学校的结构嵌入**

江苏青春老年大学作为民非组织，由民政部门登记注册和监督管理；作为民非学校，办学资质由教育行政部门进行年审；从属于老龄工作，接受卫健委的业务指导；收费管理，则接受属地教育和市场监管部门监督。学校接受政府管理监督是必须的，但各部门各自为政，对老年教育和民办老年大学不够重视，性质认识片面，只管理不扶持，重检查欠服务。因此，学校无法享受政府在资金、场地、人力资源和技术等物质资源上支持和服务，也难以享受到政府部门

① “嵌入”是组织社会学中的一个重要概念，指强调政治、经济、文化、社会资本、组织关系等多项环境要素对组织运行的植入性影响。

对老年教育的业务指导，这就是政府对民办老年大学的结构嵌入。

2. 技术对学校的嵌入

首先是技术与教学实践的融合。江苏青春老年大学在线下课中开设电脑技术网络应用课程，满足在运用智能技术方面遇到困难的老年人的基本需求，同时探索部分专业和课程的线上直播教学，不仅突破时空局限，也是疫情防控的有效措施。其次是技术带来管理效率的提高。江苏青春老年大学的老年学员利用手机就可网上注册、报名、缴费一站式报名，解决了报名排队问题。

（三）实践策略：整合资源、技术赋能

1. 整合社会资源是突破资源约束的必然选择

首先，坚持开源节流并重。民办非企业老年大学可采用办学资金多渠道筹措方法——办学收入为主，政府补贴一点，社会捐赠一点，合作企业赞助一点。建议政府明确并落实社会办学扶持政策，积极推动政府设立老年教育扶持基金；打通社会捐赠渠道，精简捐赠流程；与适老企业良性合作，把好质量关和安全关。同时要压缩非教学相关开支，勤俭持校。

其次，坚持共建共享办学。整合社会资源更有效的方法是采取联合办学、嵌入社区、共享高校、养老、文化、医疗等资源开展老年教育，既能解决场地租金昂贵之难，又能提高资源效益，满足更多老年人入学需求，效益和公益双收，共享共赢。

2. 推动技术赋能老年教育是顺应数字时代的发展方向

首先，利用网络教育平台、直播课、空中课堂等各种信息化教学形式，积极开展不同模式的线上老年教育。江苏青春老年大学创新开启了“线上与线下、校内与校外、错时与错峰相结合”的教学模式。

其次，广泛运用信息化办公系统和网络教学平台，提高招生管理、课程管理、教学管理、学员管理、教师评价、志愿服务等管理效能，为民办老年大学提效增能，节约人力资源，降低办学成本，优化学员体验。

三、立校之本的坚守：合法性机制下的规范办学

组织行为必须考虑制度环境，依靠公共权威以正式的形式确定下来的政策法规等制度本身也是一种稀缺资源，这是立校之本。

（一）政治资源现状

国家和地方颁布了一系列涉及老年教育的法律法规，推动我国老年教育有法可依、有政可施。同时老年大学也是老年人重要的思想教育阵地。

1. 国家层面：统筹规划、顶层设计

2016年国务院办公厅印发的《老年教育发展规划（2016—2020年）》是着眼于我国老年教育事业发展的第一个规划。明确老年教育管理体制是“建立健全党委领导、政府统筹，教育、组织、民政、文化、老龄部门密切配合，其他相关部门共同参与的老年教育管理体制。但正如江苏青春老年大学同时接受多部门管理，民办老年大学领导管理体系不明确、不规范，管理部门之间协调合作亟待加强，在关心支持、报批登记、注册年检、检查考核、业务指导、服务解困等方面不同程度的缺位错位、缺失不足。这反而给民办老年教育增添了制度障碍。《中华人民共和国民办教育促进法》规定对非营利性民办学校还可以采取政府补贴、基金奖励、捐资激励等扶持措施，但政策却未落地。顶层设计不清晰、无牵头协调部门，政策保障机制不够健全，是制度环境下民办非企业老年大学目前面临的发展瓶颈之一。

2. 学校层面：政治引领，强化教育

江苏青春老年大学尽管是民办老年大学，但无论从办学者的初衷，还是其公益的属性，特别是面对的广大老年人的特殊群体，都始终坚持政治站位，加强党建工作，强化思想教育，以社会主义核心价值观和先进文化引领学校主体工作，将党建工作放在核心地位，加强对老年学员思想政治教育，努力发挥老年大学思想政治教育主阵地的作用。

（二）合法性机制分析

揭示制度环境对民办非企业老年大学的影响机制，要从法律、行政、政治三个合法性维度着眼。

在法律合法性上，《民办非企业单位登记管理暂行条例》颁布后，民办非企业老年大学要依法在民政部门注册登记，才能获得法律合法性。江苏青春老年大学经省教育厅审批办学，由省民政厅注册登记，获得了合法办学资格。

行政合法性[①]要求学校获得官方和社会认可。江苏青春老年大学是由几位离退休老领导自发牵头组织，目前借助南京市军队离退休干部活动中心和省级机关管理干部学院提供教学场所联合办学。接受来自区教育局在财务制度、规范办学、安全管理等方面的工作指导。邀请了 8 位副省级以上老领导担任了学校的名誉校长，时任江苏省副省长还专门批示，帮助学校协调解决办学场所问题，南京市人大常委会主任专门到学校调研视察工作，要求相关部门关心支持民办老年大学工作。

政治合法性强调组织必须“政治站位”正确，符合政治秩序和规范的要求，这是组织生存的前提。江苏青春老年大学以为老年人服务为宗旨、为社会服务为目标，在推动老年教育高质量发展、提高老年人综合素质的基础上，围绕教学实践和重大节庆活动，到基层社区、养老机构、大中小学、企事业单位等开展公益演出和慈善献爱心活动等，处处彰显出学校鲜明的政治立场和公益属性。

（三）实践策略：注重规范化办学——办学理念合法化、组织设置正规化、办学管理科学化

1. 办学理念合法化：坚持政治站位、服务老龄社会

民办非企业老年大学要将政治建设融入教学、管理和服务中，坚持以人为本，服务老龄社会，在办学理念、宗旨和目标上，始终彰显社会组织的政治合

① 行政合法性表现为拥有完善的规章制度、获得行政机关给予的符号（机构文书）、话语（领导人批示）或程序（仪式参与）等支持。

法性。要切实加强党建工作，在校内成立党支部和党小组，充分发挥老年大学党组织的战斗堡垒作用和老年学员党员的先锋模范作用，认真做好老年学员的思想政治工作，把党组织的主题教育对象扩展到全校学员，并渗透在各专业课程的教学过程中。

2. 组织设置正规化：健全的组织结构、灵活的管理分工

民办非企业老年大学要着力构建一套完善的职能分明的组织结构，各部门权责清晰，按规行政，并互相协调。各机构组织结构还要适当保持管理弹性化。对管理人员的灵活性分工，根据管理人员的职业经历和能力特长，给予其充分的施展空间，实现资源最大化利用。弹性化还体现于以兼职的方式招募老年学员加入志愿者队伍，虽然工作时间不定，但有着明确的相关责任义务。

3. 办学管理科学化：落实安全措施、规范教学管理

学校应尊崇生命至上原则，建立健全组织内部人身安全防控的制度、组织、物资三大保障，防控措施做到常规化、全面化、精准化、细致化，没有盲点疏漏。

进行兼具规范性和灵活性的教学管理制度设计。规范性的教学制度设计包括招生制度、教学管理制度、教学评估体系等全套制度体系，保证每个环节都有严格的管理制度和规章。同时，灵活性的社会规范也很重要。注重加强校园文化建设，优化校风、学风、教风，营造正向的价值认同；与老年学员互动沟通中，行事符合成约俗规，避免在语言交流、处事方式上产生矛盾。

四、发展之基的构建：信任构建机制下的质量提升

民办非企业老年大学的情境环境是指老年教育服务中与老年学员的互动环境，其核心是获取老年学员的认同和信任，这是发展之基。

（一）社会信任资源概况

在老年教育服务情境中，老年学员的信任是民办非企业老年大学可持续发

展的基础。信任来源于老年学员对老年教育服务质量的衡量。公办老年大学学费低、风险低、教学资源丰富，获得老年学员的信任有着先天优势。但是民办老年大学由于资金不足，无力改善办学环境和硬件条件，对优秀教师吸引力有限，进一步导致教学和课程缺乏系统性，以休闲娱乐课程和传统讲授式为主，教学质量难以提高。江苏青春老年大学在创立初期底子比较薄，也面临着办学环境差、硬件条件落后以及课程单一等问题。因此，民办非企业老年大学在情境环境中面临社会信任不足的困境。

（二）信任机制分析

信任机制就是一种社会信任的再生产实践。办学质量影响着老年学员对学校的信任程度。课程资源和师资水平是高质量老年教育服务的衡量指标。江苏青春老年大学克服困难，努力做到办学要求不降低，办学质量不降格。积极实施名师战略，通过聘任教授、联络感情，实现广纳贤才；开设精品课程、特色课程，打造名牌课程；加强教学管理，规范教学大纲、教学计划，始终坚持质量立校，努力使老年人老有所学，学有所得，学有所用，学乐为相统一，不断提升学校的吸引力、凝聚力和生命力，有效构建学校的信任机制。因此，服务质量提升是信任构建机制的核心之义。

（三）实践策略："双线并行"——服务质量提升，打造服务品牌

1. 稳固学校的生命线——提升老年教育服务质量

（1）建设高质量的老年教育教师队伍，要做到"广宣传、门守严、考核细、亲关怀"。"广宣传"是招聘师资信息广泛公开，做到应知尽知；"门守严"是指制定一整套"档案审查、面试说课、背景了解、集体表决"的招聘流程，确保所招之人有胜任的能力和稳定性；"考核细"是指建立详细的教师考评制度；"亲关怀"是指学校不仅要合理提升待遇，还要注重教师的工作荣誉感和幸福感，做好教师和学员互动的桥梁。

（2）创新老年教育教学方法。课堂教学"第一课堂"优质化，创新拓展课

堂教学方式方法，充分利用现代化教学手段；线上户外“第二课堂”常规化，给予老年学员更多地体验线上学习的机会，帮助消除畏难、抵触的心理障碍；成果转化“第三课堂”丰富化，让学员在体验中学习，学有所用。

2. 亮化学校的风景线——打造老年教育服务品牌

打造老年教育服务品牌，要开发更多因地制宜的本土特色课程和活动。学校要充分挖掘本地的特色物质文化资源，结合老年教育特性和老年学员的心理，针对性开发课程和活动，打造属于学校自己的“闪亮名片”。让独异性转化为信任，办让学员满意的老年教育，才是维持信任长久的根本之策。

五、结语

大力发展民办老年大学是创新发展我国老年教育事业的必然趋势，是积极实施人口老龄化国家战略的重要举措，新形势下机遇与挑战共存，我们要直面问题，迎接挑战，抓住机遇，创新作为，在党的领导下，在社会各界的关心支持下，在广大老年人的呵护下，民办老年大学一定会迎来蓬勃发展的明天。

油田与驻地政府老年教育融合发展的实践与研究

赵　军[①]

【摘　要】企业兴办老年教育是企业履行社会责任的重要方式，是体现党组织对老同志关心关爱的重要举措。随着油田与驻地政府深化融合发展的步伐逐步加快，胜利油田和地方政府正在携手打造和谐共赢新型油地关系全国样板。该文立足积极应对人口老龄化的时代背景、国家战略和区域经济社会发展的需要，分别从做好顶层设计、坚持开门开放办学、实施双向挂牌、参与区域文化创建活动、开通网上老年大学、以公益服务形式助力区域文明共创等六个方面，详细阐述了近年来油地双方在老年教育方面的融合共建以及取得的成效，着力引导油地广大老同志培育积极老龄观、科学养老观，更好满足区域多元化、多层次文化养老需求，持续提升老年人幸福指数及生活生命质量，实现老年教育工作“1＋1＞2”的效应，为企业与政府相互融合共同繁荣文化养老事业、推动老年教育区域一体化发展提供国企样板。

【关键词】企地；老年教育；融合发展；实践；研究

近年来，胜利油田老年大学贯彻落实企业党委部署要求，立足老年工作总定位和新时期发展路径，发挥既有的丰富资源优势，始终树牢“一家人、一盘棋、一条心”的理念，主动思考谋划，努力创新作为，通过持续的探索实践，

① 赵军，高级政工师，胜利油田老年大学教研室主任、老年教育高级主管。

逐步走出一条互学互鉴、共享共建的油地老年教育融合发展之路。

一、老年教育融合发展是构建和谐共赢新型油地关系的重要一环

1. 实施老年教育融合共建，是落实国家涉老政策、适应退休人员社会化管理新时期的需要

党的十八大以来，“老年教育”一词高频出现在党和国家陆续发布、实施的多个关于涉老方面的规划、文件中，其中对于“社区老年教育”的叙述，近年来又多次提及。从 2019 年印发的《中国教育现代化 2035》《关于推进养老服务发展的意见》和《国家积极应对人口老龄化中长期规划》，到 2021 年底国务院印发的《“十四五”国家老龄事业发展和养老服务体系规划》等，都明确提出“加快发展城乡社区老年教育”“优先发展社区老年教育”“建立健全社区教育办学网络”“办好家门口的老年教育”等具体要求。

2020 年以来，随着胜利油田退休人员社会化管理工作持续稳步推进，地方政府按照居住区域，在属地资产顺利移交的基础上，相继成立数十个以油田职工家属为主要服务对象的城市社区党群服务中心，而老年教育这一领域对于新成立的社区来讲尚属于“空白”。胜利油田老年大学自 1988 年成立至今在每个油区都建有分校，横跨区域较大，这是企业办老年教育的优势所在。2020 年之后，胜利油田党委确立了“服务老年群体、助力油地发展、促进社会和谐”的工作总定位和“党建引领、油地融合、双重关爱、高质量发展”路径，明确提出退休人员社会化管理新时期，企业老年教育要融入社区，办好辖区居民家门口的老年大学。按照政策要求，能吸纳油田的老年教育资源，把文化惠老办到“家门口”，已成为驻地街道社区所急、辖区老年人所盼的“好事”。

2. 实施老年教育融合共建，是融入区域经济社会发展大局、建设文化养老事业的需要

胜利油田在集中完成退休人员的社会化移交后，不断与地方政府围绕老年

事业强化融合和精准服务。2021 年 10 月习近平总书记来油田和东营市视察为油地高质量发展把关定向、掌舵领航，双方合作的平台、渠道、领域持续扩大。地方政府对企业老年群体也更加重视，认识到老年群体不仅是企业的宝贵财富和重要资源，也是推动区域经济社会发展不可忽视的力量。作为区域民生工程的一部分，养老事业中体现油地“一盘棋、一家人、一条心”理念最直接、效果最明显的，就是企地老年教育资源的共建共享、融合办学。

在黄河入海口这片区域，既有地方政府办老年大学，又有企业办老年教育机构，一地两校，这是有别于山东省内其他地市的独特之处。近两年，胜利油田老年大学紧紧围绕油地融合发展大局，充分发挥组织、平台、资源优势，积极对接协调县区、街道，加强顶层设计，探索企业老年教育与地方联合办学的路径及措施。利用与地方政府融合办学、设立社区教学点的有利契机，持续扩大在省内及全国的影响力和美誉度；地方政府借助企业的老年教育资源，打造更多“家门口的老年大学”，以实现文化养老的目标——油地双向融合、互补互惠、共同发展的老年教育区域一体化新格局正在形成。

3. 实施老年教育融合共建，是积极应对人口老龄化、满足老同志对美好生活向往的需要

人口老龄化，是我国今后较长时期的基本国情，已然成为全社会不可回避的现实问题。党的十九届五中全会首次将积极应对人口老龄化上升为国家战略。山东作为全国老年人口最多的省份，根据 2021 年第七次全国人口普查公报发布的数据，60 岁及以上人口的占比为 20.9%（到 2023 年年底，占比增至 23.62%，比全国高出 2.52 个百分点）；东营市 60 岁及以上人口的占比为 20.39%，65 岁及以上老年人的占比为 15.51%。按照国际通用的“60 岁及以上人口占总人口比重超过 20% 或 65 岁以上老年人达到总人口的 14% 即为中度老龄化”的标准，山东省包括东营市，实际上在三年半之前就已进入中度老龄化阶段。胜利油田亦是如此，截至 2023 年年底，油田离退休职工家属已达到 17.3 万，已远超在岗的用工总量。

2023 年 1 月 18 日，习近平总书记春节前夕视频连线看望慰问基层干部群众时说："一个社会幸福不幸福，很重要的是看老年人幸福不幸福。"具体到胜利油田而言，广大退休职工对美好生活的向往，更多表现为精神生活、文化生活的需求。在当前油地深度融合发展的新时期，承载文化养老重任的老年教育，近两年已经得到地方政府的高度重视，通过政府搭台、企业配合、老同志"唱戏"等多种形式，有效推动了区域老年事业的可持续发展，并产生了显著的社会效益。发展区域文化养老，使老年教育惠及更多老年群体，提升他们的幸福感、获得感、归属感，不仅是今后一段时期胜利油田"大老年"建设的一项重要内容，而且已成为地方政府的关注点。

二、老年教育融合发展的核心内涵及探索实践

实施老年教育融合共建的核心内涵，即始终把握退休人员社会化管理新时期胜利油田老年工作准确定位和发展路径，探索科学、规范的融合办学模式，改进、提升基础服务能力，优化、统筹老年教育资源配置，推行区域共享共建共治，从而有效解决存在的区域老年教育发展不平衡、老年大学供给不足等"瓶颈"问题，以卓有成效的措施更好地满足老年人多元化、多层次文化养老需求，持续提升老年人幸福指数及生活生命质量，实现老年教育工作"1 + 1 > 2"的效应，真正让广大老同志享受到油田和地方政府的双重关爱，以区域老年教育事业发展的高质量助推油地文化养老事业的深度融合发展。

1. 加强与地方政府等的协调对接，做好老年教育的顶层设计

胜利油田深厚的企业文化底蕴造就了丰富的人才资源，因此老年大学成立至今师资力量一直较强，而且有着融合共建的传统，2001 年东营市老年大学建成运行时，胜利油田老年大学是第一个进行师资援建的。近年来，滨州市、德州临邑县、东营多个县区的老干部局领导先后莅临驻地的油田老年大学分校，相互交流办学经验，加强区域合作。东营区委老干部局加密了与胜利油田老年部门的对接，就如何做好养老服务工作积极建言献策，同时出台了实施意见。从 2022 年开始，按照胜利油田老年部门要求，老年大学先后召开多次与东营市

老年大学的油地老年教育联席会议，交流双方年度重点工作安排；联合组织到油田及社区的老年学校进行融合办学的专题调研，集中分析研判并提出对策建议；携手推进教学理论研究工作，开展《老年教育区域一体化发展的实践与思考》课题研究，这一课题已成为2023年山东省老年教育研究项目；积极探索建立老年教育教学资源双向开放、教师资源互通共享、区域课程科学统筹、大型活动联展联办的共建共享机制，以实现信息互通，统筹推进油地老年教育融合发展具体举措。

2. 坚持开门、开放办学，扩大老年教育覆盖面

按照国家关于“行业企业老年大学面向社会开放办学”要求，2021年以来，胜利油田老年大学招生不再限制学员身份，开设的所有专业课程、教学班级，全部向油区内的老年人开放，不论企业职工还是村镇、社区居民，均可就近报名入学。在油田老年大学的协调下，居住在胜利油区内的油田退休职工、家属同样可以就近到地方政府办的老年大学上学，真正让他们享受到了油田和地方政府的双重关爱。在每年招生前夕，油田老年大学会把招生简章通过多种方式，张贴至镇街的重要位置以及社区党群服务中心、村委会，或是以文档、图片等形式推送至网格群、微信群，或是相互在亲戚朋友圈中广泛转发。据初步统计，近年来，非油田的社会老年人在油田老年大学参加学习的数量，已由2020年的不足800名跃升至目前的近5000人。

3. 实施双向挂牌，设立教学点，实现老年教育资源共享

目前胜利油田和地方政府在老年教育方面的融合办学，主要有三种方式：一是油田老年部门所属区域老年服务部与地方县区街道或社区达成协议，实施老年大学双向挂牌，即一校两牌，辖区内所有老年人都可报名学习，管理上由油田老年教育机构负责。二是采取设置社区教学点的方式，由社区党群服务中心提供相应的教室或活动场所，油田老年大学与社区双方协商管理。三是办学场所仍由原油田主营单位提供，且同时为油田老年大学、地方社区三方共用。以上三种方式，都由油田老年大学给予统筹安排和业务指导。老年大学会在每年春节招生、课程学时设置、教学研究、教师选拔及课时费管理、对外事务等

方面进行统一要求。

至 2023 年 7 月，油田老年大学在胜利油区的 56 个社区设立了教学点，所属 27 所分校全部实现与社区联合办学或融入社区办学，教室就在小区，老年人“上学”更方便，油地双方实现了资源统筹、优势互补，辖区居民的幸福感、获得感和满意度持续提升。

4. 政府搭台、企业配合、学员“唱戏”，打造区域文化养老品牌

油地广大老年学员通过老年教育机构积极参与区域文化创建活动。社会化管理新时期，胜利油田老年大学本着政府主导、企业配合、老同志参与、共促繁荣的原则，借助既有的资源和优势，以文化融入为突破口，积极参与到辖区地方政府组织的多种形式的文艺展演、消夏晚会等活动中，传播了健康快乐、积极向上的文化理念，带动越来越多的老年群体参与到区域文明创建活动中，为打造区域文化服务品牌助力。根据近两年组织的专题调研及老同志的反馈，目前在辖区街道、社区成立的各种文艺团队，大部分骨干、教练多是胜利油田退休老同志。在地市、县区老年大学中，有相当比例的老师是油田退休职工或曾是老年大学培养出的学员，他们更接地气、春风化雨式的执教风格深受学校肯定和学员喜爱，2023 年有多人被评为地市、县区老年大学的优秀教师。这种双向奔赴、相互成就式的融合模式，使得油地广大老年学员的角色意识持续增强。2022 年以来，油田老年大学与东营市老年大学先后联合举办主题书画摄影剪纸展、暑期社区巡讲巡演等多场活动；遍布胜利各油区的油田老年大学分校，则经常性参与地方街道社区举办的辖区居民喜闻乐见、丰富多彩的文艺活动。位于德州市临邑县的临盘分校，在重要时间节点积极参加驻地街道办事处组织的油地联谊文艺晚会，不定期组织油地共建书法、柔力球交流，同时将编排表演的节目推送到抖音、西瓜、优酷视频等平台，使更多的老年朋友通过线上欣赏精彩的节目，共享油地繁荣、共创文明和谐。据初步统计，近两年以油田老年大学学员为骨干参加的油地融合性质的文化活动已超过 200 场。

地方政府与油田老年教育机构达成双赢机制。胜利油田老年大学主要依据主营单位所在地及居民集中聚居区域而建，按照油田区域老年服务部的分布区域，1 个分校往往对应着几个城市社区，而在以油田退休职工为服务对象的社区附近，也必有 1 所分校。近两年，县区镇街和社区组织的文化活动明显增多，呈现百花齐放之势，除了地方政府的重视，很大一方面原因得益于驻地有胜利油田老年教育的资源、人才，借用东营市河口区仙河镇政府领导的话“油田老年的一个分校就可以撑起一台区域性的文艺晚会”。老年教育工作为油地争得了众多荣誉和成绩，地方政府与油田老年大学主动达成共识，双方建立常态化沟通机制，通过阵地共建、活动联办、工作联推、平台共用等方式，推动老年教育的双向融合，既为油田广大老同志提供老有所为、展示自我的舞台，又能扩大地区影响力和美誉度，成为他们打造区域文化服务品牌一个重要的实现途径。位于仙河镇的胜利油田老年大学桩西分校，与东营港经济开发区及镇政府、社区在场所使用、维修改造上合作共建，真正实现了文化融合、油地双赢，他们“特色课堂＋ 齐心润家园”项目被评为 2023 年山东省“终身学习品牌项目”，融合办学的经验先后在新华网、大众网、《齐鲁晚报》和《东营日报》作为重大民生项目进行了全方位报道。临盘分校虽地处一隅，但与地方政府沟通顺畅，特色办学上优势明显，很多专业已走在地区的前列，近几年代表地方街道甚至德州市参加柔力球大赛屡次斩获省级、国家级大奖，他们在驻地宏达社区开设的教学点被评为 2023 年度山东省基层老年教育示范校，舞龙表演登上 2024 年央视一套《生活圈》春节特别制作《健康大拜年》节目。

5. **开通网上老年大学，推动更大范围、更深层次的区域融合**。

2000 年 3 月，中国老年大学协会“网上老年大学”系统建成并无偿推荐给全国各级老年大学使用。2020 年 6 月油田老年大学申请注册网上老年大学，11 月首次成功开播面向全油区的网络直播课堂，几年来随着受众的越来越多，胜利油田网上老年大学，已成为区域广大老龄群体“学、乐、为”及沟通交流的重要平台。而同期的东营市老年大学，却只有面向本学校学员的录播课程。周边油区，如滨州市、德州临邑县的老年大学也一直未开设线上课程，或只限于本学校的直播。这也使得油地深度融合发展的新时期，油田老年大学在企地老年群体的相互认同、区域文化养老的彼此认可方面占尽了优势，推动形成了

“你中有我，我中有你”区域和谐良好局面的形成。

胜利网上老年大学帮助越来越多的老年人圆了“大学梦”。2021 年以来除了休闲娱乐的专业课程外，油田老年大学还与多家医疗机构，以及胜利油田治安保卫部、滨海公安局、地方派出所等取得联系，并邀请熟知老年人心理特点、从事过老年工作的心理咨询师、兼职律师，将积极老龄观、民法典实务解读、老年常见病预防、心理疏导、防范金融电信诈骗、党史学习教育等知识普及类公益讲座全部放到网上老年大学，面向全国的老年朋友直播，至今开设已 170 余期，受益人群超过 5 万余人次。2023 年疫情结束后，又积极倡导采取灵活多样的户外兴趣小组、微课堂、家庭课堂等“线上＋线下”的教学模式，实现线上线下课程的适时转换、同步发展的同时，把老年课堂从教室延伸到公园、社区、家庭，“互联网＋老年教育”模式初步形成。

因网上老年大学的课程具有回放功能，且可以随时随地通过手机、电脑、平板等智能设备收看，目前在胜利油田网上老年大学 APP 上每天都活跃着数百成千的企业和社会上的老年学员，甚至很多居住在北京、上海、大连、广州、成都、深圳等诸多外省市的老年人群在油田退休人员的带动下也加入到学习的行列。距离，已不再是老年人交友的阻碍，他们在建立的网络班级微信群里自由地交流着学习的收获、体会、感受，幸福感、获得感溢于言表。

胜利网上老年大学融合发展带来了良好效应。胜利油田网上老年大学在推动油地老年教育资源融合共建方面做出了积极贡献。作为全国第一批使用网上老年大学系统的老年大学，经过几年的探索实践，使得网络教学由原来的“有益补充”变成当前的“教学主角”，常态化开设的一些代表性的网课，广受油地老年人的喜爱和好评。通常老年大学教室平均可容纳 35 人上课，而线上网课最多时达到 1000 人，系统后台数据显示，约有 49.5% 的老同志报了 2 门专业课程，36.6% 的老同志报了 3 门以上的课程，已超过 7 万人次的网课报名，相当于增加了 2000 多个教室。它在弥补区域老年大学报名“一座难求”、现有教学场地资源不足的同时，使得胜利油区内老年人的平均入学率由原来的不足 8% 达到目前的 12.23%，即 100 个老年人中，有超过 12 个人在老年大学通过各种方式学习，老年教育覆盖面持续扩大。网上老年大学，已成为胜利油田乃至黄河三角洲地区站得住、叫得响的一个老年教育服务平台。2022 年 1 月 19 日，《人民日报》以《老年大学惠及更多老年人》为题报道了胜利油田老年大学“企业办学——线上授课满足需求”。

胜利油田网上老年大学在全省、全国的影响力和美誉度持续提升。2021 年以来，在全国网上老年大学的官方排行榜上，胜利油田网上老年大学不论线上课程开设数量，还是在线学习时长均长期居于首位（也是排名前十的唯一的企业老年大学），多门课程位居最受欢迎课程前十，婴幼儿早教、手工钩织、二胡等专业课程成为全国网上老年大学的精品课。同时，推荐到全国网上老年大学授课的多名教师被评为优秀教师且长期被聘用。近年来油田老年大学相继获得中国老年大学协会授予的“战疫教学荣誉证书”、全国老年大学信息化建设优秀单位、全国老年远程教育实验区、中国老年大学协会智慧助老特别贡献奖、全省老年大学智慧助老行动成绩突出单位等综合性荣誉，以及 2022 年、2023 年连续两年全国老年大学春节大联欢人气组织奖、全国第四届“万人同唱一首歌”活动突出贡献奖，全国老年大学线上公开课堂十大杰出学校等多个单项荣誉。

6. 参与公益服务，积极助力区域文明共创

近年来，油田老年大学以服务企业社会、提升自我价值为目的，积极鼓励学员参与公益活动。学校都建有志愿服务团队，明确了负责人，在一些重要时间节点或是不定期进入社区开展互助帮扶、捐资助学、慰问孤寡老人、公益演出、进校园发挥传帮带、校外护学等活动，构建起一条油地独特的志愿服务“风景线”。2020 年至 2022 年三年新冠肺炎疫情期间，以老年学员为骨干成立的数十支志愿服务团队冲在了街道社区疫情防控第一线，协助做好门卫车辆登记、人员测温、小区巡逻、标语宣传等工作。2020 年以来已成为胜利油田老年公益服务品牌的“文化进万家，新春送祝福”活动，不但邀请地方政府部门、企事业单位共同参加，而且将书写的春联、福字，创造的剪纸窗花送至辖区镇街、社区、公安、消防、环卫等部门工作人员手中，受到广泛赞誉。

胜利油田各老年大学分校也结合各自实际，开展了卓有成效的公益服务活动。胜采分校坚持二十年如一日的小学生护学行动，2021 年以来十余名优秀学员受聘为课外辅导员，义务为在校孩子们教授楷书、国画等传统文化及音乐、舞蹈等，让学生足不出校即可享受到免费的兴趣爱好培训学习。井下分校“专业老师＋志愿者看护”的模式，帮助解决了许多家庭的孩子放学后无人照看的实际问题。胜东、测井、油建等分校利用暑期举办书法辅导班、剪纸兴趣班及红色故事大讲堂，受到学校、家长和孩子们欢迎和好评。桩西分校与驻地社区、镇街联合开展八段锦、太极拳及健身秧歌培训，为广大老同志普及健康养生知识。近几年地方政府表彰的优秀或最美志愿者，一大批都是油田老年大学的学员和“五老”骨干，他们为推动油地融合贡献了“胜利老石油”的积极力量。

油地老年教育资源融合发展的实践，充分证明老年教育是企业履行社会责任的重要方式，是体现党组织对老同志关心关爱的重要举措，在积极应对人口老龄化国家战略的背景下，对于国家“十四五”及今后较长时期内，企业如何与政府融合共同繁荣文化养老事业，推动区域经济社会更全面、更可持续发展具有较强的实践指导意义。

积极老龄化背景下高校老年大学发展困境与破局对策研究

王　敏　胡　蓉[①]

【摘　要】在人口老龄化趋势加快和经济社会快速转型的背景下，推进高校老年大学高质量发展是国家老龄政策应然的价值趋向，是践行积极老龄化理念的应有之义和构建终身教育体系的必由之路。当前，高校老年大学发展面临缺乏主导机制、缺乏政策支持和缺乏办学标准等现实困境，需通过完善政策支持、激发内在动力、制定办学标准、加强发展研究等促进高校老年大学高质量发展，进而全面构建高校老年教育协同治理新格局。

【关键词】积极老龄化；高校老年大学；现实困境；实践路径

我国自21世纪进入老龄化社会以来，老年人口规模和比重总体呈上升趋势，老龄化程度不断加深。2020年第七次人口普查结果65岁及以上人口占总人口的比例达到13.50%。国家统计局发布数据显示，截至2022年年底，我国60岁及以上和65岁及以上人口数量分别为2.80亿和2.09亿，分别占总人口的19.8%和14.9%，这标志着我国已进入了中度老龄化社会。人口老龄化成为实现中国式现代化所必须面对的严峻挑战。

习近平总书记在党的二十大报告中强调，实施积极应对人口老龄化国家战

① 王敏，法学博士，中南民族大学离退休工作处副处长、老年大学常务副校长；胡蓉，中南民族大学老年大学办公室主任、讲师。

略。而加强老龄教育，完善老年大学，构建终身教育体系是我国积极应对人口老龄化的一项措施。作为应对人口老龄化的积极举措，我国的老年教育近些年得以迅速发展。高等学校教育资源最为丰富、服务老龄教育具有特殊的优势，高校应积极发挥自身教育资源优势，扩大社会服务范围，在完善国家终身教育体系中发挥积极作用。高等学校服务老龄教育的有效途径是举办老年大学，但高校老年大学发展实践中也存在一些现实困境。因此，认识高校老年大学发展面临的现实困境，对于探寻实践路径具有重要意义。

一、高校老年大学发展面临的现实困境

（一）办学定位问题：缺乏主导机制，高校老年大学办学难定位

作为应对人口老龄化的积极举措，我国的老年教育近年来得到了迅速发展并取得显著成效，全社会对于老年教育的关注和重视均提到了前所未有的高度。国家层面相继出台了《中华人民共和国老年人权益保障法》《老年教育发展规划（2016—2020 年）》《国家中长期教育改革和发展规划纲要（2010—2020 年）》等一系列文件，为老年教育提供政策牵引。2021 年 11 月，中共中央、国务院颁布的《关于加强新时代老龄工作的意见》（以下简称《意见》）强调，“将老年教育纳入终身教育体系，教育部门牵头研究制定老年教育发展政策举措”，明确将老年教育工作由教育部门牵头负责落实。2021 年 12 月，国务院出台了《“十四五”国家老龄事业发展和养老服务体系规划》（以下简称《规划》），提出“支持各类有条件的学校举办老年大学（学校）、参与老年教育；创新机制，推动部门、行业企业、高校举办的老年大学面向社会开放办学”。但截至目前，对高校如何办老年大学，国家还未出台相关建设指导标准。

《中华人民共和国教育法》《中华人民共和国民办教育促进法》等相关法律法规是开展与教育有关行业监管的基础，包括老年教育培训在内的各类教育培训机构，其实质均属教育范畴，应按照教育领域有关法律法规规范管理。根据

《中华人民共和国民办教育促进法》及实施条例、《市场准入负面清单》关于教育行业许可准入规定，教育培训机构必须经审批取得办学许可证后，依法申请相应的法人登记，才能开展培训。

根据中国老年大学协会统计数据显示，当前我国组织了老年大学和老年教育课程的高校 150 多所，不到高校总数的 8%，且组织主体主要是地方开放大学，在全日制本科院校里面开展老年教育的不多。当前，我国普通高校有较为严格的招生制度，因此尽管普通高校具有较为完善的教育体系和学习支持体系，但针对老年群体的教育则绝大多数以非学历教育的方式开展相关活动，加之各高校在开展老年教育方面缺乏统一的标准，部分学校将老年教育定义为公益性课程，实施的随意性较为明显。由此可见，高校办老年大学缺乏政府的明确政策主导，高校办老年大学发展中难以定位。

（二）有序发展问题：缺乏政策支持，高校老年大学难于可持续发展

我国在实施积极老龄化过程中颁布了《国家积极应对人口老龄化中长期规划》等一系列政策文件，以推进老有所学。一些地方政府也制定了鼓励高校举办老年大学、开展老年教育的政策文件，如上海市 2003 年就颁发了《关于进一步加强本市老年教育工作的若干意见》，明确提出“鼓励高校采取多种形式举办面向地区的老年教育”，上海市的老年大学管理主体是市教委，这是在文件中明确鼓励高校举办老年教育的少数地方性文件。高校老年大学与政策相对应，高校办老年大学的积极性不高，少有高校将老年教育或老年大学纳入发展规划。这一情况的出现关键是政策机制缺失，主要表现为：一是在经济利益方面，高校老年大学办学经费由高校自筹，其经费主要为学费收入，老龄教育属公益性，老年大学学费低或免费，无法保证办学的基本开支；二是存在隐形风险，老年大学办得好与高校考核无关，若出现事故则会对高校产生负面影响；三是高校举办老年大学没有政策明确要求，高校老年大学是高校的自我行为。老龄教育的公益性要求政府不仅要有明确的政策鼓励与支持，更要有合理经费支持和风

险的分担制度。由于政府的政策支持缺失，高校老年大学难以可持续发展。

（三）办学标准问题：缺乏办学标准，高校老年大学质量难以保证

标准是保证质量的基础，2019 年中共中央、国务院颁发的《国家积极应对人口老龄化中长期规划》强调，将贯彻以人民为中心的发展观构建老有所学的终身学习体系。2021 年《意见》特别强调要“将老年教育纳入终身教育体系”。但并没有明确规定老年教育在终身教育体系中的地位与作用、老年大学办学标准与要求、老年教育的课程标准与要求。对高校如何办老年大学，国家还未从基本条件、课程教学、队伍建设、审批备案等方面进行具体规范。以致高校老年大学只得根据老龄人学习的特点，在培养兴趣爱好、丰富精神生活、陶冶情操和保证安全原则的基础上组织教育活动。尽管目前由老龄协会主导以评选示范性老年大学推动老年大学高质量发展，但由于缺乏具体办学标准，难以保证老年大学教育质量要求，这在一定程度阻碍了高校老年大学的发展。

二、新时代高校老年大学健康发展的实践路径

尽管高校举办老年大学存在着一些现实困境，但近些年来，各高校根据上级政策，结合实际，逐步探索出一条有序发展的路径。基于此，笔者特从高校老年大学如何高质量健康发展的角度，提出一些对策建议，以更好促进老年大学的发展，助力于积极老龄化。

（一）明确高校老年大学的作用，政府制定政策支持高校老年大学的发展

如何利用高等院校丰富的教育资源为老年教育服务，更好地办好老年大学？笔者认为，政府应起核心的主导作用。根据我国的现实情况，各级政府一是政策上要明确高校老年大学在积极老龄化中的作用与地位，二是经费上要给

高校老年大学以财政支持，三是管理上要明确高校老年大学办学中的责任和义务，以便规范管理。我国老龄人口多，政府在政策上、经费上和管理上要支持高校老年大学四位一体化建设，以满足老年人的教育需求：（1）以开放性大学为核心，发挥信息技术优势，推进线上线下一体化教学，实现教育资源的跨地域共享与边远辐射，以便最为广泛地开展老年教育，推动老年大学规模化发展；（2）以普通高校为基础，调动其办老年大学的积极性，发挥高校富余教育资源的作用和加强老年教育资源的建设；（3）以职业技术院校为基础，发挥职业与技术的优势，为更多的老年人提供生活与健康的素养教育；（4）以政府为主导建立老年大学校际教育资源共享机制。唯此，高校老年大学才能更好地有序发展，为积极老年化作出更大贡献。

（二）激发内生动力，推进新时代高校老年教育体系建设

高校在助力老年大学高质量发展的过程中需致力于向全社会开放多样化的教育服务，利用丰富的教育资源为老年群体提供智力支撑，提升老年人的自主学习能力和社会参与能力，共创社会治理新局面。现阶段，高校老年大学的课程设置既需要考虑老年学员的娱乐性需求，又应满足其继续参与社会的技能需求。一方面，根据时代发展要求，结合老年人的身心特点，淘汰旧的学习内容，增加不同层次、不同专业的课程模块；另一方面，探索大学直接向老年群体开放部分“正规学历教育的课程”，使高校真正成为服务老年学习者的“加油站”，同时也能够促进老年学员与青年学子的跨代交流、跨代学习。高校应发挥自身在教学改革和科研创新中的独特优势，鼓励并支持教师开展对老年教育教学运行管理的相关研究，分析老年学员的学习需求和特点，制定更加科学合理的教学计划，并在此基础上评估老年教学活动的效果和影响，通过科学的方法指导老年教育实施。同时，还应鼓励高校在校生通过专业实践活动走进老年大学，既能为老年课堂带去新的思维方式和教学方法，让老年人接受年轻人的思想和文化，又能够让年轻人更好地理解和尊重老年人。

（三）制定老年大学办学标准，保证高校老年大学办学质量

我们认识老年教育的过程，经历了把老年教育作为问题、丰富老年人精神生活的方式，发展为今天的老年教育事业。作为老年教育的主体——老年大学面临办学定位、师资队伍建设、管理机制建立等影响办学实践和教育质量提升的一系列问题，这需要明晰老年大学办学标准来予以解决。对此，我们应加速研究和制定老年大学办学标准。由于我国老年教育发展不匀衡，在研究和制定老年大学办学标准中一定要坚持以人民为中心的理念，立足两个面向，一要面向老年人的学习与发展需求，以利于老年人实现自由的全面发展。这要求老年大学的办学标准应有利于推动老年大学多层次、多样化、特色化发展。二要面向老年人的再社会化，助力老年人的继续社会化，让其更好地找到新的自身价值，以增强老年人的社会获得感与人生幸福感。这要求老年大学标准要具有适老性、适时性和适社会性。根据不同功能的要求分类制定老年大学的办学标准，这样才能更好地办好老年大学，高校老年大学才有更好的发展，办学质量也才能得以提高。

（四）加强老年大学发展研究，推动高校老年大学的有效发展

老年教育是终身教育的组成部分，老年大学是老年教育的载体，随着我国人口老龄化的发展，老年教育的发展与老年大学发展的实践与理论问题已凸显，如老年大学的定位、老年大学的标准、老年大学与老年教育的管理机制、老年教育的社会价值、老年教育规律和积极老龄化的教育理论等，这些理论与实践问题已影响到老年教育与老年大学的发展，我们必须加强理论与实践研究：一是要加强老年教育理论与实践研究队伍的建设；二是政府要加大力度支持老年教育理论与实践研究，在教育研究中增加项目比例和增拨专项研究经费。

总之，在积极老龄化背景下，高校老年大学的发展既面临挑战也蕴含机遇。通过完善政策支持，激发内在动力，制定办学标准，加强发展研究等策略，高校老年大学可以不断突破现实困惑，实现可持续发展。未来，高校老年大学应继续深化改革、创新发展，为构建终身教育体系、推进积极老龄化战略作出更大贡献。

老年大学标准化建设刍议

邱智斌　吴延凌[①]

【摘　要】老年大学标准化建设有助于推动老年大学高质量发展，助力构建积极老龄化社会、建立健全终身教育体系。本文旨在分析老年大学标准化建设的重要意义，并结合当前我国老年大学标准化建设的探索实践及存在问题，探讨老年大学标准化建设的措施及建议。

【关键词】标准化；老年大学；老年教育；高质量发展

一、引言

标准化建设是通过制定和实施标准，达到统一、协调、优化，以获得最佳效益的过程，有利于优化资源配置，提高科学化、规范化、精细化管理水平，在推进国家治理体系和治理能力现代化中发挥着基础性、引领性作用。党的十八大以来，习近平总书记就标准化工作作出了一系列重要论述，体现了党对标准化工作的高度重视，凸显了标准化工作的战略地位和作用，提高了全社会的标准化意识，开辟了标准化工作的新局面。

老年大学作为老年教育的主要机构，开展标准化建设，是对老年教育发展作出规律性、经验性总结，为老年大学可持续发展提供基础和支撑，进一步提升教育质量和管理水平，达到最佳办学效益和发展秩序，从而更好地实现“老

① 邱智斌，广东省老干部大学副校长；吴延凌，广东省老干部大学教育研究科科长。

有所学、老有所乐、老有所教、老有所为”。在我国人口老龄化程度不断加深的新形势下如何以标准化建设为抓手助推高质量发展，是当下老年大学以及老年教育工作者面临的挑战和机遇。

二、老年大学标准化建设的重要意义

1. 有助于推动老年大学高质量发展

习近平总书记指出，标准决定质量，有什么样的标准就有什么样的质量，只有高标准才有高质量。标准化已成为衡量高质量发展水平的重要指标。我国老年教育经过 40 年的探索实践，从无到有，从小到大，取得了喜人的成绩，形成了老年教育的“中国模式”。然而，顶层治理力度不足、协同工作机制不够完善、区域发展不均衡不充分的情况依然存在，老年大学在办学条件、教学管理、课程建设、师资管理等方面缺乏统一的标准体系，多元办学主体如：老干部工作部门、开放大学、高校、企事业单位、社会组织等并存，办学宗旨不完全一致，办学模式和管理模式存在差异，影响了老年大学的发展规模与建设成效，制约了老年大学高质量发展。通过加强标准化建设，进一步规范办学、教学各要素，推动课程建设、教学管理科学化精准化，提升师资专业化能力，提升学术研究水平，强化资源整合利用，拓宽教育覆盖面，推动老年大学建设朝着更优质、更高效、更公平、更可持续的高质量发展方向迈进。

2. 有助于服务积极老龄化社会构建

在 2021 年 11 月颁布的《中共中央 国务院关于加强新时代老龄工作的意见》中，10 次提及“标准”，并对“扩大老年教育资源供给”提出具体要求。随后发布的《“十四五”国家老龄事业发展和养老服务体系规划》中“标准”被提及的次数更是达到 43 次，进一步明确了“创新发展老年教育”的任务措施，并在老年健康教育、文化服务供给、促进老年人社会参与及专业人才培养等方面给予了标准化方向性的指引。2024 年 1 月，《国务院办公厅关于发展银发经济增进老年人福祉的意见》强调“加快银发经济规模化、标准化、集群化、品牌化发展”。标准化建设已经成为党和国家推动老龄事业和老年教育事业发展，推动构建积极老龄化社会的重要内容。因此，加快推动老年大学标准化建设，能够更好地满足老年人日益增长的学习需求、精神文化需求，让老年人“老有所学、老有所为、老有所乐”，共享发展成果，安享幸福晚年，使老年教育在服务积极应对人口老龄化国家战略大局中发挥更大作用、取得更多作为。

3. 有助于完善终身教育体系建设

2021 年 10 月，中共中央、国务院印发标准化中长期发展的纲领性文件《国家标准化发展纲要》，提出“将标准化纳入普通高等教育、职业教育和继续教育，开展专业与标准化教育融合试点”。《国家标准化体系建设发展规划（2016—2020 年）》指出，要基本建成具有国际视野、适合中国国情、涵盖各级各类教育的教育标准体系，对完善学校建设标准、学科专业和课程体系标准、教师队伍建设标准、学校运行和管理标准、教育质量标准、教育装备标准、教育信息化标准，制定学前教育、职业教育、特殊教育等重点领域标准等提出了明确要求。老年教育作为终身教育的重要组成部分，通过加强标准化建设，不断强化教育属性和教育功能，不断提升教育专业化、标准化水平，推动老年大学和老年教育从“休闲娱乐性”向“知识赋能性”转变，进一步增强老年教育的“话语权”和“影响力”，从而助力构建高质量终身教育体系。

三、当前老年大学标准化建设的探索实践

近年来，全国各地各级老年教育机构不断加强老年教育标准化建设，通过实施一系列的标准化措施，构建指标评价体系，在规范办学、保障管理、引领发展等方面发挥了积极作用，取得了一定成效。

1. 编制实施《中国老年大学示范校评价指南》填补老年教育国家层面标准化的空白

中国老年大学协会于 2019 年设立“中国老年大学协会团体标准专业委员会”，2020 年 9 月立项“中国老年大学标准示范校课题研究”，由中国老年大学

协会、清华大学牵头，国内多所老年大学数十名老年教育研究领域的专家学者共同参与。为保障指导性和适用性，课题基于近 10 个省份老年教育的发展情况和基础数据进行了研究和指标制定。2021 年 3 月，课题成果《中国老年大学示范校评价指南》经国家标准化研究院批准正式发布。该评价指标体系共设置 7 个一级指标、2 个加分项指标，28 个二级指标，66 个三级指标，涵盖党建工作、行政管理、教学管理、师资管理、学员管理、办学条件、学术科研、信息智能化和特色办学等各个方面。该指南作为首个国家级的老年大学团体标准，是我国老年教育标准化建设的里程碑，填补了老年教育国家层面标准化的空白，标志着老年大学标准化建设进入了新的发展阶段。截至 2023 年年底，全国 400 余所老年大学参加了标准示范校的相关培训和创建工作，230 多所老年大学提交了标准示范校评估验收材料。从 2023 年 9 月开始，中国老年大学协会组织专家组逐步开展验收工作，截至 2024 年 5 月，已有 40 所学校通过验收。

2. 因势利导建立办学评价机制，构建辐射基层的标准化办学体系

上海、江苏、安徽、山东、湖北、广东、福建等多个省、市在办学评价机制和标准化办学体系方面进行了探索实践。上海市老年教育工作小组于 2022 年制定印发了《上海市老年大学建设指导标准（试行）》，从基本条件、管理制度、课程教学、队伍建设、数字环境等五个维度对“十四五”期间新设立的市级老年大学、高校老年大学和区级老年大学标准化建设作出指导，具有较强的引领和示范意义。深圳市委组织部、市委老干部局印发《关于推进长青老龄大学体系标准化建设的通知》，在市、区、街道、社区四级建成 736 所各级长青老年大学（截至 2024 年 4 月），初步实现了由条线办学向全域办学转变、由各管一段向统筹联动转变、由经验积累向标准引领转变的跨越式发展，为各地老年大学标准化建设提供了经验借鉴。

3. 因校制宜加强老年教育管理标准化研究及应用，保障教育教学质量

广东省老干部大学近年来将标准化作为高质量发展的重要支撑，加大科研力度和经费投入，结合办学实际，多措并举推进标准化研究及转化应用。一是建立较为完备的教育管理制度，筑牢标准化基础。学校制定了《章程》，制定

实施党建、行政、教学、后勤、宣传、安全管理等相关制度100余项，并形成了制度制定、修订、审定和废止的良性循环机制，保障制度建设工作有序开展。二是建立标准化教学评价激励机制，强化教育服务质量。通过开展教学管理和质量评估的相关课题研究，先后制定课程建设标准、精品课程建设及评价标准、教材管理及建设标准、教师管理标准、老年心理健康教育与服务评价标准等一整套教学管理机制。三是积极参与老年教育标准化研究工作，促进协同发展。先后参与《中国老年大学示范校评价指南》教学管理子项目指标的研究编制，参与中国老年大学协会《全国老年大学游学养标准研究》课题“学”类子课题研究，研制《历久弥香中国茶》游学养课程标准，在广东清远建立游学养实践基地，促进游学养课程标准辐射全省。

我国老年大学标准化建设刚刚起步，虽取得了一定的工作成效，但对标国家标准化战略尤其是教育标准化的要求，对照老年教育自身高质量发展需求仍存在诸多问题。这些问题既有老年教育体制机制层面的，也有老年大学自身发展和管理应用层面的，更有老年教育工作者意识层面的，主要体现在：一是老年大学办学主体多元化，导致难以实施统一标准；二是老年教育区域、城乡发展不平衡和资源供给的差异性影响了标准实施的适用性，一些指标难以做到完全量化、具化；三是标准化体系还不健全，标准供给存在缺口，部分领域，如适应数字化发展、促进老年人社会参与、促进公共服务融合等方面存在标准缺失；四是标准化科学性有待提升，标准时效性、引导性、规范性有待加强，标准化的影响力和认可度不高；五是标准化意识有待增强，仍存在对标准化的意义和作用认识不到位的情况，老年教育管理标准化意识观念尚未完全形成。

四、老年大学加强标准化建设的思考和建议

1. 加强顶层设计

国务院办公厅印发的《老年教育发展规划（2016—2020年）》明确提出“建立健全党委领导、政府统筹，教育、组织、民政、文化、老龄部门密切配

合，其他相关部门共同参与的老年教育管理体制”。据此，建议国家层面相关主管部委联合出台促进老年教育高质量发展的规划性政策文件，将标准化建设纳入其中，指导各地老年大学开展标准化建设。同时，组织有关院校、科研机构的专家学者研制具有通用性、全纳性的老年大学标准化框架，在办学基础设施、组织架构功能、教育资源设置、人员师资配备、经费制度保障等方面统一标准。各省、自治区、直辖市以国家标准框架为基准，根据当地经济社会和老年教育实际情况，制定涵盖“省—市—县（市、区）—乡镇（街道）—社区（村居）”五级办学体系，院校、企事业单位、社会组织等多元办学主体横向参照的标准化体系。

2. 推进制度建设

老年大学应发挥主体作用，聚焦质量提升，推进办学和教学全过程制度化、标准化。一是抓好基础性制度建设。建立健全党建、行政、教学、服务等方面全覆盖的规章制度体系，使得老年大学各项工作能够有章可循、有标可依、有序开展。二是提升教学管理标准化水平。建立包含课程设置、教材建设、教师管理、科研管理、教学活动等多方面的闭环管理标准化机制，从根本上解决老年大学教学规范性问题。三是推动标准化自主创新。要聚焦内涵式发展，发挥标准化在创新教育模式、服务中心大局中的作用。重点围绕老年教育助力银发经济、产业发展、乡村振兴、公共服务、社会治理、银发人才培育等领域，打造特色教育品牌，推动品牌标准化发展。要注重标准化与智能化、数字化发展相适应、相匹配，加快探索老年网络教育、远程教育标准化建设。

3. 促进开放合作

各地老年大学协会、老年大学应加强合作交流，促进标准化共建共享。一是老年大学积极参与国家级、省市级的标准示范校创建工作，以评促建、以评促优，通过示范校创建提升办学教学质量。二是老年大学加强标准化社会合作，与院校、文化及医疗单位、企业、科研机构等的合作，引入各种专业资源参与办学，以合作共建的形式加强标准化建设，促进形成良好的老年教育生态，推动可持续发展。同时，鼓励条件成熟、适用面广的标准申报地方性、行业性标准，进一步发挥标准的示范辐射作用。三是积极开展标准化建设交流研讨。各省市老年大学、老年大学协会积极组织开展标准化的课题研究、学术研讨、经验交流、教育培训等活动，促进互学互鉴，协同发展。

4. 增强标准意识

增强标准意识，就是要努力增强“人”的意识，培育形成每一所学校、每一位老年教育从业者、管理者的思想自觉和行为习惯。通过标准化建设和实施政策宣传、人员培训等方式，广泛普及宣传标准化引领作用，不断强化全行业的标准化意识，提升老年教育从业人员的标准化能力，更好发挥标准化建设在老年大学高质量发展中的引领和支撑作用，让讲标准、用标准、守标准深入人心。

重庆市老年教育学校教师职称评审制度发展路径探析及其启示

包海燕　孟沈阳[①]

【摘　要】老年教育学校教师队伍的建设和发展是提升老年教育质量的关键因素。本文通过详细分析重庆市老年教育学校教师职称评审制度的建立背景、主要内容、本质特征以及经验做法，探讨了该制度的发展路径，对其他地区老年教育学校教师队伍职称建设提供了借鉴和启示。研究显示，重庆市的职称制度设计体现了对老年教育特点的深刻理解，以及对教师职业发展的密切关注，对提高老年教育质量和教师队伍素质具有开创性的意义。

【关键词】老年教育教师；职称评审；队伍建设

第七次全国人口普查公报（第五号）显示，我国60岁及以上人口比重占18.70%，重庆市此项数据为21.71%，高于全国平均水平。截至2023年年底，我国60岁及以上老年人口占比达21.1%，65岁及以上老年人口占比15.4%，我国已进入“中度老龄化”阶段，在人口老龄化程度不断加剧的背景下，老年教育日趋成为社会关注的焦点，推动老年教育高质量发展是贯彻落实“民生为大”理念的具体举措，在中国式现代化进程中必须始终把改善人民生活放在重要位置，让占人口五分之一的老年人群体获得感成色更足、幸福感更可持续。

加强教师队伍建设是老年教育发展最重要的基础性工作，提高教师政治地

① 包海燕，重庆市渝中区山城老年大学校长；孟沈阳，重庆市渝中区老干部活动中心副主任。

位、社会地位、职业地位，使教师成为最受社会尊重的职业之一，支持和吸引优秀人才热心从教、长期从教，是老年教育改革的重要任务。重庆市于 2017 年起逐步建立了老年教育学校教师职称评审制度。该职称评审制度的建立，旨在规范老年教育学校教师的职业发展路径，提升教师队伍的整体素质，进而推动老年教育事业的持续发展。

一、重庆市老年教育学校教师职称评审制度建立的背景

（一）政策依据

2016 年，国务院办公厅印发《老年教育发展规划（2016—2020 年）》提出，建立老年教育教师岗位培训制度，支持老年教育机构教师、技术和管理人员的专业发展。专职人员在薪酬福利、业务进修、职务（职称）评聘、绩效考核等方面享有同类学校工作人员的同等权利和待遇。同年，中共中央办公厅、国务院办公厅印发《关于深化职称制度改革的意见》，全面推进职称制度改革工作。其中，完善职称系列是职称制度改革的重点任务，探索在新兴职业领域增设职称系列，以适应经济社会发展新需求。2017 年，重庆市人民政府办公厅出台《关于老年教育发展的实施意见》，就加强老年教育人才队伍建设提出明确指导意见，要求建设一支结构合理、数量充足、专兼结合、志愿者积极参与的教学和管理队伍，教师职称评审、岗位聘用由人力社保部门管理。

（二）教师现状

《中国老年教育发展报告（2019—2020）》显示，截至 2019 年年末，我国老年大学（学校）数量约为 7.6 万所，在校学员数约为 1088.2 万人。查阅资料发现，全国在老年教育机构任职教师为 10.6 万人次。重庆市从事老年教育的单位包括老年大学、社区学院（校）及各类从事老年教育工作的机构，全市共有

老年大学 66 所、社区学院（校）近 40 所、其他机构的老年学校 1680 个，学员多达 24 万人，总计从事老年教育的专业技术人员近万人。

（三）发展瓶颈

国家共设立的 27 个职称系列，教育领域的有中小学教师（含学前教育机构教师）、高校教师（含普通本科院校和高职高专、成人高校教师）、中专教师和技工院校教师职称系列，并无老年教育机构教师职称系列。老年教育机构均不属于上述学段教育机构的涵盖范畴，且老年教育学校教师具有鲜明的职业属性和职业特点，从业要求的专业性、技术性相对较强，与其他系列专业技术人员没有交叉。老年教育学校教师在职称申报评审时，存在申报范围、评价标准不相匹配的现实困境。

二、重庆市老年教育学校教师职称评审制度建立发展历程

2013 年 11 月，渝中区山城老年大学，作为重庆市第一个拥有独立事业编制和聘用全职教师人数最多、年培训学员人次居区县首位的老年大学，率先提出了老年教育机构教师职称评审难的窘境，并向市职称改革主管部门报告了相关建议。重庆市职称改革办公室高度重视此项工作，随即开展情况调研，多次组织专家深入市内老年教育机构走访调研老年教育教师发展现状。2015 年，将老年教育机构教师职称评审提上研究解决日程，渝中区山城老年大学受市职改办委托，摸底调查全国其他省市相关工作的开展情况，意在找准解决问题的难点堵点。

2016 年 3 月，在重庆市老年大学协会三届十次常务理事会上，副会长、大足区老年大学常务副校长邢智勇等人强烈呼吁加快老年教育学校教师职称评定工作，进一步推动了这一工作的实施进程。2016 年底，适用的教师职称系列、教师资格证、评价标准三大问题基本得以解决。

鉴于老年教育学校教师职称评审工作开创性、探索性的特点，重庆市从中、初级职称评审开始先行先试，在实践过程中总结经验，并修订完善相关标准。

2017 年，组建重庆市老年教育学校教师中级职务评审委员会，挂靠渝中区山城老年大学负责日常管理，开展了全市第一次老年教育机构教师中、初级职称申报评审工作。

表 1　重庆市 2017—2023 年老年教育学校教师职称评审受理人数

单位：人

年份	初级	中级	副高级	正高级
2017 年	3	17	——	——
2018 年	2	1	——	——
2019 年	3	2	——	——
2020 年	5	5	2	1
2021 年	3	2	2	1
2022 年	1	1	——	——
2023 年	4	2	2	1

2019 年，组建重庆市老年教育机构教师副高级职称评审委员会，开启全市老年教育机构教师副高级职称的评审工作。

2020 年，重庆市老年教育机构教师正高级职称评审接续展开，至此，老年教育领域专属的职业发展通道全线畅通。截至 2023 年年底，重庆市累计受理老年教育学校教师职称评审 60 人次，涉及声乐、英语等 11 个专业。

2023 年，重庆市制定出台了《重庆市老年教育学校教师职称申报条件》规范化文件。

该文件构建品德、能力和业绩评价为一体的三维评价体系，运用业内评价机制，以同行专家评审为基础，通过教学实录、说课评课等多种评价方式，以保证社会认可和业内认可的双重认可要求得到充分体现，确保评审结果的公信力。

三、重庆市老年教育学校教师职称评审制度的主要内容

（一）组建专业评审机构

重庆市职称改革办公室设立各层级老年教育学校教师职称评审委员会，负责组织、实施职称评审工作，委托重庆市渝中区山城老年大学承接相关评审委员会日常职称申报评审工作。评审委员会按照“超员配置、随机抽评”的原则，从评审专家库中抽取执行评委开展评审工作。

（二）科学设置评审程序

重庆市老年教育学校教师职称评审工作严格遵照评审程序（见表 2），坚持遵守标准条件，确保评审质量，客观、公正评价专业技术人才。

表 2　重庆市老年教育学校教师职称评审程序

流程	主要内容
1. 本人申报	申报人提出申请，提交相关材料，并对申报材料的真实性负责
2. 单位推荐	申报人所在单位确定拟推荐人
3. 部门审核	主管部门负责所属单位人员申报材料的审核
4. 评委会组建单位受理材料	评委会组建单位按规定的范围、权限和程序受理申报材料
5. 评委会评审	从评审专家库中抽取执行评委参与当年的评审工作
6. 评审终止	接到投诉举报或发现弄虚作假并查证属实的，终止评审并返还申报评审材料
7. 评审结果核准	评委会组建单位对评审结果进行公示
8. 复查	申报人对涉及本人的评审结果有异议的，可按规定申请复查

（三）规范制定评价标准

重庆市规范了老年教育学校教师职称评审标准，明确了各级职称的评定条件和要求，参照使用中等职业学校教师系列职称名称，初级、中级、副高级、

正高级对应名称依次为助理讲师、讲师、高级讲师、正高级讲师（见表 3）。

表 3　重庆市老年教育学校教师职称层级设置

职称等级	名称
初级	助理讲师
中级	讲师
副高级	高级讲师
正高级	正高级讲师

老年教育是偏重应用型、实践性的专业，重庆市在制定《申报条件》时，突出业绩导向，以教学教研业绩论英雄、按实际水平定职称，以同行评议、德才兼备、以德为先为主要原则。设置基本条件和业绩条件两个方面评价选拔，业绩条件（见表 4）中分为教育、教学、教研三个维度。破除“四唯”倾向，不将学历、资历、论文、奖项作为限制条件评价应用型人才，突出实践性、创新性，树立以业绩论高低、按实际水平定职称的新评价标准，对成绩显著、贡献突出者，可不受学历年限等要求限制，破格申报。

表 4　重庆市老年教育学校教师职称申报条件分析

主要维度	核心内容
教育业绩	评价教育职业理想信念，思想政治教育能力，教书育人履职水平，引导老年学员发挥作用效能，教育经验成效等
教学业绩	评价对执教学科理论体系和专业知识掌握程度，学科教学方法、教学效果，教学技能水平，教学经验和成果等
教研业绩	评价教育教学研究水平，教学改革和课程实践探索能力

（四）严格纪律监督管理

为加强对老年教育学校教师职称评审工作的监督和管理，重庆市职称评审工作建立有严格的监督管理制度，对评审过程中的申报人、评审专家及工作人员等各个群体进行全流程约束监管，如诚信承诺制度、责任追究制度、回避制度、保密制度、纪律惩处制度等，确保评审工作的权威性和有效性。

四、老年教育学校教师职称晋升的作用价值

老年教育学校教师职称评审是推动老年教育事业发展的重要手段，通过职称评审，可以有效提升教师的专业化水平，激发其工作热情和创新能力，增强其职业认同感，为老年教育学校教师提供清晰的职业发展路径，并最终促进老年教育事业发展行稳致远。

（一）提升专业化水平

专业化是教师立教之本。重庆市老年教育学校教师职称评审拥有分类科学、多元合理的老年教育人才评价体系，明确老年教育学校教师的专业标准和要求，充分结合老年教育学校教师专业特点和技能需要，因地制宜设置三个维度条件，又分别设置若干项具体条件，注重老年教育工作实绩，促进教师不断提高自身的教学能力和专业素养，从而对于提升老年教育的整体水平和质量产生深远影响。

（二）激发创新创造活力

人才是第一资源，创新是第一动力。职称评审制度能够激励老年教育人才追求卓越，鼓励他们在教育教学实践中进行创新，探索适合老年人的教学方法和内容，提高教育教学的针对性和有效性。老年教育学校教师创造力的激发，有利于他们在职业生涯中不断自我更新、提升能力，特别是在当前老龄化程度不断加剧的背景下，老年人群体对精神文化生活的需求越来越大，对精神文化生活质量的要求越来越高，老年教育学校教师队伍唯有不断创新创造，才能够引领和支撑老年教育事业进步和革新。

（三）增强职业认同感

从认知心理学的角度来看，职业认同感是个体对自己在职业角色中的自我定义和感知。职称评审不仅是对教师个人能力的认可，也是对其社会地位和职

业尊严的提升，重庆市老年教育学校教师职称评审制度的建立健全，确立了老年教育学校教师群体的专业地位，这有助于形成尊师重教的良好社会风气，增强教师的职业自信心和归属感，增加工作满足感和幸福感，使他们更加自豪和积极地投身于教育教学工作，激活了老年教育事业发展的动力源泉。

（四）提供职业发展路径

建立职称评审体系为老年教育学校教师打通了明确的职业晋升通道，对吸引和留住老年教育优秀人才起到积极作用，从而在老年教育领域内形成稳定而专业的教师队伍。重庆市老年教育在近 40 年的发展中，聚集了一批长期从事老年教育、能力和业绩突出的专业人才，增设老年教育学校教师职称评审，成功破除了老年教育人才评价的制度障碍，设置从初级到正高级的完整职业技术层级，解决老年教育作为新设职称的归顺入轨问题，畅通了老年教育学校教师职业发展通道。

（五）促进老年教育事业发展

老年教育学校教师是老年教育事业发展的核心资源，加强老年教育师资队伍建设是提高老年教育质量的重要一环，是实现老年教育发展目标任务的关键所在，为提升老年教育品质提供着坚实保障。老年教育学校教师职称评审制度的建立和完善，让老年教育学校教师队伍建设有法可依、有章可循，对于推动老年教育事业的整体发展具有积极作用，不仅能够全面增强老年教育师资队伍素质，还能够吸引更多的社会资源和公众关注，提高老年教育在国家教育体系中的地位。

五、重庆市老年教育学校教师职称评审制度的经验借鉴

重庆地区老年教育质量位于西部前列，在全国有重要影响力。究其原因得

益于其在教师队伍建设上的探索努力，建立健全老年教育学校教师职称评审制度是其中举足轻重的典型案例，其发展路径可以总结出以下四条经验启示。

（一）坚持以人为本的发展理念

人为业本，本固业荣。人才是事业发展的动力源。老年教育学校教师是推动老年教育事业发展的中坚力量，拥有高素质的人才是事业获得竞争优势的关键因素。实际上，重庆市老年教育学校教师职称评审制度的创建，是以为老年教育学校教师服务为初衷，以促进老年教育学校教师专业发展为目的的务实举措。我们应当高度重视人才对事业起到的重要作用，科学合理设置激励评价机制，为教师职业发展搭建平台、创造条件，促使他们更好地发挥潜能助推事业发展，形成人才发展和事业发展相互促进的良好局面。

（二）发扬敢为人先的首创精神

创新是民族进步的灵魂，敢为人先、创新求变是一切事业取得突破的内核因素。重庆地区人力资源主管部门、教育行政主管部门、老年教育系统解放思想，大胆地闯，大胆地试，怎么有利于老年教育事业发展就怎么改革，怎么有利于老年教育学校教师发展就怎么探索，敢于超越原有的机制，从根本上冲破束缚发展的桎梏。实践证明，四平八稳、按部就班就有可能贻误战机、坐失良机。老年教育发展要想实现质的蜕变，就必须弘扬敢为天下先的精神，敢于“吃螃蟹”，不断突破求变、主动迎接挑战、积极推动发展。

（三）运用循序渐进的实施策略

任何革新或创举都不可能一蹴而就。实践中，重庆市老年教育学校教师职称评审从中、初级开始先行先试，试行两年后才陆续开启副高级、正高级职称评审，期间不断收集各界意见建议，持续修改完善评价标准，直至《重庆市老年教育学校教师职称申报条件》出台，老年教育学校教师职称评审序列构建完成，填补了国家有关老年教育职称评审工作的空白。

（四）秉承久久为功的事业情怀

久久为功，贵在坚持，考验着历史耐心和创业韧劲。自 2013 年起，渝中区山城老年大学提出建立老年教育学校教师职称评审制度的构想，到最终该项制度构建完成，整个过程历经了长达 10 年时间。以渝中区山城老年大学为代表的重庆老年教育人，秉承着一颗为老年教育事业发展立命的赤诚之心，怀揣着热爱老年教育事业的博大情怀，保持着“千磨万击还坚劲”的毅力和“咬定青山不放松”的执着，不畏艰辛、攻坚克难。老年教育学校教师职称评审制度的建立健全功在当代、利在长远，惠及区域老年教育学校教师和老年教育机构，更是在老年教育发展史上立起一块标志性里程碑。

重庆市积极探索老年教育学校教师职称评审，使老年教育职称评审制度从无到有、从有到全、从全到优，破解了老年教育学校教师专业化发展难题，在推动老年教育事业发展、提升教师队伍素质方面发挥了积极作用，为全国老年教育学校教师职称评审工作提供了实践范例。

老年大学教材建设策略和路径研究

卢育红　吴延凌　刘淑睿[①]

【摘　要】教材建设是促进老年教育高质量发展、全面提高老年大学教学质量、办好新时代老年大学的重要支撑。本文主要通过对老年大学教材建设策略和路径进行研究，结合广东省老干部大学及国内部分老年大学的教材建设情况，推动形成老年大学教材闭环管理机制，以期进一步提高教材管理精细化、标准化水平。

【关键词】教材建设；老年大学；老年教育

教材是老年大学的教学蓝本，是保障教学质量的必要载体，教材建设是促进老年教育高质量发展、全面提升老年大学教学质量、办好新时代老年大学的重要支撑。2021 年 11 月 18 日印发的《中共中央　国务院关于加强新时代老龄工作的意见》明确要求“扩大老年教育资源供给”“加强学科专业建设与人才培养，编写老年教育相关教材”，为进一步做好老年大学教材建设工作指明了方向。近年来，教材建设作为深化教学改革的关键一环越来越得到关注和重视。许多老年大学不断加强教材管理和研究，希望寻求契合老年教育实际的教材工作方法，进而促进教学规范化，提高教学质量。基于此，广东省老干部大学立项《老年大学教材建设策略和路径研究》课题，开展理论政策研究，明确教材

① 卢育红，广东省老干部大学二级调研员；吴延凌，广东省老干部大学教育研究科科长；刘淑睿，广东省老干部大学教育研究科三级主任科员。

建设目标要素和教材管理的内容流程；开展现状问题研究，找准老年教育教材建设的特点、难点及方向；开展实践研究，总结形成行之有效的老年教育教材管理机制，以此构建老年大学教材全过程规范化、标准化的管控体系。

一、理论与政策研究

（一）教材建设的理论研究

1. 教材建设的目标

老年教育人才培养目标决定了教材建设的目标。随着《老年教育发展规划（2016—2020 年）》及各省发展老年教育的指导文件相继颁布实施，老年教育的定位和人才培养目标逐步清晰。将老年教育纳入终身教育体系，充分考虑多元办学主体，按照教育规律办学，培养"有作为、有进步、有快乐"的新时代老年人成为基本共识；培育积极老龄观，使文化康养成为老年人丰富生活、陶冶情操、促进健康、服务社会的重要载体，引导老年人实现"学乐康为"成为老年教育工作的价值导向。

在此牵引下，老年大学开设专业课程、通识课程、思政课程、实践课程、网络课程，与之相匹配的教材建设要实现老年教育人才培养目标，应当达成三个主要要求：一是要抓好专业教材"适老化"，即按照教育规律和专业特性，结合老年人身心特点和习惯，做好专业课程教材的分类管理，确保教材的表达通俗易懂、内容严谨实用、形式去繁存简，使教材真正服务于教学；二是要推动通识教材"普及化"，打造思想政治、国情教育、法律法规、生活教育、医疗保健、家庭教育、科学普及等通识类教材；三是要创新教材形态"数字化"。充分利用互联网、信息技术、人工智能等技术，将纸质教材与数字化资源、教学资源库和在线课程等资源融合，推出新形态教材，为丰富教学形式提供辅助支持。

2. 教材建设的要素

教材的功能定位决定了教材建设的要素。不同的功能定位，呈现出不同的教材建设要素。在教育学范畴主要有两种典型的教材功能定位：

一是以教学依据功能为代表的传统教材观。它认为教材是权威知识的传播载体和工具，教学活动是教师以教材为教本，按照教材的学科知识体系完成教学任务。相应的教材建设要素是：确定教学内容，确定教学计划和课程进度，设计并实施教师和学生活动，规范教师的语言表述，规范教师的示范性操作等。

二是以学习阶梯功能为代表的现代教材观。在建构主义理论、人本主义理论的影响下，教材编用开始注重以学生为中心，依据学生需求提供开放型和可塑型的教材资源，促进人的全面发展。相应的教材建设要素是：要提供情境资源用于学生兴趣激发、提供活动资源指导学生对外探究、提供实践资源支持学生价值建构等。

21 世纪以来，随着移动互联网和数字技术的蓬勃发展，教材的表现形态更加多样、资源更加丰富、功能更加全面，整合多元教材观互促互补、推进“教材学材化”成为主流教材观。具体来说，就是要充分肯定教材的权威性，在满足传统教材建设五要素的基础上，根据学习者需求和学习风格做好适应性改造，结合时事热点和现实生活做好时代性改造，侧重引导教学互动参与和提高学生学习兴趣做好生动性改造，努力实现教材学材相统一（见表 1）。

表 1　不同教材观相应的教材建设要素

<table>
<tr><th>以教学依据功能为代表的
传统教材观</th><th>以学习阶梯功能为代表的
现代教材观</th><th>整合多元教材观互促互补
推进“教材学材化”</th></tr>
<tr><td>1. 确定教学内容
（是什么内容，到什么程度）</td><td>1. 提供情境资源用于学生兴趣激发</td><td rowspan="2">1. 确定教学内容；
2. 确定教学计划和课程进度；
3. 设计并实施教师学生活动；
4. 规范教师语言表述；
5. 规范教师示范性操作</td></tr>
<tr><td>2. 确定教学计划和课程进度
（教材章节顺序及其分量）</td><td>2. 提供活动资源指导学生对外探究</td></tr>
<tr><td>3. 设计并实施教师和学生活动
（如教师演示、学生实践等）</td><td rowspan="3">3. 提供实践资源支持学生价值建构</td><td rowspan="3">1. 根据学习者需求和学习风格的适应性改造；
2. 结合时事热点和现实生活的时代性改造；
3. 侧重引导教学互动参与和提高学生学习兴趣的生动性改造</td></tr>
<tr><td>4. 规范教师的语言表述
（如学科术语定义等）</td></tr>
<tr><td>5. 规范教师的示范性操作
（如技术技能演练等）</td></tr>
</table>

（二）教材管理政策研究

2020 年，国务院相继发布《普通高等学校教材管理办法》和《职业院校教材管理办法》，系统规范了教材管理的各项要求，涉及 10 个模块、约 36 项内容和流程，具体包括：教材管理总则、管理职责、教材规划、教材编写、教材审核、出版发行、教材选用、支持保障、检查监督及附则。

通过对比梳理政策的共性和差异，借鉴其他类型教育教材管理的成熟经验，有助于厘清老年大学教材管理思路。为此，我们开展了政策对比研究，形成了《其他类型教育教材管理办法对比研究表》（见表 2），提炼分析教材管理应涉及的 10 个模块和相应的管理内容。

表 2　其他类型教育教材管理办法对比研究表

序号	模块	内容
1	总则	（1）教材管理目的；（2）教材定义；（3）教材管理指导思想；（4）教材管理主体
2	管理职责	（1）在国家教材委员会指导统筹下，实行国省校分级管理，履行各自职能； （2）校党委（党组织）对本校教材工作负总责。
3	教材规划	（1）规划制度；（2）不同课程教材的具体规划要求
4	教材编写	（1）编写要求：政治正确、与时俱进、教育教学和产教融合需求、科学合理； （2）编写人员条件：政治立场坚定，熟悉教学实际，遵纪守法； （3）编写负责制：实行主编负责制，校编职业院校教材实行单位编写制； （4）编写单位要求：仅职业院校教材对编写单位提出要求； （5）主编要求：政治要求及专业技术职务要求； （6）编写队伍要求：多元参与、加强协作、提倡原创、扩大影响等具体要求； （7）修订制度：及时修订（编写过程中、完成后）周期修订（投入使用后）
5	教材审核	（1）审核要求：分类审核、凡编必审；全面审核、指出审核负面清单； （2）审核制度：严格执行重大选题备案制度，除统编教材外，实行盲审制度； （3）审核人员：编审分离制度、回避原则；人员组成要求；部分有特别要求； （4）审核方式：个人审读与会议审读相结合，集体充分讨论形成审核结论； （5）审核内容：重点审核教材的编写思路、框架结构及章节内容； （6）审核建库：国家建立职业院校教材信息库，审核通过后的教材，纳入目录定期公布
6	出版发行	出版发行资质准入制度

续表

序号	模块	内容
7	教材选用	（1）选用主体：高等教育教材选用主体是高校，学校制定选用管理办法。职业院校教材由省级教育部门制定选用办法； （2）选用原则：遵循凡选必审、质量第一、适宜教学、公平公正4个原则； （3）选用方式：集体决策讨论决定； （4）具体选用要求：对职业院校不同类型课程提出具体选用要求； （5）选用人员：职业院校组织教材选用委员会，负责教材选用工作； （6）选用备案：实行选用结果公示和备案制度
8	支持保障	（1）资金支持；（2）服务平台；（3）激励保障
9	检查监督	（1）完善教材质量监控评价机制，纳入各类评估体系；（2）违规行为负面清单
10	附则	（1）根据办法制定实施细则；（2）明确办法效力及生效时间

笔者认为，教材管理与开发是紧密相关的。建立老年大学教材管理机制，不仅要看到老年教育的特殊性，还应当充分考虑教育管理的规范性、整体性，明确在现有条件下，应当建立的管理模块，例如，确立好教材管理的部门及其职责、教材建设的规划和具体要求、教材编写人员及修订要求、教材审核人员及内容要求、教材建库和选用、健全资金支持、服务平台和激励保障等。

二、现状问题研究

（一）《老年大学教材建设管理现状》问卷调查情况分析

1. 调研对象

广东省内及部分省外兄弟学校，回收有效问卷30份。其中大部分问卷情况来自于老干部大学及开放老年大学，具有较强的代表性（见表3）。

表3　问卷调查发放组成表

办学主体	省级校	地市级	县区级	合计
老干部大学体系	4	10	9	23
开放老年大学体系	2	4	0	6
其他社会机构学校	0	1	0	1
合计	7	14	9	30

2. 调研情况分析

（1）教学班教材使用率分析：教学班中使用了教材、讲义、PPT、音视频等其他类型教辅材料的教学班占比至 90% 以上的有 10 所，且均为地市级以上学校，占比 60%~90% 的有 8 所；占比低于 60% 的有 12 所。

（2）学校教材使用度差异：开放老年大学样本 6 所学校中，2 所教材使用率高于 90%，其余 4 所学校教材使用率均低于 60%；老干部大学样本 23 所学校中，教材使用率高于 90% 的有 6 所，占比 60%~90% 的有 8 所，低于 60% 的有 6 所；以广州岭海老年大学为代表的民办老年大学，教材使用率为 83%；以山东老年大学为代表的省级老年大学 4 所学校，平均教材使用率为 87.6%。

（3）校本教材成果丰硕：30 所调研学校中使用教材 913 本，其中教师自编讲义 630 本，出版的教材 93 本。其中，广州市老年干部大学编印出版教材 20 本，校本印制教师自编讲义 150 本；佛山市老年干部大学编印出版教材 13 本，校本印制教师自编讲义 36 本。

（4）教材建设管理情况不够规范：30 所调研学校中仅有 9 所学校建立教材管理制度；21 所学校开展自编讲义审核，其中建立审核标准的仅有 10 所学校，聘请专业人员审核的有 6 所学校；20 所学校未建立教材建设计划，且无经费保障教材建设管理工作；开展教材编写出版工作的仅有 9 所学校，主要是省级校及资源充足的地市校；开展教材评估工作的有 9 所学校，其中建立评估标准的仅有 5 所学校。当前非出版类自编讲义的推优和成果转化等相关激励机制不健全，还未实现优质资源的挖掘和提炼。

（5）优秀教材的特点显著：总结受师生喜爱欢迎的教材特点：一是知识结构体现系统性、专业性；二是知识点明晰，重点突出，涉及学科前沿更能引发思考和学习兴趣；三是表述用语明白清楚，通俗易懂；四是教材的印刷字体偏大醒目，并适当配有生动形象的图示、图表；五是能按学科专业不同设计教材表现形式；六是难度适中，基础实用，利于实操。

（6）教材建设管理的难点：一是专业课程多，教材建设数量庞大，管理难度大；二是师资队伍不稳定，尤其是具有教材编撰能力和参与统编教材意愿的师资力量不足；三是缺乏教学共识，很难实现对同专业教师使用统编教材的培训和监管；四是缺乏老年教育统编的教学大纲作为教材建设的依据；五是经费不足，难以制定高效的教材建设管理激励机制。

（二）现状问题研究总结

1. 教材管理保障机制有所缺失

从宏观层面看，国家及省级层面老年教育教材管理机制缺失，教材建设职责、权属不清晰，教材建设规划和编写标准尚未建立。老年教育教材建设水准远低于基础教育、高等教育等其他教育类型。从应用层面来看，教材运用过程中编而不用、用而不审、评而不推等问题较为突出。部分老年大学没有建立教材计划，长期依靠老师的讲义或提纲进行教学，教学的规范性、专业性直接影响了教学质量。究其原因是老年大学教材建设多局限于一时一事，缺乏全盘谋划，教材管理工作规范和保障机制缺失。如果说教材顶层管理机制建立时机未到，那么老年大学建立“开展教材选用审核、实施教材评价激励、制定教材建设计划、组织教材编写出版、落实经费保障机制、推进教材成果转化”的闭环管理机制刻不容缓。

2. 教材建设情况与教师意愿和课程类别密切相关

在学科庞杂、课标多元、以学定教的老年教育中，一些教师实施普及性、基础性课程教学时，由于课程内容相对统一，通过选用出版发行的教材，能够输出高质量的教学；如特色课程、研修课程或是小众专业课程，由于教学内容的独特性，教师采用自编讲义授课也颇得学生认可；而部分专业名师、教授专家具备高水平的教学技能和教学策略，鲜活的表演技艺和丰厚的知识储备，即使不依赖教材教学仍能得心应手、成效显著。可见，教材建设与教师意愿和课程类别密切相关。认清这一现实，调动参与教材建设的积极性，厘清老年大学教材建设管理的定位及范畴至关重要。

3. 教材建设的成果与教学贴合度不高

主要表现为：一是部分教材复制了与学历教材相同的知识架构，照搬了复杂晦涩的理论知识，教材“适老化”改造的程度较低；二是部分教材没有采取知识与技巧双管齐下的教学思路，没有按照“理论讲解—技巧演练—练习反馈”的结构设计教材，不利于调动老年人学习积极性；三是部分学科专业知识更新迭代迅速，带来教材内容滞后于信息技术发展和社会生活需要，无法满足老年人以适应社会为目的的学习需求；四是教材认可度不够，授课教师不愿意改变现有的教学内容和习惯，采纳统编教材或指定教材授课；五是在数字化条件下舞蹈类、体育类的教材并不宜以纸媒教材形式呈现。

4. 非出版类教材的优质教学资源未得到充分挖掘

老年大学绝大多数课程仍是以教材自编讲义、音视频、PPT 等资源开展教学。这类原创教材体量大、形式多样、专业覆盖面广，是授课教师根据老年学员特点精心设计的个性化教学材料，也是真正从老年教育土壤中孕育出来的优质教育教学资源，然而却没有得到系统性、规范性的运用及转化。

三、实践案例研究

《实用钢琴教程》的建设路径及实施现状（见图 1）

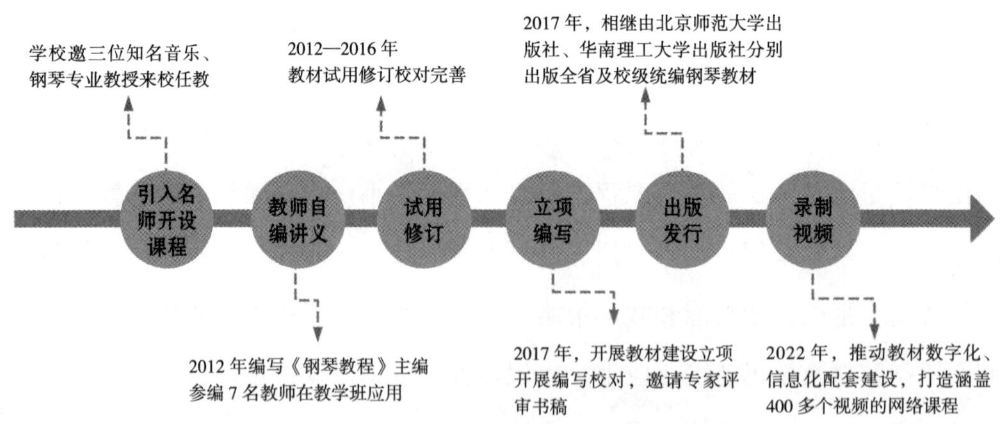

图 1 《实用钢琴教材》编写出版流程

在广东省老干部大学组织编写出版的 20 多套教材中，《实用钢琴教程（1–4 册）》是一套编写水平高、内容专业性强、适用面广、销售量好，深受学员和同行好评的教材。目前，教材销量将近 10000 册。钢琴教材建设主要经历四个阶段：一是组织编写阶段。学校从星海音乐学院聘请钢琴和音乐学专业名师授课，依据课程设置、确定教学大纲，在教学实践中编写教材讲义；二是修订完善阶段。2012—2016 年，在教学中不断修订完善；三是立项出版阶段。2017—2018 年，在确定选题计划的基础上，开展申报立项、编写审定、出版发行和使用推广工作；四是持续优化阶段。2022 年，为进一步优化教材呈现形式，创建精品课程，学校依据教材内容精心设计拍摄脚本，邀请参编老师录制教学视频练习曲视频 400 余多个，并全程植入动画、字幕及各类衔接场景，共输出 1140 分钟的网络教学视频，作为辅助教材同步上线。

《实用钢琴教程》得到了我国著名钢琴家、中央音乐学院博士段召旭的高度认可，他认为教材的课程设计强调基础、力求简单易学，教学内容循序渐进、力求少而精，曲目选择兼顾经典与流行、民族与国际，实现了从乐感培养入手的育人宗旨。经过近 10 年的实践与完善，教材呈现如下特点：一是教材编者团队水平高。教材三位主编是“黄金组合”，主编组建的编写团队由 10 多名深耕老年大学钢琴教育的老师构成，具有较高的专业水平及教学能力。二是“适老化”改造程度深。《实用钢琴教程》针对老年人身心特点“对症下药”，充分考虑老年人以演奏为主兼顾理论的学习需求，采用了演奏技巧与乐理知识双管齐下的教学思路，理论知识和作品曲目都进行适老化的技术处理。教材还非常注重选曲，将音乐欣赏和疗愈贯彻始终，许多缓解老年人消极情绪、释放积极情绪的作品让学习者感同身受。三是教材内容的原创性强。教材提供 338 首中外乐曲，编写者自行创作或改编的作品数量多达 211 首，占比超过 60%，极大地提升了含金量和实用性。四是教材形式的交互性好。教程中引入的多首联弹联奏作品，能够营造寓教于乐的教学氛围，使老年钢琴教学的交互主体性进一步增强。纸质教材与数字化资源、教学资源库和在线课程等资源融合后形成的新形态教材，打破了纸质教材的局限，开发出丰富多元的数字化资源，为老年学生提供了交互式、移动式服务。可以说，教材成果具有很高的专业性、艺术性、趣味性、系统性和原创性。

四、老年大学教材建设管理策略和路径探索

基于教材建设理论研究、政策研究、现状问题研究、实践案例研究，广东省老干部大学积极探索教材管理的策略和路径，形成涵盖10个模块的闭环管理流程化、标准化工作机制。

表4　广东省老干部大学教材管理流程

模块	工作流程及内容
教材选用	1. 选用自编教材：任课教师依据教学大纲和教学计划，按照《广东省老干部大学自编教材格式体例》编写纸媒教材，或编制教学PPT、辅助视频等； 2. 选用外部教材：任课教师选用非校本教材的出版类专业教材； 3. 选用校本教材：任课教师选用广东省老干部大学名义出版的用于教学的专业教材或者通识教材
教材收集及审核	1. 收集教材选用信息、汇总教材清单； 2. 组织专家开展自编教材及外部教材意识形态及教学内容的审核
教材印制、订购、发放、建库	1. 自编教材的印制和学员用书的发放工作，协助教师、学员做好外部教材和校本教材的订购工作； 2. 自编教材纸媒库建设，实现教材管理数字化； 3. 校本教材的出入库管理工作； 4. 部分校本教材的销售及入账工作
教材推优	1. 推优条件：凡在教学中使用的教材，由学校自编、协编或委托编写的，且符合下列条件之一，均可纳入“教材推优”范围： 第一，公开出版发行的教材； 第二，学校自编且取得准印证号的教材； 第三，学校使用的非正式出版教材或讲义； 推优教材按7大类、14门学科门类进行报送： （1）人文社科类；（2）书画类；（3）舞蹈健身类；（4）声乐器乐类；（5）生活艺术类；（6）医学类；（7）信息技术类 2. 工作步骤： 第一，教材申报 / 推荐：各会员校 / 教师按要求推优教材，省协会 / 学校收取推优提名教材资料 第二，分类评审：按推荐教材所属专业分类，组织三名专家独立对每类教材审读鉴定，每位专家对参评教材填写审读鉴定表，写出评语、提出结论性意见。人员要求：审读的专家回避本人参与编写、使用的教材；审读学校回避本校编写使用的教材。审读原则：坚持正确的政治方向，适应新时代发展需要；在科学性、专业性上正确无误；符合老年人身心特点和阅读习惯；深浅得当、知识性、实用性、趣味性结合较好；教材编写用语准确，文句流畅，通俗易懂； 第三，综合评审：汇集并整理评审意见，将推优名单及评审意见报上级评审； 第四，公布名单：公布名单、发放证书； 第五，宣传推广：做好宣传报道，参加全国及全省教学及教材交流活动

续表

模块	工作流程及内容
教材出版选题计划	选题范围： 1. 专业课程教材：满足老年人核心需求，教学覆盖面广、普适性高或能体现学校学科优势和校本特色的专业课程教材； 2. 通识课程教材：符合学校发展战略需求的相关学科紧缺教材，如思政铸魂教材、医养科普教材、心理保健教材、智慧助老教材、岭南特色教材等； 3. 新形态教材：实现信息技术与教育教学深度融合、多种介质综合运用、表现力丰富的新形态教材，包括充分利用互联网、AR/VR、虚拟仿真、二维码等技术，将纸媒教材与数字化资源、教育资源库和在线课程等资源融合，推出的立体化新形态教材等
教材出版申报立项	1. 申报。在年度教材选题计划内，有意向出版教材的客座教授、特邀专家学者及任课教师填写《广东省老干部大学教材编写出版申请表》； 2. 初评。调研后提出立项意见，并提交学校领导班子会议研究； 3. 立项。经领导班子会议研究通过后，予以立项。学校与主编签订编写合同，并联系出版。立项工作必须注重质量，宁缺毋滥
教材编写出版	1. 审核要求：遵循分类审核、凡编必审、全面审核的原则 第一，书稿内容的意识形态审核，凡审核负面清单内出现的问题应一票否决，要求重新编写或修订； 第二，组织专业审核人员采用个人通讯审核或集体会议审核的方式进行专业审定，并出具书面审核意见。重点审核教材的编写思路、框架结构及章节内容； 第三，根据修订书稿及专业审核意见，提出结项建议并呈领导班子会议研究； 第四，经领导班子会议研究审定，予以结项后，可交付出版 2. 专业审核人员条件 第一，实行编审分离制度，遵循回避原则； 第二，审定人员应为 3 名副高级以上职称
教材出版发行	1. 选定出版社： 第一，学校尊重主编意见，符合相关制度规定的，优先考虑主编推荐的出版机构； 第二，主编无推荐的，按照财务制度询价，选定出版社后，报校领导班子会议研究，通过后选定出版社 2. 签订出版合同：双方约定教材出版形式、发行方式数量、版税支付方式等后，签订合同； 3. 跟进出版进度，组织主编配合出版社做好书稿校对工作，协助提供序言、后记及编委名单等，并核定版式、封面、定价；编印成书后，验收成果
教材使用推广	1. 学校在教学活动中扩大教材使用面，积极参加教材成果交流评选活动，提高教材影响力； 2. 学校根据教材使用情况和效果，决定是否出资进一步优化相关教材内容，推广形成精品课程匹配的数字化教学资源
支持保障	1. 资金支持：纳入教学业务部门年度工作计划及经费预算； 2. 制度保障：建立《教材管理办法》及相关制度，提供有据可依的建设和管理标准及明确的建设管理流程； 3. 激励保障：对参与教材建设的教师、专家学者等给予按照制度规定给予相应的劳务费报酬及经费奖励

管理视域下教师的角色效能研究

严　红　雷　军[①]

【摘　要】教师在教育中的作用是不言而喻的，在老年教育中教师角色功能同样如此，但事实上教师在老年教育中的功能并没有完全发挥，传统印象中教师的价值功能停留在知识的传递，他们活动范围基本限制在教室。当老年教育的管理需要提档升级时，我们应该多方面吸收已有的人才资源，多元化考察教师存在的价值，挖掘教师人才的潜能，教师是老年教育取之不尽用之不竭的财富，拆除体制身份的边界，赋予他们更大的管理话语权，教师的角色将会呈现新的内涵。

【关键词】老年教育；管理；教师；角色定位；作用

一、教师管理话语权的“窄化”

教师管理权因为受到传统教育认知的影响，被限制在一个较小范围。对于多数老年大学而言，教师如同“过客”，与老年大学的关系就是“我和老年大学”而不是“我的老年大学”，二者关系的生疏在一定程度上削弱了教师的管理话语权。主要表现为：

一是角色的“被动性”存在。在教育中教师常常处于“被管理者”的地位，

① 严红，湖北省老年大学校长、湖北省老年大学协会常务副会长；雷军，湖北省老年大学教学管理处一级主任科员。

角色定位也是“服从管理”，长期的从属性关系导致了教师更多地接受体制的训诫，主动性减少。在老年教育中教师由于缺乏在学历、职称上晋升通道，一定程度上削弱了教师对职业热情和进取度，也限制了教师内在潜能的激发。同时老年大学的学员都是已退休的老人，他们与教师的关系并不是单纯的教与学、师与生，还有一些年龄、理念、认知的杂糅，影响教师管理话语权的全面发挥，教师教学管理的主导性并不能完全释放，教师对老年学员的管理更多地是带着“小心”，边界感很强。

二是角色的“市场性”存在。目前老年大学教师群体基本是聘用型，专职教师很少，这与老年大学本身创建的历史有关。事实上，现在义务教育学校中也存在着大量的聘用教师，学校与教师的关系也逐渐在市场化。老年大学与教师的市场性的契约关系，在一定程度上影响了教师与老年大学之间的亲和力，契约型关系使教师把责任与义务圈定在课堂，更多关注教书职业，缺少了一点对老年教育事业热爱深度。正确认识教师的职业化身份，合理协调学校与教师的关系，让教师能够适应市场规则是必要的，也是必需的。

二、教师管理角色的作用

教师站在老年大学管理工作的一线，在教书育人上应有更多的发言权，更应发挥自身在教学管理、班级管理和学校管理中的作用，这样教学中的许多管理问题就会迎刃而解，教师作为管理者的功能才能得到凸显。

（一）教学管理中的主体作用

教师是教学管理工作的决策者和主导者，是教学准备、教学设计、教学实施、教学评价的具体操作者，因此教师要在教学各个环节发挥主观能动作用，掌控教学管理内容、节奏和方法

一是科学制“纲”，统管教学。教学大纲是教学中的指导性文件，它是教师进行教学、选编教材的主要依据，是检查评定老年学员学习效果、考核评价教

学质量的主要依据。教师通过教学大纲的制定，可以全面掌控课堂教学，规范和引导老年大学学习方向、学习内容以及学习习惯和学习能力的养成。老年教育既要因需设课，还要依据老年人“再社会化”的发展需要设置课程，使课程建设在社会化需要和个性化需求中找到平衡。

二是统筹课堂，精心施教。教师设计教案，对教学内容、教学步骤、教学方法等进行的谋划，完成课堂教学的闭环，教学的完成使学习养老成为可能。在教学组织形式上，教师可以推行讨论、交流、操作、演示等教学方式方法，丰富课堂的教学形成，使教学相长。在教学策略上，要激励老年学员自主学习、合作学习、研究学习。通过灵活多样的教学方法的实施，努力营造轻松活泼的教学氛围，充分挖掘老年学员的学习潜能，提高教学效果。

三是主动研究，创新教学。老年教育教学处于动态发展，它是因需设计逐渐形成自身发展的规律，所以老年课堂教学研究要常抓常新，在与时代同步、与生活共进中发现新成果，寻找新突破。信息技术发展突飞猛进时，老年人需要跨越“数字鸿沟”；生活日益丰富多彩，老年人需要学插花、化妆、烹饪、收纳整理等，因此教师要主导教学管理，形成教学管理艺术，摸索适合老人需要的教学方式方法，建立学习养老的管理体系。教师在教学时充分考虑老年人的社会阅历和兴趣爱好，做到思想前瞻，观察时代、引领学员与时俱进。老年教育课堂不能成为一个世外桃源，老年教育课堂要把先进的思想文化加进来，要把前沿的专业知识引进来，要把新型的信息技术用进来，这些都期待教师对教学研究创新。

（二）学员管理中的主导作用

教师的知识权威和人格魅力有利于吸引老年人群体，教师的亲力亲为与学员亲密接触，有利于发挥在班级管理中的主导作用。

一是当好引导者。老师可以通过多样化的教学方法和资源，激发学员的学习兴趣和动力，使他们主动参与学习过程。学习养老就是要激发学员的学习自觉，通过学习提高生活质量和精神境界。培养学员学习策略和自主学习能力，教师应该教授学习策略和方法，引导学员提高学习效率和自主学习能力，老年教育作为终身教育的一环，要培养老年人终身的学习意识和学习习惯，引领他们回归学习本身，形成乐学爱学善学的终身学习态度，在学习中获得智慧和快乐。

二是当好服务者。在班级管理上，教师要以服务的姿态，用孝心、爱心和耐心对待老年学员。在学习上，为学员提供个性化的指导，尊重每个学员的学习差异和特点，根据学员的需求和能力提供个性化的指导和支持，帮助他们克服困难，提高学习效果；补齐个人学习短板，提高学员学习的自信力和生活的自信心。在新技术运用上，主动服务老年学员，助力他们跨越“数字鸿沟”。“勿以善小而不为”，小小的帮助会让老年人感受到巨大的温暖。随着老年大学的报名工作、学习、管理等环境的智能化，老年人需要一个适应过程，教师精细的服务会换来老年人生活的舒适感。

三是当好交心者。教师克服与老年学员年龄的界限，主动与老年学员交心、谈心，形成“忘年交”，能促进管理的和谐顺畅。生活上了解学员的所思所想所盼，为他们的精神心理把脉，为他们化解情感矛盾和精神障碍。从日常入手，从小事抓起，平时嘘寒问暖，困难时提供最大的支持和帮助，加强老年人的存在感、获得感和幸福感；打破师与生、教与学的陌生关系，学会与老年人交友，当他们的倾听者，听取他们的心声，“老吾老以及人之老，幼吾幼以及人之幼”。愿意与老年人交心交谈，是对老年人真诚的尊重，也是对他们最大的、最诚挚的爱。

（三）学校管理中的主人翁作用

学校管理既需要专职的管理人员，也需要教师的群策群力。偌大的老年学员群体，众多的课程班级，管理需要教师的全程参与，教师是学校与课堂、社会的联系纽带，教师在学校管理中具有主人翁的地位。

一是发挥品牌宣传作用。表面上，教师在学校的时间就是授课时间，工作岗位就是三尺讲台，事实上教师在课外还是学校舆论宣传的媒介、学校信息发布的中转站、学校文化形象的代言人。他们的举手投足都代表着学校的形象，因此教师就是学校的一分子，有意无意地为学校建设积累着社会资源和影响力。

二是发挥建言献策作用。老年大学的教师群体来自社会各个行当，年龄不同、学历不同、执教经历不同、人生阅历不同，都有一定的管理经验。教师来到老年大学任教就是老年大学的资源，要有主人翁的权利、责任和担当，把管理经验毫无保留地传授出来，主动关心学校软硬件建设，积极建言献策，不仅在教学管理中发挥光和热，也要在后勤管理上留心用心热心，要有“一荣俱荣、一损俱损”的主人翁意识。主动关注校园大事和微信公众号信息，主动把自己的发展与学校的命运相联系，为学校建设操心耗神、添砖加瓦。

三是发挥示范引领作用。老年学员来自五湖四海，文化程度不同、工作岗位不同、人生际遇不同、家庭环境不同、身体状况不同，他们为了学习成为一个集体。老师要引导这个集体保持政治思想的先进性、纯洁性和战斗性，要以身作则、率先垂范，以高尚的人格魅力、模范的言行举止为学员树立榜样，引导学员遵守学校规章制度，用榜样的力量感召老年学员“退休不褪色”，永葆初心使命，把临时组合的班级变成一个永久性的学习堡垒，使班级成为老年人学习活动的朋友圈、学习圈和娱乐圈。

三、优化生长环境，推动角色创造性转变

（一）创建拴心留人环境

规章制度是规范管理的依据，老年大学要从制度上吸引教师、留住教师，鼓励教师参与学校管理。要完善与教师的契约关系，在福利、责任、奖惩上立足实际状况优化教师各种待遇，在教师的未来发展上，提供教研、科研、培训等各种便利渠道，使教师能够专心教书、热心管理、安心服务。老年大学要以人为本，建立柔性工作环境，用感情拴心留人，学校与教师要相互信任、相互尊重，对教师工作中的体谅、生活中的关心，都会增强教师的归属感、存在感

和幸福感。

（二）创设教师管理岗位

教师管理功能的凸显，应赋予他们更多的管理权利，使他们能够发挥管理的作用。教师可以担任督导、班主任、系主任、辅导员等工作，多种岗位的赋能延伸了教师管理的边界，教师以自己的思维、管理方式方法参与学校基层管理，大大减轻了学校管理的负荷，而且这种基层管理消除了管理中的“最后一公里”，让管理直接面对面学员，真正实现了管理的无缝链接。

（三）搭建教师发展平台

随着老年人群体日益扩大，老年教育的发展必将日益蓬勃，老年教育事业未来可期。老年大学要扩展教师发挥管理能力平台，主动带领教师进行跨省、跨市的跨区域参观交流，鼓励教师参与老年教育管理的学术会议，引导教师参加老年教育管理的课题研究。以事业发展留住教师，激发他们对老年教育的兴趣和热爱，使他们有成就感，未来发展有奔头。

新时代老年教育现代化治理的探索还在路上，老年教育发展依然任重道远，老年教育管理更需要各类管理者的积极参与，“众人拾柴火焰高”，管理工作需要教师贡献自己的智慧和力量，摸索老年教育管理的特点，总结管理规律，推动自身现代化能力的塑造。老年教育应锚定教师在老年教育的角色定位，激发教师活力，为老年教育管理赋值赋能，共同推进老年教育向中国式现代化征程迈进。

浅谈老年大学教学督导的体系构建

何睿衡[①]

【摘　要】在老年教育开展过程中，教学质量是学校最为重视的部分。建立完善、高效、合理的教学督导体系是推进学校内涵式高品质发展必不可少的环节。本文从老年大学教学督导主要围绕督教、督管、督学三个层面，构建老年大学教学督导体系，促进教学改革、保证教学秩序、提高教学质量。

【关键词】老年大学；教学督导；体系

教学督导工作是教学质量保障体系中的一个重要环节，是一项有着丰富内涵和外延的工程，在促进学校教学质量的提高以及改进学校教学工作中占据着举足轻重的地位。构建完善、科学的教学督导体系是教学改革的一个重要课题。老年教育是终身教育体系的重要一环，是不可忽视的一股力量，也需要对教学质量进行监控和保障，需要建立符合老年教育实际的教学督导体系。

一、老年大学开展教学督导的重要性

1. 加强教学督导是提高教学质量的保障

一是可以提升和优化师资力量，给予教师以理论指导，加强教师的岗前培训和经常性在职培训，用教研活动，促进教师以老带新，传帮带，提高教师教

① 何睿衡，广东省江门市老干部大学副校长。

学质量。二是规范教师授课和保持良好教学秩序。教学督导深入一线发现问题，帮助解决问题，提高教师教学素养。三是可以完善教学质量监控和评价体系，为实现教学目标提供重要保障。

2. 加强教学督导是提高育人质量的需要

教学督导的重要职能是引导教师全面贯彻学校教育方针，促进人的全面发展。老年大学通过科学的督导，指导老年大学教师探索课程、教学对老年人的适应性，积极改进教学思路和方法，按照老年教育的规律，积极追求有效的育人模式；促进老年大学深化教学改革，整合人才培养方案、课程设置，规范教学管理，推动老年教育高质量发展，进而提高育人质量，培养新时代的老年人。

3. 加强教学督导是推动教育现代化的关键

全国老年大学标准化示范校的评估指标、中国老年大学教育现代化指标体系都把质量监控作为重要的评估指标，质量监控属于教学督导的范畴。在现代教育管理体系中，决策系统、执行机构和监督部门是一个完整的、科学的、缺一不可的体系。加强教学督导，构建决策、执行和监督反馈配套的现代化教学管理体系，对推动老年教育现代化进程起到关键作用。

二、老年大学教学督导的内涵和定位

教学督导是从教育督导逐步演变并分离开来的。教学督导主要包括督教、督学、督管。督教是指对教师全过程的各个主要教学环节进行检查、咨询、指导、评价；督学是指对学生的学习活动过程进行多方面的督导；督管是对育人环境的管理进行督导。老年大学的教学督导就是把对教学管理产生重要影响的因素联接起来，兼顾督教、督学、督管三个维度，构建一个保障教学管理质量的稳定、有效的整体，对整个教学过程、教学效果以及教学管理实施监控、评价和及时调控的活动过程。

三、老年大学教学督导工作的现状

经查阅相关文献资料，发现教学督导的基础理论研究多在基础教育、高等教育、职业教育领域，老年大学教学督导的基础理论研究还相对空白，即使有也是比较零散，没有形成系统的理论框架。从实践层面，老年教育发展 40 多年，已经从重“量”转变成“质”“量”并重，从粗放式、单纯的外延式发展向精细化、内涵式发展，提高办学水平、推进教学高质量发展已经成为各地老年大学的共识，从而教学督导工作逐步已逐渐进入老年教育的整体框架中。不少老年大学都根据教学实际，开展了行之有效的教学督导尝试，并取得了喜人的成绩，形成了可供借鉴的宝贵教学督导经验和成功案例。但是，教学督导工作仍存在发展不平衡、水平参差、重视程度不一的情况，有些学校教学督导的系统性不足，甚至还有些学校没有开展教学督导工作，使学校的发展出现瓶颈。地区性老年教育质量发展不平衡，制约了我国老年教育的全面发展。所以，探索老年大学教学督导工作的体系构建显得尤为重要和迫切。

四、老年大学教学督导的原则

（一）践行立德树人

老年教育的办学宗旨是“增长知识、丰富生活、陶冶情操、促进健康、服务社会”，培育学、乐、为的新时代老年人。教学督导不仅要提升教学质量，还要让广大老同志坚定理想信念，彰显长者风范，发挥先锋模范作用。教学督导要引导教师把思想政治工作贯穿教学全过程，树立优良学风，引导教师在课程中体现时代性和思想性，体现社会主义核心价值观，让他们不忘初心，牢记使命，积极参与社会、服务社会。

（二）注重人文关怀

老年教育的教学督导要以老年学员为中心，满足学员求健、求知、求乐的学习需求，营造适宜的学习环境和氛围，让他们发挥学习的积极性、主动性、创造性，乐在其中，学有所得，促进其自我完善、实现自我。实施教学督导是以教师发展为核心，教学督导要对教师要多些耐心，多些肯定，更多地激励为主，以人为本充分调动教师工作的积极性和合作性，形成正向的激励作用，突出“导”的主要作用。

（三）坚持系统全面

老年大学教学督导是一项系统工作，需要体现全面性，具体的实施需要老年大学多部门、多岗位、多环节构成；落实全过程，要求有督导、有反馈、有激励；落实全员性，教学督导组织、教务处、教师、学员、社会全员参与，明确各类人员的工作职责，调动教师和学员的积极性，把提高教学质量作为共同的目标和着力点。

（四）强化规范管理

老年大学教学督导要在一致认同的价值观念支配下，即“努力办好老年人满意的老年教育”，按照老年教育发展规律，形成各种规章制度、相关质量标准和工作要求，科学、规范、高效地实施督导，对教学进行规范化管理，提高老年大学的教学质量。

五、构建老年大学教学督导体系的探索

要发挥教学督导的职能，需要构建起多维的督导体系，以督促教、以督促管、以督促学，切实提升老年大学的办学质量。

(一)优化教学督导队伍,提供教学督导保障

1. 建立教学督导机构

老年大学教学督导需要成立专门的教学督导组,教学督导工作置于主管教学的校长领导之下。教学督导组织的领导直接对主管教学的校长负责,按照校方统一布置和安排独立开展工作。教学督导人员的结构应该包括主管教学的学校领导、教学部工作人员、院系负责人(院系的教学带头人)、选聘的教学督导员,把"教导、教管、教学"三者有机结合起来,提高教学督导工作的成效。

2. 选聘教学督导员

老年大学选聘教学督导员要严格把关,力争建立一支高素质、稳定的教学督导队伍。学校需要制定教学督导员选聘办法,通过公开招聘、推荐、自荐等方式,从校内外离退休人员中,聘任学术水平高、教学资历丰富、具有心理学、教育学、教育管理学专业知识,有教学评价能力,有较高威信、有时间和精力愿意为老年教育事业贡献力量,且身体健康的高层次教学管理人才。

3. 建立教学督导制度

要加强学校教学督导内部制度建设。主要包括基本制度,规定教学督导的任务、目标、原则等;工作制度,包括教学督导人员选聘、规定督导人员职责,督导考核程序、评比方法、检查方法等;培训制度,针对教学理念、教学方法、教学设计、教育学、教育心理学、管理沟通艺术的不同内容对教学督导组成员进行培训,实现督导培训常态化、制度化。

4. 分类制定教学质量评价表

按照定量与定性相结合、科学性与可操作性相结合的原则,形成学校评教、教师评教、学员评教三个独立的评价指标,真正把督教、督学、督管落到实处。

5. 提供专项经费保障

教学督导在组织开展各项督导工作时要有一定的经费支持,用于办公设备添置、日常办公消耗、会务费用及聘请督导人员劳务费用、外出调研费用等,学校需要划拨一定的专项经费用以支持教学督导组织工作的运转。

6. 提高信息化水平

要利用现代化计算机网络技术、校园网平台，为实现督导信息动态管理提供保证。开发质量监控的信息化平台，进行教学质量的线上评价系统，建立信息数据库，把随堂听课评课记录、对教师和学员检查评议记录、对教学管理的改进和建议汇总表进行信息化管理，使督导人员能第一时间掌握教学情况，方便对教学进行动态的监督和指导。

（二）拓展教学督导领域，丰富教学督导内容

1. 注重对教学全过程的督导，助力教师专业提升

教学是老年大学的主体，教学质量直接关系办学效益，需要对教学进行过全程性督导，最终提升教师在老年教育领域的专业能力，提高育人质量。

（1）教学设计。教学督导员与各学校的负责人为主导，教学管理职能部门人员主要实施，监控教师的教学设计，包括教学大纲的方向性、思想性，能否体现老年教育和老年大学的特点，教学内容是否符合老年人需求，教学目标是否体现学校办学理念，课程安排是否合理，教学方法是否体现因材施教，尊重学员主体地位，能否选择合适的教材。检查方法以抽样检查和专项检查相结合，督导人员发现需要改进的地方及时和教师探讨，优秀的闪光点予以鼓励并推广，并以系为单位组织教研活动，集思广益，互相学习。

（2）课堂教学。教学督导组深入教学一线，对教学过程采取“听”“议”“导”的监控。“听”按照目前的教学形式，分为线上和线下，定期或不定期地听课，深入了解教师的教授内容、教学方法以及学员听课情绪和课堂秩序，能否按照教学计划循序渐进，能否通过互动体现学员主体地位，能否应用现代教学设备设计教学情境，能否让学员学有所获，达到教学目标等。“议”是指根据前期监控和“听”的实况，进行分析研究，发现问题，并提出相应的解决办法。“导”是指对教师的教学问题进行改革和指导，协助教师正视问题，积极寻求解决问题的办法，帮助他们取得教学的成功。

（3）线上辅导。课后辅导是教学过程的一个重要环节，它是课堂教学的重

要补充。教务人员需要监控教师能否在课后通过与学员线上讨论，启发学员掌握所学内容，帮助学员解答疑难问题，指导学员自主学习、创造性地学习。掌握的信息要及时向教学职能部门反映，督导工作在于引导教师开展线上线下相结合教学，提高教学效果。

在督导过程中发现的专项问题，需要进行专题调研研究，把评价型督导变成研究型督导。围绕课程思政建设、教学方法改革等专题有针对性深入课堂听课，展开调研，为教学管理出谋划策。

2. 强化育人质量的督导，推进学员全面发展

老年教育是遵循“增长知识、丰富生活、陶冶情操、促进健康、服务社会”的办学宗旨，致力培养的是“有进步，有快乐，有作为”的新时代“三有”老年人。老年大学对学员的督导主要包括学员的思想政治、身心健康、终身教育、和谐人际、服务社会，这些要素直接反应学校制定培养目标、改进教学设施和选聘教师等方面的合理性、成效性。

（1）思想政治是衡量老年大学立德树人的成效标准，是对学员最基本的督导要求。教学督导要关注学员能否经常性参加老年大学的政治教育学习，政治立场、政治方向、政治原则、政治道路上是否与党中央保持高度一致，是否关心改革发展稳定大局，关注经济社会发展态势。通过各种数据的统计，督导的工作在于引导学校制定完善的思政教育体系，调动学员参加学习与活动的积极性，使学员坚定理想信念，自觉融入服务中心工作的洪流。

（2）身心健康也是衡量老年大学教学质量的一个重要指标。教学督导可以通过调查问卷的数据分析，重点引导学校坚持健康老龄化理念，在课程、活动等层面不断改革创新，让学员通过老年大学提供的课程和活动创造快乐，满足所需，树立正确的幸福观念，达到愉悦的心理感受，拥有获得感，并能运用学到的知识提高生命的质量和身体素质，使自身价值得到进一步的体现和升华，实现精神生命的价值追寻。

（3）终身学习是积极老龄化最有效的方式。督导重点是引导学员成为学习的主人，养成独立、自主、创新的学习能力。相关的措施包括引导学校营造良好的学习氛围、提高课程和活动的吸引力，加强对学习的激励；引导教师向“授之以渔”转变，为学员提供更有效的学习方法和更广阔的学习资源，让学员树立终身教育的理念，培养自我学习的能力。

（4）学习成效。督导重点通过老年学员在整个学习过程中所表现的学习体验和成果数据，包含掌握知识技能，提高社会适应能力，满足精神文化需求；提高自我修养，培养高尚的情操；在比赛中取得奖项、获得证书、展示学习作品、成为各级专业协会会员等，成为各领域的专业性人才等，引导学校调整人才培养和课程设置方案。

（5）和谐人际是体现学员在社会参与中的社会适应能力，是积极老龄化的重要内涵。督导的重点通过师生座谈会，引导学员与教师沟通，积极提出教学建议和学习需求，帮助教师提高教学效果；通过班级会议，引导学员之间在学习过程中互帮互助，积极参加学校、班级的群体活动，自己的学习体验、收获、快乐与他人分享。

（6）服务社会是展示学校办学效益的重要指标。督导重点是通过学员服务社会的成效，引导学校积极搭建“老有所为”的平台，让学员利用所学所长的知识和技能，开展“银龄行动”，以志愿服务形式积极参与基层民主监督、移风易俗、民事调解、文教卫生等社会服务活动。

3. 加强教学管理的督导，做好教学后勤支持

教学管理是做好教学工作的前提和关键，督管是对学校的教学管理进行监督、评价、指导的工作，需要抓住重要的监控点。

（1）课程设置。以教学督导为手段，更新和改革课程建设，以老年人需求为本，按需设置课程和引导性设置课程相结合，注重课程的横向开发和纵向延伸，并体现时尚性、品牌化、文化性，加强不同学科之间的交叉和融合，推进课程内容的现代化，思政课程达到一定比例，让学员通过学习课程获得满足感，产生愉悦感，提高主观幸福感。

（2）教师管理。督导选聘关。教师是否德才兼备，面试、试讲、聘任、续聘、解聘等环节是否规范，坚持尊重人才，专家立校。督导培训关。加强教师对校史、文化认同的培养，掌握老年教育规律，熟悉老年教育方法，以成为师德高尚、严谨笃学、与时俱进、“深受学员欢迎”的教师为目标。引导教学管理部门组织公开课、观摩课，开展教学检查等措施提升师资队伍素质。督导教学激励。督促学校实施评优促先活动，对突出贡献教师、优秀教案和优秀讲义等评优，以精神激励为主，物质激励相结合。

（3）服务质量。管理服务团队的优劣是老年大学的生存之本、发展之基。督导重点要掌握学校管理人员的工作情况，引导他们为老同志提供真心服务、细心服务、耐心服务，时刻掌握老年学员的思想动态、精神需求，把工作做细做实，创新工作方法，提供精准化服务。引导学校开展管理人员的专项培训，鼓励管理人员自我学习，不断提升服务本领和服务水平。

（4）教学设备。督导重点是引导学校需要从新时代老年教育发展的需求出发，增加现代化的教学设备，建设 5G 智慧校园，实现教务教学智慧化、校园管理智慧化、安全防控智慧化，并对建设项目的投入、后期使用和管理都做好科学的监控。

（三）畅通教学督导反馈渠道，强化督导信息的使用和督导成果转化

探索建立多角度、多层次的教学质量监控信息反馈系统，能为教学督导工作提供更多的数据支撑，并把督导结果运用转化。

（1）建立学员委员会。学校成立学员工作委员会，制定章程和选举办法，选拔具有管理经验的优秀学员担任会长，各班班长担任学委会委员，发挥学员自我管理、自我教育、自我服务作用，形成“学校—教务员—学委会—班委会”四级学员管理模式。学委会负责收集教学情况，包括教师的教学方法、教学态度、教学进度和执行大纲情况；记录教务员的工作情况，是否全程跟班，是否做好上传下达、是否得到学员认可；收集学员对教学工作的意见和建议，定期或随时向教学管理部门反映问题，提供教学信息。教学管理部门对反映的问题应及时与教学督导小组沟通，研究解决问题。

（2）召开师生座谈会。教学督导组定期召开系、班主任、教务员、教师、学员座谈会。多角度了解教学一线情况，听取大家对学校建设和发展、班级建设和管理、提高教学质量和促进教学改革等方面的意见和建议。

（3）发放问卷调查表。运用信息化问卷调查的方法，让教师、学员有充分发言权，也是学校掌握教学情况的重要手段。问卷的发放和统计应遵循严格的程序，以保证问卷结果的严谨、客观、公平、公正，重视问卷信息反馈的时效性、实效性和可操作性。

（4）注重督导结果转化。一是重视督导结果的反馈。督导要及时将督导结果反馈给学校和相关部门，要督促学校在适当范围内对督导结果进行公示，并做好自上而下及自下而上相结合的自我分析、自我诊断、自我反思。二是重视督导整改的落实。督导在平等交流、民主协商过程中，指导学校明确“改什么，怎么改，改到什么程度”，增强学校工作改进的针对性、可操作性和实效性，并做到对一项工作跟督到底，以督促改，以导促建，更好地实现督导的指导和服务功能。三是把督导结果作为评优的依据。根据督导反馈，学校可以对工作突出、表现优秀的教师、学员，授予先进个人等荣誉称号，给予精神及物质上的奖励，对优秀的工作人员作为年度考核依据，进一步调动广大师生、工作人员担当作为的积极性和主动性，并发挥示范引领作用，最终达到促进学校内涵发展的目的。

教学督导的运行过程改进、完善和验证的过程，最终将成功进入卓越绩效的实践领域，为老年教育质量提供更好的保证。以督引导，以导引向，让督导成为老年教育发展的基石和方向，让老年教育成为生活的时尚潮流和美好见证，为探索更好的老年教育方式方法积累经验和新的尝试做好准备，这是督导的真正含义。

基于营造积极老龄化社会的老年大学艺术团实践路径探索

徐　菊[①]

【摘　要】我国现有60岁及以上老年人高达2.9亿，风范长者是这个庞大群体的“主流”；但社会上确有一些人对老年人认识有偏颇。老年人群的负面刻板印象不利于建设积极老龄化社会。老年艺术团作为以老年人为主体的社会文化团体，对社交互动、文化传承以及积极老龄化形象的塑造具有积极意义。本文从各级老年大学开展老年艺术团工作的困境出发，结合国家老龄政策，提出老年艺术团发展路径思考。

【关键词】积极老龄化；老年艺术团；老年大学

积极应对人口老龄化，事关国家发展和民生福祉。近两年，在中国老年大学协会的号召下，全国各级老年大学纷纷提出建设标准化、规范化老年大学的办学目标。规范化办学是一个系统工程，不仅包含一流的教学环境和教学水平，更应该包含符合积极老龄化社会的人文氛围。老年大学艺术团是学校文化建设中不可忽略的组成部分，更是由老年人主导，主动面向社会，展现老年人精神风貌的重要窗口。当前社会主流媒体对老年人参与社会、老有所为的宣传尚不足，老年艺术团有助于积极老龄化社会氛围营造的巨大作用还没有被充分认识。

---

① 徐菊，硕士，新疆维吾尔自治区老年大学教务处工作人员。

一、老年刻板印象对营造积极老龄化社会的影响

2018 年，全国老龄办印发《关于开展人口老龄化国情教育的通知》。社会各界掀起人口老龄化国情教育的热潮，2024 年 3 月 19 日，青岛市老年大学邀请中国老年大学协会常务副会长刁海峰作《人口老龄化国情教育辅导》报告。在一项调查研究中发现，大众传媒中老年人形象的持续作用会影响到老年观众如何看待自身，以及非老年观众如何看待老年群体。例如，电视广告中出现的老年角色大都是蛮不讲理、拄着拐杖行动不便、爱占小便宜等，这容易让人形成老年人都是素质不高、需要人帮助、无法独立自主等老年人负面社会刻板印象。在一项面向老年群体“对于社会报道老年人时应多关注哪些方面？”的问卷调查中发现，按照老年人选择人数的多少排序依次为：老年人养老问题（79%），老年人积极乐观向上的一面（78%），老年人精神文化生活（66%），老年人权益保障问题（52%），老年人对社会的贡献和价值（44%），老年人在社会中的弱势地位（41%），老年人物质生活（26%）。以上数据说明，老年人虽希望社会关注他们弱势群体的地位，但更希望社会在关心老年人养老问题、权益保障问题的同时，更多地宣传他们积极乐观的一面，报道他们的精神文化生活，重视对老年人的社会贡献和价值的宣传。

随着老龄人口占比不断上升，在全社会开展人口老龄化国情教育，是贯彻落实习近平总书记关于加强老龄工作重要讲话和重要指示精神、开展积极应对人口老龄化行动的重要举措。有利于营造全社会关心、支持、参与积极应对人口老龄化的良好氛围，激发全社会增强应对人口老龄化的主动性、针对性、自觉性。作为老年教育工作者，应当要学在先、走在前，积极宣传人口老龄化知识。

在此现实背景下，老年大学可以从文化养老的层面，承担老年人参与社会的意愿，通过大力宣传，向社会公众再现健康积极的老年人形象。因此，做好老年艺术团工作具有不可替代的重要意义。

二、老年艺术团在促进积极老龄化社会中发挥的作用

中国公益研究院院长高华俊在 2023 年 12 月发布的《持续高质推进中国式积极老龄社会建设——“积极老龄化”理论与实践研究报告》中指出，推动中国式积极老龄化社会建设的基本路径为：通过持续开展人口老龄化国情教育，树立老年人正面积极形象；畅通老年群体价值实现的渠道，积极开展社会志愿互助服务实践；逐步改变社会对老年人的刻板印象，接纳和树立积极老龄社会的理念，促使社会更全面地认知老年人的价值和贡献。

老年艺术团以老年人为主体，这部分老年人在老年人群中是积极健康、参与社会的代表，有助于在全社会树立老年人榜样示范作用。打造老年艺术团，面向社会大力宣传老年艺术团，其作用和意义在于多方面的社会价值。

老年艺术团在促进积极老龄化社会中起码可以发挥以下作用：一是从“健康”层面来说，可以促进老年人身心健康。通过参与多种形式的艺术表演和创作，有助于老年人保持活跃的生活方式，预防抑郁和认知衰退。二是从“参与”层面来说，增强了社交互动。通过共同的艺术创作和表演，老年人能够培养新的社交圈子，并加强与他人的联系和交流，从而减少孤独和社会孤立感。老年艺术团的活动可以为社会提供文化娱乐，并通过公益演出和义工活动参与社会公益事业，为社会做出贡献，增强老年人的社会责任感和归属感。三是老年艺术团通过艺术表演和创作，有助于传承和保护当地的文化遗产和传统艺术形式，通过活动成为传统文化的生动载体，激发对传统文化的兴趣和认同感，促进跨代文化传承。四是塑造积极老龄化形象，老年艺术团通过积极参与社会活动和公开表演，展示老年人的活力和创造力，有助于改变社会对老年人的刻板印象，树立积极老龄化的形象，推动社会对老年人的尊重和关爱。

总而言之，老年艺术团在建设积极老龄化社会中扮演着多方面的角色，通过促进老年人的身心健康、社交互动、文化传承以及积极老龄化形象的塑造，为构建一个更加包容和关爱的社会做出贡献。

三、老年大学创办艺术团的困境与挑战

老年艺术团是老年大学艺术骨干的培养园地，也是向外展示学校整体精神面貌的窗口。一支高水平的老年艺术团队伍是一所老年大学办学规范化水平的重要体现，它凝聚着学校的办学理念、文化品位和审美情趣。当前，老年大学艺术团建设正面临着一定的困境与挑战。

1. 老年大学顶层设计的困境

万事开头难，首先是老年艺术团的成立。老年大学作为成人教育，大部分课程以娱乐为主，要想达到展示的艺术标准，则需要长期的教育投入，这就需要扎实的办学和大基数的学员数量。目前，各级老年大学对于老年艺术团的定位参差不齐，发展较好的部分省级老年大学从学员中培养老年艺术骨干，投入师资、设备，完成了教学的闭环，形成了规模化的老年艺术团。但对于仍在规范办化办学道路上跋涉的部分老年大学，学制、大纲问题还在逐步规范中，老年艺术团成员招募困难，各门类艺术社团（声乐、舞蹈、器乐）规模小、分散，造成艺术团难以成型。但学校宣传又离不开艺术团助力，因此出现专门耗费资源仅为一次临时性演出而进行排练、购买服饰等的窘境，没有合理利用日常教学资源，顶层设计不足，制约了艺术团的发展。启示各级老年大学在艺术团创建工作中，需要系统规划，认真定位，找准问题存在的关键点。

2. 老年艺术团展示空间的困境

老年艺术团经过几年的发展形成一定的规模后，他们的日常排练与演出绝不仅仅停留在自娱自乐上，其目的是要走出去演出、比赛，以此来配合党的方针和政策的宣传，获得更多观众的赞赏和社会的认可，扩大其影响力，使更多人加入到艺术团的队伍中来，这也是老年艺术团生存和发展的先决条件。目前中国老年大学艺术团组织的各类活动，让各级老年大学有了参与和展示的空间，但社会整体的展示空间和宣传氛围仍然不足，要扩大受众市场就需要社会的高度关注及媒体的宣传。

3. 老年艺术团管理和发展的困境

一个完整的、规范的团体至少离不开负管理总责的团长，负责艺术指导的艺术总监。以老年大学为依托的老年艺术团，在艺术团日常管理和成员招募的问题上可以委托给学校，但负责艺术创作和艺术指导的教师大部分实行兼职或外聘制，这会导致部分艺术团教师自身能力素养不够高，达不到艺术团良好发展所需要的程度，导致优秀作品难以形成。同时兼职也会导致艺术团教师对艺术团教育缺乏长期规划，更注重完成艺术表演作品，而忽视日常艺术训练，特别是对老年群体，训练的缺乏会影响整个艺术团的长期稳定的发展。

4. 经费来源的困境

当前，各级老年大学艺术团演出中的经费开支，一部分靠学校解决，另一部分靠老年人无偿奉献，随着艺术团的不断壮大，其正常的运转越来越需要稳定的经济来源，艺术团极易由于资金不到位而散团。更多的启动资金，还能请更专业的指导老师，编排适合老年人的文艺作品，得到社会的关注和认可，有利于老年人艺术团的良性发展。当前国家提倡银发经济，有需求就有市场。老年人有展示和参与社会的意愿，只要打开市场，相信经费问题不再是制约老年艺术团发展的最主要的原因。

四、老年艺术团发展路径的思考与探索

1. 明确老年艺术团定位

要想发展老年艺术团，首先要对老年艺术团进行定位。老年大学的艺术教育不是专业性、职业性的艺术教育，而是美育的途径和内容，老年艺术团应扎根于日常教学，面向全体老年学员，使他们在普遍而广泛的艺术学习和实践活动中愉悦身心、培养爱好、丰富精神生活、增强美感体验。而非是选拔、筛选，不应该以能否提供所谓的“专业水平”的演出作为评判标准，同时也需要改变参加艺术团训练就是为了代表学校参加演出、追求比赛获奖的观念。因此在艺术团成立之初，就应当把艺术团的发展建设纳入教学工作的整体规划之中，以

规范教学为艺术团的建立和发展打下牢固的基础。

2. 规范教学的基础上梯队化建设老年艺术团

老年艺术团属于自愿参与的团体。艺术的进步需要长时间坚持不懈的学习训练。老年大学在教学大纲编写时，应当考虑毕业生的去留。一部分老年学员感觉已满足兴趣需要，毕业后重新学习其他专业；另一部分老年学员，学有所成后渴望展示和演出，可以开设研修班、表演班等，对达到教学目标的学员考核进入，研修班、表演班的日常教学中多增设对外展示的第二课堂，这是艺术团成型的前期准备，通过毕业生的不断扩增，艺术团成立水到渠成。

学校同时也要为艺术团健全科学、系统的管理制度。笔者认为艺术团的梯队建设适用于老年大学开展老年艺术团的发展，第一梯队为学校中基础比较好的艺术团队，容易形成本校特色，且较快能够出精品表演的团队。例如：合唱团、舞蹈团，可以投入一定的财力物力进行全面保障，发挥优质团队的示范和辐射影响作用。第二梯队为创新性强、机动性强、能够快速创作的团体，例如：朗诵团、乐团、志愿团等，第二梯队争取在学校所在的省市上打响名气；第三梯队为校园中活跃度高、在校内拥有一批忠实粉丝、适用于校园活动需要的团队。例如：主持团、书画社和礼仪队等。通过艺术团的梯队建设，激发学校整体活动热情，为形成规模化的艺术团体打牢基础。

3. 教学与实践是艺术团发展的核心

随着国家对人口老龄化工作的重视，老年大学和各类老年团体也在不断地走进公众视野。作为老年艺术团的发起人，各级老年大学也应该走出校门，为老年艺术团寻找展示的空间。第一梯队积极参加社会各界组织的中老年文化艺术活动，编排原创作品，体现学校办学理念和特色传统文化，增强老年艺术团社会影响力。第二梯队积极与当地的街道社区、文化馆、文体局等群众性文化单位合作，艺术团形式可以多样化，当社会需要政策宣讲员、文艺宣传队、志愿服务团等，艺术团均可以编排群众喜闻乐见的文艺作品。第三梯队积极参加学校组织的各类文艺汇演、书画展、第二课堂等活动，吸引更多的老年群体走进老年大学，丰富精神文化生活。

4. 师资是艺术团发展的关键

2023 年 12 月 31 日，国务院下发《关于加强养老服务人才队伍建设的意见》提出要大力培养养老服务专业技术人才。作为现阶段的老年大学，现有的教师队伍已经是具备老年教育经验的一批教师，学校也可以成为培养养老人才的基地。一支好的艺术团队离不开高质量的艺术教师队伍，学校可以投入资源，组织教师参与教研活动，积极学习优秀教学案例和方案，提高艺术教育教学质量；安排新聘教师教学培训，不断强化教师教学业务能力；积极参加各级老年教育和艺术教育论坛及培训，形成终身学习观念，完善业务水平与管理能力。将校外具备艺术编排能力的人才请进校园，为老年艺术团进行指导，提高整体师资水平，促进艺术团更好更快发展。随着专业化老年教育人才队伍的不断壮大，以及国家对于养老人才的重视，相信老年教育艺术人才在未来会有更广阔的舞台。

5. 灵活解决艺术团经费保障

2024 年 1 月 11 日，国务院办公厅下发《关于发展银发经济增进老年人福祉的意见》指出，推动有效市场和有为政府更好结合，促进事业产业协同，支持老年文化团体和演出队伍交流展示。艺术团的各类演出活动，都离不开经费的支持，目前 80% 以上的老年大学办学经费都离不开政府的支持，而政府对于艺术团的开销支持能力有限。学校应当顺应大力发展银发经济的浪潮，允许具有资质的涉老企业走进校园。借鉴体育行业，中国足协在 2024 年发布公告，允许球队企业冠名，坚持俱乐部名称非企业化（中性名），在此前提下，允许俱乐部在 2024—2028 赛季对所属球队冠名。冠名对象必须具有合法资质和良好的社会形象。冠名名称应为赞助商企业或品牌名称，不包含商品或服务类别、组织形式等，且符合广告法及行业管理相关要求。涉老企业也需要良性的广告宣传模式，老年艺术团具有很好的代言潜质，艺术团助力企业文化，企业给艺术团以经济支持，可以有效解决经费困境。

6. 老年艺术团需紧跟时代发展

艺术需要欣赏、需要观众、需要传播。因此老年艺术团不能故步自封，艺术编排需要紧跟社会的发展而不断更新。艺术表演受众面应面向全社会各年龄层级，结合老年人群特色，以受广大群众的喜欢与否这支杠杆来调控艺术团的发展方向。以杭州风荷吉他摇滚乐队为例，乐队成员清一色退休老人，乐队推出的新歌：倡议老年人用智能手机的《蓝马甲之歌》登上央视舞台，与支付宝公司联动，引起社会关注。由此引发的思考是艺术的表演形式多种多样，老年教育工作者在从事老年艺术团工作中，应当发挥创造性，在传统歌舞中融入社会热点和流行元素，同时结合老年人群在传承文化、志愿服务、隔代教育等方面的积极社会作用，组建相对应的艺术团队，让艺术扎根生活，让更多的老年人走进艺术团。

丰富老年人精神文化生活，助力于中国式积极老龄化社会建设任重道远。老年艺术团正在以一种积极健康、稳健向上的方式努力前行。让更多的老年人认识到自己体力、社会以及精神方面的潜能，并按照自己的需求、愿望和能力去参与社会，让社会各界更加重视老龄化社会发展，为老年人打造充分的保护、保障和照料的和谐社会。老年艺术团生逢其时，舞台广阔，前景光明！

中华传统文化融入老年教育的价值意蕴与可行逻辑

——以济宁市为例

胡萍丽[①]

【摘　要】老年教育作为终身教育体系的重要组成部分，在中华优秀传统文化的传承中担负着重要角色。本文通过分析中华优秀传统文化有机融入老年教育的优势，以济宁优秀传统文化为例，挖掘济宁优秀传统文化融入老年教育的可行逻辑，并提出课程内容的精心设计、综合活动的联合开展、交流平台的合理搭建等方法，旨在推动中华优秀传统文化与老年教育的有机融合，增强中华优秀传统文化的影响力和生命力，满足老年人的精神文化需求，推动老年教育的可持续性发展。

【关键词】中华优秀传统文化；济宁文化；老年教育

引言

党的二十大报告强调，建设全民终身学习的学习型社会，将我国打造成学习型大国，确保全体人民共同参与到学习中，打破时空因素对学习的阻碍，丰富国民的知识技能储备，为我国建设社会主义现代化强国奠定强有力的人才基

---

① 胡萍丽，硕士，中共山东省鱼台县委党校高级讲师。

础。老年教育作为全民终身学习体系的核心板块之一，可助推我国构建全新的教育发展格局，其重要性不言而喻。在 2023 年 6 月召开的文化传承发展座谈会上，习近平总书记明确提出了建设社会主义现代化强国的发展目标，突出强调了中华优秀传统文化传承与发展的重要意义。习近平总书记的重要指示为老年教育的创新发展指明了方向。老年教育必须严格遵循文化传承与建设的一般性规律，根据时代发展需求，努力创造属于新时代的新文化。因此，构建将中华优秀传统文化全面融入老年教育的可行性方案就显得尤为重要。

一、中华优秀传统文化有机融入老年教育的价值意蕴

（一）完成老年大学传承优秀传统文化的使命

中华优秀传统文化拥有悠久的历史底蕴，彰显了中华民族的独特精神，丰富了中华儿女的精神世界并融入其思想血脉之中，在潜移默化中发展为中国特色社会主义文化之根，逐渐延伸出社会主义核心价值体系。持续传承中华优秀传统文化，体现了中国特色社会主义文化建设事业的发展智慧。在文化传承发展座谈会上，习近平总书记强调："在新的起点上继续推动文化繁荣、建设文化强国、建设中华民族现代文明，是我们在新时代新的文化使命。"老年教育同样是传承中华优秀传统文化的重要力量，应主动按照习近平总书记的发展指示及相关国家文化发展政策，肩负文化传承的时代重任。老年教育重在为老年群体提供相关教育服务，有机融合中华优秀传统文化要素，可助推老年群体形成更为强烈的文化认同理念，根植守正创新的文化发展思想，确保中华优秀传统文化在传承的基础上创新发展。

（二）发挥老年教育健康关怀与帮扶的作用

中华优秀传统文化是老年人获取精神养分的重要素材，因此需提升老年人学习中华优秀传统文化的积极性与自主性。作为中华民族的智慧结晶，中华优

秀传统文化融合了道德、伦理、哲学等学科内容，为老年教育的文化活动开设提供了丰富的资源支撑。例如，老年教育可以“道德”为活动主题，开展一系列的诗词歌赋、书画艺术等活动，帮助老年人从浅层的“道德”文化认知向深层的“道德”文化实践转化，实现中华优秀传统文化的深度学习。此类文化活动的开设可促使老年人逐渐形成科学的价值认知，推动其文化修养与审美情趣的持续改善。与此同时，中华优秀传统文化还有太极拳、民间舞蹈、音乐表演等动态性内容，将其全面运用于老年教育中，有助于老年群体保持健康的身体状态，延缓衰老，进而提高其晚年生活质量。

（三）升级老年教育传统内容的固化形式

当前，我国老年教育的主要矛盾是“老年人日益增长的学习需求与老年教育发展不充分、不平衡之间的矛盾”。老年人的学习需求日益增长和多元化，供需矛盾比较突出，“一座难求”现象十分普遍。中华优秀传统文化为满足老年学员多样化学习需求提供可能。一方面，中华优秀传统文化与老年教育的结合，可鼓励当地依托本土文化历史、人文资源和民俗民风等特点，打造老年教育特色化体系，使老年大学课程和教材体系更充实、更多元、更独特。另一方面，中华优秀传统文化对老年教育的体系建设会产生立体、全面、系统的影响，包括校园教学、活动、场地、设施、制度等各方面。地域性文化的渗透，使老年大学各具文化特色，老年教学、老年活动等内容更加丰富多彩。

二、济宁优秀传统文化有机融入老年教育的可行逻辑

（一）济宁优秀传统文化为老年教育提供了优质素材

济宁地区具有丰富的历史文化资源，如东夷文化、华夏文明、儒家文化、水浒文化、运河文化等。历史上的济宁名家辈出，如孔子、孟子、颜回、左丘明等。济宁优秀传统文化中的人文内涵、哲学思想与老年教育具有高度契合的

发展逻辑。例如，儒家思想文化与老年教育的融合有助于丰富老年人情感体验，提升文化素养。传统运河文化可向老年群体展示“包容、创新、诚信、谦和、担当”的“运河精神”。老年群体深度学习优秀传统文化，将会逐渐认可优秀传统文化内核，使学习更加生动有趣，提高学习积极性。除此之外，济宁市政府对文化事业建设给予了高度重视，要求从顶层设计层面支持文化发展，积极开发济宁特色文化资源，如此不仅巩固了地方文化发展工作，也为地方文化融入老年教育创造了条件。

（二）老年教育为济宁优秀传统文化提供了传承场域

随着时代的变迁和社会的发展，许多优秀传统文化面临着传承和发展的困境。而老年教育作为重要的文化传承载体，可以通过教学、实践等方式，将这些优秀传统文化传承给更多人群。通过老年学员的学习和实践，济宁的优秀传统文化得以在更广泛的范围内传播和弘扬。例如，济宁老年大学突出优秀传统文化特色，以圣人圣地、文化“两创”、运河文化等为主题，设计开发 4 条优秀传统文化游学线路。组织书法班学员到曲阜“三孔”游学，在汉魏碑刻馆开展现场教学，让学员现场感悟汉魏碑刻书法。济宁老年大学还搭建了开放共享“文化舞台”，把社会单位“请进来”共办文化活动，先后邀请红十字会、关工委、老科协、公安局、医院等单位走进老年大学，共同举办优秀传统文化讲座、智慧助老和健康知识普及、文艺联欢等活动；创办以优秀传统文化为主题的校园文化艺术节，举办书画展、民族舞蹈、民族器乐、民族戏曲等优秀传统文化专场演出。老年学员在学习过程中能够结合自己的生活经验和感悟，对优秀传统文化进行新的解读和创新，为优秀传统文化的发展注入新的活力。

（三）济宁优秀传统文化为老年教育深化了力量源泉

目前老年大学将休闲娱乐课程作为主要教育内容，重点开设了书法绘画、健康保健等课程，对老年学员的新技能学习需求重视不够。在课程设置初期，老年教育并未详细规划课程内容、课程目标、教学框架等，学员无法根据自身的兴趣偏好参与课程学习。同时教学内容设计工作也存在着一定的随意性与主观性，任课教师可根据自身需求选择或编写课程教材，因此教学尚未形成规范化体系。

济宁优秀传统文化内容厚重且丰富。如济宁琴书、鲁西南鼓吹乐、嘉祥渔鼓、微山湖端鼓腔等传统民间艺术形式，以其独特的艺术魅力和文化内涵，深受老年人的喜爱。在老年教育中，将这些艺术文化合理融合，不仅能够丰富老年人的精神文化生活，还能够感受到优秀传统文化的独特魅力，增强文化自信和民族自豪感。此外，济宁优秀传统文化还在老年教育中发挥着教育引导的作用。通过举办优秀传统文化讲座、展览、演出等活动，激发老年人对优秀传统文化的兴趣和热爱。这些活动还能够帮助老年人拓宽视野、增长知识，更好地帮助老年人提升自我价值的实现能力，并为他们重新融入社会提供了更多的机会。

三、济宁优秀传统文化有机融入老年教育的现实路径

（一）课程内容的精心设计

在当前阶段，老年教育工作人员在设计教学内容时，需系统学习我国优秀传统文化，科学分析其与老年教育互相融合的切入点。

首先，根据实际情况开展教学活动。由于老年学习者拥有不同的知识背景和兴趣偏好，因此，在设计课程内容时，我们应该基于优秀传统文化，充分了解不同老年学习群体的基本特质和学习需求，实行差异化的教学方法。课程内容设计应结合老年学习群体的兴趣偏好、文化背景与认知水平等实际情况，帮助他们真正理解优秀传统文化的内涵。例如，济宁老年大学的课程设计主要面向离退休干部，这个群体一般具有较高的文化水平。因此，在后续的教学内容设计中，学校应该选择济宁优秀传统文化中较为深奥的部分，如文化背景、文化源流和文化演变等，并在课后向学员介绍近几年济宁优秀传统文化的发展和

创新之处，从而实现对优秀传统文化的传承。

其次，注重关联现代生活。学习优秀传统文化不能仅限于理论和历史知识的掌握，还需要与现实社会相结合。以济宁老年大学为例，教师设计了书法教学活动，以此强化教学与优秀传统文化的联系。在教育实践中，教师不仅要深入浅出地阐明汉字的起源历史、发展历程及其与民族文明的密切联系，而且要激发老年学员对汉语文字认知的热情，加深他们对国粹文化的认同感。在此基础之上，教师还需播放与书法艺术作品相关的影像资料，帮助老年学员理解和感受这些作品的美学精神，同时激励他们解析作品蕴含的文化精髓与艺术魅力。此外，教师还可以指导老年学习者掌握汉字书写的技巧，包括笔顺和字形结构，并在实际练习中自如运用硬笔书写体现社会主义核心价值观的内容。通过这样的教学过程，不仅实现了优秀传统文化与现代文化的有机融合，而且促使老年人在接受优秀传统文化熏陶的同时，逐步认同和接纳新时代中国特色社会主义文化的价值理念。

（二）综合活动的联合开展

为了更好地利用本土优秀传统文化资源，老年教育中心可以策划和组织校内外协作活动，以此拓展老年学员的学习空间。

第一，老年大学可以鼓励学员积极参与本地文化实践，使其直接参与到民间文化的传承中。由于济宁非遗文化资源丰富，学校可以安排老年学员走访非物质文化遗产展览中心，以便他们能够亲身接触并深刻感受非遗之美。通过深入学习与自主体验，老年学员将能更加直观地认识到优秀传统文化的深刻内涵和价值。

第二，围绕优秀传统文化知识搭建专项讲座。老年教育机构可以聘请领域内的专家学者开展系列讲座或文化研究班，帮助老年学习者全面掌握优秀传统文化的起源、发展和影响。比如，邀请专家介绍济宁传统节日节庆的主要风俗与产生渊源，让老年学员深入感受优秀传统文化在日常生活中的重要作用。

第三，积极促进文化交流与互动。老年教育机构可以为老年学员搭建交流和展现的舞台，激发他们踊跃参加民族文化艺术的会演、竞技演出等系列活动。同时，可以联手社区组织或其他教育机构合作开展文化互动项目，共同举办传统文化艺术相关的公益活动。此外，我们还可以组织老年学员参观文化遗址或博物馆，让他们在亲身体验中更好地理解和欣赏优秀传统文化的魅力。这种结合课堂教学和文化游览的课外活动，能够有效地将学员的已有知识与经验相结合，实现提升他们对优秀传统文化审美情趣的教育目标。

（三）交流平台的合理搭建

第一，建立针对优秀传统文化主题的学习与交流平台，促使老年人能系统地学习优秀传统文化，进而推动优秀传统文化创新性的传承与发展。老年教育机构可以考虑开展研讨活动或在线课程，邀请不同领域的专家定期开展线上直播课程，来精准解读优秀传统文化的精髓，覆盖历史、艺术、诗词、绘画、书法等板块，让学员真正热爱学习优秀传统文化。这种方法不仅能够消除地理位置带来的文化差异，还能够帮助老年学员更快速、更全面地掌握优秀传统文化知识。

第二，创建线上社群或讨论平台。教师可在微信、QQ、抖音等平台组建线上讨论群组，组织老年学员互相交流、互相学习，甚至可开展优秀传统文化线上展览活动。例如，在论坛的支持下，老年学员可向他人分享自身艺术作品，如书法作品、音乐演奏作品等，加强与同辈群体之间的互动，从而提升他们对优秀传统文化的学习兴趣。

第三，整合社区资源，设置传统技艺传习班或优秀传统文化体验营地。例如在微信平台创建优秀传统文化交流社群，并从中选拔有兴趣和基础的老年学员担任群主，根据不同的兴趣类型设立不同的群组，如音乐、茶道、书法等。学员可以根据自己的兴趣选择参与，通过视频展示自己的学习成果，并接受同伴的评价。教师在此过程中发挥鼓励作用，针对老年学员学习成果给予正向评价。

四、结语

老年教育已经成为社会发展的重要组成部分。中华优秀传统文化在老年教育中的应用不仅有助于老年人的身心健康，而且能够传承和弘扬中华民族的优秀传统文化。在此背景下，老年教育机构应充分挖掘本地所蕴含的优秀传统文化元素，将本土文化与老年教育有机融合，让老年教育课堂成为践行“老有所乐”与“老有所学”任务的“一线阵地”，为促进老年人的全面发展和社会和谐稳定作出积极贡献。

老年教育在家风传承中的意义地位和作用

王卓营[①]

【摘　要】家风是我国传统文化的重要组成部分，凝聚着家庭或家族中先祖先辈对后人的人生理想、精神品质、价值观念和信仰追求，是家族成员共同的文化基因。在家风传承中，通常是家族通过文字化记录固定下来或者家中长辈以语言表达和行为方式，留传给子孙后代的道德典范，是家庭伦理、道德教育的思想精髓，在现实生活中富有深刻的实践性、形象性、生动性、哲理性和针对性，具有感人至深至诚的情感色彩，是现代社会进行家庭教育的范本，是公民道德教育的基石，饱含着浓浓的家国情怀和传统文化元素。中华优秀传统文化是中华民族的“根”和“魂”，所蕴含的丰富教育资源是落实立德树人的思想指南，促进教育高质量发展的行动先导。老年教育作为教育事业和老龄事业的重要组成部分，肩负着弘扬中华优秀传统文化的重要任务，对促进家风传承和创新，培养堪当民族复兴大任的时代新人负不可推卸的历史责任，特别是对于包括老年人在内的全民族坚定“四个自信”，增强“四个意识”，做到“两个维护”具有重大意义和十分重要的作用。

【关键词】老年教育；家风传承；意义和作用

我国是世界上唯一文化延承且延绵不断的国家，对家与国的思想认识有着强烈的血脉传承，像“修身、齐家、治国、平天下”“一屋不扫，何以扫天下”

① 王卓营，河南省老干部活动学习中心副主任。

等思想，充分说明了“家国一体”。习近平总书记多次强调要厚植家国情怀，把实现个人梦、家庭梦融入国家梦、民族梦之中，这更加印证了家与国密不可分的全局观，家风如同国风的高尚思想情怀。

有国才有家，有家就有家风。家风俗称门风，是家庭或家族世代传承的优良作风和良好风尚，是一个家族世代袭承的优良传统。中华民族5000多年的灿烂文化孕育出许多优良传统，其中，家风作为家庭乃至家族的传统风尚，是中华民族传统美德的现代传承之一，是家族的传统、规范、风气、风格等经过长期培育形成的一种优秀传统文化，具有强大的感染力。老年教育是国民教育的重要组成部分，担负着弘扬和传承中华优秀传统文化的重要使命。在当前社会转型不断深入，社会各方面发生深刻变革，尤其我国现代化建设面对百年未有之大变局和复杂多变的国际国内形势，我们应充分把握老年教育“老龄”和“教育”的双重工作属性，立足“积极老龄观”“健康老龄化”高度，充分认识老年教育在家风传承中的政治意义和社会意义，切实发挥其精神引领和建设性促进作用，努力为强国建设和民族复兴创造和谐安定社会局面，提供强有力的人才支撑。

一、充分认识老年教育在家风传承中的重大意义

家风的核心是塑造、培育与树立正确的价值观和道德观，是一个家庭最好的“精神不动产”。家风传承从表层上看似是家庭内部事务，实则是教育范畴内一项培育人、引导人和发展人的具体工作，对现代家庭和现代人进行深度文化滋养和文化浸润，能够跟大中小学校思政教育，特别是老年教育、关心下一代等工作形成良好的态势聚合，进一步满足人民群众的精神文化需求，更好地促进现代人自由全面发展。老年教育处于终身教育的最未段，优秀家风传承是一本丰富多彩而又鲜活的教科书，老年教育注重和加强家风传承，对于贯彻落实习近平新时代中国特色社会主义家国思想，培育和践行社会主义核心价值观，更好地推进社会主义精神文明建设，构建“为家庭谋幸福、为他人送温暖、为

社会作贡献”的新时代社会主义文明新风尚具有重大意义。

一是家风传承是老年教育贯彻落实习近平新时代中国特色社会主义思想的必然选择。家风是家庭最宝贵的“精神资产”，其中蕴含的优秀传统文化思想浓缩着深厚家国情怀，这是留给子孙后代最有价值的宝贵“精神遗产”。家国情怀是我国优秀传统文化的宝贵精神财富，是中华民族共同奋斗的强大精神力量，在家尽孝、为国尽忠是中华民族的优良传统。习近平总书记多次强调，要推动全社会注重家庭家教家风建设，激励子孙后代增强家国情怀，努力成长为对国家和社会有用之才。

老年教育具有广泛的社会性，不仅面向社会各阶层各行业，扩大社会老人受教育的覆盖面，而且坚持正确的办学方向，把传播优秀家风思想和现代家庭先进家风理念，作为传承中华民族优秀传统文化的重要内容，着力打造特色课程，努力提高老年人家风传承的自觉性，这是老年教育贯彻落实习近平新时代中国特色社会主义家国思想、家国情怀的必然选择，是创新新时代好家风的必然选择，不仅为子孙后代健康成长创造良好的家庭环境，帮助子女扣好人生的“第一粒扣子”，迈好人生的“第一个台阶”，而且使老年教育以家风传承更好地促进中华优秀传统文化创新发展，让一老一少成为引领全社会更加自觉地坚定拥护“两个确立”，坚决做到“两个维护”的重要力量。

二是家风传承是老年教育弘扬中华民族优秀传统文化的具体行动。我国是全世界唯一文化延承不断的国家，在繁杂冗长的国风中映射着传统家风的思想内容。从一定程度上讲，家风是中华优秀传统文化的精华，无论是文化界、学术界还是理论界，研究家风时常常将家风和传统文化联系在一起探讨中华优秀传统文化，研究民俗文化时习惯把家风作为重要内容。因此，习近平总书记指出，中华优秀传统文化有很多重要元素，比如，天下为公、天下大同的社会理想，民为邦本、为政以德的治理思想，九州共贯、多元一体的大一统传统，修齐治平、兴亡有责的家国情怀。习近平总书记还经常强调，中华优秀传统文化是中华民族的精神命脉。

老年教育是国民教育的重要组成部分，对传承和弘扬中华优秀传统文化应负有义不容辞的责任。传统家风作为中华优秀传统文化的重要内容之一，有着丰富的精神内涵和道德教化的德育价值，老年教育要把家风传承纳入传统文化教育的具体行动，作为落实立德树人的重要任务，推动思想政治教育高质量发展，培养堪当民族复兴大任的时代新人的重大举措，教育引导全社会老人从修身勉学、言传身教等入手进行家风传承，进一步弘扬中华优秀传统文化，使传统文化和家风文化共同焕发新的时代活力。

三是家风传承是老年教育促进社会主义精神文明建设的时代要求。家庭命运与国家命运紧密相连，家庭和睦幸福是国家稳定安康的前提和保障。从人类社会文明的起源和发展看，家风是家庭文化底蕴的充分彰显，是社会主义精神文明建设的重要载体。习近平总书记指出，要重视家庭文明建设，努力使千千万万个家庭成为国家发展、民族进步、社会和谐的重要基点，成为人们梦想启航的地方，要动员社会各界广泛参与家庭文明建设，推动形成爱国爱家、相亲相爱、向上向善、共建共享的社会主义家庭文明新风尚。这充分表明家风传承的基本作用，指明了新时代家风建设的基本方向和构建新时代家风的思想和行动指南。

老年教育是提升学习养老和文化养老服务质量，全面、多样、高质量满足老年人精神文化需求，促进全民族素质提高的特殊教育形式。老年人退出工作岗位后，散居在家庭中，是子孙后代的“第一任老师”；活跃在社会各行各业，随时随地以其特有的文化、思想、观念和行为方式教育后人，进而影响社会。尽管随着时代的发展、社会的进步，人们的生活生存环境发生巨大变化，但家庭的地位和作用是永恒不变的，仍然是每个“自然人”“自由人”进入社会的必然通道。面对中国特色社会主义进入新时代，老年教育要牢牢把握家庭的社会功能和文明作用依然没有变的社会现状，坚持把家风传承作为社会主义精神建设的时代要求，积极挖潜和转换优秀家风资源，努力为现代公民道德建设提供积极内容，为社会主义的精神文明建设提供可资参照、借鉴的传统依据，为建设富强、民主、文明、和谐的社会主义国家做出积极的教育贡献。

二、准确把握老年教育在家风传承中的重要地位

老年教育作为积极应对人口老龄化总体部署，其首要的功能是基础育人功能，解决的是老年人受教育的问题，通过开展思想政治、思想道德和科学文化、传统文化教育，满足老同志新时代精神文化需求。因此，老年教育在文化功能方面，是社会主义精神文明建设的重要载体，是促进家庭文化建设与传承的纽带，在家风传承中具有重要的教育地位和文化地位。

一是老年教育是家风传承的最佳教育平台。教育的目的是引领人健康茁壮成长，实现人的全面发展。在当前我国正在向高质量发展中，受外来文化糟粕和社会消极思潮等不利因素的影响，产生了物质生活越好、科学技术越发达，物质文化与精神文化追求不平衡不断加剧的现象。老年教育是终身教育体系的重要组成部分，在新时代家风传承中，其核心是培育和践行社会主义核心价值观，传递向上向善的正能量，满足广大人民群众的精神文化需求，以缓解人民日益增长的美好生活需要和不平衡不充分的发展之间的矛盾，从而形成“修身立德以润家风、科学教子以传家风、从严治家以正家风”良好态势，使老年教育在家风传承中成为培养中国特色社会主义事业建设者和接班人的最佳教育平台。

二是老年教育是家风传承最好的教育方式。家庭尽管是社会中的最小细胞，却是人类社会中反应最敏感的组织，在家庭日常教育中，老辈人把“做人、立身、处世”的好家风，对子女进行经常性的灌输和引导，并以良好的道德行为身体力行，使后人接受家庭熏陶和社会道德的约束。老年教育作为开发老年人力资源，鼓励老同志在家庭发展、家庭教育、家风建设中发挥传承作用，为促进经济社会发展继续发挥余热，进而成为实现个人价值的重要途径、家风传承的最好教育方式。

三是老年教育是家风传承最牢靠的文化桥梁。家国情怀是我国优秀传统文化的宝贵精神财富，是中华民族共同奋斗的强大精神力量。家风传承不但记载着家族迁徙繁衍中思想文化和道德风尚等传统美德的延续，而且其中蕴含的优

秀传统文化思想，更寄托着家庭成员饮水思源、敬宗睦族、扬善抑恶的家国情怀。老年人热爱并热心于中华民族传统文化，对借鉴和吸收世界优秀文化具有高度的警惕性。所以，以促进老年人“积极老龄化”为办学宗旨，以优化老年人生活质量为办学目的老年教育，不仅是丰富老年人精神文化生活的重要举措，并且是促进家风传承的最可靠的文化桥梁。

四是老年教育是家风传承最深厚的文化纽带。家是最小的国，国是千万家，家风中蕴含的优秀传统文化成分和要素，是中华民族“根祖文化”的重要内容。而“根祖文化”作为中华优秀传统文化的重要组成部分，能够将不同年龄、不同职业、不同地方却同根同源的人们联系在一起，成为相互之间的文化纽带，是最契合国人寻根问祖、敬祖恋乡、落叶归根的心理承继，可激发后人对祖先的思慕之心、恭敬之心，培养对家庭的责任感和对国家对民族的热爱之情。老年教育作为促进老年人参与社会服务、维护社会和谐稳定的重要平台，是当今时代能够激发民族情感和家国情怀、促进家风传承的最丰厚文化纽带。

三、老年教育在家风传承中具有重要作用

老年教育的主体是老年人，是围绕老年人精神文化需求而开展的学习活动，是成人教育的重要形式之一。不但能够增强老同志从岗位上退下来后的心理调适能力，及时适应退休生活和学习环境变化，而且可以获得新的知识技能，继续为社会为家庭作出新贡献。家庭是构成社会的基本单位，家风影响国风，国风也影响甚至决定家风。老年教育把家风传承教育融入国风教育之中，对于将家国优秀传统文化的传承发展、进一步深化和推进社会主义先进文化建设、净化社会风气、促进社会沟通、维护社会和谐稳定具有重要作用。

一是以家风传承为导向的老年教育对推进党风政风建设具有重要的促进作用。家风是从社会方面营造的文明风尚，家风中的道德力能够影响以党风政风为主要内容的国风，国风的道德力同样能够影响家风。在社会主义新时代，醇美和谐的家风，光明清正的党风政风是当前着力建设的时代之风。党的十八大

以来，以习近平总书记为核心的党中央高度重视家风建设，强调加强党风政风建设必须从重视家风和家庭教育开始。家风是现代公民的德行奠基，积极健康向上的家风渗进子孙后代血液，渗进社会公道、职业道德建设之中，影响着党风政风。新时代老年教育应立足于“两个积极看待”，引导老年人以建设清澈家风为源头，积极滋养良好品格，回归纯朴民风，进而推动党风政风出现新变化新气象。

二是以家风传承为氛围的老年教育对弘扬社会主义核心价值观具有重要的涵养作用。传承家风是历史使命，是有效落实社会主义核心价值观的重要渠道，可以奠定基本的人格道德。优秀家风与核心价值观有着密切的联系，根源于我国的传统文化，有助于践行社会主义核心价值观。家风传承将社会主义核心价值观与中华民族传统美德相互融合，从而形成良好的社会风气。老年人是家风传承和社会文明传播的精神使者，家风是有效落实社会主义核心价值观的基本途径，老年教育把家风传承作为重要的历史使命，将现代家风与时代相接轨，使之成衔接传统文化和核心价值观的精神血脉，让社会主义核心价值观真正外化成人们的行为自觉、内化成人们的精神信仰，进一步深化传承优良家风涵养社会主义核心价值观的德育价值和作用。

三是以家风传承为传统的老年教育对于推进民族复兴具有重要的精神激励作用。天下之本在国，国之本在家。家庭作为社会的细胞，也是国家的基本单元，两者在本质上是同呼吸、共命运的共生关系，尤其在我国进入社会主义新时代之后，所谓国家富强、民族振兴以及人民幸福，都表现在千万个家庭的幸福、和谐、美满。习近平总书记多次强调，广大家庭都要把爱家和爱国统一起来，把实现家庭梦融入民族梦之中。我国自古就有尊老敬贤的传统美德，源自老年人在社会中起着承前启后传播人类文明的重大作用。为此，老年教育视家庭是精神成长的沃土，是培育家国情怀的起点，是涵养优良家风的原点，将家风传承与爱党、爱国、爱人民相统一，把实现个人价值与社会价值以及国家价值紧密联系在一起，为建设社会主义现代化强国、实现中华民族伟大复兴提供强大的精神动力。

四是家风传承为支撑的老年教育对推进美丽中国建设具有深远的影响作用。传统家风是在家庭文化的熏陶下，让子女后代接受良好传统教育，为形成良好思想品德和行为习惯提供良好的成长环境。家风传承是社会道德传承，更是文化传承。中华优秀传统文化不仅包含着人与人、人与社会之间的关系，还存在着人与自然的关系，蕴含着尊重自然、热爱自然、与自然和谐共生的理念。在把我国建设成为富强、民主、文明、和谐、美丽的社会主义现代化国家的新征程上，尊重关爱大自然已成为新时代家风的重要内容之一。老年人在家中是家长，有威信；在社会中是长者，受尊重，他们的一言一行对家庭、社会都具有一定的影响。老年教育以家风传承为支撑，鼓励老年人树立热爱大自然的新时代家风理念，以家庭为基本单位，培养子孙后代不仅亲人爱人、亲社会爱社会，而且还要亲自然爱自然，注重养成低碳绿色环保的生活理念和生活方式，做到节约资源、保护环境，对以千万绿色“小家”支撑起美丽中国“大家”建设具有深远的影响和带动作用。

五是以家风传承为支点的老年教育对推进强国建设具有强有力的支撑作用。老年教育具有“老年”的社会属性和“教育”的根本特性，家庭是家风的“生产厂家”，而家风是一个人成长的“地基”，是个人进入社会的“注册资本”。习近平总书记强调：“无论时代如何变化，无论经济社会如何发展，对一个社会来说，家庭的生活依托都不可替代，家庭的社会功能都不可替代，家庭的文明作用都不可替代。”这“三个都不可替代”的重要思想论述，充分说明家庭是家风社会功能和文明作用实现的重要载体。

当前，新时代家风既倡导“向上”又主张“向善”的价值理念，目的是通过良好的现代家庭文明建设，以时代老人培养时代新人，更好地服务中国特色社会主义现代化强国建设。家风传承看似起源于一家家一户户相对独立的家庭，但与国家和民族的命运紧密相联，是社会主义现代化强国建设的重要支撑。面对当前我国加快推进社会主义现代化建设，老年教育牢固树立终身教育的教育理念，坚持面向社会的社会思想，教育老年人以家风传承为社会支点，把新时代家风作为家庭文明的集中表达和价值凝练，大力倡导爱国爱家、相亲相爱、向上向善、共建共享的时代新风，滋养现代家庭建设，以此调动人民群众的主观能动性，为实现全体人民共同富裕、物质文明与精神文明相协调、人与自然和谐共生、全人类和平发展的中国特色社会主义现代化提供坚实文化底蕴和人才支撑。

六是以家风传承为要素的老年教育对促进社会和谐稳定具有重要的维护作用。老人安，天下安。人口老龄化涉及经济、政治、文化、社会等诸多领域，事关我国改革、发展、稳定大局。老年教育立足老人、家庭、社会和国家等诸要素，充分发挥教育引导作用，积极开拓老年人视野，广泛调动积极因素，着力给老年人提供宽松、和谐、健康的生活环境，更好地促进和维护全社会和谐发展稳定；老年人既是老年教育的主体，又是家风传承的主要力量，具有独特社会优势，是维护国家和社会稳定的重要社会力量；老年人社会阅历深，深切了解今天的幸福生活和安定团结政治局面来之不易，社会主义信念无比坚定，政治立场和政治旗帜鲜明，利用好这一政治优势教育青少年，关心下一代健康成长，是维护国家和社会更加稳定的政治力量。

从家风传承的系统性和整体思维看，家庭是重心，家庭作为社会的基本单位，又是传承现代文明和价值观的“大本营”。良好的家风在微观上促进子女茁壮成长成才，维护家族建立良好的家庭关系，同时其释放的巨大的共振作用，能够净化社会整体氛围，打造向好向上的社会生态，是维护社会和谐稳定的基础。老年教育为家风传承提供适宜的社会条件，为现代家庭构建新时代家风创造良好的社会环境，是实现家庭与社会共同进步重要前提，对于促进国家长治久安具有重要的维护作用。

《易经》生命观与老年生命教育深度融合的路径探究

陈秀锦[①]

【摘　要】《易经》中蕴含着丰富的生命智慧和价值观念，对探讨现代老年生命教育新思路具有现实借鉴意义。立足《易经》生命观，通过多途径宣传《易经》生命理念、建立《易经》生命教育资源库、多元开发教学方法和培养《易经》生命教育师资力量四个方面构建中国特色的生命教育体系，帮助老年人更好地认识和把握生命的本质和意义，提升老年人生命价值，实现老有所乐、老有所为。

【关键词】易经；生命观；老年生命教育；路径

截至2023年年底，我国60岁及以上人口为2.97亿人，占21.1%。其中，65岁及以上人口为2.17亿人，占15.4%。按照国际通行划分标准，当一个国家或地区65岁及以上人口占比超过7%时，意味着进入老龄化；达到14%，为中度老龄化。当前，我国已进入中度老龄化社会，老年人口比例逐年增加，老龄化进程明显加速，城市老年人已成为一支庞大而特殊的社会群体。如何面对衰老？如何看待生死？如何获得高质量的生命意义？让他们保持身体、精神和社会关系上的健康，形成积极快乐的心态，进而老有所为，是目前老年生命教育研究的重要课题。作为中华优秀传统文化的重要组成部分，《易经》蕴含着丰富

---

① 陈秀锦，亳州开放大学讲师，硕士，研究方向为教育理论与教育管理。

的生命智慧和价值观念，对当今的老年生命教育研究有重要的启示意义。

一、《易经》生命观

《易经》主要分为《经》和《传》两部，《经》是六十四卦和三百八十四爻，卦和爻各有说明（卦辞、爻辞）。《传》又称《十翼》，是诠释《易经》的经典著作。《易经》对生命的阐释是易经哲学的重要内容，它从天地宇宙的角度对生命的本质和意义进行了深入探讨。

《易传·系辞上》："乾知大始，坤作成物。"乾代表天，推动万物生机，令万物由无形变成有形；坤为地，推动有形质的万物生发。"夫乾，其静也专，其动也直，是以大生焉。夫坤，其静也翕，其动也辟，是以广生焉。"自然万物由天地产生，万物皆有生命，生命是自然万物的基本单位。《易传·系辞下》："变动不居，周流注虚，上下无常，刚柔相易。"生命的本质是变化与运动的过程，最终是由阴阳相互作用决定的。阴阳代表了宇宙中的两种对立但又相互依存的力量，阴阳动态平衡是生命存在和发展的基础。

《易经》中的八卦（乾、坤、震、巽、艮、离、坎、兑）代表了宇宙中的八种基本状态。它是一种象征系统，八卦的变化和组合形成了六十四卦，每个卦象都代表了一种特定的生命状态和变化规律。《易经》认为，人的生命发展和变化是一个不断循环的过程，包括生长、繁衍、衰老和死亡等各个阶段。《易传·系辞上》："原始反终，故知死生之说；精气为物，游魂为变，是故知鬼神之情状。"精气合则构成万物，形成人的生命机能。游魂是指人的灵魂，是生命的泉源，它是随着肉体生老病死而变化。八卦中的卦象之间相互影响、相互制约。生命中的各个方面也是相互关联的，一个方面的改变会对其他方面产生影响。

《易经》认为，宇宙万物都受到自然法则的支配。《周易·乾》："元亨利贞。"即乾卦象征天一样的性质，体现着刚健贞正、周而复始、强而不息。"天道无形"，生命的本质也是无形的，它超越了个体的存在，是与宇宙相融合的一部分，是在自然法则的指导下运行的。《易传·系辞上》："广大配天地，变通配四时，阴阳之义配日月，易简之善配至德。”人们应该通过磨炼和觉悟，顺应自然法则，与自然和谐相处，追求与天道的合一，才能获得健康和幸福。

《易经》强调了道德和仁爱的重要性。《易传·象》：“天行健，君子以自强不息；地势坤，君子以厚德载物。”它教导我们应该以正直和善良的方式面对生命，对待他人，建立积极的人际关系，以及培养美德来提高个人的生命品质。

《易经》生命观强调了生命是一个复杂而又有序的系统，生命要顺应自然法则动静变化，相互关联，守正仁爱，平衡和谐。通过研究和理解这些因素，人们可以更好地认识和把握生命的本质和意义，学会如何处理生活中的各种问题。

二、《易经》生命观融入老年生命教育的现实意义

生命的存在和死亡，是每一个人都不可避免的人生课题。古今中外，人类从未停止过对生命的思索和阐述。总的来说，国外老年生命教育领域的研究者主要关注如何帮助老年人树立正确的生死观，消除对死亡的恐惧，从而享受余生的幸福，坦然面对死亡的来临。我国学者因东方文化传统先是用生死教育替代死亡教育，后又将生死教育以生死取向的生命教育整合进生命教育之中。在联合国制定和颁布的老年问题的宣言、行动计划框架下，各国政府采取积极措施应对人口老龄化问题，而老年人生命教育是解决老年问题的重要方式，成为世界各国关注的重点。我国在面对日益严峻的老龄化社会挑战时，连续出台文件，制定了一系列政策，如《国家积极应对人口老龄化中长期规划》《“十四五”国家老龄事业发展和养老体系建设规划》等，凸显了对老年教育研究和实践的重视和支持。在这个背景下，立足中华优秀传统文化，从中华民族哲学智慧中探讨老年生命教育新思路、新实践具有重大的现实意义。

（一）《易经》生命观融入老年生命教育有助于提升老年人精神高度

《易经》作为中国传统文化的瑰宝之一，具有丰富的智慧和哲学内涵。它强

调天人合一、阴阳平衡的理念，可以帮助老年人重新审视人生，深入思考自己的人生轨迹，找到内心的平衡和安宁。《易经·乾》："亢龙有悔。"意思是，人到了鼎盛之时，其趋势必然下降，一味前进而不知谦退，难免会后悔。随着时间流逝，一个人从精力旺盛的中年阶段慢慢步入了精力衰退的老年阶段。《易经·屯》："即鹿无虞，惟入于林中，君子几不如舍，往吝。"到了退休年龄，从工作岗位上退下来，即使想发挥余热，也要量自己"时""位"而行，不能与年轻人争强好胜，更不能打压排挤。当然也不是功成身退，"既济"后是"未济"，启示人们老年阶段是另一个人生阶段，是新的人生阶段起点，需要认真复盘，回顾总结，思考自己的优点和不足之处，立足自己的"时与位"，调整自己的心态，从容面对新的人生挑战。

对于老年人而言，退休后会面临身体健康、社交圈子缩小生活习惯转变等问题，如果不能顺利调整，就会出现身心疾病。《易经》强调"变动不居"，老年群体要认清事情发展规律，接受现实，顺应自然，调整自己的心态和生活方式灵活应对变化，保持内心的平静和宁静，提高生活质量。

（二）《易经》生命观融入老年生命教育有助于丰富老年生命教育课程建设

目前，老年教育课程多是安全防护、医疗保健、休闲艺术类，生命教育没有得到应有的重视，生命教育课程也缺乏传统文化智慧哲学的融入。学校课程是因需而设，生命教育课程的比重小恰恰反映出老年学员对自己的生命发展没有正确的认识，忽视了自身存在的能动性、积极性和创造性。能否感悟到生命的本质意义与年龄并无必然关系，在《易经》生命观中，老年被视为一个重要的生命阶段，有独特价值和意义。老年生命教育不仅是传授卫生保健知识，更重要的是培养老年人生活智慧和内在能力，帮助他们重新审视和理解自己的人生，使他们能够在老年阶段继续发展和成长。《易经》作为"群经之首，大道之源"，是中国文化的总源头，对时空、得失、进退、福祸、变通、形势等理念有着积极辩证的阐释，影响着中国人的思维方式和行为习惯。因此，将《易经》

融入老年生命教育课程，老年人是很容易接受和理解的。同时，《易经》文字表达短小精悍，简洁凝练，这种“留白”特性展示的是《易经》的开放性和兼容性，人们可以根据《易经》哲学思维开发出符合当今时代与社会发展特点的老年生命教育课程。

（三）《易经》生命观融入老年生命教育有利于促进社会和谐发展

除了身体健康外，老年人常常面临家庭关系、社会关系等方面的变化和挑战。社会上每一个个体与周围环境中的其他个体、社会、国家有着千丝万缕的联系，社会的进步和发展离不开每一个生命的成长和发展。因此，当每个个体都处理和协调好与周围环境的关系时，才能营造和谐的社会氛围，实现自身生命的进步发展。64 卦代表 64 种不同的人生变化，归纳出不同的应对准则，包含天人合一、身心平衡、安身立命、交泰和合等哲学思想。人们只有效法天地自然，认真思考，才能在与周围环境相处时坦然面对，游刃有余，达到人与自然、人与社区、人与社会的和谐。同时，在《易经》学习过程中，老年人可以与周围人群分享心得体会，互动交流，增进彼此的理解和沟通，也有利于在家庭、社区和社会上倡导中华优秀传统文化，以微薄力量增强身边每一个个体的民族文化认同感、归属感，减少冲突和矛盾，促进社会的稳定与发展。

因此，《易经》生命观融入当今老年生命教育具有重要的时代意义，对于老年人而言，可以慰藉心灵、培养智慧、变化气质、涵养德性、提升精神，帮助老年人重新体会生命意蕴，升华人生价值。

三、《易传》智慧与老年生命教育深度融合的路径

老年生命教育要想实现老有所乐、老有所为的目标，需要在中国特色文化语境下探索出符合中国特色的老年生命教育体系，在指导思想、课程建设、学术话语、实践路径等方面充分体现中国思维风格。《易经》生命观为老年生命教育发展提供了中华优秀文化养分，有利于丰富老年生命教育理论，深入思考和

探索老年人生发展新思路。

（一）多途径宣传《易经》生命理念

老年教育机构作为老年教育工作的主要承担单位，可以利用与老年人深度接触的优势多途径宣传《易经》的生命思维，通过如课程、媒体、社区活动、校园等载体，提高《易传》理念在老年人群以及社会的兴趣和接受度。举办《易经》文化展活动，观看和学习来自于《易经》灵感的舞蹈、音乐，吸引人们了解和参与《易经》文化，也可以制作《易经》宣传资料，如海报、手册、宣传片等，用简洁明了的语言和形象来传达易经核心思想。主动吸引社会各界力量共同参与，构建祖辈示范、父辈支持、孙辈效仿的三元一体亲子互动学习，政府主导、学校主体、社会参与的三方联动式多元教育模式，各取所长地同时共享社会资源，让老年生命教育焕发出源源不断的生机。鼓励人们将《易经》生命观融入日常生活中，如注重和谐、自然、责任、正义等，在实践中修己以诚，来感受和体验《易经》带来的美好和谐的生命状态。

（二）建立《易经》生命教育资源库

老年生命教育是以老年人的生命为中心的教育。自然生命和超自然生命两大体系，自然生命、社会生命和精神生命三大维度，有机地构成了生命的完整形态。围绕老年人生命形态，需要组织专业团队，全方位整理和开发《易传》生命教育资源，为老年生命教育提供可靠的资源支持和指导。设计适合老年学生的《易经》生命课程是老年生命教育资源建设的重要一环。很多老年学生非常渴望能够运用《易经》原理来解决精神困惑或者日常生活问题。课程内容应该有趣、实用，与他们的生活经验相关联。

从“医易同源”来看，《易经·系辞下》：“古者包羲氏之王天下也，仰则观象于天，俯则观法于地，近取诸身，远取诸物，于是始作八卦。”作为中医基本思维，把人体脏腑器官纳入易的框架，《易传·说卦》：“乾为首，坤为腹，震为足，巽为股，坎为身，离为目，艮为背，兑为口”，人体阴阳盛衰消长与事物阴阳变化有共同之处。因此，可以从中医养生角度开发老年人自然生命教育资源，引导老年人属于自己的“易式”科学养生。

生命关系教育通过加深老年人对生活日常人际事物的理解，达到与人际环境的和谐相处。《易经·乾·彖》:“乾道变化，各正性命，保合太和，乃利贞。”将《易经》中富有的和合观念、变通观念、平衡观念、时位观念引入老年社会关系教育资源库，建立相关课程，涵养老年人超自然生命品质。

（三）多元开发教学方法

老年教育多限于课堂和室内，这样的教学形式忽视生命教育的本质。生命教育只有通过丰富的生命体验才能发挥最大的效能。因此，在将《易经》引入老年人生命教育教学时，教师要结合老年人的特点和需求，开发适合他们的教学方法。可以邀请《易经》专家学者或研究者来进行讲座和研讨会，介绍《易经》的生命观及其当代价值。开展小组讨论，将生活中遇到的事情以讨论主题的方式，让大家用《易经》的生命思维来寻找解决之道。通过太极拳、八段锦、易筋经等健身气功引导老年人修身与修心相结合，在自身形体锻炼和呼吸吐纳之间体验阴阳平衡、天人合一。鼓励老年人参与志愿服务或者社区活动，帮助他们找到参与社会的机会和意义，增加对社会的认同感和价值感。带领老年人进入大自然，置身自然之中，感受自然的神秘、万物的多彩、生命的神奇，体验与宇宙万物融为一体的境界。在教学过程中，可以让老年人来讲《易经》故事，为他们提供实践机会，激发学习兴趣，支持和鼓励老年学习者在日常生活中更好地理解和运用《易经》原理。

（四）培养《易经》生命教育师资力量

中华优秀传统文化集聚自然、社会、生命智慧精华，融天、地、人道于一体，揭示宇宙、人生的本质和意义，博大精深、源远流长。老年教育教师作为教师队伍的一员，同样肩负着创造新时代新文化、共建中华民族现代文明的历史使命。文化强国，师资为先。并非仅仅是从事老年生命教育的教师需要提升中华优秀传统文化素养，从事老年教育的教育工作者同样需要具备一定的中国优秀传统文化底蕴。《易经》作为中华优秀传统文化的基础，应该纳入老年生命教育师资培养内容。

老年学生因为年龄阅历的关系对深层次人生知识更感兴趣，首先要通过专题培训的方式培养教师坚实的《易经》知识基础，这包括熟悉《易经》经典文本、哲学思维、卜筮方法、阴阳五行等基本概念，建立起对《易经》的系统性理解。其次要鼓励教师通过课题深入研究《易经》生命教育课程，以课题的方式推动教师不断学习相关书籍、文章，在实践中验证，在领悟中更新。最后要鼓励教师参加相关学术研究团体，在学习和观摩中成长。同时可以吸纳退休的资深《易经》研究专家发挥“银龄”力量，亲身指导培养青年骨干教师发展，发挥传帮带作用。

《易经》是一把生命的钥匙，能开启最复杂难测的宇宙和人生之道。通过学习研究《易经》生命观，帮助老年人更好地理解自己和周围世界，对人生形成更深刻全面的思考，更好地适应和开启自己的老年生活，走向更有意义和有目标的生命状态，从而提高个人生命的幸福感，促进社会和谐发展。

长寿时代与老年教育

王国安[①]

【摘　要】面对长寿时代的挑战，老年教育要转变观念，树立积极老龄观、健康老龄化和终身学习的理念，重新认识和发挥老年人的价值；促进健康老龄化，让老年人健康长寿；在老年教育中要充分发挥老年大学的优势和作用，创新老年教育课程，扩大老年教育优质资源供给，推进老年教育城乡均衡发展，为银发经济贡献老年大学的智慧和力量。这是老年教育工作者义不容辞的历史重任。

【关键词】长寿时代；老年教育；积极老龄观；银发经济

一、长寿时代理论综述

联合国人口司《世界人口展望 2019》显示，2019 年世界人口平均预期寿命已达到 72.6 岁，比 1990 年提升 8.4 岁，预计 2050 年全球平均预期寿命有望达到 77.1 岁。1990 年全球 65 岁及以上老年人约占总人口的 6.2%，2019 年这一数字上升到 9.1%，预计到 2050 年将达到 15.9%。与此同时，80 岁及以上高龄老年人人口的增速会超过低龄老年人，1990 年全球 80 岁及以上老年人口只有 5400 万，2019 年已达 1.43 亿，预计到 2050 年将达到 4.26 亿。

联合国数据还显示，在过去的几十年里，全球几乎都在经历生育率的下降，

① 王国安，宁波老年大学理论研究室副研究员、《宁波老年教育》执行主编。

总和生育率已从1990年的3.2降至2019年的2.5，到2050年将可能降至2.2的水平。这也导致全球出生人口增速已经变得非常缓慢，预计到2045年后全球出生人口数量将开始逐年下降。根据联合国人口司中等假设水平预测，全球人口规模可能在2100年前后到达顶峰并开始回落。

2018年，面对人类寿命日益延长和寿命增长所带来的生活与就业的改变，英国伦敦商学院管理学教授琳达·格拉顿等提出了“长寿时代”（the Age of Longevity）的概念。2020年，琳达·格拉顿教授和经济学教授安德鲁·斯科特出版了《百岁人生》一书，影响很大。作者提出了一个值得思考的问题：按照目前60岁的退休年龄，假使能活到100岁，请问退休以后还有40年时间，你该怎么过?

对于这个问题，我们每个人都有自己的回答。2021年，中信出版集团出版了《长寿时代》一书，书的副标题是——从长寿、健康、财富的角度透视人类未来，作者是陈东升，泰康保险集团董事长。作者认为，如何应对长寿时代带来的挑战，如何让长寿时代不伴随贫困和疾病，是整个人类面临的全球性大问题，甚至是关系人类未来发展方向和生死存亡的问题。长寿时代和随之而来的健康时代和财富时代，影响的不仅是老龄阶段的个体，而且是涉及全生命周期的人生规划。因此，重新规划长寿时代个体全生命周期的安排，使个体可以更好地应对长寿时代的挑战，是社会、政府和企业都需要考虑的问题。为此，作者提出了以下一些策略，以应对长寿时代的挑战：一是在社会层面，要通过产业结构的变迁满足长寿时代的个人需求；二是在政府层面，要健全社保体系，推动医养供给侧改革，引导经济转型和个体行为转变；三是在企业层面，要加速商业模式和组织转型以应对长寿时代的挑战。诚然，该书作者重点是研究商业模式和组织转型，以更好的产品应对长寿时代和银发经济的到来。但笔者以为，除了作者提出的三个层面的应对之举外，应该还有长寿时代老年教育的应对之策。

二、长寿时代与老年教育

面对长寿时代的挑战和银发经济的到来，老年教育要转变观念，重新认识和发挥老年人的价值；在老年大学教育中要创新老年教育课程，扩大老年教育优质资源供给，发展银发经济 。

（一）树立积极老龄观、健康老龄化和终身学习的理念，重新认识和发挥老年人的价值

世界卫生组织出版的《积极老龄化政策框架》一书强调，积极老龄化不仅是指老年人体力活动和劳动，还包括对社会、经济、文化等的积极参与和开发。

英国社会学家彼得·拉斯里特在《生命新图——第三年龄的出现》一书中提出了把人生区分为三个年龄段的理论。第三年龄段是 60 岁离岗退休阶段，这个年龄段是人生的顶峰。在这个阶段，人具有丰富的知识和经验，并且拥有自己支配的足够时间，可以按照自己的意愿，发挥自己的潜力，达到全面发展的境界。这个理论虽然也有一些不足，但它基本符合人的生命历程，对积极老龄观教育具有重要意义。今天，在人类进入长寿时代后，那种“学习、工作、退休”的“三段式”人生即将成为过去，多段式的人生模式正在产生，学习不再是人生某一个阶段的事，终身教育和终身学习将成为长寿时代人们新的生活方式。

中国 60 周岁及以上老年人口从 2000 年的 1.26 亿增长到 2021 年的 2.64 亿，同期老年人口占总人口的比重从 10.2% 上升至 18.7%。预计“十四五”时期，我国 60 周岁及以上老年人口将超过 3 亿，占总人口比例将超过 20%，我国将进入中度老龄化社会。在老年人口中，有 80% 左右的老年人年龄在 60—79 岁之间，这正是第三年龄段的时间。这一年龄段的老年人有丰富的知识和经验，有潜在的发展能力有待开发，还可以有所作为，为社会作出贡献。但在这个群体中，继续参与社会工作的仅占 10%~20%，还有不少人才有待开发。

据中国老教授协会统计，老教授协会中 70 岁以下的约占 70%，继续为社会

做贡献的只占 30%，还有 70% 的老教授没有得到开发。他们是一个有待开发的高智力的群体。北京大学钱理群教授认为，我们需要对老年人的价值重新认识、重新定位。在工业化时代把老人看成是社会资源的消耗者，而现在老人的需求不再是维持生存，而是实现自我价值的愿景。因此，重新发掘和发挥老人的价值，是长寿时代面临和解决的新课题。而老年教育在破解这一新课题中有着不可替代的作用。

（二）促进健康老龄化，让老年人健康长寿

根据世界卫生组织的定义，“健康”不仅是没有疾病和衰弱，而且是一种在身体上、精神上的完满状态以及良好的适应力。如果预期寿命的延长与死亡时间有关，那么健康状态则与死亡之前的生活质量密切相关。

2020 年，我国居民平均预期寿命达到 77.93 岁，首次超过美国。其中，女性的平均预期寿命突破 80 岁大关。

预期寿命反映的是一个国家或城市居民健康状况的综合指标。受社会经济条件和医疗水平等因素的制约，每年会呈现一定程度的波动。

2022 年 2 月，国家卫生健康委等 15 个部门联合印发了《“十四五”健康老龄化规划》。基于我国老年人健康状况不容乐观，增龄伴随的认知、运动、感官功能下降以及营养、心理等健康问题，提出了 7 项工作指标和完善身心健康并重的预防服务体系等 9 项任务，落实全面推进健康中国建设和积极应对人口老龄化国家战略，不断强化“每个人是自己健康的第一责任人”的意识，利用信息化、物联网技术等实施精准干预，不断提高全民健康水平。

老年教育的目的是提高老年人的生命和生活质量，在老年大学中开展生命教育是提高老年人生命和生活质量的重要途径。因此，要把生命教育理念引入老年教育，在课程设置上增加生命教育的内容，这对于健康老龄化、促进老年人的健康长寿具有重要意义。

（三）创新老年教育现代治理，扩大老年教育资源供给

如何创新老龄化社会的现代治理，扩大老年教育的资源供给，这是长寿时代面临的问题。2022 年 6 月，第九届闽台社会治理创新智库论坛提出了“老龄化社会的现代治理：老年教育向城乡基层延伸”的主题，对解决这一问题具有启示意义。一是要学习借鉴台湾地区老龄化社会中高龄学习的普及和优化的实践经验；二是在大陆地区，老年教育要在普及上下更大的功夫，融合老年教育、社区教育和在农村创办乡村乐龄学堂等，将老年教育向城乡基层社区延伸；三是老年教育与其他教育的互联互通，促进代际互学共学的实现，培育与国家现代化相适应的敬老爱老助老社会风尚，建设老年友好型社会；四是在老龄人口数量日益增加，老龄化程度日益加深的情况下，积极发挥社会力量的作用，开展政社合作，协同创新。

福建创办乡村乐龄学堂，把老年教育延伸到农村，成本低，效益好，值得学习和推广。2022 年 10 月，浙江省老干部局和浙江省教育局等有关部门下发了《关于高质量推进老有所学的实施意见》，提出了构建“党委领导、政府负责、社会参与、普惠共享”的老年教育新体系。早在 2020 年，浙江省即提出新建 100 家老年大学（学堂）的部署，宁海县第一时间响应社会办学，胡教民校长申请出资兴办同乐老年学堂，免费向全社会老年人招生，为社会力量办学提供了“宁海样本”。

三、发展银发经济，增进老年人福祉

发展银发经济、增进老年人福祉是长寿时代积极应对人口老龄化、培育经济发展新动能、提高人民生活品质的永恒课题。老年大学在发展银发经济中可发挥自身优势，开发一些与银发经济相关的专业和技能培训，帮助老年人实现自我价值，充实晚年生活；让老年人共享发展成果，不断实现人民对美好生活的向往。

一是推进人才队伍建设。老年大学要结合自身优势和社会需求增设银发经济相关专业，合理确定老年学、药学、养老服务、健康服务等专业招生规模。开展养老护理等职业技能等级培训及评价，支持校企合作共建产教研融合实训基地。涵养老年人力资源，支持老年人参与文明实践、公益慈善、志愿服务等事业。2023 年 4 月，宁波老年大学与宁波城市职业技术学院签订合作办学协议，联合成立“银辉人才培训基地”，借助高校的资源优势，紧密衔接银辉人才供给侧与社会需求端，让有一技之长的老年人发挥专业优势，为低龄老年人掌握新技能和二次就业提供平台，促进老年教育和职业技术教育的跨越发展。

二是拓展游学服务，完善“体验＋学习＋康养”新业态，开发游学线路。开设文化、艺术、科技、养生等游学课程，拓展“游学养”相结合新模式。

三是打造旅居养老产业合作平台，开展旅居养老推介活动。泰康之家养老社区是国内高标准持续照料、候鸟连锁、医养结合的养老社区，以活力养老、文化养老、医养结合、科技养老为核心服务特色，满足老年人“社交、运动、美食、文化、健康、财务管理和心灵的归属”等需求。宁波老年大学已与泰康养老社区甬园合作，开展健康养老项目。2024 年 3 月，广州市老年干部大学等以南方美谷产业园为载体，成立南方美谷银发经济产业园，为健康养老产业协同发展提供了新的动能。我们期待有更多的老年大学（学校）在开展旅居养老，打造旅居养老产业合作方面进行更多的实践与探索，提供更多可推广复制的经验。

四、结语

2023 年 2 月，由中国人口与发展研究中心、北京大学国家发展研究院、中国计划生育协会联合开展的中国老年健康调查，以百岁老人为核心进行抽样，80 岁及以上老年人占调查对象的 71.2%。中国人口与发展研究中心主任贺丹指出，中国人口与发展研究中心预测显示，到 2050 年，我国 80 岁及以上老年人数量将会翻两番，也就是说我们中国现在已经进入了长寿时代。因此，从现在开始，我们老年教育工作者就应该面对长寿时代的到来，做好应对之策，正确处理好老年教育与长寿时代的关系。在社会、政府和企业层面迎接长寿时代的挑战外，老年大学要在开展“积极老龄观、健康老龄化”和终身学习教育、创新老年教育课程和扩大老年教育资源供给、发展银发经济、促进老年教育城乡协调发展等方面做文章，充分发挥老年大学的优势和作用，为长寿时代和银发经济的老年教育贡献老年大学的智慧和力量。这是老年教育工作者义不容辞的历史重任。

老年大学与离退休干部工作之间关系研究

王振华 ①

【摘　要】 随着退休干部队伍逐年扩大，给离退休干部工作提出了更高标准和要求，同时也带来了新的挑战，这些新的变化都要求离退休干部工作必须创新发展，借助新的平台和抓手，更好地发挥离退休干部的政治优势、经验优势和威望优势。老年大学所独有的教育功能、凝聚功能、载体功能，是有针对性地引导离退休干部积极参与正能量活动和发挥自身独特优势的天然平台和抓手。本文通过对老年大学与离退休干部工作的关系研究和梳理，提出了应当自觉发挥老年大学在离退休干部工作中的独特作用的观点，确保中央有关离退休干部工作的决策部署得到全面贯彻和落实。同时，进一步认识和发掘具有中国特色的老年大学所具有的功能和作用，掌握其发展的规律，促进老年教育的发展和完善。本研究课题的成果填补了老年大学与离退休干部工作之间关系这一领域的研究空白，具有开创性意义。

【关键词】 老年大学；离退休干部工作；相互关系

一、导言

（一）研究的缘起

中共中央办公厅、国务院办公厅《关于进一步加强和改进离退休干部工作

① 王振华，上海市民政局退休干部。

的意见》（以下简称《意见》）指出，广大离退休干部为我国革命、建设和改革作出了巨大贡献，是党和国家的宝贵财富，是党执政兴国的重要资源，是推进中国特色社会主义伟大事业的重要力量。离退休干部工作是党的组织工作和人事工作的重要组成部分，具有特殊重要的地位，要积极应对离退休干部队伍在人员结构、思想观念、活动方式、服务管理等方面的新情况新问题，积极稳妥推进离退休干部工作转型发展，以充分体现离退休干部的特点和优势、更好地服务党和国家工作大局，为实现中华民族伟大复兴的中国梦贡献智慧和力量。

当前，退休干部队伍逐年扩大，给离退休干部工作带来了新的挑战，提出了更高标准和要求，这些新的变化和新的挑战，都要求离退休干部工作必须创新发展，借助新的平台和抓手，更好地发挥离退休干部的政治优势、经验优势和威望优势。

通过对上海民政老干部大学等老年大学，尤其是老干部大学的初步调查，笔者发现，老年大学所独有的教育、凝聚、载体等功能，是全面加强离退休干部教育管理、引导离退休干部积极发挥自身独特优势的天然平台和抓手，对于认真做好离退休干部工作，确保中央有关离退休干部工作的决策部署得到全面贯彻和落实具有重要意义。

因此，笔者希望通过深入研究，发现老年大学在促进与加强离退休干部工作中的作用与机制、原理，同时，也可以更好地认识和发掘具有中国特色的老年大学所具有的功能和作用，掌握其发展的规律，进一步促进老年教育的发展和完善。

（二）研究的现状

当前，老年大学和离退休干部工作越来越受到各方面的重视，越来越多的研究者也将研究视角移向了这方面，关于老年大学和离退休干部工作的各类研究层出不穷，成果累累。但是，其中将老年大学和离退休干部工作两者进行关联性研究的基本无人触及。在中国知网上进行检索，基本没有相关与直接的文献。在《意见》和全国《老年教育发展规划（2016—2020年）》中，没有对此提出明确的要求。在中国老年大学协会等有关组织的网站，也没有搜集到相关的文献或观点与论述。由于离退休干部工作是一项具有中国特色的工作，世界上任何一个国家和地区都没有与之相类比的工作，因此对这一角度的国外研究现状未展开检索，但对第三年龄教育的社会功能和社会意义方面的观点和论述进行了一定的了解。综上所述，就目前的研究文献而言，着眼于老年大学与加强离退休干部工作相互关系的研究文献基本为空白。

（三）研究的过程

笔者以老年大学与促进与加强离退休干部管理服务工作的关系为切入视角，运用公共管理学、文献分析、实地调查、比较分析、实证分析等方法，收集相关文献资料、近年来办学概况、办学经验、学员的反映与收获、参加学习的学员与未参加学习人员的比较分析等，对老年大学、特别是老干部大学和离退休干部工作的状况进行研究，认识和发现老年大学与离退休干部工作之间的关系与规律，明确理论框架，并对进一步运用老年大学这一平台做好离退休干部管理服务工作提出相关对策建议，设计实施路径。

二、关于老年大学与离退休干部工作之间关联性的研究

当前，从整体而言，各级离退休干部工作部门始终坚持思想政治引领，牢牢把握为党的事业增添正能量的价值取向，积极引导离退休干部为推进改革发展凝聚智慧、贡献力量，充分发挥了广大老同志的自身优势和积极作用。但笔者也清醒地认识到，近年来，随着离退休干部的不断增多和年龄结构变化，引发了一系列新的变化。比如退休干部党员在离退休干部队伍中的比例越来越高，他们年纪相对较轻，精力较为旺盛，一些人退休后继续在一些领域发挥作用，参与学习教育活动的要求更高；一些离退休干部党组织思想政治工作弱化，党支部组织生活、离退休干部党员教育流于形式；随着互联网、手机等数字技术

的迅猛发展，极大拓宽了信息传输的渠道，但个别退休干部党员辨别能力较差，容易误信误传等。这些问题的存在，需要从离退休干部工作的新特点、新要求和新任务出发，以新对新，主动适应新常态，其中很重要的一个方面就是离退休干部工作需要新的平台、新的资源、新的手段来切实加强其理想信念教育、政策理论学习、政治纪律宣讲，引导广大老同志始终保持政治坚定、思想常新、信念永存；并借助新的平台、新的资源、新的手段切实加强离退休干部的管理服务，做到在政治上尊重、思想上关心、生活上关怀。

笔者认为，这一新的平台、新的资源、新的手段就是老年大学，尤其是老干部大学。

我们不仅要看到老年大学与离退休干部工作之间外延上的相近，更要看到老年大学与离退休干部工作之间内涵上的密切联系，这对于拓宽工作思路、拓展工作资源，让老年大学成为加强离退休干部工作新的平台、新的资源、新的手段，更好地推进离退休干部工作和老年大学、老干部大学工作，实现双促进、同发展，具有十分重要的政治意义、现实意义。

（一）老年大学与离退休干部工作之间服务对象高度相同

老年大学是顺应人口老龄化和经济社会发展趋势而产生的新兴特殊教育文化事业，以离退休干部为主要对象的老干部大学是老年大学教育体系中的重要组成部分。老年大学既不同于普通学校，也不同于成人进修学校，它的对象是已经退出工作岗位的老年人，在某种意义上老年大学教育就是老年人退休生活本身的一部分，虽然以学到知识为目的的大有人在，但更多的人是把享受老年教育的过程当作了一种生活实现方式。由于没有学历的限制，因此老年大学向各个层次的老年人开放。而离退休干部工作是对离退休干部群体进行管理服务。离退休干部群体中的绝大多数都是老年人，尤其是老干部大学的学员则绝大多数是离退休干部。这样，老年大学与离退休干部工作在服务对象上发生了重叠和契合，实现了关联。

（二）老年大学与离退休干部工作之间目标要求高度相似

如前所述，老年大学是为丰富老年人生活而开办的一种特殊形式的学校，老年人进入老年大学主要是为了陶冶情操，是老有所学、老有所为、老有所乐的一种实现形式，不是为了解决就业和晋级。老年大学除了具有一般意义上的知识传授功能以外，更具有沟通、交流、生活寄托的功能。对离退休干部来说，就读老年大学可以使人在享受教育的愉悦中，升华自己的人生境界，提升自己的生活质量。因此，老年大学实际上是一种真正意义上的素质教育，加强老年大学建设是大力促进社会主义精神文明建设的重要举措，不仅能够极大地丰富老年人的晚年精神文化生活，也能够在一定程度上缓解老年人的孤独感，并且能够在潜移默化中提升老有所养的层次，更能提高老年人的生活质量和精神追求，帮助老年人完善自我，投身参与社会公益活动发挥正能量。离退休干部工作最基本的任务：一是让离退休干部走好晚年生活之路，活到老、学到老，永葆革命人的本色，在社会中为广大老年人始终发挥表率作用；二是开展生活保障服务，这两项基本任务是托起离退休干部工作的一双翅膀，缺一不可。于是，老年大学与离退休干部工作在目标要求上又产生了重叠和契合，实现了关联。

（三）老年大学与离退休干部工作之间工作内容高度相通

离退休干部工作如前所述，主要分为两大类型，一是加强离退休干部思想政治工作，包括加强理论学习和思想教育、做好经常性思想政治工作、组织参观学习、学法守法用法及作用发挥等方面；二是完善和创新离退休干部服务管理工作，包括根据离退休干部年龄、身体状况、志趣爱好等，组织开展丰富多彩、积极健康的文体活动及作用发挥等方面，强调要坚持老有所教、老有所学、老有所乐、老有所为相统一的原则，把政治性、科学性、趣味性有机结合起来。

离退休干部工作从整体上又可以用“六个老有”加以概括。落实“六个老有”，即落实“老有所养、老有所医、老有所教、老有所学、老有所乐、老有所为”，是老龄工作的基本任务。其中的“老有所教、老有所学、老有所乐、老有所为”，则不仅是离退休干部工作的重要环节，也是老年大学，尤其是老干部大学的基本教学活动内容。这四个方面，分别涉及加强离退休干部思想政治建设、发挥离退休干部积极作用、提高离退休干部生活质量以及落实文化养老等诸多重要内容。做好这四个方面，离退休干部工作部门和老年大学都负有重要职责。因此，从这个意义上可以毫不夸张地说，老年大学教育既是离退休干部思想政治工作的一部分，也是离退休干部服务管理工作的一部分。这样，老年大学与离退休干部工作在工作内容上进一步产生了重叠和契合，实现了关联。

（四）老年大学学员与离退休干部的晚年愿景高度相连

据中国老龄协会不完全统计，以各种形式经常性参与教育活动的老年人约占老年人口总数的 5%。国务院办公厅印发的《老年教育发展规划（2016—2020 年）》提出，到 2020 年，“以各种形式经常性参与教育活动的老年人占老年人口总数的比例达到 20% 以上”。随着人民群众生活水平的提高，老年教育的需求持续走高。离退休干部作为具有较高文化素养的群体，对老年大学的需求更高于其他群体。据上海市民政局老干部大学的问卷调查，该局 63.74% 的离退休干部希望进入老年大学学习。为什么有这么高比例的离退休干部愿意到老年大学去呢？许多调查表明，除了课程内容丰富多彩、形式灵活多样，能够提供专业化、个性化、定制化的服务之外，老年人、包括离退休干部对精神生活的渴求是重要原因。而老年大学可以给予这些老年人满满的成就感和强大的自尊，让他们有集体的归属感、被关注和自我的充实。因此，老年大学与离退休干部工作服务对象在需求上产生了契合，实现了关联。

基于以上的分析，笔者认为，老年大学与离退休干部工作，虽然从常规形态上看，两者是截然不同工作领域，但是老年大学不是一般意义上的教育单位，其所具有的特殊性，使老年大学与离退休干部工作在服务对象、目标要求、工作内容和服务对象的需求等多个领域产生交集，从而发生了实质性联系，为让老年大学成为离退休干部工作新的平台、新的资源、新的手段奠定了基础。

三、结语

随着离退休干部离开工作岗位以后，日常思想政治教育工作的频次和力度会有所减弱，教育效果会受到影响。尤其是居住分散、身体状况、年龄、学习自觉性等因素的交汇，党组织生活、政治学习、形势教育的参与度和效果都会受影响。因此，加强离退休干部工作一项重要任务就是加强干部的思想政治教育。通过对老年大学与离退休干部工作之间关系的探讨和再认识，笔者认为，老年大学是适应新时代离退休干部工作的天然抓手，是新时代加强离退休干部思想政治工作的重要平台和新的着力点，具有开展离退休干部思想政治教育的天然优势。要愿用、会用、善用老年大学这一新的平台、新的资源、新的手段来加强离退休干部政治思想教育，让离退休干部工作焕发新的生机和活力。老年大学也要以更高的标准、更有力的举措，不断提高办学质量，更好地承担起为离退休干部工作服务的重要使命。

笔者相信，老年大学与离退休干部工作联姻，必将有力地促进离退休干部工作跃上新台阶，老年大学工作实现新突破。

开拓奋进40年 老年教育铸辉煌

——写在中国老年大学开创40周年暨中国老年大学协会成立35周年到来之际

《老年教育》杂志社编辑部

【编者按】团结奋进新时代，老教战线传佳音。在全国人民深入贯彻落实党的二十大精神、认真进行习近平新时代中国特色社会主义思想主题教育热潮中，我们迎来了中国老年教育事业开创40周年暨中国老年大学协会成立35周年。40年披荆斩棘，40年风雨兼程，40年春华秋实。在党中央、国务院和各级党委、政府的领导下，在中国老年大学协会的有力协调指导下，经过几代老年大学人的拓荒创业、砥砺奋进，老年大学从无到有，迅速发展，由开创时的一所、几百名学员，发展到今天的7.6万余所、学员达2000余万人（含远程教育注册学员）。省、市、县（区）、乡镇（街道）、村（社区）五级办学网络已经形成。中国式老年教育体系基本完善。老年教育现代化初具规模，绘写了老年教育的壮美画卷，在国内外产生了深远影响。为了对“40年”“35年”作一个较为系统、全面的介绍，我刊安排专人对《老年教育》创刊以来的700余期杂志，逐期逐页翻阅；从数千万文字中筛选摘记素材，尤其是仔细拜读吸纳了老年大学协会历任主要领导王照华、张文范、张晓林、袁新立、刘平生、刁海峰及陆剑杰、李延良、俞恭庆等领导同志的讲话、文章精神，和广大通讯员一起完成了这篇“杂志报道版”的纪念文章。

一、"咬定青山不放松，立根原在破岩中"——艰难而光辉的发展历程（历程篇）

（一）以全国第一所老年大学创建为标志，老年大学开启了探索开创阶段（1983—1988 年）

1982 年，我国改革开放大潮奔涌，干部制度也无一例外地实行改革。一大批老同志退出领导岗位。从几十年忙碌的工作中一下子闲下来，大多数人难以适应，寂寞感、孤独感、失落感一起袭来。离休前分管干部保健工作的山东省卫生厅原副厅长、时任省红十字会副会长李衡对此看在眼里，急在心里，他不由得感叹着那句格言："一个伟大的民族，仅仅赋予生命以新的岁月是远远不够的；我们的目标还必须赋予这些岁月以新的生命。"

如何给这些离休后的老同志以新的生命？李衡为此焦虑、忧心。他苦苦思索着、探寻着。一天，他翻阅冯玉祥将军《魂归故里》一书，书中"老年人上大学"几个字让他眼前一亮：咱们何不也为老年人创办一所大学，让他们在学习中愉快地开始新的生活？办老年人大学？国内，空白；国外，现有资料里查不到更多介绍。但李衡坚信：路，是人走出来的！他反复研读党和国家有关老龄工作、老干部工作政策，广泛征求离休干部的意见。一座座驻济高校，留下了他观摩请教的身影；一个个专家教授感叹他痴迷办学的执着。白天，他四处问计奔波；夜晚，他琢磨、冥思，挑灯夜战，就这样，渐渐地在脑海中形成了"老有所养，健康长寿；老有所学，增长知识；老有所为，服务社会"的办学宗旨。他又深入研究了离休老人的特点和生活需要，初步确定了预设的课程。李衡把这些想法分别向时任省政协主席高克亭、副省长兼省红十字会会长丁方明作了汇报，得到支持。他迅即以省红十字会的名义向省里写出了成立老年人大学的请示报告。

1983 年 6 月，山东省教育厅批准成立山东省红十字会老年人大学（即后来的山东老年大学）。李衡又与高克亭等同志忙着请教授、找教材、备教室……经过一番紧锣密鼓的筹备，9 月 17 日，山东省红十字会老年人大学在济南隆重成立，省委、省政府，以及当时的济南军区有关领导到会祝贺。经省领导研究，决定由时任省顾委主任的高克亭同志任校长，由省委组织部、办公厅、省政府办公厅、卫生厅、教育厅等部门领导组成老年大学领导班子，时年 75 岁高龄的李衡同志任常务副校长。

山东老年大学的创办，促进了我国干部制度的改革和老龄问题的综合治理，促进了我国终身教育体系的形成。时过多年，时任全国政协常委、全国老龄委主任、中国老年大学协会会长王照华同志曾动情地说："我国第一所老年大学——山东老年大学的创办，开辟了我国老年教育的新纪元，在我国老年教育和老龄工作历史上，具有划时代意义。"

一石激起千层浪，一花引来百花开。山东老年大学这一新生事物的出现，立即引起了国内外广泛关注。《人民日报》等新闻媒体以《我国第一所老年大学在山东创办》的醒目标题作了报道，港、澳、台地区和国外一些报刊争相转载。日本、瑞士、美国等国际友人纷纷来山东访问取经。甘肃省嘉峪关市钢铁公司一位老干部，硬是赶了五六千里路，找到山东老年大学，软磨硬泡直到破例招收他为省外学员。一些旅居海外的侨胞也纷纷来信，对孔子故乡顺应老年人学习需求建老年大学这一创举表示由衷赞叹。

山东老年大学这簇怒放的迎春花，唤起了中国老年教育春天的到来，从白山黑水到岭南大地，从云贵川鄂到西北边城，老年大学如雨后春笋般涌现。到 1987 年，老年大学（学校）已发展到 512 所，学员近 10 万人。

1985 年 12 月 8 日，"全国老年大学经验交流会"在北京召开。时任党和国家领导人李鹏、薄一波、宋任穷、严济慈等在人民大会堂亲切会见了出席会议的全体代表，并就如何办好老年大学问题与部分代表进行座谈。李鹏作了重要讲话，对刚刚兴起的老年大学这一新生事物给予了充分肯定。他指出，"办老年大学是一种很好的形式""党和国家应该给予支持"。这次会议对推动我国老年大学发展起到了重要作用。会后，各地党委、政府加强了对老年大学工作的领导，老年大学像加足了马力的汽车，沿着探索发展的大道加速前行。至 1988 年底，全国已有老年大学900余所，学员达13万人。

经过五年的探索实践，亟须有一个全国性组织，对各地老年大学进行宏观协调，交流经验信息，指导推动更快发展。经过十多个办学较早的省、市老年大学校长们的呼吁，中国老年大学协会应运而生。

1988年12月2日，中国老年大学协会成立大会在湖北武汉市召开。会议推选王照华为中国老年大学协会会长。张亚群、董明传、孟凡臣、贾方、齐心、杨国权、李衡、杜子才、马俊之、裴江陵为副会长，刘平生为秘书长。

中国老年大学协会的成立，是我国老年教育史上一个重大事件。协会将分属于不同系统、不同部门的老年大学组织起来，团结协作，相互学习，起到了显著的指导、协调、联系、服务作用，全国老年大学工作获得了整体性推进。

（二）以贯彻《中华人民共和国老年人权益保障法》、党和国家领导人重要讲话为动力，老年大学进入拓展提高、持续发展阶段（1989—2000年）

1989年4月，为进一步加强对老年大学工作的宣传指导，中国老年大学协会一届二次常务理事会决定，原由山东老年大学和近30所老年大学联办的《老年教育》杂志被确定为中国老年大学协会会刊，由中国老年大学协会和山东老年大学合办。6月，《中国老年大学协会通讯》创刊，宣传阵地提级扩容。年内，老年教育界创造了两个“第一次”，第一次派出代表参加国际老年教育会议并宣读论文；第一次在我国国内城市举办老年教育国际会议，联合国教科文组织官员来华出席。

1990年，《纽约时报》和《先锋论坛报》分别刊载对武汉老年大学百岁学员钱立坤的专访，《参考消息》全文发表专访译文，这是外国媒体首次宣传报道中国老年大学办学成就。1991年，以贯彻落实邓小平“发展才是硬道理”的南巡讲话精神为契机，各地进一步加快抢抓机遇谋发展的步伐。华北、华东、中南、西南、西北等各地区协作组和全国企业校纷纷召开经验交流或理论研讨会，共商促进本地区、本行业的协同发展。中国老年大学协会书法绘画教学研讨会在广州召开。11 月，中国老年大学协会一届四次常务理事会暨“学为结合”第一次研讨会决定，筹组学术、企业校、教材编审三个专业委员会，以适应老年大学发展形势的需要。

1992 年，侧重从提高办学人员素质入手，提质增“校”。中国老年大学协会与老年教育中心分两批联合举办老年教育学习班，邀请国家有关部门领导和专家授课。委托扬州老年大学举办全国老年大学专兼职干部培训班。全国卫生保健教学研讨会在山东蓬莱召开。各地区协作会主要围绕贯彻邓小平南巡讲话和党的十四大精神，就如何围绕经济建设办好老年大学问题，交流经验、制定措施。年底，有 30 所老年大学从北京捧回了全国“老有所为先进集体创新奖”奖牌。1993 年，老年教育发展十周年、山东老年大学建校十周年庆祝大会和中国老年大学协会第二次会员代表大会在济南举行。来自全国 29 个省、市、自治区 146 所老年大学的 210 名代表到会。时任中共中央政治局常委、国务院副总理李岚清，政治局委员姜春云等领导人为大会题词鼓励。姜春云等出席大会并讲话。各地老年大学表示，发扬成绩，总结经验，不断开创老年教育新局面。次日召开的第二次会员代表大会，选举王照华为会长，15 名常务理事同时为副会长，刘平生任秘书长。到该年 10 月，全国已有老年学校 5000 余所，学员达 47 万人。

1994 年，《中华人民共和国教育法》颁布。国家计委等七部委联合下发通知，印发《中国老龄工作七年发展纲要（1994—2000 年）》，对老年大学发展提出明确要求。1995 年，《中国老年报》刊登时任中共中央总书记江泽民给老年大学的题词：“学无止境，余热生辉。”1996 年，湖北省军区老干部大学迎来建校十周年，中央军委副主席刘华清、张震、张万年、迟浩田分别题词祝贺。该年 8 月，全国人大常委会通过了《中华人民共和国老年人权益保障法》，该法明确规定：“老年人有继续受教育的权利”“国家发展老年教育，鼓励社会办好各类老年学校”“各级人民政府对老年教育应当加强领导，统一规划，加大投入”。从无法可依到有法可依，这是老年教育发展史上的一个重要里程碑。老年教育已从老年人要求、领导对老同志的关心上升到依法兴教、国家意志，发展老年教育的外部环境进一步优化。这一年，各地紧紧抓住这一重大机遇，广泛宣传，争取党政领导的更大支持。许多地方政府依法把老年教育纳入总体教育规划，使之成为政府工作目标。福建省委、省政府以正式文件形式，批转了全省老年教育工作报告，明确老年教育工作发展的方向和规划，并对各级老年学校的领导体制、办学经费、办学场所等问题作出规定，促进了老年大学快速发展。该年与 1993 年相比，全省老年学校数量、学员数量全都有了大幅度增长。陕西、河北、安徽等省，青岛、贵阳、衡阳、镇江等市党委、政府也下发了关于老年教育工作的文件，以推动本地区的发展。当时的广州军区政治部向所辖集团军、各省军区等单位发出《关于成立老干部大学的通知》，要求各单位大力支持和帮助离退休干部建立和办好老干部大学。这是第一个以大军区名义下发的关于发展老年大学的文件，在全军产生了积极影响。

1996 年年底，在福州召开的中国老年大学协会二届二次理事会上，总结提出了“增长知识、丰富生活、陶冶情操、促进健康、服务社会”20 字的办学宗旨，对老年大学的办学目标、发展方向达成了共识，大大推动了老年教育的发展。据 1998 年统计，全国有老年大学（学校）1.32 万所，在校学员突破 100 万人。

1999 年，时任中共中央总书记、国家主席江泽民在全国教育工作会议上的讲话中指出：“终身学习是当今社会发展的必然趋势，要逐步建立和完善有利于终身学习的教育制度。”7 月，当时的文化部下发《关于加强老年文化工作的意见》。同年 10 月，党中央、国务院批准成立了全国老龄工作委员会，由时任中共中央政治局常委、国务院副总理李岚清担任主任。党和国家领导人不时就老年教育工作发表重要讲话、题词，力促老年教育的法律法规接连出台；国家抓老年教育的力度、强度不断加大；各级党委、政府抓老年教育的自觉性不断提高，广大老年人参加学习的积极性、自豪感倍增，老年大学以 1.7 万所、130 万人的强大阵容，大步跨入 21 世纪。

（三）以创建规范化示范性老年大学（学校）为中心，老年大学进入科学发展阶段（2001—2016年）

我国幅员辽阔，各地经济发展水平以及对老年教育的重视程度不同，办学体制、管理方式、学制课程设置等都存在较大差异，制约着我国老年教育的健康发展和整体质量提升，亟须建立健全相对统一规范的办学体系，以满足老年人对精神文化生活的更高需求。

党和国家有关部门审时度势，及时就规范化建设问题作出部署。2001年6月，中组部、教育部等五部委发出《关于做好老年教育工作的通知》，要求“加强领导、科学指导、逐步规范老年教育事业的发展”，并强调“培养和树立一批条件较好、质量较高、制度较全、颇具规模的规范化老年大学示范校”。同年7月，党中央国务院批转的《中国老龄事业发展“十五”计划纲要》明确要求“加强老年教育规范化管理”。“规范化、示范性”是老年教育发展到一定阶段的必然要求。2001年12月，在广州召开的中国老年大学协会第五次老年教育理论研讨会将此作为一个时期的主要任务提了出来。创办“规范化示范性老年大学”活动（以下简称“创建”）在全国陆续展开。

各省、市、自治区按照各级老年大学不同情况，分级提出规范化示范性老年大学创建试行办法、评估量化指标、推进实施措施。围绕办学宗旨、教学质量、师资队伍、办学成果、校舍设备、经费来源、办学特色等赋分计量，检查评估，定期督导，一年或两年评比一次，不搞终身制，对达到标准的给予授牌奖励；不符合标准的，予以摘牌，鞭策再创。

华东地区是“创建”活动开展较早的地区，6省1市很快形成了上下联动、分级树标、“在发展中规范，在规范中发展”的生动局面。2002年后，各地老年大学自觉用党的十六大精神指导推动“创建”活动的开展。2003年，时任中共中央总书记、国家主席胡锦涛提出“树立和落实科学发展观”的重要思想。各省市老年大学在努力将自身建成区域内老年教育教学示范中心、理论研究中心、人才培训中心的同时，积极探索老年教育可持续发展的有效途径，将指导和推动基层社区老年学校的建设确定为“创建”重要指标，使“创建”由城市向社区拓展、由乡镇向农村拓展，初步形成统筹兼顾、城乡一体发展局面。

湖北省举办了规范化建设培训班，在全省尤其是武汉地区掀起了“创建”热潮，并将创建活动延伸到班级建设、“三支队伍”建设之中。

中国老年大学协会教学工作委员会及时评选汇编了《全国老年大学首批规范化教学大纲、备课教案、教学教案》一书，指导全国规范化教学。学术工作委员会牵头组织了《中国特色老年大学规范化建设》课题研究，指导各地因地制宜，按照“特色规范”“适度规范”“分类规范”“逐步规范”的原则稳步实施。宣传出版工作委员会携《老年教育》杂志把“创建”活动作为一个时期宣传报道的中心内容，对各地涌现的“创建”工作经验、做法、成效及时进行不间断的报道，营造浓厚的“创建”氛围，推动“创建”不断向纵深发展。许多老年大学在“创建”中，每年突出一个重点，分别以“开创年”“发展年”“巩固年”“质量年”等提出任务和目标，使“创建”活动常创常新。

2009 年 10 月 28 日，全国先进老年大学、先进老年教育工作者表彰大会在北京人民大会堂隆重举行。会上对刘平生等 20 名“全国老年教育杰出贡献奖”获得者、206 所全国先进老年大学和 977 名全国先进老年教育工作者进行了表彰。给正在开展“创建”工作的各地老年大学以巨大鼓舞，此后，“创建”活动朝着更深更广的方向加快推进。

2010 年初，时任中共中央政治局常委、中央书记处书记、国家副主席习近平视察武汉老年大学常青花园分校时肯定鼓励：“办好老年大学，搞好老年教育，非常有必要。”为各级领导干部关心重视老年教育树立了光辉榜样。2010 年 10 月，中共中央国务院印发《国家中长期教育改革和发展规划纲要（2010—2020 年）》（以下简称《纲要》）。《纲要》鲜明提出“重视老年教育”，正式给老年教育定了性、定了位，给各级党政领导交了底、提了醒，令正在开展“创建”活动的广大师生员工豪情满怀、信心倍增。老年教育被进一步重视起来。有近半的省、市、自治区以“两办”名义先后下发了关于加强老年教育工作的红头文件，进一步明确了老年大学的主管部门，理顺了管理体制，在班子配备、机构规格、人员编制、经费核拨、办学场所等方面予以较好解决，老年大学迎来了又一次大好发展机遇。

在“创建”工作从总体上获得大面积丰收之后，各省又及时开展“创建活动提升工程”，制定新一轮的更高标准，不断把这一活动引向深入。四川省按A、B、C 三个等级制定规范化相应评估标准，引领全省创建活动不断升级晋档上台阶。福建省在进行了四批次老年大学规范化示范性老年大学的创建评审之后，紧接着，部署展开了“老年大学一级示范校”的创建评审和“精品课”“特色课”的创建评审工作，以“质”的提高带动“量”的发展。

宁波市是较早开展县级老年大学规范化建设等级达标活动的单位。活动开展前，全市 10 所县（区）老年大学都没有独立校舍和列编为全额拨款的全民事业单位，县（区）财政拨款的办学经费不过区区 10 万元，没一所学校学员超过 500 人。创建活动开展五年后，10 所县（区）老年学校全都拥有 1600 至 4500 平方米的独立校舍，县（区）财政拨款超过 300 万元（学员人均超过 200 元），在校学员数都翻了一番，各校全被列入全额拨款事业单位，并落实了相关编制。10 所老年学校中有 9 所达到了最高级别（三级）。随后，又开展了“县级老年大学规范化建设‘星级达标’”，引领老年大学不断向更高目标发展。

长达数年的创建活动，使各地办学条件明显改善，办学规模不断扩大，教学管理正规有序，教学质量显著提升。各省、中央国家部委和副省级以上城市率先建成了全国老年大学示范校；市、县级老年大学成为所在区域示范校，起到了强烈的示范带动和促进作用。基层老年大学按照边发展边规范的要求，办学条件显著改善，城乡整体办学水平明显提升。经过各协作区评选推荐，中国老年大学协会对最终评选出的首批 176 所“全国示范老年大学”，给予了隆重表彰。

深入持久的全国性规范化示范校创建，基本构建起省、市、县、乡四级办学网络，为其后向老年教育现代化发展奠定了坚实基础。

（四）以培养“三有”老人、构建现代化老年教育体系为目标，老年大学进入大发展大繁荣阶段（2016年至今）

党的十八大以来，以习近平同志为核心的党中央，把人民对美好生活的向往作为党的奋斗目标，以前所未有的大手笔、大气魄推进老龄工作理论创新、实践创新、制度创新，老年教育呈现出前所未有的大发展大繁荣景象。

2016年5月27日，中共中央总书记习近平在主持政治局第32次集体学习时强调：“要着力增强全社会积极应对人口老龄化的思想观念。要积极看待老龄社会，积极看待老年人和老年生活，老年是人的生命的重要阶段，是仍然可以有作为、有进步、有快乐的重要人生阶段。有效应对人口老龄化，不仅能提高老年人生活和生命质量，维护老年人尊严和权利，而且能促进经济发展、增进社会和谐。”“要完善党委统一领导、政府依法行政、部门密切配合、群团组织积极参与、上下左右协同联动的老龄工作机制，形成老龄工作大格局。”时隔4个月，国务院办公厅印发《老年教育发展规划（2016—2020年）》（以下简称《发展规划》），该《发展规划》以党的十八大精神和习近平总书记一系列重要讲话为指导，对我国老年教育工作作出了科学规划和全面部署，把发展老年教育事业正式上升为国家意志，明确了落实的责任主体，填补了我国老年教育30多年来没有“顶层设计”的空白，具有划时代的里程碑意义。从此，我国老年教育进入以习近平总书记有关老龄工作的一系列重要指示精神为指导、以落实《发展规划》为重要抓手，按国家顶层设计办现代化老年大学，按“三有”标准培养新时代老人的老年教育大发展、大繁荣时期。

翻开2016年12月的《老年教育·老年大学》杂志，扑面而来的是自上而下、上下联动的浓厚氛围：中国老年大学协会下发了以习近平同志重要讲话为统领、做好落实《发展规划》的通知。时任中国老年大学协会名誉会长游德馨就学习贯彻《发展规划》需重点把握的问题撰文辅导。各专业委员会、各大区协作组纷纷召开会议学“讲话”、议大事、订措施，推动老年大学工作快速发展。上海市在落实中提出实现“四个翻番”的目标：老年人学习组织数量、街镇学习场所数量、老年教育网上学习资源数量、老年教育参与学习的人数翻一番。天津市确立了“调结构、固校本、强两翼、上水平”的发展战略，开通老年远程教育网，开发手机客户端、手机课堂，推进互联网、有线电视网、无线网“三网”并进，打造全国远程教育（北方）基地。贵州省县级以上全部制定出落实《发展规划》的规划，省委、省政府决定：将省老干部活动中心、省老干部党校与贵州老年大学整合，使该省老年大学占地面积从5亩扩大到130亩，校舍建筑面积从1.5万平方米增加到5.8万平方米，显著改善了教育资源供需矛盾突出的问题，为老年大学现代化建设提供了基础保证。习近平总书记重要讲话和《发展规划》的贯彻像春天下的一场及时雨，使老年教育园地百花含苞、春意盎然。

2016年12月20日，教育部会同民政部、文化部、全国老龄办在上海召开贯彻落实《发展规划》座谈会。参与绘制“顶层设计”的部门为把顶层设计的蓝图尽快变为现实，采取联合推进行动，带动全国各地不断加快了推进落实的步伐。福建省在2017年初出台《福建省老年人权益保障条例》之后，年底又接着出台了本省老年教育发展专项规划，决定从省到县成立老年教育工作领导小组，领导小组办公室设在教育厅（局），把老年教育纳入各级政府相关部门绩效考评内容，纳入教育工作、老龄工作、老干部工作评比表彰范围。明确强调，各级政府将老年教育经费列入财政预算。为了有效指导全省尽快把《发展规划》落到实处，黑龙江省老年大学校长周同战会同省教育厅、省教科院领导和部分专家，加班加点写出《黑龙江老年教育体系研究》一书，热切期盼教育部领导能为该书作序。省教育厅张厅长抱着“试试看”的忐忑心情进京邀请。令他没想到的是，时任教育部部长袁贵仁欣然接受邀请。袁部长建议将书名改为《老年大学教育研究》，可谓高屋建瓴。他在序言中强调：“在新的历史起点上，推进老年教育事业科学发展，是广大教育工作者义不容辞的责任”，殷切希望更多有识之士“积极投身到老年教育研究和实践中来”“为建设全民学习、终身学习型社会作出新的更大贡献！”

教育部部长亲自为这样一本书作序，体现的是教育部对老年教育工作的重视和关怀，这表明："重视老年教育"在国家层面上已经从"规划"转化为行动。袁部长不仅明确要求广大教育工作者对老年教育要管、要抓，而且"义不容辞"，是一种不可推卸的"责任"！过去，老年大学人常常为老年教育工作找不到"娘家"而苦恼。如今"娘家人"已经向老年大学人敞开了温暖的怀抱！国家教育管理最高职能部门动起来了，省、市、县各级教育职能部门纷纷跟上来。"忽如一夜春风来，千树万树梨花开"，一时间，分校开学典礼的欢呼声、新校诞生挂牌的鞭炮声不绝于耳。各老年大学明显感到，党政领导主动到老年大学走访、视察、现场办公、参加老年大学重要活动的多了，上级领导与下级领导签署老年教育责任状的多了，党委、政府有关部门主动为老年大学（学校）"开绿灯"、伸援手、"结穷亲"的多了。

2017 年起，中国老年大学协会分别在广州、银川召开贯彻落实《发展规划》推进会。各地抓住机遇、乘势而上，老年教育喜报频传。江西省委、省政府积极整合资源，扩大老年教育供给，他们把建筑面积达 3 万多平方米的省公安厅旧址优先划拨给省老年大学，使省校面积一跃进入全国前列。该省设区的六个市的党委政府从发展老年教育长远大计出发，大手笔运作，六所面积分别过万的市级老年大学在江西大地崛起。办学条件的改善带动了教育质量的提升。江西省 11 个市级老年大学全被评为"省级示范校"，其中 8 所进入"全国示范校"行列。

2017 年 10 月，党的十九大胜利召开，开启了全面建设社会主义现代化国家新征程。党的十九大给老年教育发展送来了强劲春风，注入了强大动力，开启了老年大学发展新征程。

在党的十八大、十九大精神指引下，全国各级各类老年大学办学成果丰硕。学术工作委员会牵头组织实施的"五个十"工程调研评选，通过《中国教育战线的新军突起》《地区老年教育的群星灿烂》《基层老年教育的繁花似锦》，集中展现了省、市、县近百所老年大学的创新办学成就，是这一时期老年教育大发展、大繁荣的生动写照。

2018 年 1 月，国家 14 部委联合印发《关于开展人口老龄化国情教育的通知》(以下简称《通知》)。中国老年大学协会紧接着下发了贯彻《通知》的文件，并在江西九江举办积极老龄观国情教育培训班。中国老年大学协会 6 个专业工作委员会带头制定出开展积极老龄观主题教育推进方案，各地老年大学将人口老龄化国情教育纳入教学内容，有效提升了老年人的自爱自立自强意识，社会参与、社会服务能力明显增强。

2018 年 3 月 29 日，中国老年大学协会第五次会员代表大会推选张晓林为会长。一批德才兼备、年富力强的同志进入协会领导机构，为我国老年教育事业的兴旺发达注入了生机与活力。

2019 年下半年，中共中央、国务院印发《国家积极应对人口老龄化长期规划》(以下简称《规划》)，该《规划》再次明确强调："创新发展老年教育，实施发展老年大学行动计划，至 2020 年，全国县级以上城市至少建有一所老年大学。"国家抓老年教育的措施、力度进一步加大，老年人学工作再一次被注入了硬核力量，建设现代化老年大学的进程加速。

2019 年 12 月、2020 年 10 月，中国老年大学协会在深圳两次举办了"老年大学 5G 智慧校园建设培训班"。以老年大学 5G 校园"管理云""数字云""安全云""健康云"为基础，培训信息化技术骨干，推动老年大学信息化建设。2020 年，一场突如其来的新型冠状病毒肺炎疫情打乱了老年大学的教学秩序，也催生和壮大了网上教学这一信息化条件下的教学新模式。各校利用 QQ、钉钉、微信、腾讯会议等 APP 进行线上直播教学，打造永不掉线的"云中课堂"。任凭疫情疯狂，硬是做到了"停课不停学"。教学工作委员会与远程教育工作委员会联合在福州召开"线上教学与实践交流研讨会"，总结推广线上教学与管理经验，为其后的网上教学常态化奠定了基础，老年大学信息化水平大大向前推进了一步。安徽省早在 2017 年即以省府办公厅名义下发了《关于加快"十三五"期间老年教育发展的实施意见》，2018 年又下发了《关于进一步做好老年教育发展经费保障的通知》。2020 年，省教育厅、省委老干部局再联合发文就进一步加强全省基层老年教育工作提出明确要求，该年 11 月，省人大常委会顺利通过《安徽省老年教育条例》，四年内连发“4道令箭”，这是许多省、市、自治区高度重视老年教育现代化建设的一个缩影。

2020年10月16日，以“数字技术、人工智能与老年大学”为主题的“第二届老年教育东方论道”国际研讨会以视频会议的形式在上海举行，标志着全球老年教育进入数字技术时代。激励我国老年大学人在这场数字技术与人工智能掀起的浪潮中，勇于搏击，争当“弄潮儿”。苏州、厦门、广州、福州、杭州、吉林省、长春、沈阳等老年大学较早建立起智慧校园，无线网络在校全覆盖，普遍使用多媒体教学，教学管理实现现代化。山东省东营市老年大学在全国率先建成全系统链5G智慧校园，实现了教务教学、校园管理、安全防控、学养结合智慧化。深圳市长青老龄大学改造建设数字化教室，打造“银智e学堂”慕课平台。广东省老干部大学开展线上教学1.8万班次，观看直播47万人次。天津老年人大学建起数字课堂79间，为83门课程制作视频课件1520集，受益老年人达百万之众。

2020年年底，国务院办公厅下发《关于切实解决老年人运用智能技术困难实施方案的通知》，中国老年大学协会制定了《智慧助老行动三年计划》，各老年大学积极落实各级“通知”精神，增加扩大智能技术教育培训班次，发挥老年学员中的“信息社工”作用，帮助老年人跨越“数字鸿沟”。浙江省余姚市老年大学组织发动本校智能手机班已结业的15批近千名骨干，深入社区乡村担任数字帮扶志愿者和义务教员，培训辖区老人两万余人次，帮老年朋友争做“时尚达人”。

2021年，《中共中央 国务院关于加强新时代老龄工作的意见》（以下简称《意见》）发布。该《意见》强调，将老龄事业发展纳入统筹推进“五位一体”总体布局和协调推进“四个全面”战略布局，实施积极应对人口老龄化国家战略，老年教育再次进入国家战略全局和顶层设计之中。

2021年4月，全国老年大学信息化建设暨智慧助老行动推进会在山东省东营市举办。互联网、云计算、大数据等现代化信息技术推动着老年教育在变革和创新中发展。上海老年大学建成“智慧生活体验教室”，聚焦老年人日常生活涉及的高频事项，构建“科技岛”“健康岛”“金融岛”“生活岛”“快乐岛”等沉浸式办学场景，帮老年人快捷地跨越“数字鸿沟”，受到教育部领导充分肯定和赞扬。

2021 年 8 月，云南省教育厅、民政厅、财政厅等九部门联合发布《关于进一步推进社区教育发展的实施意见》，提出了建立健全社区教育网络体系，实现社区教育全覆盖。早在 2019 年，该省省委组织部、老干部局、省发改委、教育厅等九部门就联合发文，要求采取政府购买服务、项目合作等多种方式，鼓励和支持各社会力量以独资、合资、合作等形式举办或参与老年教育。各级教育部门要把老年教育纳入督导范围，完善办学评估体系，组建老教行业指导委员会，建设具有云南特色的新时代老年教育体系。

2021 年 9 月 30 日，《山东省老年教育条例》经省人大常委会审议通过，为依法兴校、推进老年教育治理能力现代化提供了遵循。

在深入开展党史学习教育、喜迎我国老年人学发展 40 周年之际，中国老年大学协会宣传出版工作委员会认为，发动师生员工参与提炼“老年大学精神”对增强使命感、自豪感、为老年教育培根铸魂必将起到重要作用。遂安排《老年教育》杂志刊登“我心中的老年大学精神”征稿启事，历经一年零九个月的群众性征文活动，调动了全国老年大学人的积极性，对推动办学产生了强烈的激励作用。

2022 年，第十三届全国人民代表大会第五次会议的《政府工作报告》鲜明提出“创新发展老年教育”。该年 5 月，中共中央办公厅印发《关于加强新时代离退休干部党的建设工作的意见》（以下简称《意见》）。各地老年大学党组织在学习贯彻《意见》中，着力扩大党组织在老年大学的全覆盖，把党建与教学同研究、同部署、同推进，以新时代党建工作的加强引领老年教育的高质量发展。该年，黑龙江省教育厅召开“推进老年教育发展”座谈会；上海打造“15 分钟社区老年教育圈”；酒泉市文化养老高地再升级；赣州市“五朵云”为老年人播洒“幸福雨”……老年教育现代化建设你追我赶，全面推进。

2022 年 7 月 26 日，中国老年大学标准化建设首批培训班暨中国老年大学标准化认证启动仪式在济南举行。这是为贯彻中共中央、国务院印发的《国家标准化发展纲要》而采取的重大举措。中国老年大学协会常务副会长刁海峰亲自担纲，从培训老年大学校长、骨干入手，连办四期培训班，指导、推动实施，助推全国老年大学朝着标准化、信息化深入发展。同年 8 月，中共中央办公厅、国务院办公厅印发《关于新时代进一步加强科学技术普及工作的意见》（以下简称《意见》）。该《意见》中，老年大学被国家点名成为推动全国老龄科普的“主角”，再一次凸显了党和国家对老年教育地位、作用的认可，激励老年大学人的责任担当意识，争相以多种形式帮助老年人提升信息获取、识别应用能力。江苏省常州市以老年大学为主体培训智慧助老教师 100 名，智慧助老志愿者 1000 名，为老年人提供线上线下课程服务 30 万人次。他们的“玩转智能手机”等两个项目被教育部评为“智慧助老工作案例”向全国推广。河北省石家庄老年大学的智慧助老建设成果被中组部《老干部情况交流》刊发。

2022 年 10 月 16 日，中国共产党第二十次全国代表大会胜利召开。党的二十大把“坚持以人民为中心的发展思想”列入党要坚持的“重大原则”之一，强调“不断实现人民对美好生活的向往”。各地老年大学及时将党的二十大精神进校园、进网络、进课堂、进头脑，紧紧抓住党的二十大给老年教育发展带来的“时”和“势”，以更加自觉的使命担当，积极构建与中国式现代化相适应的中国式老年教育现代化体系，助力更多老年人成为新时代、新征程上的“三有”老人。

在深入贯彻党的二十大精神热潮中，《贵州省老年教育条例》正式施行；广州市推进新时代老年教育高质量发展的文件印发；郑州市“十四五”老龄事业发展规划亮相；苏州市终身学习条例出台；《湖北省乡镇（街道）和城乡社区老年人学习活动场所专项资金补助项目三年行动方案》落地。在山东省委、省政府关心支持下，省财政拨款 3 个多亿，为山东老年大学建起了现代化的新校区，这个当年的全国第一所老年大学正发展成建有 6 个校区、8 所分校、设有 6 个学院、800 多个教学班、注册学员达 2.4 万人次的全国示范老年大学。在发挥老年大学优势办老干部党校、发挥学员“五老”优势在各老年大学建立“关工委”

组织、积极促进与世界老年大学的游学交流、建立老年教育研究院、提出并践行“老年大学＋”的办学新思维等多项工作创新中，始终走在全国前列。同时，信息化建设也取得了令人瞩目的成绩。与山东广电、海看传媒合作，实现了电视终端全覆盖，已基本形成了互联网、有线电视、网络电视全渠道，手机、电脑、电视全终端的立体化远程老年教育平台，课程资源库达到了 2300 余节，打造起远程老年教育新模式。

2023 年 4 月，学习贯彻习近平新时代中国特色社会主义思想主题教育在全国展开。各地老年大学紧紧围绕这次主题教育的总要求，在学思想、强党性、重实践、建新功上下功夫。“主题教育”如同对老年大学人进行了一次“淬火”“加钢”，普遍增进了对党的创新理论的政治认同、思想认同、理论认同、情感认同；自觉运用创新理论中蕴含的领导方法、思想方法和工作方法，提升了在本职岗位履职尽责的能力和水平。伴随着“主题教育”的深入开展，马鞍山市第 2000 名残疾人到老年大学打卡报到，该市以“新征程上决不让一个有学习愿望的残疾人掉队”的担当作为，在全市办起了 7 所残疾人老年大学，让改革开放的成果惠及近万名残疾人。山东潍坊市老年大学联合山东科技职业学院，共同打造“银辉人才培训基地”，借力人力资源平台，帮更多“身怀新技”的“三有”老人积极重归社会，实现人生价值。5 月，广东省委办公厅、省政府办公厅印发《关于加强新时代老龄工作的实施意见》，对 2025 年前老年大学的现代化建设提出硬性指标要求和多项保障措施。

2023 年 5 月，全国老年大学数字化转型工作会议在深圳召开。这是中国老年大学协会此前连续三年三次大抓有关信息化建设的培训、推进工作之后，又一次聚焦数字化，强力推进老年大学现代化建设的擂鼓加油鼓劲会、观摩培训传技会。各地老年大学咬定“数字化转型”，突出科技创新、科技赋能，将数字化技术尽可能应用于老年大学各项业务工作和管理服务中，现代化老年大学建设进一步提质加速。

二、"莫道桑榆晚，为霞尚满天"——显著的办学成果，巨大的社会效益（贡献篇）

40 年初心不改，40 年呕心沥血，40 年砥砺奋进，40 年成就辉煌！放眼老年教育发展之路，经过 40 年的深耕培育，千里沃野繁花似锦，万山红遍果压枝头。40 年，中国老年大学办学成效有目共睹；40 年，老年教育所产生的社会影响震撼而深远！它不仅造福于一个个白发老人，一户户社会家庭，而且是国家老龄战略的一个支柱，政治、经济、文明建设的一支不可替代的重要力量。经过老年大学学习培养的广大老年学员成为党执政兴国的重要资源。

中国老年教育利在当代，功载千秋，誉满全球！

（一）促进了干部制度的顺利改革

20 世纪 80 年代初，我国实行的干部制度改革涉及的干部数量之多、触及的行业之广、实施的力度之大前所未有。大批的老同志需要从工作岗位上退下来，他们革命几十年，由一生奔忙到离职休养是一个重大的转折。许多老同志都在不停思考：退下来的日子怎么安排，如何在有生之年再为党和人民作些贡献，使晚年生活更加充实、更有意义？老年大学的创办，使各级党组织找到了安排好离退休老同志晚年生活的一种好形式，老干部（老年）大学，为离退休老同志提供了较好的学习条件和环境，通过组织起来学习，帮助他们尽快从离职离岗后的困惑、迷茫和失落中解脱了出来，稳定了情绪，重新找到了自己的坐标，调整了心态，扬起了继续前进的风帆；老干部（老年）大学让他们增长了知识，增进了健康，丰富了晚年生活；同时，也为他们组建了新的社会群体，结识了新的朋友，找到了新的精神寄托，获得了新生活的乐趣，为离退休老人解除了对离退后的后顾之虑，从而坚决响应党的号召，无条件服从组织决定，愉快地离开工作岗位，以实际行动直接支持了干部制度的改革和顺利实施。

（二）促进了我国老龄化问题的综合治理

人口老龄化是世界性问题，它对人类社会产生的影响深刻而久远。20 世纪 80 年代初，我国 60 岁及以上的老年人已近 8000 万，到 1999 年即已达到了 1.2 亿，占老年人口总数的 10% 以上，且每年还以 3% 的速度增加。我国老年人口数量最多、老龄化速度最快、应对人口老龄化的任务也最重。老龄化问题事关国家发展全局，事关亿万百姓福祉，是党和政府必须认真对待的重大社会问题。早在 1982 年，老龄化问题即被提到了国家战略高度，要求对老龄化问题“加强领导、统筹规划、综合治理”。而“六个老有”就是我国老龄化问题综合治理要达到的目标。它体现了党和国家对全社会老年人的关怀。创办老干部（老年）大学开创了发展老年教育的先河，是助力政府解决老龄问题、使老年人焕发革命青春、继续发挥余热的不可替代的一种有效途径。通过老干部（老年）大学，落实“老有所教”，为落实其他“五个老有”提供了动力和促进条件：老有所教指导“老有所学”的方向；丰富“老有所养”的内涵；增添“老有所医”的知识；提高“老有所为”的能力；提升“老有所乐”的品位。一举多得，利国利民。老同志通过参与老年大学（学校）的学习，提高了社会参与能力，增加了社会交往机会，使其宝贵的人生经验得以升华，能力得以发挥，把自己融入时代的大潮中，继续成为“社会的人”，许多老年人由单纯的消费人口变成了积极参与社会主义现代化建设的银发力量。

老年人参加老年大学学习，对于带动和促进其他社会群体的学习，形成人人学习、终身学习的氛围具有积极的影响激励作用。

老年大学的建设发展，推动着我国养老事业理念和养老模式不断发生变革，“学习是最好的养老”是新时期最有代表性的养老新观念，老年大学的“座位”代替了养老机构的“床位”，文化养老成为越来越多老年人的智慧选择。老年大学（学校）的创建极大促进了我国老龄问题的综合治理。

（三）促进了我国终身教育体系的形成

终身教育这一国家战略是国家对终身教育发展所作的全局性系统性规划和方略。1993 年，我国颁布的《中国教育改革和发展纲要》第一次正式提出“终身教育”概念。1995 年，国家教育法“总则”提出了“建立和完善终身教育体系”的目标。2002 年，党的十六大报告首次将“建成全民学习、终身学习的学习型社会”作为全面建设小康社会的目标。2007 年，党的十七大又一次明确提出“终身教育体系基本形成”的要求。2019 年，党中央、国务院印发《国家积极应对人口老龄化中长期规划》，再次把“构建老有所学的终身教育体系”上升为国家战略。终身教育体系的提出和建立无疑是国人的祈盼和福祉。

但在老年大学诞生之前，我国教育体系一直由学前教育、中小学教育、高等教育、特殊教育、成人职业教育等组成，而老年教育始终是空白。我国老年人口占全国人口总数的 10% 以上，老年阶段约占人的全生命周期的三分之一左右，如此庞大的老年群体和如此漫长的老年生活时间，没有对老年学习生活的制度安排的确是很大的缺憾。老年大学的创办，打通了人生学习教育的“最后一公里”，将人的学习生活纵向贯穿一生，横向全面发展。老年教育是终身教育不可分割的组成部分，它同学前教育、中小学教育等几个教育阶段一起，共同构成了科学完整的终身教育体系。老年大学教育促进了学习型社会的建设，使终身教育从理念的设想层面进入了实践，由美好愿望变成了现实。党的十九届四中全会《中共中央关于坚持和完善中国特色社会主义制度推进国家治理体系和治理能力现代化若干重大问题的决定》对老年大学促进终身教育形成的历史贡献做了最权威的表述：“老年教育是终身教育的最后环节，发展老年教育是终身体系的重要标志。”

（四）造就了上千万“三有”老人

我国离退休后的老年人，上老年大学前，大都被“三感”所困惑：由于朋友减少而产生的孤独感；因为无所事事而产生的“寂寞感”；担心在社会和家庭的地位下降而产生的“失落感”。通过开办各级各类老年学校，使不同社会层次、不同文化层次、不同学习愿望的老年人都有权利入学，你怕落伍，老年大学提供课堂，帮你“充电”；你怕孤独，老年大学提供舞台，帮你找乐；你怕“没用”，老年大学提供平台，助你发挥余热。知识和技能的获得感取代了“失落感”；丰富多彩的校园活动，冲掉了“空虚感”；文明高雅的群体生活，融化了“孤独感”，使上千万老年人摆脱了“三感”困惑。老年大学，满足了老年人关心时政、与时俱进的需求，增长知识、提高技能的需求，丰富生活、增进健康的需求，化解矛盾，结交朋友的需求，和谐家庭关系，启迪教育后代的需求。通过上老年大学，一些患生理疾病和心理疾病的老人掌握了祛病健身技能，愉悦了身心，增强了战胜疾病的信心，其症状明显缓解或消失；有些因丧偶或子女不在身边而显得孤寂、苦闷的老人，焕发了对生活新的激情和憧憬；有些因沉湎于牌桌而消沉的老人，重返社会、服务社会，再次体现了他们的人生价值。老年朋友们用高亢的歌声、欢快的舞步、手中的画笔，绘出了人生第二个春天。山东一位曾感叹“离休一离万事休，革命从此到了头”的老人，上了老年大学后，由衷地发出了新的感叹：“老年大学何所求，献身四化志得酬，莫道古稀垂暮年，壮心不已报神州。”他说出了广大老年学子的心声。“走进老年大学就年轻”，是广大学员的切身感受；“上了老年大学就是不一样”，是子女、亲友、世人的共同观感。上老年大学已成为社会进步中一种新的生活方式和行为方式，是老年人现代生活的标配。老年大学（学校）的政治引领，让老年人不断有进步；老年大学（学校）的文化滋养，让老年人时时有快乐；老年大学（学校）搭建的平台，让老年人日日有作为。老年教育，让上千万老年学员们的政治素养、文明素养、科学文化素养、身心健康素养、艺术审美素养等得到明显提升。从老年大学（学校）走出了一批批不忘初心的追梦老人、与时俱进的时尚老人、笃学力行的有为老人、充满活力的魅力老人。在全社会树立起了“三有”老人的崭新形象。老年大学，成为社会上的一道靓丽风景线，吸引更多老年人蜂拥而来，夫妻同学、姐妹同窗，母女同班、父子同桌，比比皆是。有的坐着轮椅来上课，有的戴着助听器听讲课，有的架着望远镜看板书，有的人从几十里外风雨无阻来学习，以至于许多老年大学（学校）许多专业出现了“一座难求”的状况。事实生动证明：老年大学（学校）已成为老年人的知识殿堂、生活乐园、“三有”老人的培训基地和大熔炉！

（五）维护了良好的政治生态

老年学员中很大一部分本身就是正能量满满的“五老”。老年大学办学中始终坚持政治引领和思想引领，培养出一批批饱含正能量的老年学员，这里是正能量的生发地和集聚地。老年大学通过有组织的社会活动和老年学员的个体行为在社会政治建设中释放出巨大的正能量。老干部、老年学员无愧是党执政兴国的重要资源，是推进社会主义伟大事业的重要力量。

（1）社会和谐稳定的有力促进者。广大老年学员来自群众，同社会各界接触广泛，能直接了解社会的真实情况，是促进社会和谐稳定的重要力量。广大学员积极协助党委、政府做好统筹协调各方面利益关系、妥善处理社会矛盾，通过他们把党的方针政策更好地传递下去，又把群众的愿望和诉求及时反映上来，使之成为畅通社情民意、疏导群众情绪的一条便捷通道，成为形成科学有效的利益协调机制、诉求表达机制、矛盾调处机制的重要载体。

广大老年学员在社会生活中充分发挥了尊者长者作用，普遍扮演了“十大员”角色：党的方针政策的宣传员，社会治安、综合治理的巡视员，民事纠纷的调解员，公平正义的评判员，廉政勤政的监督员，文明社区的督导员，护法维权的战斗员，先进文化的传播员，关心下一代的辅导员，和谐家庭的创建员。成为社会稳定的“减震器”，文明和谐的“倍增器”，让群众有了更多的幸福感、安全感。安徽在全省老教系统积极开展以“为安徽崛起作贡献”为题的“反哺”社会活动，学员发挥自身优势和特点，采取灵活多样的形式，用学到的知识技能服务社会、“反哺”社会，为推动跨越发展、加快崛起进程、构建和谐安徽作贡献。进一步形成了全社会关心支持老年教育、老年教育促进社会发展稳定的良好互动。

（2）基层社会治理的积极参与者。构建和谐社会的重点在基层，难点也在基层。老年学员一般都具有比较丰富的基层工作经验，他们通过言传身教和咨询点拨，帮助基层干部增强管理社会事务、开展群众工作、激发社会活力、处理各种矛盾、维护社会稳定的本领，推动了和谐社会、和谐村镇建设，更好地发挥基层党组织和基层政权组织凝聚人心、推动发展、促进和谐的作用。广大老年学员深入农村、社区，协助党委、政府做好群众的思想政治工作，帮助群众，特别是生活困难的群众排忧解难，促进形成团结互助、扶贫济困的良好风尚和平等友爱、融洽和谐的人际环境。重庆、陕西、云南各级老年大学学员把自身优势与所学知识相结合，走向社会、走进群众中，主动参与社会治理活动，当地因此出现了“五多五少”现象：崇尚科学、尊重知识的多了，参与封建迷信活动的少了；参加健康文化娱乐活动的多了，迷恋打牌赌博的少了；互敬互爱互助的多了，制造矛盾、暴力风波的少了；关心下一代的多了，蹲墙跟、泡茶馆、闲扯的少了；主动为地方发展建言献策的多了，妄议政府工作发牢骚的少了。据山西省汾阳县老年大学对镇（乡）村（居）老年学校发挥作用情况调查，认为老年学员在乡村治理中普遍发挥了以下五大作用：乡村决策管理的“智囊团”作用；传统道德、社会公德的传承示范作用；文明村、家创建的“主心骨”作用；乡村矛盾纠纷的“调解器”作用；家园生存环境的“守护神”作用。四川老年大学具有法律专业知识的 30 多名老同志，成立了四川老年大学校友法律研究会，开展法律咨询、法制宣传等多种社会服务活动，先后协助当地司法部门调解和处理各类案件数百件，他们还到少管所、工读学校宣传有关法律法规，被誉为“不穿警服的帮教干部”。

（3）党的优良传统和优秀传统文化的自觉传承者。广大学员在宣传和弘扬党的优良传统、传承和发扬优秀传统文化、传播和践行社会主义核心价值观等方面具有不可替代的政治优势、经验优势和智慧优势。具有光荣革命传统的人讲传统，具有奉献精神的人讲奉献，传统文化的守望者讲传统优秀文化，最有说服力、感召力。

老年大学汇聚的数千名老干部、老战士、老专家、老教师、老模范，以亲身经历和人格魅力，自觉当好党的优良传统和社会主义核心价值观的宣传员、社会主义思想道德教育的辅导员、良好社会风气的监督员、优秀传统文化的“守门员”，为弘扬传统、启迪后代、资治当下，贡献了智慧和力量。

地处浙江四明山抗日根据地旧址所在地的余姚市老年大学，320名学员自觉组成红色经典传承“红立方”。2021年，结合庆祝建党百年，“红立方”团队响亮提出了“百个班团亮红心，四知八行跟党走”实践活动，围绕“知史明理、知党爱党、知恩感恩、知行合一”，带领全校上千名学员开展“红色初心寻根行；红色经典读观行；红色心声追梦行；红色传承关爱行；红色曲艺礼赞行；红色党徽佩戴行；红色公益志愿行；红色文明网络行”系列活动，传播红色正能量，使其在新时代进一步发扬广大。济南市章丘区老年大学，11名平均年龄69岁的老年学员组成红色故事挖掘队，历时三年，行程近万里，走遍章丘区18个乡镇，采访121名新中国成立前的老党员、老战士，采写整理出224个红色故事，汇编出版40多万字的《红色印记》，成为区、市红色教育活教材，被誉为“最接地气的党史”。

传承和发扬优秀传统文化，既是快乐之道、健康之道，也是安邦之道。它传递的是社会主义核心价值观中极富实践性和民族特色的内容。老年大学开设的琴棋书画、文学历史、民间工艺、“非遗传承”等课程；老年学员们不时举办的书法绘画、篆刻、摄影等各种展览；他们深入基层的各种演出等，继承发扬的是祖国优秀传统文化，提升的是千万人的文化生活水平，凝聚的是人心，传递的是团结奋进的力量。景德镇老年大学、淄博老年大学刻瓷、泼彩等专业班老年学员，集历代传统技艺与现代科技于一身，精心创作的一幅幅陶瓷作品被作为“国礼”，赠送给外国元首、著名国际友人，成为联系五大洲朋友的“使者”和桥梁。

老年大学，功莫大焉！

（六）助推了各地经济发展

遍布全国的7万余所老年大学（学校），每一所都藏龙卧虎，堪称“人才资源富矿”。它汇聚了各行各业学有所成的人才，集中了大量经验丰富的“五老”

和大批知识精英，经过老年大学的学习深造，更新了知识、丰富了技能，如虎添翼，成为促进各地经济发展的一支重要力量。

庞大的老年学员队伍，不仅是经济主战场上的啦啦队，本身也是繁荣市场经济、拉动内需的一支新军劲旅。经过老年大学开设的经济管理、市场信息、金融财会等经济类专业和实用技术培训等课程的学习，更让老年学员长技在身，在经济建设大潮中有了用武之地。他们以“国家发展，老夫有责”的强烈责任感，纷纷为当地经济发展献计出力，在助力国家经济建设中“聊发少年狂”。许多经过计算机班、证券班学习的学员，成了网络和股市的新客、常客。一些智能手机班的学员利用微信、抖音等新媒体平台账号开展为民带货直播；学了英语出国探亲归来的学员，为驻地带回一条条有价值的经济信息……

山东荣成老年大学先后向工业、农业、水产业等部门推荐学有所成的专业技术学员数百名，使之成为当地经济发展急需人才的重要来源。福建老年大学建立了有各种技术专长的学员资料库，成立了多个技术咨询服务部。当他们得知福州至马尾一级公路工期紧张，缺少相关技术力量时，该校的交通工程技术咨询服务部学员立即出马，以 13 名有高级职称的学员为骨干，带领有相关技术专长的学员组团承担起该公路某段隧道和跨海大桥等 41 项工程的勘察、设计和技术咨询工作。令工程主管部门刮目相看，感激不尽。该省老年大学系统的经济学会，习近平同志在闽工作期间，曾连续三届担任该协会名誉会长，他百忙之中多次给该学会学员上课，作批示。在习近平同志亲切关怀指导下，该学会学为结合，积极围绕经济建设中心献计献策，发挥了重要作用。其下属的莆田市老年大学厅级班学员，为促进当地经济发展发挥智囊团作用的事迹就是一个缩影。

2005 年，莆田市要对涵江区兴化湾南岸三江口沿线进行开发，时任市领导就开发初步方案征求厅级班学员意见。学员们认真研读了开发方案，三次深入沿线踏察、论证，到当地干部、群众中调研沟通，三易其稿，最后形成了《关于涵江区经济发展若干问题的意见》调研报告上报市委。此报告思维缜密，考虑周全，避弊增利，进一步丰富了市委、市政府的计划，确保了这一重大开发项目得以科学稳妥地顺利实施，得到了市委、市政府领导的高度称赞！

党的十八大以来，以习近平同志为核心的党中央，把完成脱贫攻坚、全面建成小康社会的历史任务作为不懈奋斗的战略目标。各级党委、政府和老年大学协会围绕落实党的惠民政策，不断把老年教育的办学重心向社区、乡村延伸，送教送到群众的家门口，使县以下老年大学（学校）的办学规模达到了70951所，占全国老年大学总数的93%。这些老年大学（学校）根据农民致富需要设课，把课堂开到田间地头，为脱贫攻坚、乡村振兴送政策、送法律、送技术、送温暖，成为广大农民奔小康路上的有力帮手、实现共同富裕的强力推手。

贵州省各级老年大学紧紧围绕中心、服务大局办学，组织引导广大老年学员为乡村振兴、经济发展出力献智，40余万老年学员成为乡村振兴生力军。党的十八大以来，贵州各级老年大学以“助推脱贫攻坚，唱响同步小康”为主题，组织志愿服务队、政策宣传小分队、农技辅导队、送文化下乡宣传队等多种形式，奔山寨、进农家，宣讲脱贫攻坚惠民政策，传授农业实用技术，做“绿水青山就是金山银山”理念的积极传播者。将党的致富政策编排成群众喜闻乐见的文艺节目，开展义演达5万余场次。农村老年学校则把传授农用科技知识作为主课，助力科技兴农、兴林、兴果、兴牧。黔东南州、黔南州老教办积极探索把老年学校办进移民搬迁区，“学养教”一体化，增智、增收、增乐三管齐下。因地制宜开设山歌、民族舞、苗绣等民族文化培训，将老年教育、非遗展示、文化传承、旅游创收有机结合，积极开发本地优势特色资源，创造出了可观的经济效益，为全省尽快撕掉“贫困”标签贡献了力量。时任总理李克强来此视察时，对包括老年教育在内的各行各业服务脱贫的做法连声叫“好！”。

重庆市老年大学以该市农村党员远程教育网——红岩网为依托，在该网专辟“重庆农村老年远程教育”专题窗口。邀请西南地区著名农林牧业专家作科技生产讲座，覆盖全市所有乡镇和近万个行政村，为数百万老年朋友提供教学服务。该市万州区铁峰山麓有一个526户人家的村庄叫铜元村，这里的土质、气候等虽然适宜种植猕猴桃，但因为种植技术落后、病虫害困扰等原因，始终发展不起来。重庆市建起老年远程教育平台后，这里建起了远程教育收视点和远程教育实践基地。村民们学习运用远程教育平台推送的猕猴桃科学种植管理、加工储存等先进方法，使猕猴桃种植业起死回生，种植面积扩大到 3080 亩。并建起了年产 600 吨果酒的猕猴桃深加工厂，实现年产值 1500 万元。村民们通过在线学习《林下种茶》，使荒芜多年的百亩茶山变成了特优茶叶园，年收入超过 50 万元。《野鸡养殖技术》的推送，将村里 78 户农民推上了致富路。如今，铜元村已经是重庆市远近闻名的美丽乡村示范村、小康示范村。中国老年大学协会原常务副会长袁新立到此观摩学习后，激动得夜不能寐，连夜写出《老年远程教育让农民走上了致富路》，被多家报刊刊登报道。

东部沿海经济发达地区一些老年大学主动与西部省份的一些老年大学开展对口帮扶，助力文化扶贫、教育治贫。青岛市老年大学与贵州安顺老年大学；宁波市委老干部局、市老年大学与新疆库车县县委老干部局、县老年大学；福建老年大学与宁夏老年大学等分别签署结对协作协议，无偿为经济欠发达地区老年学校援助办学资金、设备、培训办学人员，发展了“城市对口支援”的内涵，走出了一条新时代东西交融、共同发展、共同富裕协作新模式。福州市老年大学协会因在组织各老年大学开展与贫困村结对帮扶活动中成绩突出，被福州市评为“扶贫爱心社会组织”。

地处南京市江宁区西南郊的谷里街道，极富生态和历史文化的潜质，区委、区政府拟将此处列为首批美丽乡村建设规划。社区老年学校联手社区教育中心，围绕美丽乡村建设设课，主动为提升这里的“软件”建设水平发挥余热。他们及时在居民中开设了“美丽中国之美丽谷里”讲座，强化环境之美；开展“农家乐”技能培训，助推发展之美；开展文明礼仪培训，提升居民行为之美；开展丰富多彩的文化活动，彰显谷里内涵之美。协助区委、区政府成功地将谷里打造成了中国美丽乡村的“典范街道”。谷里街道的干部每当向来访者介绍经验时，总禁不住感叹：老年教育，功不可没！

（七）领率了精神文明建设

“风中闪现的鹤颜像一面面旗帜，引导更多人奉献爱心与力量；‘银发红马甲’是他们共同的称谓和着装，他们用那抹‘志愿红’，温暖社会，释放正能量，他们用无私书写大爱，用行动践行初心，是建功新时代的重要精神力量……”

这首来自一老年大学的《志愿者之歌》，唱出了老年大学的另一大贡献——积极服务社会，推动精神文明建设深入发展。

服务社会，既是老年大学（学校）办学的宗旨体现，也是老年人学习活动的重要价值取向。各地老年大学在办学中坚持学为结合，为服务社会广搭平台，让广大老年学员以长者风范、文明举止影响和带动着良好社会风气的形成。遍布全国各个老年大学的志愿者队伍，汇聚起播撒精神文明的磅礴力量，成为声势浩大的精神文明建设生力军。

湖北省老年大学坚持硬件软件两手抓。在校园硬件设施跻身国内一流之后，充分发挥学员正能量，及时成立了由八个专业团队组成的老年大学志愿服务队，注册志愿者达 2000 余人。志愿队员们在积极协助学校搞好校内万名学员服务管理的同时，积极走向社会，开展进社区、进工厂、进学校、进农村、进军营“五进”便民服务。车站、码头、广场、居民区，到处留下了他们进行便民服务和文化汇演的身影，成为享誉武汉三镇的一道亮丽风景。南昌市老年大学组织开展“百班千人进万家”活动，学员志愿者们给城市社区老人送去知识和健康；给敬老院老人送去温馨和关爱；给困难家庭送去资助和帮扶；给农村留守儿童带去幸福和梦想，成为新时代的雷锋传人。闻名全国的厦门老年大学“老妈妈关爱团”，以一颗颗炽热的慈母之心，近 40 年风雨无阻地帮教感化失足少年，关爱残障儿童成长，用爱心点亮希望，成为厦门为民爱民先进典型。在抗击非典疫情期间，湖南省郴州市老年大学 5000 多名学员迎难而上，争相参与抗疫志愿服务，师生为抗疫捐款达 21 万元。

志愿服务打头阵，党徽闪烁领众人。各老年大学的党员学员们成为志愿服务的主心骨、领头雁，在服务社会中充分发挥了先锋模范作用。四川省老年大学系统成立老年志愿服务总队，省老年大学校长、党委书记亲自担任总队长，带领全省 21 个市（州）老年志愿服务支队的代表向党和人民庄严宣誓。该省的志愿服务活动由省总队、市（州）支队、区（县）大队、街道（乡镇）小队、社区（村）分队五级组成，为老年学员参与社会服务搭建了纵向到底的长效平台。他们深入基层社区、贫困乡村开展政策宣传、文化展演、老年护理、儿童关爱、无偿捐赠等志愿服务活动，带动群众纷纷参与进来。该省遂宁市老年大学组建老年志愿服务队达 800 支，志愿者人数达 11.1 万人，其中在全国志愿服务信息系统注册的就有 5.66 万人。他们精心打造“银铃先锋”志愿服务品牌，以党员为先锋、学员为主体，积极开展新时代精神文明实践活动。2022 年，遂宁市老年大学系统开展老年志愿服务活动达 1.7 万余场次，33.6 万人次参与了志愿服务。省民政厅三次派员到该市老年大学总结服务社会的经验。地处草原深处的内蒙古呼伦贝尔老年大学，以党员为主体，组建起 7 支草原红色轻骑兵队，经常深入社区、学校、敬老院和嘎查、索木、旗（县）进行慰问演出，宣传富民政策，弘扬民族英雄精神，为牧民送去捐赠物资和精神文化食粮，营造了阳光向上的草原牧区文明和谐气象。

老年学员聚是一团火，散是满天星。他们跨进校园是学员，回到社区是“老师”，在文明建设中凸显出明显的主体地位。在社区，哪里有老年学员，哪里就有歌声，就有舞步，哪里就青春涌动，文明生辉！走遍全国各地，你会发现，如今晨练点，广场的拳剑、戏曲、歌舞点的组织者、辅导员，很多胸前挂着老年大学的校徽；逢年过节、节庆活动，组织者首先想到的是请老年大学、老年学校艺术团“出山”“压轴”；社区里经常举办的诗词、书画、摄影、花卉、盆景展览等，也大都是老年大学学员唱主角。“我参与、我奉献、我快乐”的志愿口号响彻长城内外、大江南北。

（八）构建了具有中国特色的老年教育理论体系

改革开放催生了中国老年大学的诞生；老年大学的迅速发展催生了老年教育理论研究。40 年来，老年教育理论研究工作也从无到有，发展壮大，已初步形成和构建了具有中国特色的老年教育理论体系和老年教育学学科体系，不断拓展老年教育理论研究领域，丰富了我国教育学理论宝库，为我国老年教育的科学健康发展提供了理论支撑。

实践孕育理论，理论推动实践。20 世纪 80 年代初，老年大学作为新生事物大量涌现，为老年教育理论研究提供了坚实的基础，丰富的办学教学实践成为老年教育科研活动取之不尽的源泉。由最初对办学宗旨、办学模式、老年教育地位作用的探讨，到 20 世纪 90 年代进入对市场经济条件下的办学研究。当老年学校有了较快增长时，理论研究重点瞄向了规范化、制度化等问题。进入 21 世纪，尤其是党的十六大提出全面建设小康社会奋斗目标，理论研究主要围绕老年教育与建设学习型社会、社会主义和谐社会立言立论。

2006 年，学术委员会成立，将老年教育科研工作推向水平更高、研究更深的新阶段。针对老年教育实践中的新问题，学术委员会组织进行理论研究攻关，先后实施了《中国特色老年大学规范化建设》《中国特色老年大学教育现代化》《发展农村老年教育与建设社会主义新农村》《发展社区老年教育与建设学习型城市》等实践性课题研究，为办学、教学改革、创新、发展提供了理论支援。

老年教育理论研究逐步发展到学术研究，把现代教育学的基本原理与中国老年教育具体实践结合起来，深入开展了有关老年教育本质论、规律论、教学论、发展论等重大课题研究，深化提升了对老年教育一些根本问题的认识。同时，开展了老年教育学科基础理论的研究，撰写出版了《老年教育学》6 本专著，填补了中国老年教育学方面的空白。

在中国老年大学协会牵头下，积极参与编制国家老年教育发展规划部分前期工作，会同多名省老年大学校长共同推动“将重视老年教育”“老年教育现代化”等内容正式写入了《老年教育发展规划（2016—2020 年）》，为政府有关部门工作提供科学依据。

中国老年大学协会成立以来，先后举办了 33 次理论研讨会，特别是 2010 年以来，围绕深入学习贯彻党的十八大精神，努力办好人民满意的老年教育等主题举办的 9 期老年教育理论研讨会，在研究的宽度和深度上有了新的拓展和提升。学术委员会先后在 13 所老年大学（老年大学协会）办起 13 个理论研究基地，汇集了高等院校、教育研究机构和老年大学 200 余名老年教育理论研究专家学者，围绕重大课题开展研究，取得显著成果。举办了七期全国老年大学校长研修班，提升了近千人次老年大学校长们的理论素养和管理水平。

40 年来，我国地域性、群众性理论研究组织、队伍不断扩大，研究活动日趋活跃，成为理论研究主体队伍的有益补充。除各大协作区、企业校委员会、高校联盟组织的每次年会、工作交流会，理论研究是必备议题之外，一些地域相近的部分地区老年大学自发组成老年教育协作组织，定期开展研讨交流活动，例如："川渝两地老年大学协作会""皖、浙、赣三省 11 市（县区）老年教育论坛""淮海经济区 16 县（市）老年大学工作座谈会""海峡老年教育论坛""海峡两岸四地老年教育理论研究会"，尤其是"18 城市老年大学工作研讨会"更是异军突起，连办 12 届，单次参会单位多达来自 29 个省市区的 60 多个地级以上城市，在指导推动城市、辐射农村、企业办学工作中功不可没。

40 年的老年大学办学实践，培养和锻炼出一批专兼结合、老中青搭配、有智慧有能力的老年教育理论研究队伍。人才济济，蓄势待发，老年教育埋论研究的明天一定会更加灿烂！

（九）登上了世界老年教育舞台中央

在我们这样一个发展中国家，仅仅历经 40 年，即办起了世界上覆盖面最广、入学率最高、课程设置最全、就读人数最多的老年人学校。中国老年大学学员数已占到全世界在校老年学员总数的一半以上。我们已成功开创了一条具有中国特色的、备受国际友人推崇的老年大学办学之路。为世界老年教育事业提供了中国智慧、中国模式、中国方案，炫目地站到了世界老年教育舞台中央。

我们的老年大学，不仅发展速度快、规模大，而且课程设置丰富，办学场所、教学设施和水平堪称世界一流。据说每年 AIUTA 国际学术研讨会或年会，中国代表的参会，都是各国代表的期盼；中国代表的演讲，总是与会者的聚集点，"中国老年教育声音"成了他们的最爱。

中国老年大学创办起步晚于世界第一所老年大学整整十年，而我们却能弯道超车，领跑全球！这是何等的荣耀！当你了解了我国在国际老年教育舞台的地位是如何提升演进的过程后，你定会为我国老年教育事业所取得的辉煌成就而倍感自豪！

1994 年 8 月，中国老年大学协会出席在芬兰召开的国际第三年龄大学协会第 17 届大会，在这次会议上，中国老年大学协会正式加入国际第三年龄大学协会。会上增选时任中国老年大学协会会长王照华为国际第三年龄大学协会理事会候补理事。时隔 4 年，即 1998 年 8 月，中国老年大学协会会长张文范成为国际第三年龄大学协会理事。该年 12 月在巴黎召开的国际第三年龄大学执行局会议上，中国老年大学协会会长张文范被推选为国际第三年龄大学协会副主席。

党的十八大后，在广州召开的国际老年大学协会第 92 届理事会上，中国老年大学协会常务副会长袁新立当选为国际老年大学协会第一副主席。会议决定给中国再增加一个理事会理事名额。2017 年，在斯洛伐克召开的第 100 届国际老年大学协会理事会上，中国老年大学协会副会长、广州老干部大学校长林元和当选为国际老年大学协会第一副主席。2019 年，在黎巴嫩召开的第 105 届理事会上，中国老年大学协会推荐的马宪国经大会无记名投票被选举为国际老年大学协会第一副主席。我国在国际老年大学协会领导机构的位置，从“候补”理事，到升为正式理事；从一名理事增加到两名理事；从“理事”再提升到副主席；由“副主席”再重用为第一副主席，从一个侧面反映了世界老年大学协会对中国老年教育地位的重视和成就的认可，在国际老年大学协会职务的每一次“晋级”，每一步“提升”，归根结底反映了中国老年大学办学速度、质量、水平的提升！

中国老年大学协会国际联络部主任王友农教授曾撰文介绍，我国自加入世界第三年龄大学协会（后改称世界老年教育协会）由初期的走出国门参会学习，到打开国门，勇于承办世界性大会，让世界同行前来观摩学习，反映出我国老年大学发展已出现了历史性变化。尤其是 2004 年 10 月和 2013 年 5 月，我国分别在上海、广州成功举办了世界老年大学年会和国际研讨会，让来自五大洲的同行连连惊呼“OK！”2018 年 4 月，中国老年大学协会在上海建立“国际老年教育研究中心”，AIUTA 中的多名世界知名专家学者纷纷应聘成为该研究中心的研究员，标志着中国老年大学的办学水平、学术地位亦得到国际认可。2019 年 5 月，在我国武汉召开的“一带一路”与老年教育国际研讨会上通过的《武汉共识》，决定将 AIUTA 平台与中国“一带一路”倡议对接，在“一带一路”框架中建设老年大学，使之成为各国人民心连心的桥梁。AIUTA 在全球开展活动近 40 年中，还从未把哪一个国家的倡议确定为 AIUTA 这一国际组织的发展战略，中国老年大学协会的大国地位由此可见一斑！

感谢中国老年大学，让我们在世界老年教育的舞台上独树一帜，绽放中国老人的幸福笑容！

三、“问渠那得清如许，为有源头活水来”——成功的办学经验（经验篇）

波澜壮阔有源头，枝繁叶茂靠根深。我国老年教育 40 年来之所以能取得如此炫目的辉煌成就，关键在于我们闯出了一条具有中国特色的老年教育发展之路，这是一条开拓奋进之路，党政关怀之路，齐抓共管之路，以人为本之路，政治立校之路，改革创新之路，文化支撑之路。其成功经验必将为我们创造更加辉煌的历史提供有益的借鉴。

（一）必须坚持提供坚强组织保障，在切实加强对老年教育工作领导上下功夫

老年群体本来就是弱势群体，老年大学工作涉及的校舍、编制、师资、经费等都是大事、难事，哪一项离开了领导的重视和主管部门的支持，都将寸步难行。40 年来，我国老年大学之所以能够攻坚克难，不断发展壮大，关键是各级党委、政府的重视、关心和支持；各级组织、老干部局、教育、文化、民政、老龄委等部门履职尽责，齐抓共管。坚强的组织保障，是老年大学持续发展的强大动力。

各级党委、政府从实践中体会到，积极应对人口老龄化，构建学习型社会，

维护改革发展稳定的大局，离不开老年大学的积极参与。老年大学是各级党委组织动员老同志发挥政治优势、经验优势、威望优势的重要途径，是实现“老有所学、老有所教、老有所乐、老有所为”的重要载体，其作用无可替代。从而把老年大学工作提上党委、政府议事日程，列入当地经济社会发展规划，列为年度为民办实事工程。建立起加快老年大学发展的体制机制，凝聚起各部门、社会各界关心支持老年大学发展的合力。

泉州市在全国率先提出了创建老年教育强市的目标，成立了由市委书记任名誉主任，市委副书记任主任，市委常委、组织部部长和分管教育的副市长任副主任的市老年教育委员会，各县（区、市）、乡（镇）层层健全这一领导机构。老年教育工作进入市政府工作报告，作为市与各县（区、市）签订老干部工作责任书的重要内容、干部考核述职内容。办学经费列入市、县（区、市）财政。落实市、县（区、市）办学人员编制。自 1998 年以来，四次以市委、市政府办公室名义印发老年教育工作文件。该市四任市长接力关心市老年大学发展的故事，就是市委、市政府关心重视老年教育的一个生动写照。在历任市长何立峰（现国务院副总理）、郑新聪、康涛、王永礼等接续关心下，该校从建校初期借用两间房办学到后来拥有占地 20 亩、建筑面积近 3 万平方米的现代化独立校区。从初期的 300 名学员到如今的在校学员 8000 人次。全市各级老年大学达 2560 所，在校学员达 34 万余人，占全市老年人口总数的 28.5%。市、县、乡三级建校率达 100%，村级建校率达 94.5%，多年来一直居全省、全国前列，成为名副其实的老年教育强市。

上海市政府自 1994 年即将老年教育正式列入上海市教育系统，并写进了市政府的教育发展纲要中。市教委专门成立“终身教育处”，全面负责统筹、规划、组织、协调、指导全市的终身教育工作。这在全国是第一家。在办学经费投入上，除各级政府的正常投入外，市教委还对区（县）和有关高校老年大学进行经费投入，对市老年大学分校每年投入 1000 万元，对不是分校的区（县）老年大学每年投入 300 万元，对 200 多所街镇老年学校分三年每校投入 100 万元，并要求区（县）配套投入等额经费。

盐城市市委办、市政府办自“九五”开始，连续制发了“九五”“十五”“十一五”“十二五”“十三五”“十四五”六个老年教育五年发展规划，指导各级老年大学持续发展。云南省玉溪市为方便老年人就读，在寸土寸金、环境优美的聂耳广场为市老年大学新建了近万平方米校舍，市委书记几乎每个月都会不打招呼地到老年大学检查指导，学校特地给市委书记设立了一处办公室。该市老年大学招生计划不是由学校定，而是由市政府下达，大大增强了推动老年大学发展的力度。永安市政府将市老年大学与市级机关单位同等看待，可收阅市里有关文件，给学校统一配备工作用车，将老年大学教师列入全市教师表彰范围。

长春市老年大学“三建校舍”的发展过程，也是我国各级党委、政府关心支持老年大学发展的一个缩影。1987 年，长春市委、市政府就投资 120 万元，专门为老年大学兴建了一座近 2000 平方米的三层独立教学楼，当时这在全国也是屈指可数。2002 年，为满足老年人日益增长的学习需求，市政府又投资 8000 万元扩建，使老年大学使用面积达到 5000 平方米。2011 年，为彻底改善供需矛盾突出的现状，市政府以“30 年现代化、50 年不落后、百年德政”为目标，投资两个多亿，建起了供老年大学独立使用的建筑面积达 4.9 万平方米的新校舍。六安、黄石、宜春、潍坊、淄博等市，诸城、寿光等县（市）压缩行政开支，保老年教育发展，全都建起了上万平方米的教学楼，有效缓解了“一座难求”，为创办现代化老年大学奠定了坚实基础。

只要领导重视，经济欠发达地区照样能办好老年教育。贵州省经济总量全国倒数第三，人均排最后一名。但由于省委、省政府对老年教育高度重视，无论建校率、入学率还是建设成效均排在全国第一方阵。地处云贵川三省交界的四川省叙永县是“鸡鸣三省”的国家扶贫重点县。该县各级领导确立起“老年教育不是中心，但影响中心；办老年大学需要经费支出，但也能促进经济发展”的理念，从而使老年教育在全县这盘棋上始终有它的位置，老年人入学率达 50% 以上。全国扶贫重点县照样进入了全国老年教育先进行列。

（二）必须坚持以教学为中心，在全力办好人民满意的老年大学上下功夫

老年大学是老年教育的一种组织形式，不同于老年人活动中心、俱乐部，也有别于社会上为老年人举办的讲座、报告会等。老年大学的主要工作是学校教育。尽管学员到校学习的目的不完全相同，但在获取知识、提高技能上的需求却是首位的、一致的。人民群众对老年大学满意不满意，关键看有没有一流的教学质量。质量是决定老年大学生存与发展的根本。

（1）坚持以教学为中心，办人民满意的老年大学，首先要抓好教材建设。“教材好，教才好。”在普遍没有现成教材可用的情况下，各地老年大学集中精兵强将，通过合编、自编等形式，按照“多用先编、急用急编、先易后难”的原则，坚持质量至上、突出特色，陆续形成了以文字教材为主、音像和多媒体教材为辅的 15 大门类、61 个专业、298 门课程教材。山东老年大学早在 1987 年即组织在校任教的教授、专家编写出全国第一套统编教材，由山东出版总社出版发行。天津市老年人大学设立了“教材建设奖励基金”“教材建设基金”，促进新课程的开发和校本课程的形成。长三角地区老年大学自发组织成立教材编写协作委员会，发挥集体智慧，联合编写、共同使用。宁波市、福建省等较早开展“创品牌”“打造精品课程”活动，通过抓特色课程开发构建，带动整个课程建设水平提升。上海市成立了老年教育课程研究与评估中心。上海老年大学历时 20 年，历经五次修订，完善了 187 门课程的教学大纲，形成了较为完备的课程体系建设。中国老年大学协会教学工作委员会成立后的 10 年间，5 次召开教材展览、评比、推进会，教学大纲案例和备课教案交流研讨会。远程教育委员会成立以来，即把优秀音像教材和课件编制评审工作作为主攻方向，先后评出 20 类、438 门优秀特色课程，实现优质远程教育资源共享。近三年，中国老年大学协会进一步加强了教材建设工作，专门成立了教材指导委员会，建立起通用教材出版应用平台，有力支撑了教材编写质量的提升。

（2）坚持以教学为中心，办人民满意的老年大学，就要科学设置课程。各

地老年大学按照贴近生活、贴近需要、贴近时代；针对老年人“生存性”“享受性”“发展性”等不同层次需求，科学设置课程。以人为本，按需设课；与时俱进，创新求变；长短结合，循序渐进，不断扩大课程的宽度、内容的深度、发展的时尚度，达到政治性与专业性、知识性与趣味性、普及性与提高性、传统性与现代性、娱乐性与技能性、自选性与引导性、现实性与前瞻性的有机统一，公共课、专业课、特色课一体配置的课程体系，让广大学员想学、愿学、乐学，越学越自信，学了还想学。

（3）坚持以教学为中心，办人民满意的老年大学，必须采取灵活高效的教学方法。探讨灵活多样的教学法，激活学员学习的兴奋点，把课讲活，学员活学，才能增强课堂的吸引力，从而收到事半功倍的教学效果。广州市老干部大学总结的“无压力教学法”，解放军总后勤部老干部大学探讨的“轻松教学法”，新疆老年大学让学员在自主参与、相互欣赏中受激励、启发、教育的“展示教学法”，宁夏老年大学开展的“优质教案、课件评比活动”，天津老年人大学聘请教学督导员，对教育质量进行督导和反馈的做法，都对提高教学质量起到了积极的促进、带动和示范作用。

许多老年大学除传统课堂讲授外，还将讨论交流式、解难讲座式、个别辅导式、作品点评式、调研式等引入老年大学教学。经常开展读书交流、展览、展示、汇报演出等教学成果展示活动。将老年教学与养生保健、兴趣爱好发展、心理健康调适相结合，使教学活动生动活泼，情趣盎然。教学设施和手段的现代化是提高教学质量的硬实力。各老年大学根据不同课程需要，充分利用现代信息技术和多媒体教学设施，改进教学方式方法，通过制作丰富多彩的电子课件（PPT 课件）、投影教学等，使课堂教学方式多样化、形象化、生动化。

高质量的教学，使老年大学成为老年人学有所长、大器晚成的摇篮。各地涌现出了许许多多书法、绘画行家，声乐、器乐演员，工艺美术能手，文体活动领头人，成为各个领域的专门人才，为老年大学做了“活广告”。翻看 2011 年 5 月 5 日的《福建老年报》，头版头条醒目刊载着《永安老年大学真“牛”——一个班走出 24 名中高级按摩师》一文。要取得国家承认的按摩师资质，是多少中医按摩人梦寐以求又太难求之事！而福建永安这个县级市老年大学的按摩班，经过 22 年的办学，至 2023 年 9 月，竟然培养出国家中级按摩师 12 名、高级按摩师 45 名，其中有 23 名已进入社区医院、中医诊所或门诊部工作，有 12 人担纲创办了推拿按摩诊所，服务社会。“牛气冲天”的办学成就岂止在永安！蜚声画坛的“金陵十姐妹”、声播珠三角的南通老年大学书画班平均年龄 75 岁的“常青藤十姐妹”…… 在河北省老年大学，一名叫袁秀珍的普通退休女职员，在老年大学连读 10 年，成为班上第一个加入河北省作家协会的多产作家。徐征，凭借在青岛市老年大学九年国画学习的底气，毅然报考中央美术学院，连闯初试、复试、面试三关，被潘天寿弟子、国画大师张立辰收为学生，其写意花鸟画艺术水平已达到“前不可企及的高度”。余希祥，金陵老年大学国画班学员，在校学习 20 年，成为省美术家协会会员，后留校任教，从事山水画教学十余年，被老年大学评为国画系教授。他感慨：“是老年大学圆了我上大学的梦，想当画家的梦，想当教授的梦。”上海老年大学黄埔分校一位叫黄在仁的古钱币班学员，退休前是商业系统从事五金、钢材业务的业务员，原对古钱币知识一窍不通。经过在校八年的学习钻研，写出了不少颇有见地的古钱币知识论文，被复旦大学文博系聘用，成为一名古钱币学教师，为 40 多名本科生上专业课。在深圳市长青老龄大学，一位叫陆莹的现年 73 岁的学员，入学前是艺术的“门外女”，经在老年大学十多年的学习，现已成为深圳摩登时光艺术团创始人，其模特表演专业技压群芳，带领艺术团登上了央视和深圳国际时装周表演的舞台，现在是拥有六七十万粉丝的网红……

大厦挺立赖质量，教学成效夺人心。一个教师教学水平高，学员就会跟他走；一所学校教学质量高，老年人就会不惜为报名“挤破门”。我国老年大学之所以能如滚雪球般从小到大、越办越强，一流的教学质量是助推“雪球”滚动向前的动力之一。

（三）必须坚持政治立校，在围绕中心、服务大局办学上下功夫

我国老年教育事业，是中国特色社会主义事业的组成部分。具有中国特色

的老年大学，既是老年人学习科学文化知识的学府，也是党和政府团结教育老年人为实现中华民族伟大复兴、完成党的中心任务而奋斗的阵地。坚持这一理念，各地老年大学一方面把政治建校摆在办学工作的首位，努力把老年大学建成“讲政治、讲学习、讲正气”的场所、社会主义精神文明建设和深入开展思想政治工作的载体；另一方面，把老年大学工作放到党和国家大局来谋划，坚持围绕中心、服务大局办学，从而更好地体现了其价值和作用，赢得了各级党政领导和社会各界的关心支持，为老年大学又快又好地发展创造了更加有利的条件。

把思想政治教育突出出来。建立导向鲜明、与时俱进、适合老年人特点的思想政治课内容体系，紧跟形势、紧密联系老年学员思想实际，及时开展多个主题的政治思想教育活动，积极引导老年人践行社会主义核心价值观，弘扬民族精神、时代精神。推进社会公德、职业道德、家庭美德、个人品德建设，激励向上向善。请有关领导、理论专家来校宣讲或播放录像等形式，进行创新理论、时事政治、政策法律等教育，解疑释惑，正面引导。把课上学习与参观调研相结合，不断加深对中国特色社会主义理论体系、党的路线方针政策的理解，使老年学员人在老年学校、心装天下大事，与时俱进、理想永存，始终与党中央保持高度一致。

西安老战士大学等军队系统创办的老年大学，坚持用红军长征精神、“抗大”精神办学育人。辽宁老干部大学充分利用微信公众号，对学员进行创新理论、政治思想教育，他们在公众号上先后开辟了“平语近人”等系列专题，及时推送习近平总书记的新思想、新理论、新论述，有效提升了师生员工的政治理论水平，经人民网舆情监测大数据对“500 家老干部微信公众号影响力”调查，辽宁省老干部大学的微信公众号高居第四位。地处改革开放前沿的一些老年大学，针对信息来源渠道广的特点，注重从政治和全局高度把握舆论导向，解决好信什么、不信什么的问题；针对地区待遇反差大的特点，注重倡导优良传统，解决好比什么、不比什么的问题；针对敌对势力干扰多的特点，注重针对性宣传教育，解决好做什么、不做什么的问题；针对多元文化冲击大的特点，注重营造健康向上的文化氛围，解决好喜好什么、不喜好什么的问题，从而使老年学员们进一步坚定了道路自信、政治自信、制度自信、文化自信。

把党组织在办学中的“堡垒”作用和党员先锋模范作用发挥出来。据对多所省市老年大学的调查统计，党员学员占比达30%—40%。为了发挥好这支队伍在办校办学中的把关定向、榜样引领作用，各地老年大学积极打造“非隶属关系多重组织生活”党建品牌，经上级批准，纷纷成立校临时党委或党总支（支部），实现了党组织在各老年大学的有形有效全覆盖。把加强对办学工作的领导列为临时党组织的主要职责，定期分析教职员工和学员思想状况，分析办学形势，适时提出加强和改进办学工作的意见。学校党建与办学教学同频共振、共融共促。县以上一些老年大学还开办了业余党校，加强对学员党员的教育轮训。遵义市成立了新时代老党员讲习所，将中国特色社会主义理论学习常态化。开展“党在我心中”征文、演讲比赛，开展“展示阳光心态、争做阳光老人”主题活动。借助网络信息技术，打造智慧党建管理平台。秦皇岛市老年大学、江苏海安县老年干部大学早在2003年即建起学校的临时党委和班（系）临时党支部。山东老年大学系统共有党员学员132517名，该系统探索建立非建制性新型兼合式临时党组织1704个，党小组4829个。重庆老年大学在“三讲”教育中建立起“党员互帮互助小组”。推选党员担任班长或学会会长。全国老年大学数百万党员充分发挥政治上的正能量作用、学习中的带头作用，管理工作中的骨干作用、日常生活中的表率作用，积极当好学校工作的桥梁和助手，成为学校各项工作的“排头兵”、广大学员的知心朋友。党员学员们“一个党员一面旗”，干在前，作表率，以模范行动为学校发展、社会文明建设凝聚起正能量。

南昌市老年大学坚持“抓党建、聚人心、强引领、谋发展”，打造“最讲党性、最讲政治、最讲忠诚”的老年大学，打造汇聚放大正能量的示范基地。在各班级、团队中普遍建立党组织，搭起“洪城红·乐龄先锋”智慧党建平台，进一步增强了老年大学学员党建工作的时代性、针对性、有效性。现有班级临时党支部在册335个、联系党员4166人，学员党员充分发挥先锋模范作用，成为学校教学管理骨干、服务社会的中坚，展现了“快乐自己、幸福家庭、奉献社会”的精彩人生。学员党建成为强化政治引领和组织功能的一面鲜红旗帜。

乐龄先锋志愿者成为老年大学发挥服务社会功能的一个闪亮品牌。

把党和政府的中心工作与办学教学工作紧密结合起来，围绕大局、贴近中心办学是各地老年大学坚持政治立校的一大举措。想党和政府所想，应党和政府所呼，紧紧围绕各级党委、政府的重大决策部署，组织引导老年学员通过第二、第三课堂，热情参与支持国家各项事业发展，在党建工作、平安建设、社会管理、关心下一代、新农村建设等各项工作中发挥作用。西安老年大学、四川双流县（现为双流区）老年大学、南阳老干部大学的领导体会到，只有秉持为党的中心工作和社区文明建设服务的办学原则，才能形成领导和群众关心、多部门重视与支持老年大学发展的局面。多年来，他们坚持"政府搭台、学员唱戏"，积极为当地经济社会发展服务，用"有为"赢得了"有位"；"有位"促进了更加"有为"，形成了科学持续发展的良性循环。

尽力寻找党的中心工作与各学科的内在联系，选准结合点，在学科教学中贯穿和渗透"中心"精神，是各地老年大学不懈探索和实践的课题。为深入探索将思想政治元素全面融入老年教育各类课程，上海市老教委于2023年组织开展了老年学校素质教育示范课交流展示活动，来自全市各级各类老年学校的64位优秀教师以微课教学形式各展所长，传授"秘笈"，为思政之风进课堂发挥了良好的示范指导作用。围绕党的中心工作，设定一个学科习作的主题，在掌握所学知识的同时，强化和宣传党的中心工作，是各学科配合教学而采取的普遍做法。胡锦涛总书记关于"八荣八耻"的荣辱观提出后，习近平总书记关于加强廉政建设的重要讲话发表后，武汉老年大学常青花园分校、福建永安市老年大学等学校的师生们在认真学习的同时，利用所学知识，齐做"配合"文章：书画班学员围绕以上讲话精神创作书画作品，音乐班以此创作歌词、谱曲传唱，舞蹈班赶排专题节目，各班带上各自作品，浩浩荡荡走上街头、走进社区进行生动形象的展示宣传，让重要讲话精神走进千家万户。景德镇老年大学书画班紧紧围绕宣传党的中心工作创作举办了"弘扬廉正文化书画陶美百件艺术作品展"，歌颂党的十八大以来全党在习近平总书记的带领下，从严治党、筑牢反腐倡廉防线取得的重大成就，以具体形象的宣传强化了党风党纪宣传效果。此展览成为当地许多部门对党员、职员进行党风党纪宗旨性质教育的打卡地。

政治立校的一项项举措，如春风化雨、润物细无声，使老年人在这里获得丰富知识的同时，始终保持了饱满的政治热情和蓬勃朝气，自觉增强“四个意识”、坚定“四个自信”、做到“两个维护”。

政治立校的累累硕果，让各级党政领导看到了老年大学是增强执政之基的政治资源，是三个文明建设不可或缺的重要力量，从而更自觉地把老年大学建设纳入教育事业、老干部工作、老龄事业规划中。在精减机构大形势下，老年大学不仅不减不降，反而升格纳编，为老年大学发展提供了坚强后盾。

（四）必须坚持“人才是第一资源”理念，在选好配强“三支队伍”上下功夫

江苏省南京市江宁区老年大学的领导在介绍办学体会时谈到：老年大学（学校）能不能办起来，关键在党委政府领导；但能不能办得好，不断巩固、发展、壮大，关键在具体的办学人员。这番话道出了各地老年教育发展的一条普遍经验：办好老年大学关键因素在人。人才是第一资源，必须在重视建设一支政治强、业务精、乐奉献的工作人员队伍上下功夫。

一要选准配强校长这一“学校的灵魂人物”。校长是学校发展的引领者，是办学团队的管理者，是学校领导班子的核心，对老年大学的生存与发展起到至关重要的作用。各地老年大学校长选配主要来自三条渠道：从长期从事领导工作、有丰富工作经验和领导能力、热心老年教育事业、在本地区有一定威望的领导干部中选；从长期从事老干部工作或老龄工作、既熟悉离退休老人状况和需求，又有丰富工作经验、具有很强领导能力和社会活动能力，热爱老龄事业或老干部工作的人员中选；从长期从事教育行政工作，具有教育专业优势、懂教育规律、又热爱老年教育事业的领导中选，从而保证了校长队伍的基本素质。

中国老年大学协会通过举办会议、专题培训、宣扬典型、在会刊《老年教育》杂志开辟“怎样当好老年大学校长”“校长手记”专栏等多种形式，打造具有先进教育理念和办学思想的老年大学校长队伍，使广大校长们具有良好的政

治素养、很强的创新精神、科学的决策水平、较高的管理协调能力、高尚的道德情操、强大的凝聚力。他们中的许多人身居兼职之位，甘付匠心之功，既是校长，又兼教师，还是工作人员，以校为家，“一分钱都要掰开花”，甘作学员和工作人员的公仆。这其中涌现出了大批像景德镇老年大学已故校长杨启村那样具有大担当、大视野、大智慧、大谋略、大作为，夙夜为公、甘于奉献的精英，从而开拓催生、发展壮大了老年教育事业。

二要努力打造一支学高品正、善教尚导的高素质教师队伍。教师是教学工作的主体，名师造就名校，因此各地普遍重视名师立校，在建设高素质教师队伍上下功夫。规范招聘机制，广选名师。在公开公正公平原则下择优录用，不断加大选揽高水平人才力度。许多地市级以上城市老年大学教师队伍中，既有诗书画苑“一支笔”，著名医（学）院“一把刀”，又有知名文艺团体“台柱子”，电脑、手机“数字通”，他们都是学校的“金字招牌”。他们在哪所老年大学任教，其“铁杆粉丝”就追到哪所学校就读。（1）建立关怀机制，以情留师。针对老年大学教师报酬低、归属感差等问题，各地老年大学坚持以教师为本，实施“暖心工程”：课酬补贴随教龄同步增长；重大节日慰问；教师生病、家遇特殊困难探视、救济；为年长教师祝寿；为有突出专业成就的教师颁发奖励、荣誉；对著名教授、专家给予特别人文关怀，如车接车送、其在校期间免费午餐、安排休息室等。尊师重教、以情留人，有效增强了凝聚力。（2）强化培训机制，以训强师。据对全国 30 所老年大学的教师情况调查：90% 以上教师都是临时聘用人员，有教师资格证的只占教师总数的 30%，教学水平参差不齐。为防止他们将普教和高教的教学方法带到老年大学中来，各地老教委、老年大学普遍启动专兼职教师能力提升工程、“名师培训”工程，运用举办主题报告、专家辅导、示范指导、听课评课、案例分析、论坛交流、小组研讨、学习考察等多种培训方法，帮助教师掌握符合老教规律的课堂教学理念；适应老年教育规律、提高教学效果的业务能力；和学员交流互动的能力；熟练运用现代教学设施和信息化教学手段的能力。（3）加强从普通教师向“名师”“大家”的转变。建立激励机制，荣誉励师。首先是普遍开展了优秀教师评先奖优活动。为获评的优秀教师戴红花、上光荣榜、发文件、授证书、发奖金，并与返聘薪酬待遇挂钩。福建永安市老年大学等单位对连续被评为优秀教师的晋升其为“名师”，这些举措极大提高了广大教师的工作积极性，促进了教师队伍业务素质的不断提升。其次是以改革的精神，开展老年大学教师职称评定工作。早在 2004 年，秦皇岛市老年大学就探索实施了教师职称评定。2012 年，广州市老年干部大学按照国家深化职称制度改革的方向和总要求，正式开展教师专业技术职务聘任工作。2019 年完成新一轮聘任，分别评出特聘教授、教授、副教授、讲师、助教等若干名，有效调动了教师工作的积极性，提高了教师队伍的整体素质，为建立一支稳定、高素质的教师队伍找到了突破口。重庆市渝中区山城老年大学争取重庆市职改办批准，全市老年大学（学校）教师中级、副高级职称评审委员会先后成立，挂靠在山城老年大学，填补了国家职称评审的空白。老年教育系统教师职业发展通道因此被打通，促进了教师职业化、专业化发展。（4）激励机制的建立，使教师充分享有实现自我价值的自豪感、贡献社会的成就感、得到社会承认和尊重的荣誉感。广大教师把这种激励自觉转化为工作动力，淡泊名利，不求索取，默默耕耘，用智慧和才华丰富了老年人的精神世界，在三尺讲台演绎了精彩人生。

三要打造思想过硬、作风过硬、业务过硬的工作人员队伍。工作人员队伍和校长队伍、教师队伍同为拉动老年大学事业向前发展的“三驾马车”之一。老年大学办学 40 年来，正是因为有了一批批情系老年教育、献身老年教育，呕心沥血、无私奉献，把自己的青春或晚年献给老年教育事业的工作人员队伍，会同校长、教师队伍，共同绘出了中国大地上老年大学灿烂辉煌的今天。

尊老敬老的思想基础教育，积极应对老龄化的战略意识教育，争先创优的激励教育，培训考评的基本功教育，严规矩、强素质的作风纪律教育，使广大工作人员强化了“来老年大学工作不是谋利而是谋事；不是守业而是创业；不是养老而是敬老；不是当官而是服务”的观念。“把老年人当作亲人来看，把老年教育当作事业来做，把老年大学当家来管”是千万所老年大学办学人员的工作写照。他们误解中不气馁，艰难中不放弃，探索中闯新路，改革中争第一，成为能干事、会干事、干成事的过硬工作人员队伍。

成都市锦江区老年大学，是一所开设了 49 门课程、近 300 个教学班、每学期学员人数接近 12000 人次的“区级大学校”。但该校仅设四个处室，每个处室只配 1 名工作人员，每个工作人员既要负责一个部门的全面工作，又要兼任十几个班的班主任，天天忙得“连上厕所、灌开水的时间都没有”，用“连轴转”“白加黑”形容他们的工作状态再恰当不过。校长张泽林，本身就兼着两个班的教学任务，他带领四名工作人员，拼搏奉献，实现了老年大学管理效益的最大化，将该校建成了闻名成都、享誉四川、影响全国的服务型老年大学，吸引区外老年人争相慕名前来求学。

总之，校长的领率性、统筹性，教师的积极性、引导性，工作人员的人文性、创造性，合力推动着老年大学不断发展壮大。

（五）必须坚持与时俱进，在改革创新上下功夫

改革创新是马克思主义活的灵魂，也是发展我国老年教育的一大法宝。老年教育 40 年的发展历程，就是不断改革创新的过程。我国老年大学因改革创新而生，也因改革创新而兴。我们办学中的每一项成就、每一次突破、每一步跨越，都是与时俱进、不断改革创新的结果。创新是发展的第一驱动力，是老年教育发展的生命力所在。各地老年大学在办学中不断推进老年教育发展的理念创新、理论创新、办学机制创新、现代教学制度创新、内容创新、方法创新，让创新贯穿老年大学办学的各项工作和教育教学的各个环节中，最大限度地激发各种潜能，不断提升老年大学办学的质量和水平。没有改革创新的理念和为之坚持不懈的实践，老年教育就不会有今天这样的大发展、大繁荣局面。

天津市老年人大学开创的“基地化”“章鱼式”办学模式，上海市的“联盟化”、哈尔滨市的“集团化”发展格局，云南省“游学养”“一张网”的编织，威海市对市、县（区）、乡（镇）老年大学实行“一体化”管理的改革，无一不是从实际出发，大胆创新的结果，对促进老年大学发展发挥了重要作用。湖南省湘西土家族苗族自治州老年大学，面对发展中遇到的办学场所缺少、师资力

量短缺等发展瓶颈时，校领导经多方调查论证，发现由于人口出生率降低，许多中小学校被合并或裁撤，造成一些校舍、办学设施闲置。如能让教育行政部门成为老年教育管理体制中的责任主体单位之一，共同管理老年教育工作，不失为破解老年大学发展瓶颈最便捷、最高效之路。

于是，他们大胆提出了改革现行的由老年大学一家独管老年教育的传统做法，请教育行政部门参与对老年大学共同管理的建议，得到了自治州党委、政府的重视和支持。在当时国家并没有将老年教育纳入教育行政部门职责范围的情况下，该自治州政府毅然给教育行政部门压上了与老年大学共抓老年教育的担子，实行“老教共管”的老年大学办学管理体制。这一改革，使教育行政部门责无旁贷地将闲置的中小学校舍、场地、办学设施无偿用于老年大学（学校）办学，州县教育部门积极为老年大学（学校）推荐输送优秀教师，使老年大学发展瓶颈迎刃而解。

山东省潍坊市各级老年大学办学人，为突破基层尤其是农村老年大学（学校）发展这一难点、堵点，以改革创新精神探索出“组建老年教育联盟”这一办学新形式，构建起全市上下横向到边、纵向到底的老年教育网络，把老年教育触角伸向基层，根扎农村。通过联盟，下活了全市老年教育这盘棋，至2020年年底，该市以各种形式参与老年教育的老年人占全市老年人口的30%以上，提前完成了国务院办公厅印发的《老年教育发展规划（2016—2020年）》确定的目标。

（六）必须坚持文化支撑，在校园文化建设上下功夫

习近平总书记曾强调指出：“一项没有文化支撑的事业难以持续长久。”各地老年大学从办学实践中深刻认识到校园文化是学校赖以生存和发展的重要根基，是办学理念的集中体现，是学校的灵魂和血脉。优秀的校园文化对和谐育人环境的形成起着决定性作用，对学员综合素质的发展和创新能力的培养，有着潜移默化的重大影响，从而自觉坚持校园文化建设与教学工作两轮驱动，唱响中国特色社会主义先进文化主旋律，充分发挥了校园文化的导向功能、凝聚

功能、辐射功能、激励功能，学校建设始终呈现生机勃勃、兴旺发达的景象。

（1）塑造以社会主义核心价值观为统领的学校精神。各地老年大学集全校师生员工之智，创作提炼校训、校歌、校风、教风，作为学校精神的重要载体。在门厅、教室、公共场所悬挂校标。师生员工佩戴校徽，唱响校歌，践行校训，弘扬“三风”，塑造展示具有中国特色、地域特点、本校特质的学校精神，使其成为统一思想、规范行动、引领师生成长和学校发展的引擎。许多学校还将校园文化向班级文化延伸，在班级中开展班歌、班风、班级品牌创作活动，使之融为一体、相得益彰。

（2）建设人文气息浓厚的学习环境。人文环境是学校自身发展的重要组成部分。各地老年大学在人文环境的营造上，普遍重视突出以人为本，规范管理，秩序和谐；民主参与，作风和谐；优化美化，环境和谐；人文关照，关系和谐。热情周到地服务老年学员，无微不至地关怀老年学员的学习生活，千方百计地满足学员的学习要求，真正做到：老有所呼，我有所应；老有所需，我有所帮；老有所求，我有所为。把老年大学办成老年人的学习乐园、温馨家园，使其在老年大学幸福满满，精神愉悦，自信乐观。

（3）校园设置目中有“人”。在学校改建、扩建、新建过程中，各地坚持把学员的安全舒适作为第一要素，设施建设简约现代，适老化细节融入其中。广东省、安徽省、福建省、山东省以及厦门、福州、合肥、南昌、长春、大连、银川、呼和浩特、成都等地老年大学在新校区建设中，将园林化、适老化、智能化融为一体，从教学楼阶梯高度的控制到走廊沿墙扶手的设置；从空调送风的角度到地面防滑材料的选用；就连老花镜、针线包等都在公共活动区定点摆放，人性化服务处处体现。公共区域设置可视紧急救助报警系统，布局无感考勤、多媒体教学等多个智能系统，公共视频系统搭载行为分析功能，能随时捕捉摔倒等现象，并及时向后台反馈。学校设置卫生室、谈心室，做到突发情况有预案，并贴心为师生员工购买公共责任险或在校期间意外伤害保险。构建具有浓郁文化氛围的校门文化、院文化、廊文化、墙文化、栏文化以及室内文化，显性直观，正能量满满，使大家在耳濡目染中明志定向，陶冶情操，发挥了文化引领、精神提升的重要作用。

（4）精心组织校文化活动。各地老年大学普遍建立校园文化艺术节，积极组建文化活动团体，重视发挥各班、系专业学会、社团组织在校园文化建设中的主力军作用。搭建文化活动平台，精心设计和组织开展内容丰富、形式新颖、吸引力强的文娱体育等校园活动、对学员参与热情高、社会反响好、对办学促进大的一些文化活动项目，用制度规定下来，实现了小型活动社团化、经常化；主题活动系列化、精品化；全校性活动届次化、均衡化。“班班有歌声，会、团有活动，季季有展示，年年办好节”相沿成习，经久不衰。

（5）校园文化活动，滋养强化了老年学员的主体意识、价值意识、奉献意识，促进了学员从“休闲养老”到“文化养老”的转变，让他们体验到了从“健康养老”到“价值提升”的快感，激发了从“活动娱乐”到“服务社会”的豪情。校园文化彰显的是学校的办学观念，展示的是学校的办学活动，扩大的是老年大学在社会上的影响力。凡校园文化活跃的学校，必定是老年人争先恐后、“一座难求”的学校。可见，发展老年教育，必须重视在加强校园文化建设上下功夫。

（七）必须坚持发挥中国老年大学协会的引领作用，在指导服务上下功夫

35 年前，中国老年大学协会成立，这在我国老年教育发展史上是一个重要里程碑。作为协调各地老年大学的全国性社会公益组织，在较长一段时间没有政府职能部门可以挂靠作后盾的特殊情况下，中国老年大学协会以推动老年大学事业繁荣发展为己任，克服困难，主动作为，在历届会长和常务理事的领导下，协会始终坚持正确的政治方向和舆论导向，自觉承担起全国老年教育宏观协调和指导、组织、管理、服务职能，使老年大学工作获得了整体性推进，在积极应对人口老龄化，构建全民学习、终身学习的学习型社会等方面，作出了历史性贡献。全国老龄办领导同志曾在一次全国性会议上高度评价：“中国老年大学协会是全国性社会组织中最好、最有影响力的平台之一，为我国老年教育

发展发挥了重要的示范引领作用。”

加强指导协调，引领老年大学科学持续发展。中国老年大学协会成立以来，先后召开了五次会员代表大会，每次代表大会都经过民主选举，将德高望重、年富力强、经验丰富、热心老年教育事业的同志选进协会领导机构，形成坚强的领导集体，对老年大学工作实施了强有力的指导。协会将分别隶属于不同系统、不同部门的老年大学组织起来，相互学习，团结协作，形成奋发有为、积极向上、正能量满满的“全国一盘棋”。协会领导经常深入基层调查研究，对老年教育一定时期内的方向性、关键性问题提出了指导意见。每次代表大会或常务理事会，都围绕贯彻落实党和政府有关老龄工作、老年教育工作的方针政策，结合老年教育实际进行谋划，提出推进办学工作的新要求、新举措，使老年大学办学方向更明，信心更足。协会通过召开会议、组织观摩学习、推广典型、交流办学经验、进行理论研究、探讨老年大学教育规律，在办学宗旨、体制机制、课程设置、教学方法等诸多方面统一认识，形成共识。发现、宣扬、树立一批批办学机构健全、教学管理完善、教学成果显著的骨干学校。同全国各地老年大学一起探索出一条具有中国特色的老年大学发展之路。

中国老年大学协会辖属的七个片区协作组织、六个专业委员会，如同四梁八柱，牢牢支撑起老年大学协会这座大厦。他们紧紧围绕党的中心工作和老年大学协会的部署，按照各自的工作范围和职责，充分发挥主观能动性，创造性地开展工作，硕硕累累，连创佳绩。以硬核成就彰显了中国老年大学协会的工作活力，增强了中国老年大学协会的号召力、凝聚力、工作推动力。

加强与国家有关部门联系，发挥了政府部门的参谋作用。中国老年大学协会以在老年大学与政府、社会间的协商沟通为己任，积极争取各方政策、资源的支援帮助，成为政府的民间智库，是政府与老年大学间联系的纽带与桥梁。

中国老年大学协会的历任领导，以中国老年教育事业发展为重，利用多种渠道，诚恳邀请国家和政府有关部门退职领导担任协会顾问或名誉会长，提高协会的领导层次和水平，扩大老年大学的知名度，增强协会的组织影响力、社会公信力。协会领导及时抓住有关老龄、老年教育法律法规制定或修订的机会，主动向参与起草单位的部门建言，反映老年人的诉求，为文件形成提供参考意见。中国老年大学协会积极参与了国务院《老年教育发展规划（2016—2020年）》（以下简称《规划》）的制定工作，参与了教育部牵头组织的《规划》编制座谈会，提交了编制全国老年教育发展规划的建言，提供了撰写《规划》的环境分析和比较完整的数据分析，为《规划》的制定落实尽了应尽之力。

组织开展了多种老年文化活动，向全国展示老年大学办学成就和老年人的风采。协会成立以来35年间，共组织全国性综合性大型文艺汇演9次；专题或单项文艺演出4次；举办全国性书画展7次；举办全国性摄影展3次；健康养生文化交流1次；组织编辑出版书画集等多部。从文化建设这个侧面向社会展示了老年大学的办学成效和“三有”老人的新时代风采。

加强与国际老年教育组织的交流合作，让中国老年教育经验与成就走向世界。35年来，中国老年大学协会47次组团，代表中国老年大学走出国门，登上国际老年教育讲坛，让中国老年教育的声音和故事传遍世界；将国外同行的先进办学观念及做法带回国内。20次积极承办老年教育工作国际会议，让国际第三老龄大学协会组织及其成员国来华考察学习，亲身感受960万平方公里土地上“人人能学、处处可学”“不可思议”的学习强国氛围。9次请港澳台地区同胞来大陆，就老年教育问题相互传经送宝，切磋提高。

中国老年协会是中国老年教育登上世界舞台中央的引荐人和强力推手。它与中国老年大学事业同奋进共辉煌！

40年风华正茂，40年感慨万千！我们既为中国老年大学昨天的创举而自豪，也为今天的成就而骄傲，更为明天的再创辉煌而担当！40年的办学实践为我们提供了丰富的经验，为跨越式发展打下了坚实基础。让我们以庆祝中国老年大学发展40周年为契机，“挂帆”“破浪”，勇毅前行，在新征程上书写更加夺目的新篇章！